As políticas da política

Marta Arretche
Eduardo Marques
Carlos Aurélio Pimenta de Faria
(orgs.)

As políticas da política

Desigualdades e inclusão nos governos do PSDB e do PT

centro de estudos da metrópole

editora unesp

Direitos de publicação reservados à:
Fundação Editora da Unesp (FEU)
Praça da Sé, 108
01001-900 – São Paulo – SP
Tel.: (0xx11) 3242-7171
Fax: (0xx11) 3242-7172
www.editoraunesp.com.br
www.livrariaunesp.com.br
atendimento.editora@unesp.br

Dados Internacionais de Catalogação na Publicação (CIP) de acordo com ISBD
Elaborado por Odilio Hilario Moreira Junior – CRB-8/9949

P769

As políticas da política: desigualdades e inclusão nos governos do PSDB e do PT / organizado por Marta Arretche, Eduardo Marques, Carlos Aurélio Pimenta de Faria. – São Paulo: Editora Unesp, 2019.

Inclui bibliografia.
ISBN: 978-85-393-818-7

1. Ciências políticas. 2. Políticas públicas. 3. Desigualdade. 4. Inclusão. 5. Partido da Social Democracia Brasileira – PSDB. 6. Partido dos Trabalhadores – PT. I. Arretche, Marta. II. Marques, Eduardo. III. Faria, Carlos Aurélio Pimenta de. IV. Título.

2019-1829 CDD 320
CDU 32

O Centro de Estudos da Metrópole (CEM) é um dos Centros de Pesquisa, Inovação e Difusão (Cepid) da Fapesp, com sede na Universidade de São Paulo e no Cebrap. Fundado em 2001, reúne pesquisadores de diferentes áreas das ciências sociais voltados ao estudo das desigualdades sociais e espaciais em contextos urbanos e metropolitanos.

Esta coedição foi viabilizada por recursos da Fapesp/Cepid associados ao processo nº 2013/07616-7

Editora afiliada:

Asociación de Editoriales Universitarias de América Latina y el Caribe

Associação Brasileira de Editoras Universitárias

Sumário

Introdução
As políticas da política: desigualdades e inclusão nos governos do PSDB e do PT[1]

Marta Arretche, Eduardo Marques e Carlos Aurélio Pimenta de Faria

Como chegamos a este ponto? Neste final da década de 2010, muitos analistas da cena política brasileira têm se dedicado a responder essa pergunta (Abranches, 2019; Barros, 2019; Fausto, 2019a; Gomes, 2019; entre outros). Nesse contexto, as expectativas civilizatórias de uma transição inclusiva para a Nova República parecem ter se convertido em insatisfação generalizada diante de uma crise política, econômica e moral sem precedentes e sem fim à vista. As denúncias da Lava Jato abalaram profundamente a reputação das principais lideranças de todos os partidos políticos relevantes. A polarização política desalojou a tolerância. Grupos extremamente conservadores no plano das crenças e costumes, dispostos ao que denominam "acabar com o coitadismo" e a resolver conflitos por métodos violentos, revelaram capilaridade na sociedade civil e densidade eleitoral suficiente para alcançar o executivo federal.

Não está claro se a eleição de Jair Bolsonaro, um político de extrema-direita, para a Presidência da República representa um risco à democracia

1 Os autores agradecem os comentários de Adrian Lavalle, Claudio Couto, Renata Bichir, Ricardo Teperman e Sandra Gomes.

(Abranches, 2019; Barros, 2019; Fausto 2019a). Mas há quem afirme que as políticas inclusivas da Nova República estão sob sério risco (Fausto, 2019b). A reforma das políticas preconizadas pela Constituição de 1988 está no centro da agenda política. Paralelamente ao reconhecimento da bem-sucedida universalização do acesso à saúde, educação e proteção social, especialistas questionam a sustentabilidade da expansão das despesas públicas e a preservação de desigualdades inaceitáveis. A crise econômica prolongada e a consequente retração de receitas pressionam o endividamento público, ao mesmo tempo que tornam ainda mais dramática a rigidez orçamentária, parcialmente explicada pelas estratégias de vinculação de gastos, específicas da Nova República. Em outras palavras, a pressão fiscal não é um subproduto direto da Constituição Federal de 1988 (CF 1988). Antes, resulta de decisões tomadas a propósito de sua implementação (Schymura, 2017). O diagnóstico liberal, contudo, considera haver um *trade-off* entre crescimento econômico e a construção de um amplo conjunto de políticas orientadas a aumentar o bem-estar.

Como chegamos até aqui nas políticas de combate à desigualdade? Este livro é uma tentativa coletiva de responder essa pergunta. É bom que se diga com toda a clareza. O ponto a que chegamos não é feito apenas de crise econômica, corrupção generalizada e irresponsabilidade fiscal. A estabilização econômica alcançada em meados da década de 1990 propiciou substancial queda da pobreza. O aparato de políticas de inclusão social produziu mais do que queda da desigualdade na bonança, nos anos de crescimento econômico. Também produziu um colchão de proteção social na prolongada crise econômica que se inicia em 2014. A recente volta do crescimento da pobreza e da desigualdade ocorreu principalmente no mercado de trabalho, via desemprego e queda da renda. Entre 2016 e 2017, a renda média individual mensal obtida por todos os trabalhos do estrato dos 5% mais pobres caiu pela metade: de R$ 113,64 para R$ 68,71. Como os valores do Programa Bolsa Família (PBF) e do salário mínimo foram corrigidos, entretanto, a renda média individual mensal desse estrato em 2017 era de R$ 192,61 (via PBF) e de R$ 267,73 (via pagamentos previdenciários (Cálculos com base na PNAD Contínua). As políticas federais de transferência de renda operaram no sentido de compensar as perdas do mercado de trabalho (Soares, 2018). Os níveis de pobreza seriam ainda maiores na ausência do PBF, da vinculação do piso das aposentadorias ao salário mínimo, bem como da preservação de seus valores reais. Algo similar poderia ser dito sobre o efeito de outras políticas construídas sob o regime democrático atual sobre outras dimensões do bem-estar social, não diretamente associadas à renda.

A trajetória de redução das desigualdades sociais se inicia com a CF 1988, como resultado de uma transição democrática inclusiva. Seu formato, contudo, foi produto de construção incremental ao longo da Nova República. Atravessa os dois governos presidenciais do PSDB e as quatro gestões do PT. A partir de 2016, sob o governo Temer, políticas públicas com o objetivo de promover uma sociedade mais inclusiva passaram a ser fortemente questionadas, quando não negligenciadas.

Este livro tem como foco central a análise das políticas públicas federais produzidas e implementadas nos governos do PSDB e do PT. Sua pergunta central diz respeito às continuidades e rupturas desse processo. Que estratégias foram adotadas para promover a inclusão social? A evolução das políticas públicas do país teria acontecido no sentido de torná-las mais redistributivas e capazes de combater de modo mais eficiente as múltiplas desigualdades, afetando o legado da cidadania regulada (Santos, 1979) nas políticas sociais? Teria havido rupturas paradigmáticas nas políticas e, em caso afirmativo, em que momentos? Isso teria ocorrido principalmente por efeito da democracia, em função das determinações da Constituição de 1988, ou por obra de governos específicos?

Duas orientações teóricas principais orientaram a produção deste livro. A primeira diz respeito às divergências entre a teoria do governo partidário e a teoria do eleitor mediano. A primeira postula haver uma associação entre a orientação ideológica dos governos e as políticas que implementam, em particular no que diz respeito a políticas inclusivas (Boix, 1998; Esping-Andersen, 1985; Huber; Stephens, 2013). A segunda argumenta que a universalização do sufrágio é condição suficiente para que políticas redistributivas sejam adotadas, posto que a renda do eleitor decisivo para ganhar eleições é inferior à renda média. Todos os partidos convergiriam em uma busca para atender às necessidades e preferências dos eleitores mais pobres (Meltzer; Richards, 1981). O caso brasileiro confirmaria a proposição de que partidos com orientações ideológicas divergentes imprimem marca distintiva nas políticas públicas? Como questão de fundo, a permear todo o debate, está a pergunta: até que ponto a distribuição é produzida pela esquerda no poder ou é produto da democracia e de suas dinâmicas?

A segunda questão teórica que orienta a coletânea diz respeito à relevância do estudo das políticas públicas. Partidos, grupos de interesse e movimentos sociais estão, acima de tudo, disputando a direção das políticas, ou seja, o conteúdo preciso do que os governos farão (ou deixarão de fazer) (Pierson; Skocpol, 2007, p.8). Grupos de interesse (uma gama de interesses privados e corporativos, bem como atores institucionais) e movimentos sociais pressionam os partidos – da situação e da oposição – na defesa de projetos e ideias que são específicos às políticas setoriais. De forma concomitante (e muitas vezes associada), atores internos ao Estado agem para promover seus interesses, ideias e perspectivas de políticas. Como mostram diversos capítulos deste livro, estes conflitos não se restringem às arenas eleitoral ou parlamentar. Diferentemente, acompanham todas as arenas e momentos pelos quais a produção de uma política pública deve passar.

Na implementação das políticas, ainda que o número de atores interessados em dar a direção das políticas possa permanecer constante, o número de arenas de veto é maior. Assim, para entender a operação das políticas na arena executiva, não é suficiente compreender os atores partidários e seus interesses e estratégias. Diferentemente, é necessário também considerar legados e clivagens específicos às políticas setoriais. A extensão em que um governo de fato modifica o *status quo* só pode ser observada quando se foca o conteúdo específico das políticas, suas implicações e impactos, e não apenas a partir do número de matérias legislativas aprovadas. Para esse tipo de análise, é necessário considerar clivagens, legados e processos que são específicos às políticas setoriais.

Este livro explora, portanto, as *políticas da política*, com ênfase nos governos do PSDB e do PT. Do melhor de nosso conhecimento, a literatura acadêmica carecia de um balanço sistemático e abalizado sobre o conjunto das políticas inclusivas implementadas na Nova República. As contribuições mais influentes tendem a se concentrar na *politics* de um conjunto limitado de políticas sociais, em particular os impactos eleitorais da política do salário mínimo e do Programa Bolsa Família (Anderson, 2011; Bohn, 2011; Hunter, 2007; Singer, 2012; Zucco, 2008). Dessas contribuições, entretanto, emergem perguntas que requerem o exame das *policies*.

Nosso estudo partiu do suposto que a concentração da agenda acadêmica na *politics* da Nova República dificulta a construção de uma interpretação nuançada e empiricamente embasada sobre a trajetória das políticas de combate à desigualdade. Buscamos preencher essa lacuna com base em um estudo abrangente dessas políticas públicas, que se concentra no período 1995-2015 mas não se restringe a ele.

Para tratar dessas questões, os capítulos dedicados a políticas setoriais exploram o legado de políticas públicas pretéritas e as configurações políticas herdadas. Do ponto de vista analítico, heranças não são malditas ou benditas. Antes, constituem pontos de partida para os atores interessados em introduzir mudanças. Para tanto, a referência às ambições inclusivas da CF 1988 e às orientações programáticas das políticas adotadas pelas administrações do PSDB e do PT tornam-se estratégias analíticas necessárias. Por razões históricas e de agenda, dada a longa permanência dos governos petistas no governo federal, seu impacto redistributivo e a expansão e diversificação de programas, as políticas dos governos petistas ocupam parte expressiva das análises.

Nosso estudo revela que a Nova República compreendeu dois períodos de "autoridade política durável", tal como formulado por Skowronek (1993), para quem esse conceito abrange não apenas vitórias eleitorais sequenciais para a presidência da república e o subsequente controle sobre os mais importantes cargos do executivo federal, mas também a capacidade de produzir uma narrativa sobre sua agenda de governo.

Um período de autoridade política durável ocorreu sob as presidências do PSDB, quando as agendas pública e governamental foram centradas no controle da inflação e na estabilização da moeda, assim como, com menor prioridade, na reforma das políticas herdadas do regime militar e na implementação das políticas de bem-estar preconizadas pela Constituição de 1988.

A partir de 2003, as administrações do PT iniciam um novo período de autoridade política durável, que se caracterizou pela inversão da ordem desses dois conjuntos de prioridades, trazendo para o centro da agenda o combate à pobreza e à desigualdade, assim como a expansão da provisão de bens e serviços, sobretudo para os mais pobres. As diretrizes anteriores de valorização da estabilidade econômica a princípio não foram abandonadas, embora tivessem menor prioridade. Entretanto, sob o governo Dilma Rousseff, essa orientação foi progressivamente atropelada por tentativas continuadas de estender artificialmente, via gasto público, o período de crescimento e bonança econômicos vividos nas gestões de Lula.

Os resultados dessa trajetória, analisados setorialmente e em conjunto nos capítulos que se seguem, evidenciam os avanços, mas também os limites do arranjo estabelecido pela Constituição de 1988. Parte importante desses limites é observável a partir da análise da interação entre distintas políticas setoriais, o que confirma as vantagens do desenho abrangente adotado no livro. Mais importante, nosso estudo demonstra que a equação inclusiva básica da CF 1988 almejou produzir políticas progressistas com tributação regressiva. Pretendeu incorporar os *outsiders* – os excluídos do acesso a benefícios no modelo de cidadania regulada (Santos, 1979) –, mantendo padrões regressivos de arrecadação tributária. No governo, o PSDB produziu legislação que aumentou a regressividade do sistema tributário, ao passo que o PT não alterou tais padrões, contrariando as expectativas de boa parte da literatura comparada com relação às preferências da esquerda na área tributária.

No plano das políticas públicas, propriamente ditas, os capítulos que seguem demonstram a paulatina construção de um conjunto expressivo de políticas e esforços de construção institucional, embora com variados graus de efetividade e com capacidade de intervenção decrescente no tempo. Em conjunto, os estudos revelam que os dispositivos inclusivos da Constituição de 1988 alavancaram a adoção de políticas inclusivas nos governos do PSDB e do PT, para quem a implementação dessas políticas esteve amparada no imperativo de converter os princípios previstos na Carta em políticas concretas.

Entretanto, esses dois partidos originalmente divergiam com relação às estratégias de combate à pobreza e foram progressivamente se afastando programaticamente. À medida que o PT se deslocou para a centro-esquerda, o PSDB se deslocou para a centro-direita. A inclusão social via Estado foi progressivamente perdendo centralidade no programa do

PSDB, em favor da adoção de políticas orientadas a promover empregos. Os capítulos do livro revelam as diferenças programáticas entre os dois partidos nas políticas participativas, na política externa, nas políticas de garantia de renda, na política de valorização do salário mínimo, nas prioridades das políticas educacionais e de saúde, bem como nas políticas urbanas. Assim, embora a competição eleitoral tenha produzido convergência em favor da adoção de políticas para os mais pobres, tal como previsto pela teoria do eleitor mediano, esta não produziu similaridades programáticas. Pelo contrário, é possível distinguir orientações partidárias nas estratégias de combate à pobreza e à desigualdade de ambos os partidos.

Entretanto, contrariando as expectativas da teoria partidária, uma série de fatores limitaram rupturas paradigmáticas das políticas anteriores, pressionando diferentemente na direção da continuidade. No governo, partidos encontram limites para converter suas preferências programáticas em ações de governo. Os resultados alcançados não decorrem automaticamente da ocupação do poder de Estado. O marco institucional anterior, as restrições orçamentárias, vetos derivados da integração do Brasil à economia internacional, a necessidade de construir coalizões de governo, a interação estratégica com os demais partidos bem como articulações internas aos partidos da coalizão de governo operam como freios à introdução de mudanças radicais no desenho das políticas.

Nosso estudo também revela que sob FHC foram produzidos os marcos institucionais da política de saúde – na montagem do SUS –, da política de educação – pela criação do Fundef e expansão do acesso ao ensino fundamental – e da política urbana – pela aprovação do Estatuto das Cidades – e a introdução dos programas de transferência de renda para combater a extrema pobreza.

No entanto, demonstra que as administrações petistas deram prosseguimento a essa tarefa de aperfeiçoamento institucional e de reforma normativa, ao mesmo tempo que intensificaram a construção de politicas de inclusão social e combate à desigualdade. Nos governos do PT, o valor do salário mínimo teve ganhos reais expressivos. As taxas de formalização do mercado de trabalho mudaram de patamar. A massificação do Programa Bolsa Família representou uma inflexão no princípio de titularidade das transferências monetárias, em direção à garantia de renda para trabalhadores ativos em situação de extrema vulnerabilidade. A política de saúde expandiu suas áreas de cobertura para o atendimento dentário e a oferta de medicamentos, bem como produziu programas específicos para populações em situação de vulnerabilidade. O gasto federal na política educacional cresceu significativamente. A indução federal para oferta de ensino foi expandida do ensino fundamental, prioridade em FHC, para o ensino infantil, médio e técnico. A oferta pública de ensino superior teve expansão expressiva, via redução da renda-dependência no acesso ao ensino privado e crescimento da oferta de vagas no setor público. Um programa massivo de oferta de habitação para combater o déficit, focado na população de mais baixa renda com o emprego de subsídios públicos, foi instituído assim como um esforço concentrado de expandir a assistência social para o campo dos serviços integrados, além dos programas de garantia de renda.

Há, portanto, associação entre orientação programática dos governos e desenho das políticas. No plano das estratégias adotadas para expandir o escopo das políticas inclusivas, as duas presidências não se caracterizaram, contudo, por rupturas radicais. Mudanças endógenas e incrementais caracterizam o período. Estratégias endógenas são mais evidentes nos governos do PT, que em princípio divergiam do legado institucional do governo do PSDB, cuja principal contribuição consistiu em converter as disposições da Constituição de 1988 em políticas concretas. Três foram as estratégias de mudança endógena do período: *layering, emulação e visibilidade institucional.*

Por meio de estratégias de *layering,* através das quais novas camadas de legislação e novos programas foram acrescentados a sistemas de políticas sociais já existentes, as políticas de participação política, de renda, de saúde e de educação tiveram seus efeitos inclusivos muito ampliados, sem alterar os pilares do legado institucional herdado das administrações tucanas. A *emulação* do SUS foi adotada nas políticas setoriais em que a expansão da oferta exigia a coordenação nacional de estados e municípios e nas quais os objetivos programáticos do PT divergiam do PSDB, tais como desenvolvimento urbano e assistência social. Nesse caso, a estratégia principal consistiu em inspirar-se no desenho institucional do SUS, para instituir sistemas nacionais de políticas setoriais induzindo a ação dos governos subnacionais, com a presença de conselhos com representação de usuários e governos, fundos de financiamento e transferências condicionadas. Por fim, a estratégia de dar *visibilidade institucional* a um campo temático foi adotada na política externa e em políticas orientadas a públicos específicos, tais como as questões indígena, de gênero e racial. Com resultados muito distintos, a estratégia da visibilidade institucional produziu sinalização de reconhecimento da relevância da questão. Não avançou de forma correspondente em termos concretos, quase sempre pela mobilização de coalizões opositoras amalgamadas pelo próprio tipo de estratégia, tanto dentro quanto fora da coalizão de governo.

O livro é composto por dezesseis capítulos, além desta introdução e das considerações finais, ambas escritas pelos organizadores. Os capítulos estão organizados em cinco partes, quais sejam: (I) "O contexto político-institucional"; (II) "Mudança por *layering*"; (III) "Mudança por emulação"; (IV) "Mudança por visibilidade institucional"; e (V) "Políticas petistas: participação e keynesianismo".

A Parte I, intitulada "O contexto político-institucional", examina os macrodeterminantes da trajetória das políticas inclusivas na Nova República. O lugar da inclusão social via políticas estatais no programa dos dois partidos que protagonizaram longos períodos de autoridade política durável na Nova República sofreu deslocamentos ao longo do tempo. Perdeu centralidade para o PSDB, em favor de políticas pró-mercado, e ganhou centralidade para o PT, em detrimento da busca de mudanças estruturais.

A despeito de suas divergências programáticas, ambos os partidos se moveram nos limites da equação básica da CF 1988, cujas ambições inclusivas estiveram restritas à adoção de *políticas progressistas com tributação regressiva*. Não apenas os governos da Nova República não produziram a progressividade do sistema tributário, como foram pródigos na concessão de isenções e deduções tributárias. Embora essa equação tenha contribuído para o progressivo enrijecimento do orçamento, esse resultado também foi produzido por decisões de vinculação orçamentária tomadas pelos governos do PSDB e do PT.

Essa primeira parte é composta por cinco capítulos. O capítulo 1, de autoria de Victor Araújo e Paulo Flores, "Competição eleitoral e ideologia partidária: PT, PSDB e a agenda de proteção social no Brasil (1991-2014)", examina o nível de engajamento dos dois partidos com autoridade política durável da Nova República – PSDB e PT – com a agenda pró-proteção social. Demonstra que esses dois partidos foram progressivamente estabelecendo conexões eleitorais com fatias distintas do eleitorado, cujas preferências divergem com respeito a questões redistributivas. O PSDB se orientou na direção das preferências dos eleitores de centro-direita, ao passo que o PT se orientou para a centro-esquerda. As eleições presidenciais de 2002 foram o marco dessa guinada. Como resultado desses deslocamentos, a inclusão social perdeu centralidade nos programas e nos discursos parlamentares do PSDB, tendo ganhado centralidade para o PT.

Celia Lessa Kerstenetzky é autora do capítulo 2, "Redistribuição no Brasil no século XXI", que faz um balanço abrangente do "experimento redistributivo" protagonizado pelo Brasil entre a Constituição de 1988 e a Emenda Constitucional 95, de dezembro de 2016. A autora mostra que, sobretudo a partir de 2003, o país experimentou a maior redução histórica da pobreza absoluta, a ponto de estreitar a distância entre o Brasil e as democracias avançadas no que diz respeito à desigualdade de renda. Atribui esses resultados principalmente à elevação do valor real do salário mínimo e à regulação do mercado de trabalho, políticas estas cujas bases institucionais já estavam previstas na CF 1988. A autora avalia, entretanto, que a Nova República também foi feita de oportunidades perdidas. A expansão dos serviços sociais, aí incluída a saúde, resultou muito aquém de seu potencial inclusivo. Para que fossem efetivos, contudo, os serviços sociais deveriam contar com capacidade de financiamento muito superior à vigente.

O capítulo 3, "A política tributária brasileira sob o olhar da desigualdade: regressividade estável, persistente e duradoura", autorado por Eduardo A. Lazzari e Jefferson L. Leal, dá continuidade às conclusões de Celia Kerstenetzky, explorando a trajetória da legislação sobre o Imposto de Renda sobre Pessoa Física durante a Nova República. Mostram que de 1990 a 2015 nenhum governo implementou mudanças orientadas a reduzir a desigualdade no campo da tributação direta da pessoa física. Na verdade, parte significativa das alterações na legislação aumentou a regressividade do sistema, ao expandir deduções e isenções, que favorecem os estratos mais ricos. A legislação que isenta lucros e dividendos foi aprovada sob FHC. O PT no governo, contudo, não produziu reformas orientadas a melhorar a progressividade da tributação direta. O capítulo mostra que, apesar das expressas preferências por redistribuição, os governos do PT não se engajaram em reformas do sistema tributário, mantendo intacta a herança das administrações tucanas.

O capítulo 4, "Orçamento Federal: avanços e contradições na redução da desigualdade social (1995-2016)", redigido por Ursula Dias Peres e Fábio Pereira dos Santos, desvela os dilemas enfrentados pela formatação orçamentária ao longo das administrações do PSDB e do PT. Mostra que, em parte pelas razões expostas nos capítulos anteriores, em parte por efeito de estratégias muito similares adotadas por todos os governos, o orçamento brasileiro foi se tornando excessivamente rígido. O efeito catraca dos compromissos previdenciários, combinado à vinculação orçamentária nas áreas consideradas prioritárias – a saber, saúde e educação – e às despesas com pagamento da dívida e com pessoal, condena as demais políticas, desprotegidas de vinculação e regras automáticas de reajuste, a disputar uma fatia cada vez mais limitada do orçamento.

O capítulo 5, "A organização da administração pública e suas implicações sobre a implementação de políticas públicas: o poder executivo federal", de autoria de Sheila Cristina Tolentino Barbosa, examina a trajetória da máquina pública federal na Nova República. Demonstra que, no período, foram implementadas políticas incrementais de modernização do setor público. Incremento, não modificações radicais, caracteriza a trajetória. Sob os governos Lula e Dilma, entretanto, ocorreu uma inflexão na fragmentação horizontal da estrutura administrativa federal, via expansão do número de ministérios e de departamentos vinculados a secretarias finalísticas de governo, seja para atender às demandas da crescentemente fragmentada base aliada, seja para dar visibilidade institucional a temas emergentes na agenda pública. Contudo, permanece em aberto a elaboração de estratégia de transformação organizacional substancial, que incorpore elementos técnicos além das usuais considerações políticas, no sentido de promover processos de implementação que contribuam para maior efetividade das políticas públicas.

A parte II do livro é dedicada à análise das áreas de política em que as estratégias de mudança ocorreram por *layering*, isto é, pela inclusão de novas camadas de legislação que, não obstante o incrementalismo, tiveram grande impacto na escala, densidade e alcance das políticas de proteção social. Nas políticas de garantia de renda, na política de saúde e na política educacional, a ruptura representada pela Constituição de 1988 se fez pela introdução de novos princípios de titularidade sobre sistemas pré-existentes, que não foram inteiramente desmontados, mas passaram a operar com ambições universalistas. Os governos do PSDB montaram sistemas nacionais para implementação dos mandatos constitucionais. As divergências programáticas do PT não implicaram o desmonte desses sistemas, mas antes foram materializadas pela via de mudanças incrementais que tiveram grande impacto na escala e densidade das ações.

O capítulo 6, escrito por Luciana Jaccoud, "Trabalho, pobreza e desigualdade: a garantia de renda no sistema brasileiro de proteção social", destaca que a Constituição de 1988 representou uma inflexão nos princípios de titularidade do sistema previdenciário brasileiro ao instituir um princípio não contributivo para a obtenção dos benefícios por parte dos inativos. O governo Lula operou uma segunda inflexão, dessa vez orientada a proteger os ativos em condição de vulnerabilidade. Em conjunto, as duas inflexões ampliaram expressivamente o universo das políticas de garantia de renda, com impacto expressivo sobre a pobreza e a desigualdade. A instituição do Programa Bolsa Família não representou uma ruptura em relação ao modelo vigente. Antes, acrescentou ao modelo anterior uma nova camada, muito mais densa, de intervenção.

O capítulo 7, de autoria de Telma Menicucci, "Política de saúde no Brasil: continuidades e inovações", demonstra que, embora a criação do SUS, por decisão da CF 1988, tenha representado uma ruptura paradigmática no modelo de cidadania regulada preexistente, seu desenho institucional guarda elementos de continuidade com relação ao modelo anterior, ao preservar a liberdade de mercado e as formas privadas de assistência. Mostra como a incremental construção do SUS exigiu a administração permanente das questões relativas ao financiamento, à reorganização do modelo de atenção e às relações federativas. A inflexão produzida pelas administrações petistas não disse respeito à revisão do modelo do SUS, tal como este emergiu da CF 88, aí incluída a preservação do exercício liberal da medicina e a provisão privada de serviços. Antes, por meio do adensamento da ação estatal, com a criação de novos programas (ênfase na melhoria da gestão, formação de recursos humanos, compromissos pactuados com os governos subnacionais, bem como programas de atendimento dentário, de distribuição de medicamentos e voltados a populações em situações de vulnerabilidade), o PT no governo profissionalizou e ampliou a oferta de serviços públicos de saúde, a despeito das restrições orçamentárias.

O capítulo 8, "Governos partidários e políticas educacionais no Brasil do século XXI: a eficácia da democracia", de autoria de Sandra Gomes, André Luís Nogueira da Silva e Flávia Costa Oliveira, mostra como os governos do PSDB e do PT adotaram a mesma estratégia de coordenação nacional das políticas de educação, mas divergiram muito na distribuição nacional do gasto. O PSDB priorizou a transferência do gasto para estados e municípios, ao passo que o gasto federal em educação expandiu expressivamente nos governos do PT. No plano das políticas propriamente ditas, os governos FHC, Lula e Dilma seguiram os ditames e o princípio normativo da educação como direito social, como consagrados na CF 1988, diminuindo a exclusão social como resposta eficaz do jogo democrático. Porém, se o governo FHC deu prioridade à universalização do ensino fundamental, os governos Lula e Dilma ampliaram o escopo da regulação e financiamento federais para os demais níveis educacionais, quais sejam, a educação infantil e os ensinos médio, técnico e superior. Divergências partidárias se revelam nas políticas de ensino superior. Se o PSDB priorizou a oferta privada, o PT criou políticas para reduzir a dependência da renda como fator de ingresso no ensino superior privado, bem como expandiu a rede federal de ensino, estatal e gratuita. Inclusão e adensamento caracterizaram a estratégia pela qual o PT modificou as políticas educacionais herdadas.

A parte III é dedicada às áreas de política em que PT e PSDB tinham orientações programáticas muito distintas: as políticas urbanas e de assistência social. Em ambos os casos, o PSDB, coerentemente com suas orientações programáticas, conferia respectivamente um papel central aos provedores privados e às organizações da sociedade civil na execução dos serviços. O PT, diferentemente, priorizava a provisão estatal direta de serviços, focalizando os setores mais vulneráveis, onde estão concentrados o déficit habitacional e as vulnerabilidades dos indivíduos e famílias.

Nessas áreas, a expansão da oferta de bens e/ou serviços teria, inevitavelmente, que contar com a colaboração de estados e municípios. Em ambas as áreas de política, o PT, diferentemente do PSDB, priorizou instituir um programa ambicioso de oferta de serviços em espécie. Para introduzir políticas massivas, a estratégia do PT consistiu na montagem de sistemas nacionais de políticas, em clara *emulação* do desenho institucional do SUS. Modelo bem-sucedido em termos de coordenação federativa e com grande legitimidade, o desenho institucional do SUS serviu de inspiração para a montagem dos sistemas nacionais de políticas urbanas e de assistência social durante as administrações federais do PT.

Dois capítulos compõem esta terceira parte do livro. O capítulo 9, de autoria de Eduardo C. L. Marques, "Transformações, avanços e impasses nas políticas urbanas brasileiras recentes", mostra que os governos do PT representaram uma mudança no paradigma das políticas urbanas, ao trazer de volta o governo federal ao campo dessas políticas. Embora o direito à cidade estivesse inscrito na CF 88, as políticas do PSDB nessa área não tinham sido orientadas no sentido de dar prioridade aos grupos mais vulneráveis. O capítulo mostra como várias inovações nos programas urbanos foram introduzidas pelos governos do PT. Uma parte desses programas teve origem nas administrações municipais petistas prévias sendo expandidos em escala pela indução do governo federal, enquanto outros foram criados já na experiência federal (sendo parcialmente contraditórios com os primeiros). O primeiro grupo de políticas foi paulatinamente perdendo centralidade e coerência em proveito do segundo, em especial pelo lugar do Ministério das Cidades na formação das coalizões de governo.

O capítulo 10, "Sistema Único de Assistência Social: ideias, capacidades e institucionalidades", de Renata Bichir e Kellen Gutierres, revela como as divergências programáticas entre PSDB e PT afetaram a trajetória institucional da política de assistência social. Sendo o eixo dessa disputa o papel da responsabilidade pública na assistência às famílias em situação de vulnerabilidade, uma estratégia de construção de capacidades estatais para a oferta de serviços somente ocorreu sob os governos do PT. Em outras palavras, a construção de um sistema nacional de assistência nacional coincide com a chegada do PT ao governo federal. Para tal, foi essencial a presença de ativistas da área com experiência prévia nas administrações municipais petistas. Como em outras políticas de serviços, à semelhança do SUS, o desafio da coordenação federativa revelou-se central. Por isto, a emulação do SUS passou a ser a estratégia de construção institucional do SUAS.

A parte IV é dedicada às políticas em que o combate às desigualdades foi operado pela estratégia da visibilidade institucional, embora com resultados bastante variados. Se na política externa a vocalização do combate doméstico às desigualdades fez parte da estratégia de exponenciar o protagonismo do Brasil na arena internacional, a visibilidade institucional das políticas indígena e racial produziu resultados bem mais limitados quando comparados às demais áreas de política social examinados neste livro.

O capítulo 11, de autoria de Carlos Aurélio P. de Faria e Dawisson B. Lopes, "As assimetrias internacionais e as desigualdades domésticas na política externa de FHC e de Lula", discute a cambiante maneira como, nos dois governos, as diretrizes da política externa brasileira foram articuladas para privilegiar a acomodação do país às novas configurações do sistema internacional ou para disputar sua reestruturação, no sentido da busca de redução de suas assimetrias. O capítulo também analisa como, sob Lula, a vocalização internacional do esforço brasileiro no sentido da busca de redução das desigualdades domésticas ampliou a legitimação das políticas nacionais e, simultaneamente, informou os objetivos da política externa do país. Ao enfatizar no plano retórico e no âmbito das articulações interestatais a necessidade de combate às desigualdades, Lula buscou conferir protagonismo internacional ao Brasil e, paralelamente, inserir a agenda do combate às desigualdades, notadamente o combate à fome, entre as prioridades das agências e regimes multilaterais.

O capítulo 12, assinado por Henyo T. Barretto Filho e Adriana Ramos, "Da luta por direitos à luta para não os perder: povos e terras indígenas na guerra pela destinação de terras públicas no Brasil pós-Constituição", mostra que também nessa área de política a CF 1988 representou uma ruptura paradigmática, no sentido do reconhecimento dos direitos das terras indígenas. Entretanto, a agenda das garantias dos direitos indígenas permaneceu em lugar subalterno nos sucessivos governos, aí incluídos os governos petistas. Seja no plano orçamentário, seja no plano da estabilidade dos dirigentes das agências encarregadas da gestão da política, a situação de "crise permanente" foi apenas menos acentuada sob os governos de esquerda, sem que as ofensivas do agronegócio tenham sido refreadas.

O capítulo 13, "A implementação de uma agenda racial de políticas públicas: a experiência brasileira", de autoria de Mário Theodoro, argumenta que o reconhecimento da necessidade de adoção de políticas públicas para combater o racismo somente ocorreu no Brasil com a criação da Secretaria Especial de Políticas de Promoção Racial (Seppir), pelo governo Lula, em 2003. Entretanto, a Seppir nunca logrou obter influência efetiva no governo, de sorte que sua capacidade de inserir a questão racial no desenho e implementação das demais políticas setoriais permaneceu bastante limitada. Assim, os avanços observados tenderam a se circunscrever a algumas políticas e ações específicas, sendo a aprovação da lei de cotas raciais, no governo Dilma, a principal conquista dessa área.

A parte V é dedicada às políticas dos governos petistas que estão sob mais intenso ataque no momento, conjuntamente com aquelas analisadas na parte IV do livro: as políticas participativas, os programas do BNDES e as políticas de infraestrutura. Os capítulos dessa seção desvelam as orientações programáticas e os esforços de construção institucional que orientaram a implementação dessas políticas nos governos do PT. Exploram, também, as contradições internas às administrações petistas na implementação dessas políticas. Contrariando a versão, hoje corrente na grande mídia e na opinião pública do país, que reduz as quatro administrações petistas ao final da gestão Dilma Rousseff, os três capítulos dessa quarta parte exploram as variações de ênfase e as mudanças de trajetória entre os quatro governos do PT no período 2003-1016.

O capítulo 14, de autoria de Rebecca N. Abers e Debora R. de Almeida, "Participação no século XXI: o embate entre projetos políticos nas instituições participativas federais", mostra como a esquerda brasileira que chegou ao poder federal em 2003 tinha como objetivo programático central a combinação de propostas redistributivas com o aprofundamento da democracia via participação. Entretanto, a implementação do "projeto participativo-democrático" exigiu o enfrentamento com outros projetos políticos que coexistiam dentro do próprio Partido dos Trabalhadores – o projeto desenvolvimentista – e da coalizão governamental – o projeto neoliberal e, mais recentemente, um projeto conservador-autoritário. As autoras revelam como, no embate entre esses quatro projetos, o alcance do projeto democrático-participativo teve resultados muito distintos em diferentes políticas setoriais e instituições participativas. A forte institucionalidade participativa da saúde, conselhos e conferências, foi minada pelo projeto neoliberal, principal adversário da agenda de aprofundamento do SUS. Já o projeto desenvolvimentista deixou pouquíssimo espaço para a participação no processo decisório sobre obras de infraestrutura. No campo dos direitos das mulheres, a institucionalidade participativa produziu mais efeitos na tematização das questões de gênero do que no processo decisório do Estado e teve como grande ameaça o projeto conservador-autoritário. Finalmente, as autoras argumentam que o projeto democrático-participativo foi constantemente renegociado e fragilizado ao longo do período, com definhamento do compromisso histórico de se unir a agenda inclusiva com a participativa.

O capítulo 15, "As políticas de desenvolvimento e seus limites: uma síntese institucional", de Edney Cielici Dias, reconstitui o debate nacional e internacional sobre o papel do Estado na promoção do desenvolvimento econômico. Demonstra as afinidades do projeto petista com a perspectiva social-democrata, que supõe uma aliança com o capital produtivo. Mas, contrariando os argumentos que sustentam que as quatro administrações petistas adotaram uma única estratégia de fomento ao crescimento, via BNDES, o capítulo explora as diferentes políticas adotadas pelos governos Lula e Dilma com suas consequentes distintas sinalizações aos investidores privados. Conclui que a "experiência capitaneada pelo PT foi em parte positiva e em parte se perdeu em más políticas".

O capítulo 16, "Reconfigurações da ação estatal para as políticas de infraestrutura no início do século XXI: avanços e limites", de autoria de Raphael Machado, Alexandre Gomide e Roberto R. C. Pires, também explora os resultados mistos das administrações Lula e Dilma. Consideram que, do ponto de vista analítico, a janela orçamentária de oportunidade que se abriu para as políticas de infraestrutura a partir de 2005 permite explorar, analiticamente, a importância dos fatores de ordem político-institucional. O capítulo destaca como os esforços de construção de capacidades estatais – arranjos institucionais e instrumentos de ação pública – necessários à implementação de políticas compatíveis com o ideário keynesiano da esquerda foram afetados pelo ambiente político institucional em que estavam inseridos. Assim, para os autores, é a interação entre estes três fatores, antes que as limitações orçamentárias, que explica o limitado alcance das políticas de infraestrutura implementadas pelas administrações petistas.

Ao final do volume, os organizadores articulam as principais descobertas e interpretações dos 16 capítulos, na conclusão intitulada "Produzindo mudanças por estratégias incrementais: a inclusão social no Brasil pós-1988". Argumentam que a Constituição de 1988 concluiu um gradual processo de redemocratização que produziu mudanças paradigmáticas nas políticas sociais brasileiras. Na implementação de suas ambições inclusivas, realizada basicamente pelos dois governos com autoridade política durável na Nova República, mudanças parciais e incrementais nas políticas públicas caracterizaram a trajetória. Se a montagem de sistemas nacionais de saúde e educação caracterizou as administrações do PSDB, o adensamento das ambições da transição democrática inclusiva, por meio de estratégias de *layering, emulação e visibilidade institucional,* caracterizou os governos petistas. O resultado foi um substancial avanço nas estruturas das políticas e nas taxas de coberturas, contribuindo para a redução de desigualdades e a geração de bem-estar. Os limites alcançados pela democracia inclusiva pós-1988 estiveram diretamente associados ao teto possível da redistribuição derivado da estratégia de não alterar o desenho geral da Carta de 1988, vale dizer, do projeto de redistribuição combinado a padrões regressivos de tributação. Os níveis de renda e de bem-estar foram aumentados sem que os padrões de distribuição da riqueza fossem alterados.

O volume que o leitor tem em mãos é resultado da longa colaboração entre pesquisadores de várias instituições de ensino e pesquisa espalhadas pelo país, que se reúnem periodicamente nos encontros anuais da Associação Nacional de Pós-Graduação e Pesquisa em Ciências Sociais (Anpocs) e nos congressos bianuais da ABCP (Associação Brasileira de

Ciência Política), no âmbito de seus grupos de trabalho dedicados ao estudo das políticas públicas.

No encontro da Anpocs de 2016, ocorrido em Caxambu, Minas Gerais, poucos meses depois do impeachment de Dilma Rousseff, esse grupo de pesquisadores decidiu pela organização de um livro que deixasse um registro sistemático, abalizado e ponderado das inovações, transformações e continuidades das principais políticas públicas brasileiras recentes, em especial as desenvolvidas com o intuito de reduzir as desigualdades que têm marcado a história do país e de promover uma sociedade menos excludente. A partir daí, a ideia do livro foi desenvolvida coletivamente, o que envolveu a escolha dos campos da atuação governamental a serem tratados e dos pesquisadores que ficariam responsáveis pelos diversos capítulos. Para tal, foram realizadas discussões coletivas em dois seminários na Universidade de São Paulo, em agosto de 2017 e fevereiro de 2018, organizados e custeados pelo Centro de Estudos da Metrópole, e em duas mesas redondas nos encontros da Anpocs de 2017 e 2018. Na versão final que o leitor tem em mãos, o livro contém análises assinadas por vinte e sete autores, que estão entre os principais analistas contemporâneos das políticas públicas brasileiras.

Este projeto não poderia ter sido realizado sem o apoio da Fapesp (Fundação de Amparo à Pesquisa do Estado de São Paulo) ao Cepid do Centro de Estudos da Metrópole, no âmbito do processo 2013/07616-7. Esse financiamento nos permitiu o luxo de realizar dois amplos seminários, abertos ao público, nos quais versões preliminares dos capítulos foram amplamente discutidas. O apoio administrativo do staff do Cebrap e da USP, Shirley Danuzia Rodrigues Neto, Ximena Leon Contreras, Janaína Simões e Sandra Matos nos garantiram a tranquilidade necessária para estas atividades.

Referências bibliográficas

ABRANCHES, S. Polarização radicalizada e ruptura eleitoral. In: *Democracia em crise?* São Paulo: Companhia das Letras, 2019. p.11-34.

ANDERSON, P. O Brasil de Lula. *Novos Estudos Cebrap*, n.91, p.23-52, 2011.

BARROS, C. R. de. Uma história de dois azares e um impeachment. *Democracia em crise?* São Paulo: Companhia das Letras, 2019. p.71-82.

BOHN, S. Social Policy and Vote in Brazil. *Latin American Research Review*, v.46, n.1, p.54-79, 2011.

BOIX, C. *Political Parties, Growth and Equality*. Cambridge: Cambridge University Press, 1998.

ESPING-ANDERSEN, G. *Politics against Markets*. Princeton: Princeton University Press, 1985.

FAUSTO, S. A queda do foguete. *Democracia em crise?* São Paulo: Companhia das Letras, 2019a. p.147-63.

______. O ponto a que chegamos. *Piauí*, fev. 2019b. p.22-8.

GOMES, A. A política brasileira em tempos de cólera. *Democracia em crise?* São Paulo: Companhia das Letras, 2019. p.175-94.

HUBER, E.; STEPHENS, J. D. *Democracy and the Left. Social Policy and inequality in Latin America*. Chicago: University of Chicago Press, 2013.

HUNTER, W.; POWER, T. J. Rewarding Lula: executive power, social policy, and the Brazilian elections of 2006. *Latin American Politics and Society*, v.49, n.1, p.1-30, 2007.

MELTZER, A. H.; RICHARD, S. F. A Rational Theory of the Size of Government. *Journal of Political Economy*, 89, p.914-27, 1981.

PIERSON, P.; SKOCPOL, T. American Politics in the long run. In:. *The Transformation of American Politics*: Activist Government and the Rise of Conservatism. Princeton: Princeton University Press, 2007.

SANTOS, W. dos. *Cidadania e justiça*. Rio de Janeiro: Campus, 1979.

SCHYMURA, L. G. Equilíbrio fiscal na democracia brasileira. *Valor Econômico*, 15 set. 2017.

SINGER, A. *Os sentidos do lulismo*: reforma gradual e pacto conservador. São Paulo: Companhia das Letras, 2012.

SKOWRONEK, S. *The politics presidents make*: leadership from John Adams to George Bush. Cambridge: Harvard University Press, 1993.

SOARES, S. Desigualdade no Brasil de 2016 a 2017: um exercício de decomposição e análise de mercado de trabalho de pouca mudança (o que é uma boa notícia). *Textos para Discussão*, n.2408, Rio de Janeiro, Ipea, 2018.

ZUCCO, C. The President's New Constituency: Lula and the Pragmatic Vote in Brazil's Presidential Elections. *Journal of Latin American Studies*, v.40, n.1, p.29-49, 2008.

Parte I
O CONTEXTO POLÍTICO-INSTITUCIONAL

1
Competição eleitoral e ideologia partidária: PT, PSDB e a agenda de proteção social no Brasil (1991-2014)

Victor Araújo e Paulo Flores

Trabalhos clássicos da economia política analisam como a posição em diferentes pontos da dimensão ideológica afeta a preferência dos partidos por políticas redistributivas.[1] Neste capítulo, nos interessa investigar essa questão de forma dinâmica, explorando como mudanças na composição do eleitorado influem na preferência ideológica dos partidos por políticas de proteção social ao longo do tempo. Especificamente, por meio da análise da trajetória do Partido da Social Democracia Brasileira (PSDB) e do Partido dos Trabalhadores (PT) entre 1991 e 2014, mostraremos como a reconfiguração do eleitorado nas eleições presidenciais brasileiras alterou a estratégia de vocalização das preferências com relação à redistribuição na arena legislativa.

De 1995 a 2014, a Presidência da República foi ocupada apenas por dois partidos: PSDB em 1995-1998 e 1999-2002; e PT em 2003-2006, 2007-2010 e 2011-2014.[2] As duas siglas, que também compartilham a

1 Hibbs Jr. (1992); Schmidt (1996).

2 O PT ocupou a Presidência da República até maio de 2016, quando o Senado aprovou a abertura de um processo de impeachment contra a então presidente Dilma Rousseff,

característica de terem sido os dois partidos que mais cresceram em termos de representação parlamentar e capilaridade no território nacional, diferenciam-se em seus deslocamentos no espectro ideológico: enquanto o PT se manteve à esquerda entre 1991 e 2014, o PSDB deslocou-se da centro-esquerda (1995-2002) para a centro-direita (2003-2014).

De acordo com nossa interpretação, tal variação ideológica representou uma resposta à tendência de (re)estratificação do voto nas eleições presidenciais: a partir de 2002, houve aumento do apoio ao PT na porção do eleitorado com menor renda média, ao passo que se manteve a concentração da popularidade do PSDB entre os eleitores de maior renda média. Por conseguinte, o PT preservou sua agenda de políticas de proteção social, com vistas a se manter próximo das preferências de um eleitorado de menor renda e menos avesso às políticas de redistribuição de renda. Em outra direção, com o objetivo de espelhar a preferência do eleitorado nos estratos superiores de renda, o PSDB alterou seu comportamento legislativo e se distanciou da agenda de proteção social.

Para efeitos de nossa análise, consideramos políticas de proteção social todas aquelas voltadas para os cidadãos cujos rendimentos oriundos do trabalho são nulos ou insuficientes para satisfação das necessidades básicas. Ou seja, são contempladas por esse conceito as políticas que promovem redução do custo de vida familiar quando os rendimentos oriundos do trabalho são insuficientes para garantia da subsistência. Uma política de proteção social pode tanto seguir o formato de transferência condicionada de renda (e.g., Programa Bolsa Família) quanto o desenho clássico assistencial não contributivo de políticas de substituição de renda (e.g., Benefício de Prestação Continuada). O elemento que permeia todas as políticas enquadradas no conceito de proteção social é a utilização de critérios de elegibilidade ligados à privação de renda, ou seja, acesso limitado, por parte do cidadão, a bens e serviços básicos relacionados à manutenção do bem-estar.

Mensuramos o nível de engajamento dos partidos na agenda pró-proteção social de duas formas. Primeiro, por meio da análise do conteúdo

---

afastando-a provisoriamente do cargo; três meses depois o Senado aprovou o impeachment e Rousseff foi definitivamente destituída.

dos discursos proferidos pelos parlamentares na Câmara dos Deputados, avaliamos como mudanças na composição da renda do eleitorado de PT e PSDB, ao longo do tempo, se refletiram em mudanças na vocalização das preferências partidárias sobre proteção social dos representantes destes partidos. Para tanto, examinamos cerca de 15 mil discursos proferidos por deputados federais dos dois partidos entre 1991 e 2014. Segundo, realizamos a análise longitudinal dos programas eleitorais do PT e do PSDB nas eleições presidenciais do período 1994-2014. Esse tipo de exame nos permite observar se e de que forma os partidos se apresentam para o eleitorado, ao longo do tempo, como agentes promotores de proteção social.

A escolha das duas dimensões se assenta na premissa segundo a qual a exposição pública do tema proteção social expressa a preferência de seus autores (Mayhew, 1974). De acordo com essa perspectiva, o fato de um partido explorar pouco uma determinada questão – como proteção social – não nos impede de analisar seu engajamento nessa agenda, mas sugere que ela possui relevância marginal para tal partido (Bovitz; Carson, 2006).

Este capítulo dialoga com diferentes perspectivas da literatura que enfoca a questão da proteção social. Em primeiro lugar, nossos resultados encontram no caso brasileiro respaldo para o postulado de que o posicionamento dos partidos no espectro ideológico revela suas preferências por redistribuição (Esping-Andersen, 1985; Przeworski, 1985; Huber; Stephens, 2012; Roberts, 2014). Ademais, na mesma linha de Rueda (2006) e McCarty e colegas (2016), nossas evidências indicam que a posição dos partidos no que se refere às políticas de proteção social pode ser afetada pela composição da renda de seu respectivo eleitorado.

Em segundo lugar, dialogamos com a teoria do eleitor mediano (Downs, 1957; Meltzer; Richard, 1981), apresentando indícios de que, também no caso brasileiro, a renda dos eleitores influencia a forma como os partidos vocalizam suas preferências sobre *policies*. Por fim, na contramão de alguns autores que defendem a tese de um "realinhamento eleitoral" a partir das eleições de 2006 (Hunter; Power, 2007; Singer, 2009), apresentamos evidências que indicam um processo anterior de crescimento do suporte eleitoral ao PT nos estratos mais pobres da população brasileira. Em outras palavras, argumentamos que PT e PSDB ajustaram a vocalização de suas preferências em termos de política social seguindo mudanças prévias na composição da renda de seus eleitorados. Nesse sentido, nossos resultados se somam a esforços empíricos empreendidos por Rennó e Cabello (2010) e Samuels e Zucco Jr. (2014).

Além desta introdução, o capítulo se divide em mais quatro seções. Na seção "A economia política da redistribuição", elencamos as principais teorias que tratam da relação entre ideologia partidária e redistribuição, sobretudo aquelas que nos ajudam a compreender o caso brasileiro. Na seção "Preferências eleitorais e ideologia partidária", apresentamos evidências de que o deslocamento do PSDB e do PT no espectro ideológico pode ser lido como resultado da mudança na composição da renda de seus eleitorados. Na seção "Comportamento legislativo e proteção social", mostramos que, depois de 2002, quando se deu o início do processo de (re)estratificação do voto nas eleições presidenciais brasileiras, a agenda de políticas de proteção se tornou progressivamente marginal para o PSDB, enquanto se manteve central para o PT. Por fim, na seção final, discutimos os limites da análise empreendida e apresentamos nossas conclusões.

A economia política da redistribuição

Tendo como referência o trabalho seminal de Romer (1975), o modelo canônico mais importante para explicar a adoção de políticas redistributivas foi proposto por Meltzer e Richard (1981). Baseados na teoria do eleitor mediano (Downs, 1957), os autores argumentam que o resultado da balança entre tributação-redistribuição depende da configuração da distribuição de rendimentos no eleitorado. Quando a renda média for maior do que a renda do eleitor mediano e, portanto, mais da metade do eleitorado se beneficiar da redistribuição, é racional para os partidos aumentar a taxação sobre os mais ricos e redirecionar os recursos para os mais pobres.

Apesar de sua consistência lógica, o postulado de Meltzer e Richard (1981) possui três limitações diretamente relacionadas com o problema abordado neste capítulo. Primeiramente, desconsidera a existência de processos decisórios, ignorando o fato de que proposições precisam de acordos mínimos para entrarem em vigor. Em segundo lugar, não leva em conta a importância do desenho das políticas, algo que afeta o potencial redistributivo das mesmas. Seria possível observar, por exemplo, tanto o PSDB como o PT propondo políticas sociais, mas cada um conferindo a elas características distintas na cobertura e diferentes formas de restrição nos critérios de elegibilidade. Por fim, cabe ressaltar que, em praticamente todos os países, a maior parte dos rendimentos do trabalho dos indivíduos está abaixo da renda do eleitor mediano (Piketty, 2014) – ou seja, mais da metade dos eleitores tem rendimentos inferiores à renda média de seus países – o que deveria resultar em aumento da redistribuição. No entanto, os países onde observamos mais redistribuição de renda são aqueles historicamente menos desiguais (Alesina; Glaeser, 2004).

Esping-Andersen (1985) apresenta um argumento que procura inserir as dimensões não abordadas pela teoria do eleitor mediano. Segundo o autor, a entrada de políticas sociais na agenda, sua implementação e o desenho das mesmas dependem de dois fatores: potencial eleitoral de partidos de esquerda e o nível de conversão desse potencial em cadeiras no parlamento. Uma vez eleitos, partidos de esquerda buscariam formatar um Estado de bem-estar social baseado em políticas que promovem a desmercadorização da força de trabalho. Partidos de direita, por seu turno, adequariam suas preferências a depender do contexto. Caso a esquerda tenha potencial eleitoral e não tenha maioria no parlamento, a direita implementaria políticas de diferenciação social para inviabilizar mobilizações unificadas dos trabalhadores. Em cenários em que a esquerda é eleitoralmente fraca, a direita buscaria implementar políticas sociais restritivas e voltadas apenas a cidadãos muito pobres.

Há, no entanto, evidências de que mesmo governos de esquerda podem priorizar a implementação de políticas pró-*insiders*, entendidos como cidadãos inseridos no mercado de trabalho formal. Apesar da expectativa em torno da atuação dos partidos de esquerda, as evidências mobilizadas por Rueda (2005) revelam que não existe diferença substantiva na promoção de políticas igualitárias. Quando surgem novas demandas de grupos específicos do eleitorado – e essas entram em conflito com demandas de outros grupos eleitorais –, partidos ideologicamente comprometidos com políticas igualitárias adequariam suas estratégias em favor dos *insiders*.

Os estudos citados buscam explicar a implementação ou expansão das políticas redistributivas a partir de duas variáveis: eleitorado e ideologia dos partidos. Os resultados esperados se dariam no nível de gastos sociais (Meltzer; Richard, 1981) ou na interação entre desenho e público afetado pelas políticas (Esping-Andersen, 1985; Huber; Stephens, 2012; Rueda, 2005). É preciso considerar, no entanto, que as posições dos partidos ao longo do tempo não são estáticas. Como assevera Rueda (2006), mudanças nas demandas eleitorais podem afetar a agenda perseguida pelos partidos.

McCarty e colegas (2016) consideram a relação endógena entre o comportamento legislativo dos partidos e as preferências do eleitorado. Analisando o caso norte americano, esses autores argumentam que existe uma forte associação entre o aumento da desigualdade de renda e o crescimento da polarização ideológica no Congresso dos Estados Unidos. Quando o conflito redistributivo aumenta no eleitorado, parlamentares democratas e republicanos tendem a adotar posições mais extremas e os partidos se diferenciam em relação às *policies*.

Neste capítulo, estamos interessados em analisar como a reconfiguração das preferências eleitorais afeta a vocalização de preferência dos partidos, na arena eleitoral, no que diz respeito às políticas de proteção social. Como mostraremos em detalhes na próxima seção, enquanto PT e PSDB iniciaram suas trajetórias à esquerda do espectro ideológico, o PSDB fez um movimento de deslocamento à direita para se adequar às preferências dos eleitores mais ricos, aqueles que passaram a rejeitar a agenda de políticas redistributivas implementada pelo PT a partir de 2003.

Preferências eleitorais e ideologia partidária

Entre 1994 e 2014, PT e PSDB sempre estiveram entre os quatro partidos com maiores bancadas no Congresso Nacional.[3] Foram também

3 No referido período, em média, PT e PSDB tiveram, respectivamente, 66 e 64 deputados federais em cada legislatura.

desses partidos três dos quatro presidentes eleitos desde a instauração da Nova República em 1988. No mesmo período, essas foram as legendas que mais ganharam capilaridade no território nacional. Nas eleições de 2004, 2008 e 2012, apenas o PMDB elegeu mais prefeitos do que PT e PSDB. Juntos, esses dois partidos elegeram uma média de 670 prefeitos em cada eleição.[4]

A chegada dos dois partidos à Presidência da República não apenas viabilizou o crescimento das duas legendas. Também impactou a dinâmica da competição eleitoral, dado que as disputas do nível subnacional passaram a se organizar em torno da polarização PT-PSDB (Melo; Câmara, 2012). Essa correlação de forças reconfigurou o sistema partidário brasileiro. Não obstante a enorme fragmentação partidária observada no Brasil, a disputa presidencial – bem como em vários estados e municípios de grande porte – foi marcada, entre 1994 e 2014, pela polarização entre os programas desses dois partidos (Limongi; Guarnieri, 2015).

Do ponto de vista ideológico, no entanto, as respectivas trajetórias das duas siglas são marcadamente distintas. Enquanto o PT se manteve à esquerda no espectro ideológico durante todo o período, o PSDB se deslocou para a direita a partir de 2003. A Figura 1 apresenta a variação do posicionamento ideológico dos dois partidos entre a legislatura 1991-1994 e a legislatura 2011-2014. O cálculo foi realizado a partir dos *scores* do *Brazilian Legislative Survey*, uma pesquisa de opinião realizada com os parlamentares da Câmara dos Deputados um ano antes do fim de cada legislatura.[5] O indicador de ideologia é uma média da autoclassificação dos integrantes de um dado partido Wi, corrigida pelo modo como os parlamentares de outras siglas classificam o mesmo partido Wi. Essa correção ajuda a atenuar o viés produzido pelo fato de haver uma tendência de os deputados classificarem o próprio partido sempre mais à esquerda no espectro ideológico (Power; Zucco Jr., 2009).

A fim de garantir a comparabilidade entre os partidos, realizamos um procedimento adicional de padronização dos *scores* em relação à média.

---

4 Fonte: Tribunal Superior Eleitoral.

5 Disponível em: <dataverse.harvard.edu/dataset.xhtml?persistentId=hdl:1902.1/14970>. Acesso em: 23 jul. 2019.

Do ponto de vista aritmético, subtraímos da média observada em cada legislatura o *score* de ideologia referente a cada partido e dividimos esse valor pelo desvio padrão. O resultado é a distância de cada partido em relação à média, mensurado em desvios padrões. Os partidos com *scores* menores que -1 foram classificados à esquerda no espectro ideológico. Aqueles cujos *scores* ficaram entre 0 e -1 foram classificados como centro-esquerda. Entre 0 e 1, como centro-direita. E, por fim, partidos com *scores* maiores que 1 foram classificados à direita no espectro ideológico. Embora o cálculo considere os partidos com as dez maiores bancadas em cada legislatura, dados os objetivos deste capítulo, representamos, na Figura 1, apenas os Z *scores* relativos ao PT e ao PSDB.

PT e PSDB, respectivamente com Z *scores* de -1,09 e -0,16, estavam situados à esquerda no espectro ideológico na primeira legislatura analisada (1991-1994), embora o PT em uma posição mais extrema e o PSDB mais próximo do centro. Esse quadro se manteve estável nas duas legislaturas seguintes (1995-1998 e 1999-2002), mas começou a ser alterado a partir da eleição do candidato do PT, Luiz Inácio Lula da Silva, em 2002. A partir desse ponto de inflexão, o PSDB se desloca para a centro-direita, apresentando um Z *score* de 0,71 na legislatura 2003-2006 e 0,40 nas legislaturas 2007-2010 e 2011-2014. Isso significa que, em menos de uma década, um partido que teve sua fundação baseada em ideais da social-democracia, passou a não mais figurar entre os partidos de esquerda, tornando-se progressivamente mais próximo, no espectro ideológico, de partidos como PP, PR e DEM.

Roma (2002) argumenta que a tendência de deslocamento do PSDB para a direita precede 2002, uma vez que sua aliança com o Partido da Frente Liberal (PFL; atual Democratas (DEM)) – um partido de orientação politicamente conservadora e economicamente liberal – nas eleições de 1994 pode ser explicada por motivos ideológicos. No entanto, a aliança com o PFL durante o primeiro governo de Fernando Henrique Cardoso (FHC) foi objeto de intenso debate e divisão dentro e fora dos quadros do partido.[6] Oficialmente, a aliança com um partido conservador de

6 Disponível em: <www.encontro2016.rj.anpuh.org/resources/anais/42/1465603568_ARQUIVO_artigo.pdf>. Acesso em: 23 jul. 2019.

Figura 1: Variação do posicionamento ideológico do PT e do PSDB (1991-2014)

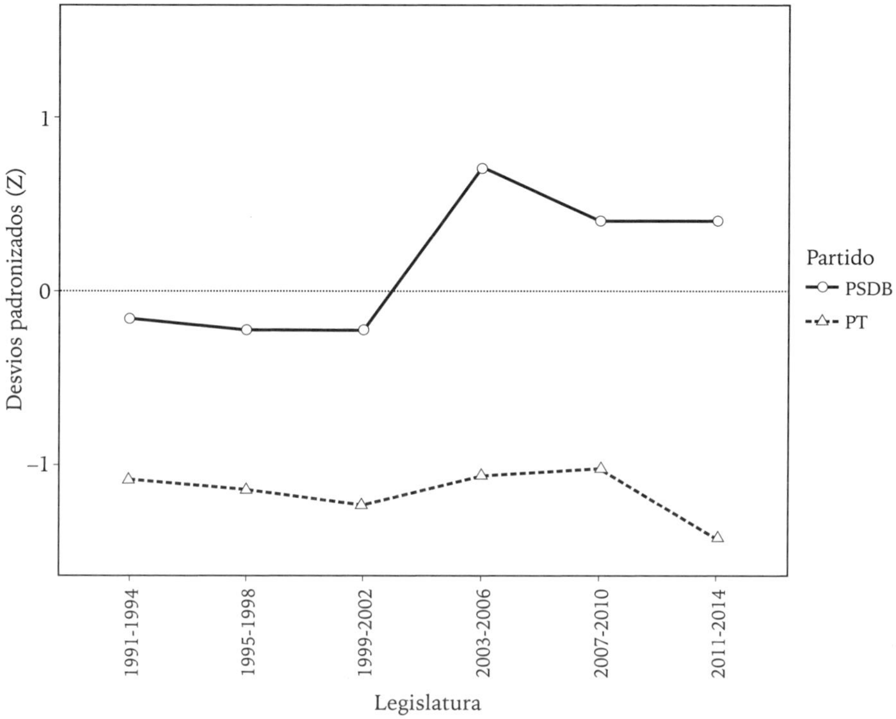

Fonte: elaborado pelos autores a partir dos dados do *Brazilian Legislative Survey*.

direita, como o PFL, foi tratada como uma forma de garantir maioria no Congresso e conseguir apoio eleitoral nas eleições presidenciais de 2002, e não um acordo com bases programáticas. Ademais, vale lembrar que os governos do presidente Fernando Henrique, entre 1994 e 2002, lançaram uma série de políticas de proteção social que serviram como alicerce para o programa de desenvolvimento social estruturado posteriormente pelos governos petistas. Os programas Bolsa Escola, Bolsa Alimentação, Vale Gás e a implementação do Cadastro Único são exemplos das políticas sociais elaboradas nos governos FHC (Bichir, 2010).

Alternativamente, a mudança de trajetória pode ser lida como um processo de adaptação desse partido ao comportamento do eleitorado brasileiro nas eleições presidenciais. Como pode ser visto na Figura 2, os eleitores

Figura 2: Média de renda dos eleitores do PSDB e do PT nas eleições presidenciais brasileiras (1998-2014)

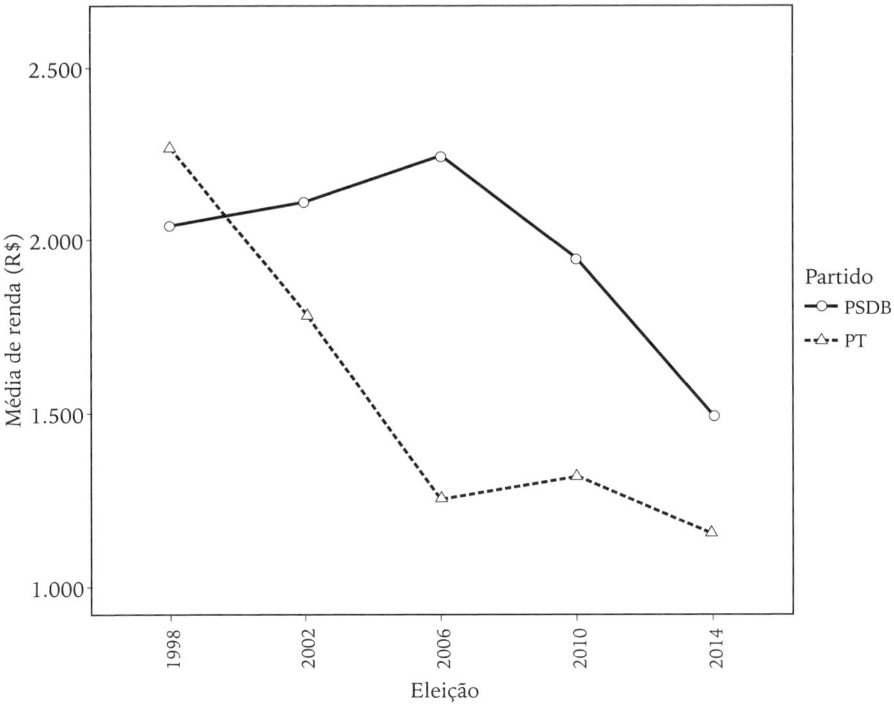

Fonte: elaborado pelos autores a partir dos dados do Estudo Eleitoral Brasileiro (Eseb/Cesop).

do PT, em 1998, ganhavam em média R$ 2.267,00,[7] cerca de R$ 220,00 a mais do que os que votaram em Fernando Henrique Cardoso, candidato do PSDB que se sagrou vitorioso naquele pleito. Nas eleições de 2002, observamos o início do processo de "(re)estratificação" do voto para presidente no Brasil. Entre 2002 e 2006, a média de renda dos eleitores que votaram em Luiz Inácio Lula da Silva, candidato do PT, caiu para cerca de R$ 1.200,00, praticamente metade do valor observado em 1998. Apesar do ligeiro aumento em 2010, esse valor chegou a seu menor patamar nas eleições de 2014, quando os eleitores do PT recebiam, em média, R$ 1.150,00.

7 Todos os valores monetários da Figura 2 apresentados nesta seção foram corrigidos para janeiro de 2018 de acordo com o Índice Nacional de Preços ao Consumidor Amplo (IPCA/IBGE).

Ao mesmo tempo, entre 1998 e 2006, a renda média dos eleitores do PSDB aumentou linearmente, atingindo um patamar de R$ 2.248,00 em 2006. Em termos monetários, as eleições de 2010 e 2014 foram marcadas pela aproximação do eleitorado dos dois partidos,[8] o que explica a tendência de queda da renda média dos eleitores do PSDB. No entanto, mesmo nas eleições de 2014, quando se registrou a menor diferença de renda entre os eleitores dos dois partidos desde 2006, a renda dos eleitores do PT foi, em média, R$ 350,00 inferior àquela observada entre os eleitores do PSDB.

A aproximação das rendas entre os eleitores do PSDB e PT, ocorrida entre as eleições de 2006 e 2014, desafia o argumento de diferenciação entre os dois eleitorados. Uma interpretação possível é que a tendência de aproximação entre os dois grupos significa, no limite, a sobreposição das preferências redistributivas dos eleitores do PT e do PSDB. No entanto, as evidências disponíveis não corroboram essa tese. No painel A, temos a proporção de indivíduos que concordam (ou discordam) com a proposição segundo a qual "O Brasil só será uma verdadeira democracia quando acabar com a miséria". Entre os eleitores do PT, 72% concordam com a proposição. Essa proporção cai para 65% no caso dos eleitores do PSDB, uma diferença de 7 pontos percentuais.[9] O painel B informa a proporção de indivíduos que concordam com a proposição segundo a qual "O governo deveria tomar medidas para reduzir as diferenças entre os níveis de renda". Enquanto 85% do eleitorado do PT concorda com essa proposição, observamos um apoio cinco pontos percentuais[10] menor no grupo dos eleitores do PSDB, totalizando 80%.

No argumento de que há menor suporte à agenda de proteção social entre os eleitores do PSDB, está implícito que a agenda de políticas sociais implementada pelos governos petistas implicou piora do bem-estar social percebido por esse grupo. No painel C, apresentamos indícios nessa direção, ainda que eles devam ser interpretados com cautela. Reportamos a proporção de indivíduos que perceberam ascensão social entre 2006 e

8 Em 2006, o candidato do PT, Luiz Inácio Lula da Silva, sagrou-se vitorioso com 61% dos votos válidos. Dilma Rousseff, candidata do PT em 2010 e 2014, foi eleita com 56% e 51% dos votos válidos, respectivamente.

9 Estatisticamente significante no teste de diferença de proporções, ao nível de 95%.

10 Estatisticamente significante no teste de diferença de proporções, ao nível de 95%.

2014, de acordo com o partido em que eles votaram em 2014. Dentre os eleitores do PT, 41% acreditam que experimentaram ascensão social no intervalo de oito anos. Essa proporção cai para 31% no caso dos eleitores do PSDB, uma diferença substantiva, e estatisticamente significante, de dez pontos percentuais.[11] Um resultado que vai ao encontro das evidências apresentadas por Arretche (2017), que mostra, a partir da análise da desigualdade econômica no Brasil nas últimas três décadas, que os indivíduos mais pobres tiveram maior ganho relativo de renda entre 2003 e 2010.

Figura 3: Percepções e preferências do eleitorado brasileiro acerca da mobilidade e proteção social (2014)

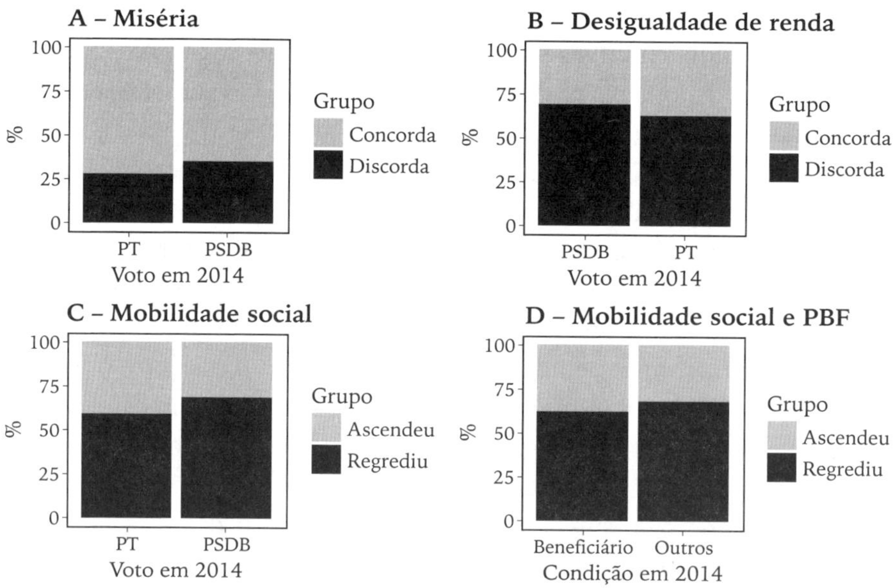

Fonte: elaborado pelos autores a partir dos dados do Estudo Eleitoral Brasileiro (Eseb/Cesop).

Os dados do painel D trazem informações adicionais a esse respeito. Os beneficiários do Programa Bolsa Família, um dos grupos diretamente impactados pela agenda de proteção social do PT, perceberam mais ascensão social entre 2006 e 2014, quando comparados aos não beneficiários. A proporção é de 36% para os beneficiários e de 30% para os não

11 No nível de 95%.

beneficiários, uma diferença de 6 pontos percentuais.[12] Também fazendo uso de dados disponibilizados pelo Eseb/Cesop, calculamos a proporção média de indivíduos que se dizem contrários à proposição segundo a qual "governos devem diminuir a diferença entre as pessoas muito ricas e as pessoas muito pobres", considerando aqueles que votaram no PT e no PSDB no segundo turno das eleições de 2006, 2010 e 2014. Na média das três eleições analisadas, enquanto 8,6% dos eleitores do PSDB se disseram contrários à redistribuição de renda, entre os votantes do PT esse número foi de 6,4%.

Em suma, o conjunto de evidências apresentadas nesta seção indica que os eleitores do PSDB e do PT se diferenciam em termos de suas preferências por proteção social. Enquanto o eleitorado do PT – composto, em grande medida, por indivíduos de menor renda – tende a dar suporte à adoção de políticas de proteção social, o grupo de maior renda média, que concentra seu apoio eleitoral no PSDB, é mais resistente à redistribuição de renda. Na próxima seção, com a análise dos programas de governo e dos discursos parlamentares entre 1991 e 2014, apresentaremos indícios em favor do argumento de que a mudança das preferências vocalizadas no Legislativo está relacionada à variação na composição do eleitorado dos dois partidos observada entre 1994 e 2014.

Comportamento legislativo e proteção social

Nesta seção, apresentaremos evidências de que a relação entre a mudança na composição da renda do eleitorado e a variação no espectro ideológico se reflete na atuação na arena legislativa e nos programas de governo dos partidos. Como mostraremos em detalhes a seguir, enquanto o PSDB se afastou dos temas relacionados à proteção social, os parlamentares do PT ampliaram o debate em torno desta mesma agenda.

Nesse tipo de análise, o maior desafio é lidar com o caráter endogênico da construção do problema. Do ponto de vista operacional, o teste da nossa hipótese exige a comparação de dois períodos de tempo: o primeiro, que se inicia em 1991 e vai até 2002, e o segundo, que começa

12 Estatisticamente significante no teste de diferença de proporções, ao nível de 95%.

em 2003 e se estende até 2014. Não podemos, no entanto, simplesmente comparar a atuação de todos os parlamentares que foram eleitos depois de 2002 com aqueles que se elegeram entre 1991 e 2002. Ao longo do tempo, haveria tanto parlamentares que alteraram suas preferências em função do eleitorado como também aqueles que, informados sobre essa variação do comportamento eleitoral, escolheram se filiar a um dos partidos por compartilharem suas preferências com relação à agenda de proteção social. Sendo assim, a composição da nossa amostra seria naturalmente enviesada. Outra potencial fonte de viés é o efeito que as disputas presidenciais tendem a exercer sobre as eleições legislativas, também conhecido como efeito *coattail* (Samuels, 2003). A esse respeito, Maciel e Ventura (2017) mostram que, desde a vitória de Luiz Inácio Lula da Silva nas eleições presidenciais de 2002, o perfil dos eleitores dos candidatos do PT para o cargo de deputado federal vem passando por mudanças em sua distribuição espacial e socioeconômica, algo que também poderia afetar as preferências dos parlamentares eleitos.

Para atenuar esse problema, realizamos uma análise de caráter longitudinal: acompanhamos todos os deputados federais eleitos pelo PSDB e pelo PT em 1990 ou 1994 e que se reelegeram para o mesmo cargo, sem migrar de partido, a partir da 53ª legislatura (2003-2007). Desse modo, assumimos que eventuais mudanças nas preferências do partido decorreram da variação da composição do eleitorado, e não que se deveram ao fato de os novos integrantes desses partidos terem preferências favoráveis (ou não) a políticas de proteção social. A nossa amostra, não aleatória, é composta por 24 parlamentares, sendo doze do PSDB[13] e doze do PT.[14] Entre

13 A amostra foi composta pelos seguintes parlamentares do PSDB: 1. Antonio Carlos Mendes Thame (SP); 2. Antonio Carlos Pannunzio (SP); 3. Eduardo Barbosa (MG); 4. José Aníbal (SP); 5. Júlio Semeghini (SP); 6. Jutahy Júnior (BA); 7. Luiz Carlos Hauly (PR); 8. Nilson Pinto (PA); 9. Raimundo Matos (CE); 10. Sebastião Madeira (MA); 11. Vicente Arruda (CE); e 12. Zenaldo Coutinho (PA).

14 A amostra foi composta pelos seguintes parlamentares do PT: 1. Adão Preto (RS); 2. Arlindo Chinaglia (SP); 3. Carlos Santana (RJ); 4. Domingos Dutra (MA); 5. Fernando Ferro (PE); 6. Dr. Rosinha (PR); 7. João Paulo Cunha (SP); 8. José Pimentel (CE); 9. José Genoino (SP); 10. Paulo Delgado (MG); 11. Paulo Rocha (PA); e 12. Pedro Wilson (GO). Foram deixados de fora da amostra os deputados José Dirceu (SP) e Paulo Bernardes (PR). Estes dois, embora também atendam às condições de seleção da amostra, se licenciaram de seus respectivos mandatos de deputado federal para ocuparem o gabinete de governo do então presidente Luiz Inácio Lula da Silva.

1991 e 2014, os doze parlamentares do PSDB realizaram 5.702 discursos. No mesmo período, os doze deputados do PT discursaram 8.776 vezes. Desse modo, analisamos um total de 14.478 pronunciamentos. O conteúdo foi dividido em dois grupos. O primeiro com os discursos proferidos por todos os deputados amostrados entre 2 de fevereiro de 1991 e 31 de dezembro de 2002; e o segundo com os discursos feitos por todos os deputados amostrados entre 2 de fevereiro de 2003 e 31 de dezembro 2014.

Para examinar os discursos, utilizamos a análise quantitativa de texto, uma técnica que nos permite verificar a frequência com que tópicos e termos aparecem em documentos de um dado corpus – uma matriz de dados composta por arquivos de texto. Utilizamos o pacote *tidytext* (Silge; Robinson, 2017) do software R que, por meio de algoritmos não supervisionados, ajusta o melhor modelo bayesiano de máxima verossimilhança para dados discretos. Algoritmos não supervisionados são utilizados com a finalidade de encontrar padrões em extensas bases de dados, permitindo que itens, temas, tópicos ou clusters sejam corretamente classificados (Athey et al., 2017; James et al., 2013).

O nosso corpus é composto por todos os discursos realizados pelos parlamentares amostrados entre 1991 e 2014[15] (N = 14.478). A unidade de análise da matriz de dados é o discurso proferido pelos deputados federais em plenário. Todos os discursos foram baixados do site da Câmara dos Deputados[16] com o auxílio do *rvest*[17] (Wickham, 2015a) e do *stringr*[18] (Wickham, 2015b), pacotes de coleta automatizada de dados no software R. Abaixo apresentamos dois exemplos de trechos de discursos como os analisados no presente trabalho.

> O SR. ANTONIO CARLOS MENDES THAME (PSDB-SP. Sem revisão do orador.) – Sr. Presidente, Sras. e Srs. Deputados, todos temos consciência de que o País precisa crescer suficientemente para diminuir as desigualdades,

---

15 Para cada ano, utilizamos como datas de referência para a coleta das informações 1º de fevereiro e 31 de dezembro.

16 Disponível em: <www2.camara.leg.br/deputados/discursos-e-notas-taquigraficas>. Acesso em: 23 jul. 2019.

17 Disponível em: <https://cran.r-project.org/web/packages/rvest/index.html>. Acesso em: 23 jul. 2019.

18 Disponível em: <https://cran.r-project.org/web/packages/stringr/index.html>. Acesso em: 23 jul. 2019.

> criar possibilidades de empregos para 1 milhão e 900 mil jovens que a cada ano chegam à idade de trabalhar ou de fazer o terceiro grau. Na prática, esses jovens acabam constituindo exército de reserva no qual delinquentes, traficantes vão tentar aliciar novos comparsas. Devemos quebrar esse círculo vicioso por meio do crescimento, pois estamos montados sobre uma bomba-relógio [...]. (ago. 1999)

> O SR. FERNANDO FERRO (PT-PE. Pela ordem. Sem revisão do orador.) – Sra. Presidente, Sras. e Srs. Parlamentares, quero falar de um assunto que considero uma chaga para este País: o fato de ainda possuirmos cerca de 10% de analfabetos. O Brasil, uma nação cuja economia cresce, não pode conviver com quase 14 milhões de pessoas analfabetas. Em reunião que tive esta semana com a Ministra Miriam Belchior, solicitei que o Plano Brasil sem Miséria fosse conjugado com um programa de alfabetização. Nós sabemos que a miséria tem um mapa e uma cara, como o analfabetismo tem um mapa e uma cara: estão na população pobre, majoritariamente na população negra, principalmente na Região Nordeste – lá o índice de analfabetismo beira os 20% [...]. (set. 2010)

Em primeiro lugar, comparamos os principais tópicos a que se referem os discursos antes (1991-2002) e depois (2003-2014) de 2002 e apresentamos os resultados na Figura 4. O eixo Y representa o tema dos tópicos. Por uma questão de parcimônia, dispomos graficamente apenas os dez tópicos mais recorrentes. O eixo X informa o número de vezes que um dado tópico foi objeto de discussão pelo conjunto de parlamentares amostrados. Embora não permita captar o conteúdo semântico, esse tipo de análise nos permite verificar com precisão a variação temática dos discursos ao longo do tempo.

No período que precede 2002, dentre os dez tópicos mais debatidos pelos parlamentares do PSDB, pelo menos quatro ("social", "renda", "combate", "pobreza") eram diretamente relacionados à temática da proteção social. Outros dois eram referentes à saúde e à educação, temas também vinculados ao aumento do bem-estar social dos mais pobres. A partir de 2003, os principais tópicos relacionados à proteção social deixam de figurar entre os mais abordados pelos parlamentares do PSDB, de modo que o debate sobre o desenvolvimento econômico ("economia" e "desenvolvimento"), a relação entre os entes federativos ("estados" e "municípios") e a política fiscal ("fiscal") torna-se mais saliente. No lugar de tópicos como "pobreza", "renda" e "saúde", passam a integrar o conteúdo dos discursos parlamentares do PSDB temas como "mensalão", "segurança" e "polícia".

Figura 4: Os dez tópicos mais abordados nos discursos dos parlamentares do PSDB e do PT antes (1991-2002) e depois (2003-2014) de 2002

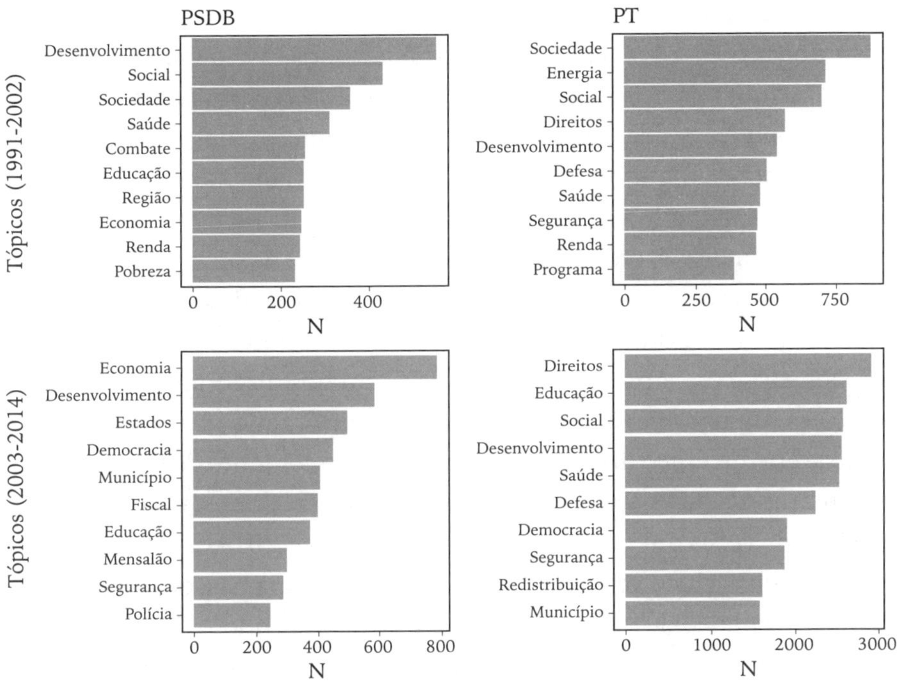

Fonte: elaborado pelos autores a partir dos dados da Câmara dos Deputados.

No que concerne aos parlamentares do PT, entre 1991 e 2002, a agenda de discussão foi dominada por temáticas como desenvolvimento social ("sociedade", "social") e direitos humanos ("direitos"). Também foi dada ênfase à discussão de programas de distribuição de renda ("programa" e "renda") e à política de saúde ("saúde"). Tópicos como "energia", "segurança" e "defesa" também estão entre aqueles mais discutidos no período em questão. Após 2002, além da manutenção da agenda de direitos humanos e desenvolvimento social, temas como educação e saúde passam a ter maior protagonismo. Vale destacar, ainda, o fato de o tópico "redistribuição" passar a figurar entre os mais abordados pelos parlamentares do PT. Paralelamente, temas como "desenvolvimento", "segurança" e "defesa" se mantiveram presentes nas falas dos deputados desse partido. De modo geral, enquanto a análise dos discursos dos parlamentares do PSDB sugere o afastamento desse partido da agenda de proteção social depois de 2002, observamos, nos discursos dos deputados do PT, uma tendência de ampliação dos termos do debate sobre proteção social.

Em segundo lugar, analisamos, no período anterior (1991-2002) e posterior (2003- 2014) a 2002, a incidência, nos discursos parlamentares, de termos relacionados à proteção social. Diferentemente da primeira análise, não classificamos os discursos em tópicos, mas analisamos os termos (palavras) que aparecem nas falas dos parlamentares com o objetivo de detectar padrões. Além de conseguir captar nuances desconsideradas no primeiro exercício empírico, essa análise nos permite visualizar como determinados *issues* passam a compor o léxico dos parlamentares.

A Figura 5 informa o número médio de vezes que diferentes termos relacionados com a proteção social aparecem nos discursos parlamentares. Nesse caso, o eixo X representa a média de vezes que um dado termo aparece em um único discurso. Por exemplo, no conjunto de falas dos parlamentares do PSDB, entre 1991 e 2002, a palavra "pobreza" aparecia, em média, dez vezes em cada discurso. Entre 2003 e 2014, ela aparece, em média, apenas cinco vezes, indicando que esse tema passou a ter menos importância no léxico dos parlamentares desse partido.

A partir de 2003, os parlamentares do PSDB passam a utilizar com menor intensidade palavras vinculadas à agenda de proteção social. Termos como "pobreza", "desigualdade", "cotas" e "segregação" tornam-se menos recorrentes. Por outro lado, palavras como "mercado", "PIB" e "desemprego" ganham notoriedade. Por exemplo, o termo "PIB", que entre 1991 e 2002 aparecia apenas cinco vezes em média em cada discurso parlamentar, passa a ter uma incidência média de dez ocorrências por pronunciamento entre 2003 e 2014. Para citar outro exemplo, o vocábulo "pobreza", que antes de 2002 aparecia, em média, dez vezes, passa a incidir apenas cinco vezes em cada discurso depois de 2003.

No caso do PT, observamos maior incidência das palavras associadas à proteção social depois de 2002. Termos como "cotas", "pobreza", "tributação" e "segregação" tornam-se mais comuns, em detrimento de outros como "PIB", "desemprego" e "desenvolvimento". O termo "cotas", por exemplo, aparecia, em média, apenas duas vezes em cada discurso entre 1991 e 2002. Depois de 2002, todavia, observamos uma incidência média de 22 ocorrências por pronunciamento, um aumento de mais de dez vezes. A mesma tendência de crescimento pode ser observada no uso da palavra "pobreza", por exemplo. No outro extremo, é passível de consideração o uso do termo "desemprego". Se, antes de 2002, a incidência média desse termo era de 33, entre 2003 e 2014 os parlamentares do PT utilizaram essa palavra em seus discursos, em média, apenas três vezes.

Figura 5: Incidência média de um dado termo nos discursos dos parlamentares do PSDB e do PT antes (1991-2002) e depois (2003-2014) de 2002

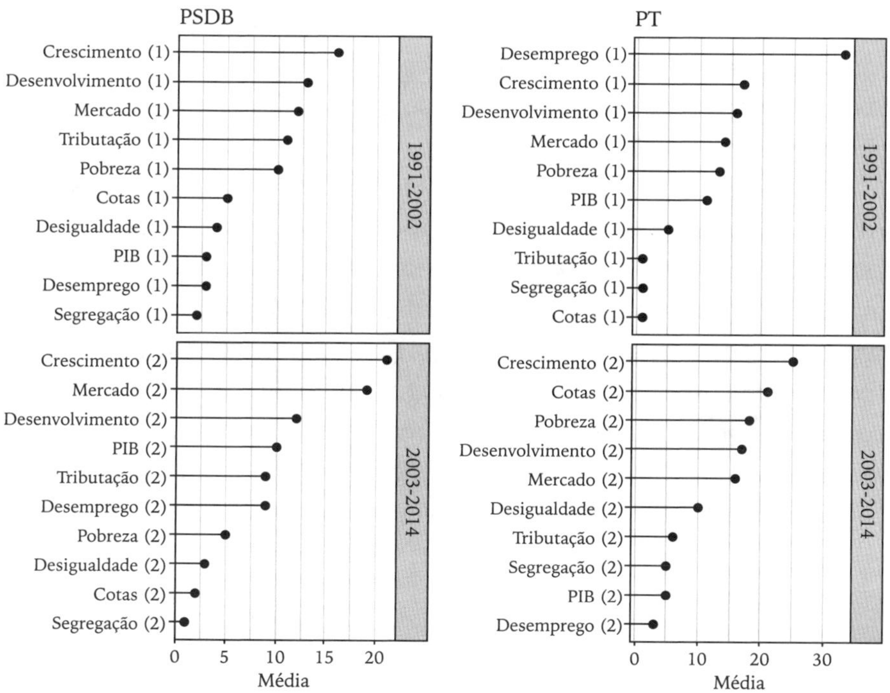

Fonte: elaborado pelos autores a partir dos dados da Câmara dos Deputados.

Além das preferências expressas nos discursos dos parlamentares, consideramos os programas (ou planos) de governo apresentados pelo PSDB[19] nas eleições de 1998,[20] 2002, 2006, 2010 e 2014, comparando-os com os programas de governo do PT[21] apresentados no mesmo período. A decisão de analisarmos programas de governo deve-se ao entendimento de que tais documentos são (i) formas utilizadas pelos partidos para levar suas preferências a conhecimento público e (ii) são elaborados em conformidade com as preferências das lideranças partidárias, uma vez que integram o planejamento para concorrência à Presidência da República. Realizamos, então, uma análise qualitativa dos programas, observando de que forma a redação dos mesmos reflete prioridades dos partidos no que se refere à redução da pobreza e da desigualdade via mercado ou intervenção do Estado.

A guinada à direita do PSDB, observada na dimensão ideológica e reiterada pela análise dos discursos parlamentares, é coincidente com a diminuição da atenção dada, nos programas, à redistribuição de renda e à atuação do governo contra a desigualdade e a pobreza. Mais do que dar menos relevância à temática social ao longo do tempo, os mecanismos de combate à pobreza e desigualdade nos programas do PSDB passaram a dar mais importância a soluções baseadas no mercado – como geração de empregos e fomento à produção – do que àquelas empreendidas pelo Estado – via transferência de renda.

Em 1998, o programa de governo de FHC tinha como um dos quatro maiores objetivos do segundo mandato "Eliminar a fome, combater a pobreza e a exclusão social, melhorar a distribuição de renda". Na introdução do documento, o PSDB afirma que é necessário dar um passo além e conseguir trazer, para o plano social, o êxito econômico do Plano Real, e, assim, promover a "inclusão dos excluídos" (PSDB, 1998). O programa de governo também destaca a realização de uma "revolução nas políticas sociais e de transferência de renda" e coloca o combate à pobreza e à desigualdade como metas centrais de um segundo mandato de FHC.

---

19 Fonte: site do Partido da Social Democracia Brasileira: <www.psdb.org.br>.

20 O programa de governo do PSDB para as eleições de 1994 não estava disponível no site do partido.

21 Fonte: Fundação Perseu Abramo. Disponível em: <csbh.fpabramo.org.br/node/5881>.

As diretrizes programático-eleitorais do PSDB se alteraram em 2002, ano em que José Serra foi candidato à Presidência pelo partido. No programa daquele ano, o PSDB declara que "A criação de mais e melhores oportunidades de trabalho será o primeiro e mais importante objetivo do Plano Social do Governo José Serra" (PSDB, 2002, p.4). Os programas tucanos apresentados para as eleições de 2006 e 2010 seguiram a mesma fórmula – priorizar o desenvolvimento econômico, aliado à geração de empregos – como mecanismo de redução da pobreza e proteção social, diminuindo a exposição do Estado como agente responsável pela indução do aumento do bem-estar da população mais vulnerável.

O choque trazido pela implementação do Programa Bolsa Família (PBF), e o enorme contingente eleitoral que ele atingia, é uma das razões de a garantia de sua continuidade ter sido sempre expressa nos programas do PSDB a partir de 2006. Ao lado da crítica de se tratar de um programa com capacidade limitada de tornar os indivíduos independentes no longo prazo, o partido garantia a continuidade do PBF como forma de alívio imediato da fome e extrema pobreza. A liberdade definitiva de privações viria com crescimento inclusivo e acesso à educação. Como consta no programa de Serra de 2010, "a distribuição da riqueza continua concentrada, separando a imensa massa de pobres de uma elite riquíssima. Essa distância somente poderá ser reduzida com o engajamento crescente da sociedade e a definida participação do Estado, executando políticas verdadeiramente eficazes de crescimento econômico e promoção social e humana" (PSDB, 2010, p.17).

Na eleição de 2014, o programa do PSDB sinalizou uma mudança à esquerda nas propostas do partido. O texto com as diretrizes de um eventual governo do então candidato à Presidência da República pelo PSDB, Aécio Neves, defendeu explicitamente que as políticas sociais eram o principal instrumento de combate à desigualdade e de garantia do gozo pleno da cidadania. Entre as propostas estava a inclusão do Programa Bolsa Família na Lei Orgânica de Assistência Social (Loas), uma forma de insular o programa e dificultar que governos futuros o revogassem. O estímulo à geração de empregos, apontado como imprescindível para a solução da pobreza e desigualdade nos programas do PSDB de 2002 a

2010, foi reduzido a uma linha em 2014: "inclusão das famílias pobres no mundo de trabalho e renda" (PSDB, 2014, p.10).[22]

A trajetória dos programas do PT, por sua vez, confunde-se com mudanças na própria estratégia eleitoral do partido. De posicionamentos mais radicais na década de 1990, o PT passou a formular documentos em tom mais ameno e com apresentação objetiva das propostas. A gênese do PBF já constava no programa apresentado pelo partido em 2002, no qual considerava a implementação de uma renda mínima unificada para evitar a superposição de benefícios e disputa entre gestores públicos.

Ainda no programa das eleições de 2002, o PT passa a aliar o discurso de luta pela redução das desigualdades com propostas de crescimento econômico, esforço que tinha a temática social como elemento central. Esse movimento representa um deslocamento do partido de discursos com viés socialista para uma proposta social-democrata que mescla proteção social com estímulo ao desenvolvimento econômico.

Os programas do PT de 2006, 2010 e 2014 seguiam a mesma tônica: honrar compromisso com "um projeto nacional de desenvolvimento que ponha fim à exclusão social e à pobreza" (PT, 2006, p.8), "Erradicar a pobreza absoluta e prosseguir reduzindo as desigualdades. Promover a igualdade, com garantia de futuro para os setores discriminados na sociedade" (PT, 2010, p.11), mantendo os dois pilares do partido de combinar "solidez econômica e a amplitude das políticas sociais" (PT, 2014, p.5-6).

A análise das propostas expressas nos programas de governo de PT e PSDB indica que os dois partidos alteraram suas propostas de intervenção social. No entanto, enquanto a mudança observada nos programas do PT se refere à incorporação de um modelo de crescimento econômico sem prejuízo à atuação direta do Estado na redução da pobreza e da desigualdade social, os programas do PSDB indicam perda de proeminência da proteção e inclusão social induzidas pelo Estado. Devido aos potenciais custos eleitorais, o PSDB não advogou expressamente pela extinção de programas sociais. Argumentou, alternativamente, pelo estímulo à geração de empregos como mecanismo primordial de redução da pobreza,

22 De 67 páginas dedicadas exclusivamente ao combate à pobreza e à exclusão social em 1998, passou-se a nenhuma em 2002, 3 em 2006, 6 em 2010 e, por fim, 3 páginas em 2014.

deslocando a atuação direta do Estado – implicada em custos fiscais – para um método aliado ao mercado, cuja responsabilidade pela preservação do risco da privação de bem-estar é compartilhada com o indivíduo.

Conclusão

Entre os teóricos da área da economia política, a relação entre ideologia e redistribuição tem sido tratada sob diversos aspectos. Enquanto alguns autores sugerem que partidos de esquerda seriam mais engajados em promover políticas redistributivas do que partidos de direita (Esping-Andersen, 1985; Huber; Stephens, 2012; Roberts, 2014), outros argumentam que o conteúdo das propostas de políticas de proteção social pode ser também afetado pela atuação dos sindicatos (Rueda, 2006), características do mercado interno (Wibbels; Ahlquist, 2006), ou mesmo pela pressão eleitoral exercida pelos estratos mais pobres da população (Mares; Carnes, 2009).

Neste capítulo, nos propusemos a analisar a trajetória das preferências por redistribuição nos dois partidos mais importantes da política brasileira entre 1991 e 2014 por meio de uma abordagem dinâmica – ou seja, como, ao longo do tempo, (i) mudanças na composição da renda do eleitorado estão associadas a (ii) deslocamentos ideológicos e (iii) à preferência de parlamentares de cada partido por políticas redistributivas. O processo de (re)estratificação do voto nas eleições presidenciais alterou a composição do eleitorado do PSDB e do PT, os dois partidos que estruturaram a disputa eleitoral no Brasil até as eleições de 2014. A partir das eleições presidenciais de 2002, o PT tornou-se uma preferência majoritária nos estratos mais pobres da população. O PSDB, por seu turno, permaneceu tendo seu apoio concentrado entre os indivíduos com maior renda média.

Enquanto, no capítulo 3 deste mesmo livro, Lazzari e Leal argumentam não haver associação entre a preferência ideológica dos partidos e alterações nas regras de tributação do Imposto de Renda de Pessoa Física, nossos resultados indicam uma estratégia diferente dos partidos no que tange às políticas de proteção social. Identificamos que o PSDB se distanciou das políticas de proteção social depois de 2002 como uma resposta à sua base de apoio, que passou a congregar indivíduos menos dispostos a apoiar políticas de proteção social. Em outra direção, o PT se manteve alinhado à agenda pró-redistribuição, tendo em vista sua necessidade de espelhar as preferências de um eleitorado com menor renda e com preferências favoráveis à diminuição das desigualdades sociais.

É preciso levar em conta, no entanto, os limites do presente trabalho. Nossa análise considera apenas as preferências partidárias reveladas nos programas de governo e discursos parlamentares. Embora essas duas dimensões representem uma parte importante dos recursos disponíveis aos partidos para vocalizar preferências, estas também podem ser expressas por meio da proposição de leis, implementação de políticas e programas ou até mesmo por meio de medidas unilaterais do Poder Executivo.

Nossos resultados são derivados de uma amostra não aleatória e pouco exaustiva. Portanto, devem ser interpretados com parcimônia, não sendo possíveis generalizações, por exemplo, sobre o comportamento legislativo do PSDB e do PT no Senado Federal e no âmbito da política subnacional. Ademais, o argumento defendido neste capítulo sugere que a mudança nas preferências do eleitorado não apenas antecedeu a variação observada nas preferências dos partidos, mas também a produziu. No entanto, além da provável ocorrência simultânea dos eventos, não podemos eliminar a hipótese de causalidade reversa. Pesquisas futuras que adotem estratégias empíricas capazes de atenuar esse tipo de viés, por meio de fontes de variação exógena, poderão avançar nesse sentido.

Referências bibliográficas

ALESINA, A.; GLAESER, E. L. *Fighting Poverty in the US and Europe*: A world of difference. Oxford: Oxford University Press, 2004.

ARRETCHE, M. T. Democracia e redução da desigualdade econômica no Brasil: a inclusão dos outsiders. *Revista Brasileira de Ciências Sociais*, v.33, n.96, 2017.

ATHEY, S.; IMBENS, G. W. The state of applied econometrics: Causality and policy evaluation. *Journal of Economic Perspectives*, v.31, n.2, p.3-32, 2017.

BICHIR, R. M. O Bolsa Família na berlinda? Os desafios atuais dos programas de transferência de renda. *Novos Estudos*, Cebrap, n.87, p.115-29, 2010.

BOVITZ, G. L.; CARSON, J. L. Position-taking and electoral accountability in the US House of Representatives. *Political Research Quarterly*, v.59, n.2, p.297-312, 2006.

DOWNS, A. An economic theory of political action in a democracy. *Journal of Political Economy*, v.65, n.2, p.135-50, 1957.

ESPING-ANDERSEN, G. *Politics against Markets*: The social democratic road to power. Princeton: Princeton University Press, 1985.

HIBBS JR., D. A. Partisan theory after fifteen years. *European Journal of Political Economy*, v.8, n.3, p.361-73, 1992.

HUBER, E.; STEPHENS, J. D. *Democracy and the Left*: social policy and inequality in Latin America. Chicago: University of Chicago Press, 2012.

HUNTER, W.; POWER, T. J. Rewarding Lula: executive power, social policy, and the Brazilian elections of 2006. *Latin American Politics and Society*, v.49, n.1, p.1-30, 2007.

JAMES, G. et al. *An Introduction to Statistical Learning*. Nova York: Springer, 2013.

LIMONGI, F.; GUARNIERI, F. Competição partidária e voto nas eleições presidenciais no Brasil. *Opinião Pública*, v.21, n.1, p.60-86, 2015.

MACIEL, N.; VENTURA, T. O Partido dos Trabalhadores na Câmara dos Deputados: a evolução das bases socioeconômicas e territoriais (1994-2014). *Opinião Pública*, v.23, n.1, p.96-125, 2017.

MARES, I.; CARNES, M. E. Social policy in developing countries. *Annual Review of Political Science*, v.12, p.93-113, 2009.

MAYHEW, D. R. *Congress*: The Electoral Connection. Yale University Press, 1974.

McCARTY, N.; POOLE, K. T.; ROSENTHAL, H. *Polarized America*: The dance of ideology and unequal riches. Cambridge: MIT Press, 2016.

MELO, C. R.; CÂMARA, R. Estrutura da competição pela Presidência e consolidação do sistema partidário no Brasil. *Dados – Revista de Ciências Sociais*, v.55, n.1, 2012.

MELTZER, A. H.; RICHARD, S. F. A rational theory of the size of government. *Journal of Political Economy*, v.89, n.5, p.914-27, 1981.

PIKETTY, T. *O capital no século XXI*. Rio de Janeiro: Intrínseca, 2014.

POWER, T. J.; ZUCCO JR., C. Estimating ideology of Brazilian legislative parties, 1990-2005: a research communication. *Latin American Research Review*, v.44, n.1, p.218-46, 2009.

PRZEWORSKI, A. *Capitalism and Social Democracy*. Cambridge: Cambridge University Press, 1985.

RENNÓ, L.; CABELLO, A. As bases do lulismo: a volta do personalismo, realinhamento ideológico ou não alinhamento? *Revista Brasileira de Ciências Sociais*, v.25, n.74, 2010.

ROBERTS, K. M. *The Politics of Inequality and Redistribution in Latin America's Post-Adjustment Era*. Oxford: Oxford University Press, 2014.

ROMA, C. A institucionalização do PSDB. Entre 1988 e 1999. *Revista Brasileira de Ciências Sociais*, v.17, n.49, 2002.

ROMER, T. Individual welfare, majority voting, and the properties of a linear income tax. *Journal of Public Economics*, v.4, n.2, p.163-85, 1975.

RUEDA, D. Insider-outsider politics in industrialized democracies: the challenge to social democratic parties. *American Political Science Review*, v.99, n.1, p.61-74, 2005.

______. Social democracy and active labour-market policies: Insiders, outsiders and the politics of employment promotion. *British Journal of Political Science*, v.36, n.3, p.385-406, 2006.

SAMUELS, D. *Ambition, Federalism, and Legislative Politics in Brazil*. Cambridge: Cambridge University Press, 2003.

______; ZUCCO JR., C. Lulismo, petismo, and the future of Brazilian politics. *Journal of Politics in Latin America*, v.6, n.3, p.129-58, 2014.

SCHMIDT, M. G. When parties matter: A review of the possibilities and limits of partisan influence on public policy. *European Journal of Political Research*, v.30, n.2, p.155-83, 1996.

SILGE, J.; ROBINSON, D. *Text Mining with R*: A tidy approach. "O'Reilly Media, Inc.", 2017.

SINGER, A. Raízes sociais e ideológicas do lulismo. *Novos Estudos*, Cebrap, n.85, p.83-102, 2009.

WIBBELS, E.; AHLQUIST, J. Labor markets, development strategies, and social spending. In: *Annual Meeting of the Midwest Political Science Association*. Chicago: Palmer House Hilton, 2006.

WICKHAM, H. rvest: Easily harvest (scrape) web pages. *R Package Version 0.3*, v.1, 2015a.

______. stringr: Simple, consistent wrappers for common string operations. *R Package Version*, v.1, n.0, 2015.

2
Redistribuição no Brasil no século XXI[1]

Celia Lessa Kerstenetzky

Introdução

O congelamento dos gastos sociais brasileiros pelos próximos vinte anos, por emenda constitucional de dezembro de 2016, marcou a interrupção do experimento de redistribuição levado a cabo na década precedente e, com ela, o adiamento sem horizonte previsível de uma esperança. Trata-se, evidentemente, da esperança de social-democratização do Estado social brasileiro. É preciso avaliar, com a objetividade possível, o que se perdeu e o que é razoável esperar do futuro. Quão valioso de fato foi o avanço da última década? Que lacunas deixou? Como avanços e lacunas se relacionam com a Carta de 1988? O que se pode esperar das alterações em marcha no capítulo de direitos sociais da Constituição?

Neste capítulo em forma de ensaio, procurei encaminhar respostas a esses problemas, e aqui adianto cinco proposições que refletem minhas

1 Este capítulo é uma versão revisada de artigo publicado na revista *Novos Estudos*, Cebrap, 2017, v.36, n.2, p.15-34, com o título "Foi um pássaro, foi um avião? Redistribuição no Brasil no século XXI". A autora agradece a leitura e os comentários de Jaques Kerstenetzky e dos organizadores deste livro.

convicções atuais: (1) o experimento redistributivo foi importante; (2) não se limitou a "*social safety nets*" [redes de segurança social]; (3) suas virtudes e seus vícios de origem remontam à Constituição de 1988; (4) a esperança foi mais uma vez adiada no que se refere aos serviços sociais públicos e à tributação; (5) a reorientação recente da política social, marcada sobretudo pelo teto do gasto, prenuncia a retração de direitos sociais.

Nas conclusões, especulo sobre as raízes, nos sistemas de crenças dos principais atores políticos envolvidos, do acanhamento do experimento redistributivo no que se refere à expansão de serviços sociais universais e à tributação progressiva. Em particular, a notável ausência de uma perspectiva genuinamente social-democrata na política da política social brasileira.

O experimento redistributivo foi importante

O decênio entre os anos 2003 e 2014 testemunhou a maior redução histórica da pobreza absoluta em quase quatro décadas no Brasil, desde 1976.[2] A queda de dezoito pontos percentuais fez a população pobre recuar para um décimo da população total. A título de comparação, vale mencionar dois outros importantes momentos no século XX: o imediato pós-Plano Real, quando a variação foi de cerca de sete pontos (entre 1993 e 1995), com estabilidade nos anos subsequentes da década de 1990; e a segunda metade da década de 1970, quando a incidência da pobreza recuou catorze pontos percentuais (entre 1976 e 1986), tendo se estabilizado na década seguinte (Rocha, 2013).[3]

A pobreza relativa,[4] indicador que, para além de insuficiências materiais, expressa iniquidades e permite comparações internacionais, também

2 Pobreza estimada como o percentual da população a perceber renda insuficiente, segundo as linhas de pobreza regionais calculadas pelo Ipea, com base nas PNADs do IBGE. Ver Ipeadata.

3 Rocha (2003; 2013), contudo, estima que a década de 1970 tenha testemunhado redução ainda mais intensa, de 33 pontos percentuais, em função do crescimento econômico excepcional.

4 Aqui medida como a proporção de indivíduos vivendo com renda inferior a 50% da renda mediana.

se reduziu perceptivelmente. Após estabilidade na década de 1990, a pobreza relativa diminuiu consistentemente entre 2004 e 2014 (de 26% para 22% da população, como se vê no Gráfico 1), estreitando a brecha entre o Brasil e as economias avançadas. Na verdade, enquanto se contraía no Brasil, a pobreza relativa crescia nos países desenvolvidos (de 10,5% para 11,1%) (Kerstenetzky, 2016b, a partir de dados da OECD Statistics).

A convergência observada entre o Brasil e os países desenvolvidos decorreu não apenas de movimentos globais que favoreceram o crescimento da renda nos países periféricos, mas também de políticas redistributivas aqui adotadas. Se compararmos os períodos de redução da pobreza no Brasil após meados dos anos 1960, a década em análise se destaca como a única em que a queda da pobreza se associou à redução consistente das desigualdades – não tendo resultado exclusivamente do crescimento.[5]

Quanto à desigualdade de renda propriamente, quedas significativas foram captadas por vários índices e razões. O índice mais comumente usado, o coeficiente de Gini, captou uma queda de sete pontos percentuais entre 2002 e 2014 (de 59% para 52%, como mostra o Gráfico 1). O ritmo foi superior ao observado ao longo do século passado em economias avançadas, enquanto transitavam de altos patamares para os relativamente baixos padrões atuais de desigualdade (Milanovic, 2016; Soares, 2010).

É bem verdade que cálculos recentes, com base em tabulações das declarações de imposto de renda, chegaram à conclusão diversa (Medeiros; Souza, 2016; Medeiros; Souza; Castro, 2015a; 2015b; 2015c). Desigualdades muito altas no topo da distribuição, bem mais elevadas que as observadas quando computados dados de pesquisas domiciliares, se tornaram visíveis – e, mais do que altas, resultaram persistentes, justamente ao longo da década de ouro da redistribuição brasileira. Segundo estimativas, em 2012 os 1% mais ricos se apropriaram de 25% da renda, e os 0,1% mais ricos, de 10% da renda, ou seja, 25 vezes e 100 vezes sua participação percentual na população (Medeiros; Souza, 2016). Não há

5 Pesquisas estimaram a contribuição relativa do crescimento econômico e da redistribuição para a redução da pobreza, respectivamente, em 60% e 40% (Lustig et al., 2013; Pero; Cruz, 2015). Ver ainda Rocha (2013): na década de 1970, a gigantesca redução da pobreza ocorreu junto com o aumento das desigualdades.

Gráfico 1: Evolução da pobreza absoluta e relativa e da desigualdade no Brasil (2002-2014)

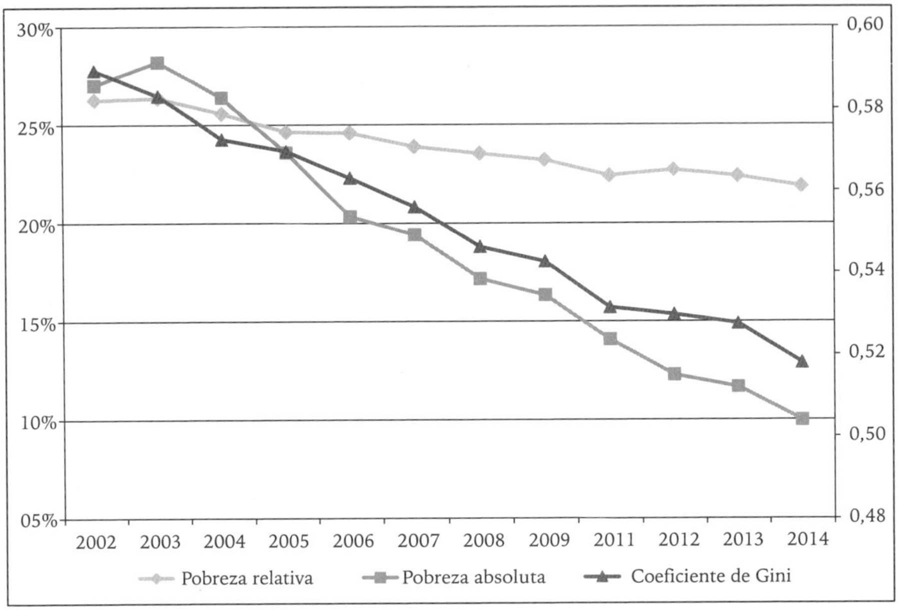

Fonte: PNAD/IBGE e Ipeadata. Elaboração própria.

como relativizar o abismo que separa esses grupos de, respectivamente, 2 milhões e 200 mil pessoas do restante da população brasileira – e não é difícil imaginar a influência sobre decisões coletivas que emana desse poder econômico desproporcional.

Cabem aqui duas observações: a concentração de renda no topo está crescendo mundo afora, indicando um ambiente à parte, intocado pelas intervenções redistributivas costumeiras (transferências e serviços), as quais atuam mais pela via dos gastos do que da tributação progressiva. O Brasil é apenas o caso clínico favorito, com sua singularmente elevada concentração no topo. A segunda é que a desigualdade de renda no Brasil, mesmo quando medida em abstração dos rendimentos desses grupos (que tendem a ser subdeclarados em pesquisas domiciliares como a PNAD/IBGE), é alta o suficiente para ter merecido, em 2002, o desabonador título de campeã mundial. Não deixa de causar admiração o recuo em uma década para a 13ª posição (PNUD, 2014). Nesse sentido, parece razoável avaliar o esforço redistributivo recente – sua magnitude, seu ritmo – como ao mesmo tempo significativo e, obviamente, insuficiente. Repetindo: a redução de 0,6 ponto de Gini por ano, por doze anos consecutivos, superou o ritmo de redistribuição em países desenvolvidos no pós-Guerra (apenas a Espanha teria excedido esse ritmo).

Em paralelo à dinâmica da pobreza relativa, o comportamento das desigualdades no Brasil seguiu trajetória inversa à observada nas economias avançadas. À queda anual de mais de 1% no índice de Gini, entre 2001 e 2009, no Brasil, correspondeu o aumento anual médio de 0,25% nos países da OECD (ver Lustig et al., 2013) – o que se deveu simultaneamente a mudanças nos termos de troca globais e sinais inversos nas políticas regulatórias. Em particular, enquanto o Brasil regulava (e monitorava a regulação de) seus mercados de trabalho, países avançados os desregulamentavam a ponto de institucionalizar informalidades nos contratos formais de trabalho (OECD, 2013; OECD, 2015a).

A comparação com outras regiões também favorece o esforço redistributivo brasileiro. Por exemplo, o bloco latino-americano experimentou redução anual média de 0,6%, ligeiramente inferior à brasileira na primeira década do século corrente (1,07% ao ano entre 2001 e 2009, como mostram Lustig e colegas (2013)). Mas o contraste com países do bloco dos Brics, como China e Índia, é ainda mais significativo. Estes últimos experimentaram rápidas taxas de crescimento, acompanhadas de importante redução da pobreza e aumento das desigualdades. Entre o início dos anos 1990 e meados da primeira década do século atual, o índice de Gini registrou aumento de cerca de 2% ao ano na China e de 1,4% na Índia (Lustig et al., 2013).

Portanto, também como estilo alternativo de crescimento, o experimento brasileiro desperta interesse – tanto prático quanto teórico. Políticas que interferiram na distribuição de renda, contribuindo para aumentar a renda disponível dos estratos inferiores e suavizando, assim, desigualdades econômicas, estimularam a demanda de consumo doméstico, cujo crescimento liderou o crescimento do produto e da renda verificado no período (Kerstenetzky, 2016a). A questão da relação entre crescimento e desigualdade é de interesse perene para os economistas do desenvolvimento (mas não apenas para eles!): o caso brasileiro ilustra não a inevitabilidade, mas certamente a praticabilidade de uma relação virtuosa.

O experimento não se limitou à criação e expansão de redes de segurança social (*social safety nets*)

A política que mais efetivamente contribuiu para amortecer a desigualdade na distribuição de renda no Brasil foi a valorização do salário mínimo – é o que emerge de pesquisa empírica recente, empenhada em isolar o peso desse fator (Brito, 2015; Brito; Foguel; Kerstenetzky, 2015; Brito; Foguel; Kerstenetzky, 2017). O comportamento fortemente simétrico da valorização do mínimo em relação à evolução da desigualdade da renda domiciliar sugeria essa linha de investigação, e a análise empírica acabou corroborando a hipótese inicial. É, pois, destituída de base factual a afirmação de que no Brasil a redução da desigualdade decorreu principalmente de programas de renda afinados com – ou mesmo inspirados em – recomendações neoliberais do Fundo Monetário Internacional ou do Banco Mundial.

Gráfico 2: Evolução do salário mínimo real e coeficiente de Gini (1995-2015)

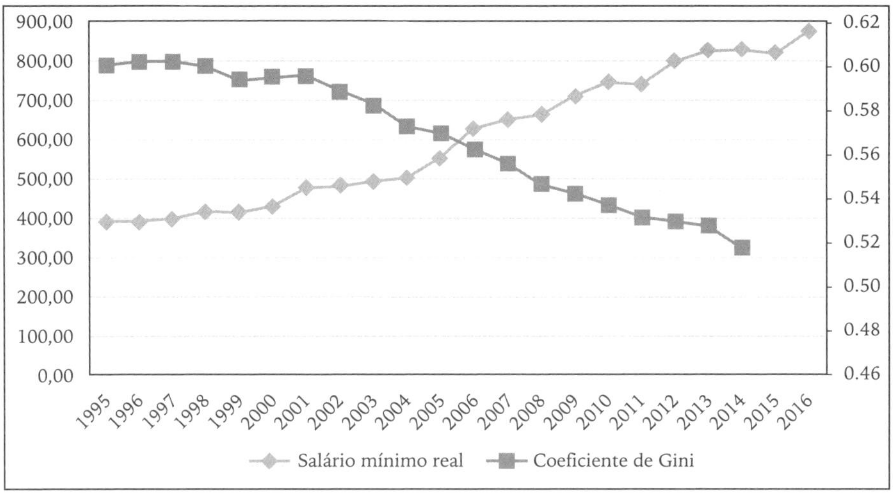

Fonte: Brito, Foguel e Kerstenetzky (2015).

De fato, à importante recuperação do valor real do salário mínimo, equivalente a mais de 110% de valorização em duas décadas (acima de 70% entre 2004 e 2014), correspondeu uma contribuição pouco superior a 70% para o declínio da desigualdade da renda domiciliar ocorrida no país entre 1995, ano em que a recuperação do valor real do salário mínimo teve início, e 2013 – ou 64% da redução, se o último ano considerado for 2014 (Brito, 2015; Brito; Foguel; Kerstenetzky, 2015; Brito; Foguel; Kerstenetzky, 2017). Ademais, comparação parcial entre o impacto redistributivo do programa Bolsa Família e o da política do salário mínimo para o período entre 2006 e 2011 indica que este último foi quatro vezes maior que o primeiro (Brito, 2015). É preciso destacar que, ainda que a política de valorização do salário mínimo remonte a 1995, sob a primeira administração de Fernando Henrique Cardoso, seu impacto redistributivo foi praticamente nulo no primeiro período e apenas ligeiramente positivo no segundo. Ao longo dos governos petistas, junto com o incremento do ritmo de ajuste e políticas regulatórias de mercado de trabalho, o efeito sobre a redistribuição em contraste é fortemente sentido.

Contraintuitivamente, o principal canal por meio do qual o salário mínimo afetou a desigualdade foram as transferências governamentais – não o mercado de trabalho –, em particular a previdência social. Isso se explica pelo fato de 60% das aposentadorias do sistema público terem o valor exato do salário mínimo. Se se considerar o Benefício de Prestação Continuada (BPC) como uma espécie de aposentadoria não contributiva, resulta que a previdência como um todo, contributiva e não contributiva, foi responsável por pouco menos de metade da redução da desigualdade (entre 46% e 47%) (Brito, 2015). Esse resultado sugere uma reapropriação das políticas previdenciárias como efetivo instrumento de redistribuição, especialmente por via da elevação do piso das aposentadorias.

No mercado de trabalho, responsável por pouco mais de um terço do efeito total do salário mínimo sobre a desigualdade, uma mudança qualitativa nas relações laborais contribuiu para amplificar o alcance redistributivo do mínimo. Possivelmente a mais consequente foi a formalização dos empregos, que reverteu a dinâmica das décadas de 1980 e 1990, nas quais a informalidade prosperava. A informalidade, definida como privação de acesso à proteção social no mercado de trabalho, recuou mais de dezesseis pontos percentuais entre 2004 e 2014, para 34% da força de trabalho ocupada[6] (Kerstenetzky; Machado, 2017). Em confronto com outras formas de segmentação do mercado de trabalho, a formalização sobressaiu como o componente com o maior peso na redução da desigualdade salarial (Alejo et al., 2015). Tal fenômeno não decorreu exclusivamente do crescimento econômico – essas relações não costumam ser automáticas, haja vista a coexistência, na década de 1990, de anos de crescimento com aumento da informalidade (Baltar, 2015).

A intervenção pública foi o ímpeto decisivo (Corseuil; Moura, 2016; Corseuil; Neri; Ulyssea, 2016). Destacaram-se inovações institucionais e legislativas, monitoramento dos postos de trabalho e ação efetiva da Justiça do Trabalho (Alejo et al., 2015). Entre as inovações institucionais estão as medidas que facultaram aos trabalhadores em relações de trabalho informais (por exemplo, sem contrato de trabalho, ou na condição de trabalho por conta própria, ou sem remuneração) contribuírem para a previdência, seja como microempreendedores (programa Micro Empreendedor Individual, MEI), seja como contribuintes individuais, e a simplificação tributária e o acesso a crédito de bancos públicos, que estimularam a formalização de negócios (Alejo et al., 2015). A formalização das relações de trabalho assumiu, não obstante, e principalmente, forma plena (70% da redução da informalidade). Isto é, envolveu o acesso à proteção social em conjunto com a observância de direitos do trabalho garantidos por lei (Kerstenetzky; Machado 2017). Entre as medidas legislativas, a mais significativa foi a emenda constitucional que regulamentou o emprego doméstico – com exigência de carteira de trabalho e garantia de jornada de trabalho legal, remuneração mínima e acesso à seguridade social. A PEC do emprego doméstico contribuiu para a redução dessa categoria abstrusa de emprego, seja em números relativos ou absolutos, e para a formalização do emprego remanescente (Kerstenetzky; Machado, 2017; Costa; Barbosa; Hirata, 2016).

Vale mencionar que a valorização do mínimo foi compatível com o crescimento do emprego, e sobretudo do emprego formal, contrariando

6 O percentual para países desenvolvidos é inferior a 10%, mas, na América Latina, a queda da informalidade no Brasil se destacou entre as maiores. Ver Alejo et al., 2015.

expectativas teóricas de uma relação negativa.[7] Em outros termos, o caso brasileiro ilustra a possibilidade de uma relação positiva entre distribuição e emprego: a despeito da valorização do mínimo na década recente, o emprego formal se expandiu a um ritmo ainda mais rápido que o do produto.[8] Esse crescimento representou formalização de empregos informais e criação de novos empregos formais (Moura; Barbosa Filho, 2014).

Característica transversal do movimento recente de formalização foi sua incidência em todos os setores produtivos e grupos socioeconômicos, a despeito da clivagem observada (renda, escolaridade, gênero, cor, região ou lugar) (Moura; Barbosa Filho, 2014; Moura; Barbosa Filho, 2016). Representou, em outras palavras, um novo patamar qualitativo nas relações de trabalho no Brasil, suavizando diferenciações ou vantagens categoriais. É bem verdade, contudo, que o emprego cresceu principalmente em serviços (e não na indústria, por exemplo, que tem a reputação de deter os bons empregos): o emprego no setor de serviços ampliou sua representação para 65% do total em 2014, a partir de um patamar de 59% em 2002 (Kerstenetzky; Machado, 2017). Não obstante, o emprego industrial também cresceu em termos absolutos e os "*bad jobs*" da agricultura e do serviço doméstico se contraíram absoluta e relativamente. Ademais, a expansão dos serviços seguiu a tendência internacional de mudança estrutural; em economias avançadas, esse setor chega a absorver 75% da força de trabalho ocupada (OECD, 2001). Mesmo assim, o rendimento médio do trabalho cresceu ininterruptamente. E, muito embora boa parte do novo emprego tenha se concentrado em remunerações até o valor de dois salários mínimos (de um salário mínimo crescente em termos reais, vale notar), a partir de 2006 o crescimento dos empregos (ainda que com flutuações) ocorreu principalmente nos postos com remuneração acima de dois salários.

Desagregação do emprego em serviços revela que entre os novos postos de trabalho prevaleceram os localizados no subsetor de serviços distributivos (comércio e transportes). Não obstante a má reputação, esse segmento foi objeto de mudanças positivas em termos de formalização,

7 Para uma revisão da literatura, ver Brito, Foguel e Kerstenetzky (2018).

8 O PIB cresceu a 3,4% ao ano entre 2004 e 2014; o emprego formal, a 4,5% ao ano.

Gráfico 3: % Ocupados que recebem salários acima de dois salários mínimos – Brasil (2002-2014)

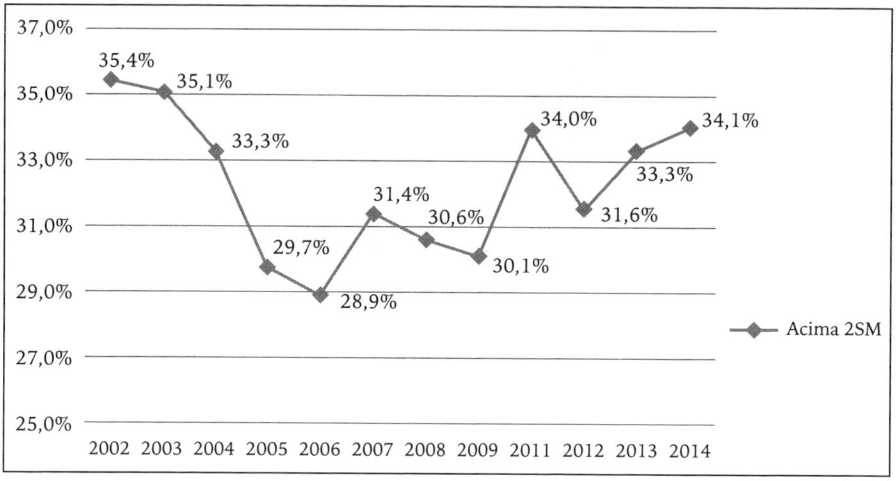

Fonte: Elaboração própria a partir de dados das PNADs-IBGE.

remuneração e condições de trabalho (por exemplo, redução da jornada). Ademais, o subsetor com maior taxa de crescimento do emprego, mesmo que, ainda, com baixa representatividade (14% dos empregos em serviços), foram os serviços para os negócios. Esses empregos remuneram melhor e (juntamente com o subsetor de serviços sociais) registram os mais altos níveis de formalização (ver Kerstenetzky; Machado, 2017).

Em contraste com a percepção quase generalizada de que os novos empregos criados, por se localizarem principalmente no setor terciário, seriam de pior qualidade, análise detalhada das PNADs de 2002 a 2014 (Kerstenetzky; Machado, 2017) revela que estavam nos serviços o maior montante de novos empregos formais, os maiores rendimentos médios do trabalho, a maior concentração de trabalhadores mais escolarizados e com ensino superior completo e a maior representação absoluta e relativa de mulheres – isto em que pese ter se reduzido o emprego doméstico, o "*bad job*" típico do setor de serviços, que é historicamente feminino e que, no Brasil, tende a ser muito elevado.[9]

9 Do total de empregos em serviços, 23% estão em serviços pessoais, em que o peso maior é do emprego doméstico. Esse percentual supera a média da América Latina e do grupo do

Por fim, a desigualdade salarial como um todo recuou (de 55% para 48% de Gini), bem como os diferenciais salariais entre grupos de gênero (de 43,8% para 34,5%) e de cor (de 107,8% para 73,6%, entre não negros e negros). Estes últimos, apesar de ainda elevados (especialmente os diferenciais de cor), se contraíram de modo mais acentuado que na década anterior (Kerstenetzky; Machado, 2017).[10]

Vale notar que a melhora generalizada do mercado de trabalho brasileiro no período em análise contrasta com sua deterioração em países desenvolvidos (OECD, 2015b) e seu desenvolvimento acanhado em países emergentes como China, Índia e África do Sul (Ghate, 2014; OECD, 2015b), onde o emprego cresceu mais lentamente, a informalidade aumentou e as desigualdades de rendimentos do trabalho se agravaram.

Em síntese, as melhorias na distribuição do rendimento domiciliar e no mercado de trabalho parecem indelevelmente vinculadas a intervenções de cunho regulatório: a valorização do salário mínimo (e seus efeitos sobre a desigualdade de rendimentos como um todo) e a regulação e monitoramento do mercado de trabalho (com destaque para a formalização publicamente incentivada). No mercado de trabalho, o significado maior da intervenção pública foi apoiar a mercantilização *regulada* da força de trabalho, isto é, inserção da força de trabalho em um mercado de trabalho mais bem regulado, mediada pois pela garantia de direitos. Em

---

Brics (Kerstenetzky; Machado, 2017). No período, cresceu a participação econômica das mulheres (2% entre 2001 e 2014), enquanto a de jovens, que se voltaram para a educação com intensidade maior que a observada na década anterior, recuava.

10 Vários estudos apontam a redução dos prêmios à educação como fator que contribuiu de modo importante para a redução da desigualdade no Brasil. De fato, todos os prêmios associados a níveis de escolarização mais elevados recuaram, junto com o avanço da escolarização da força de trabalho no país (Lustig et al., 2013). Contudo, o lento avanço da produtividade e o fraco desempenho médio de estudantes brasileiros em testes padronizados, nacionais e internacionais (por exemplo o Pisa/OCDE), recomendam cautela na análise das relações entre desigualdade e educação no Brasil. É possível que os prêmios menores sejam uma reação ao aumento relativo da demanda de trabalho não qualificado (desconheço trabalhos empíricos que esclareçam essa relação). De todo modo, mesmo com a queda dos prêmios à educação, alguns estudos mostram que, em virtude dos baixos níveis médios de escolarização, a expansão da escolaridade ainda produziu desigualdades salariais no país (Alejo et al., 2015; Brito, 2015), um conhecido paradoxo na literatura. A expansão da educação em direção a níveis superiores de ensino, antes de se massificar, inicialmente torna mais heterogênea a distribuição da educação.

termos mais gerais, em vista da indexação do piso dos benefícios constitucionais, contributivos ou não, ao salário mínimo e da ampla valorização deste último, afetando indivíduos dentro e fora do mercado formal de trabalho, o experimento recente parece romper os marcos da "cidadania regulada", típicos da política social no Brasil moderno.

O paradoxo da Constituição de 1988

O recuo da desigualdade do rendimento domiciliar no Brasil deve muito à Constituição de 1988. Nela estabeleceu-se o salário mínimo como o piso dos benefícios sociais. Transferências previdenciárias, como as aposentadorias e pensões, o seguro-desemprego e o abono salarial, e benefícios assistenciais, como o Benefício da Prestação Continuada, teriam como valor de base o salário mínimo, e seus regimes de reajuste se vinculariam ao regime do mínimo.

Na prática, isso significou que transferências constitucionais como as aposentadorias e pensões sofreram forte "compressão" (ou diminuição da desigualdade) em suas distribuições. Muito embora nos domicílios individuais os rendimentos do trabalho tendam a ser mais importantes que as transferências, o fato do rendimento do trabalho idêntico ao salário mínimo afetar os salários de apenas um quinto da força de trabalho ocupada no Brasil limita a propagação de efeitos de mudanças em seu valor pela via do mercado de trabalho. A situação se inverte quando se consideram as aposentadorias, que são as transferências de renda mais vultosas: apesar do menor peso no rendimento domiciliar, como já mencionado, cerca de 60% das aposentadorias concedidas no Brasil têm o valor do salário mínimo. Seu impacto na distribuição de aposentadorias e, em consequência, também sobre a distribuição dos rendimentos totais acaba sendo significativo.

A Constituição igualmente prescreveu o valor do mínimo como aquele compatível com uma vida material digna para o trabalhador e sua família. A implicação é que, a ser cumprida a lei, o mínimo deveria sofrer aumentos reais, uma vez que ao longo das décadas de 1960, 1970 e 1980 seu valor, antes próximo daquele definido em norma, se deteriorou em virtude de reajustes sistematicamente aquém da inflação. É apenas a partir de 1995 que o salário mínimo retorna à condição de instrumento de política social, não mais apenas como peça de política de estabilização, e passa a sofrer reajustes que o valorizam em termos reais – ao longo da década de 1990, principalmente por iniciativa do Congresso Nacional e, ao longo da primeira década do século atual, como política governamental.

A combinação entre, de um lado, um mínimo social constitucional idêntico ao salário mínimo e, de outro, a política de valorização foi responsável por boa parte da redução da desigualdade observada no Brasil – sendo o principal canal, por força da peculiar demografia de benefícios e mercado de trabalho, a previdência, responsável por cerca de 52% do efeito total do salário mínimo sobre a mudança na distribuição de renda. O impacto transmitido pelo canal da proteção social, que reúne previdência e assistência social constitucional (BPC), alcançou 63% do efeito total do mínimo sobre a desigualdade.[11] Ao vincular o piso de benefícios ao salário mínimo e ancorar este último em necessidades sociais, a Constituição de 1988 introduziu a renda mínima garantida como um direito social dos brasileiros.

O efeito considerável do salário mínimo sobre a distribuição de rendimentos domiciliares reflete o fato de indivíduos recebedores do mínimo, por quaisquer dos canais analisados, acharem-se concentrados em domicílios cujos rendimentos médios estão abaixo do rendimento mediano (isto é, do meio da distribuição de renda). Uma vez que esses rendimentos são reajustados a taxas acima dos reajustes médios, a distribuição sofre compressão. Estima-se que quase metade da população brasileira é afetada pelo valor do mínimo (Foguel; Ulyssea; Corseuil, 2014). Dessa forma, por mais que os benefícios do Bolsa Família, que atingem cerca de 25% da população brasileira, sejam muito redistributivos na margem (na medida em que transferem alguma renda a muitas famílias com rendas extremamente baixas), eles empalidecem em comparação com o mínimo, que atinge muito mais brasileiros e transfere valores significativamente maiores. É evidente que não se trata, aqui, de negar que as transferências do programa Bolsa Família contribuíram para a redução da desigualdade

11 Não foram computados impactos de outras transferências no valor do mínimo.

e da pobreza extrema no país a partir de 2004.[12] Não obstante, a valorização do salário mínimo superou esse efeito.

Vale notar, contudo, que o esforço redistributivo adicional que seria requerido do PBF para que competisse, em termos de efetividade, com o salário mínimo implicaria em difícil economia política – o que de resto é típico de programas focalizados, cujo apoio político parece depender de se manterem confinados a diminutos orçamentos ou percentuais do PIB. Em contraste, a política do salário mínimo se aproxima de uma política de redistribuição de corte universalista. Ao envolver boa parte da população e atravessar situações socioeconomicamente heterogêneas, rompe com a lógica contributiva habitual de nossa política social, enquanto evita a tentação assistencialista de fazer a assistência repousar sobre não direitos. Em consequência, o apoio político é potencialmente mais amplo: trabalhadores urbanos e rurais, aposentados com e sem contribuição à previdência (por exemplo, os recebedores de aposentadorias rurais especiais) e categorias de indivíduos pobres (idosos e deficientes) que tiveram seus direitos constitucionais reconhecidos. Contudo, a defesa política dessa intervenção depende crucialmente de sua visibilidade; nesse sentido, é possível que o programa menos redistributivo, que tem sido objeto de maior exposição pública, resista melhor a tentativas de retração do que justamente o mais efetivo.

Seja como for, não tanto por conta da efetiva expansão dos serviços públicos sociais (o caso da saúde é peculiar, pois não havia um segmento público de atenção à saúde desenvolvido no Brasil antes da Constituição de 1988), a Constituição estabeleceu os vetores estruturais de redução da desigualdade no Brasil. Pode-se especular que os impactos teriam sido ainda maiores, e certamente mais duradouros, se outras de suas orientações gerais, como saúde e educação públicas universais e de qualidade, tivessem sido tenazmente perseguidas.

Não obstante, encontra-se na mesma carta constitucional a origem dos limites no que respeita a expansão de oportunidades sociais efetivas: a Constituição não propugnou a tributação progressiva como esteio dos

12 Como ilustração, apenas no período entre 2006 e 2011 a contribuição do PBF alcançou 10% da redução da desigualdade observada.

gastos, o que se revelaria essencial para a efetivação dos direitos nominalmente estendidos a todos os brasileiros (a exceção é o vago imposto sobre grandes fortunas, jamais regulamentado). Isso porque, para sustentar o viés progressivo do gasto social, seria necessário financiá-lo com impostos não regressivos, impostos cujo fato gerador fosse não o consumo, mas a renda e a riqueza, pois de outra forma onerariam justamente os indivíduos e famílias potenciais beneficiários do esforço redistributivo. Ademais, a necessidade de recursos adicionais para os serviços sociais públicos se impunha para que fossem universais e de fato contemplassem integração social, e não os conhecidos dualismos. Na ausência disso, o cenário seria, como foi, o da promessa não cumprida de emergência de uma nova classe média – uma classe de famílias que alcançaram rendimentos próximos à mediana da distribuição e que viram boa parte de sua melhora de renda ser drenada para serviços sociais privados, na ausência de serviços públicos adequados (Kerstenetzky; Uchoa; Silva, 2015; Ferreira et al., 2013; Uchoa; Kerstenetzky, 2012; Scalon; Salata, 2012).

A noção de que a Constituição de 1988 refletiu um pacto social favorável à expansão dos gastos sociais com financiamento regressivo[13] sugere que a carta constitucional é a origem de virtudes e vícios de nosso experimento de progresso social. Evidentemente, a política governamental foi importante fator mediador: as administrações petistas se alavancaram na orientação pró-redistribuição inscrita na Constituição e não se contrapuseram à questão do financiamento regressivo – mérito e demérito delas.

Oportunidades perdidas em serviços e tributação

A insuficiente estrutura de oportunidades sociais no Brasil está amplamente documentada; sua expansão seria crucial para a diminuição das distâncias econômicas e sociais existentes, especialmente no trecho entre o primeiro e o nono décimos da distribuição de renda, habitado pelos pobres, os remediados vulneráveis à pobreza e as classes médias. Reconhecidamente, serviços sociais públicos de qualidade afetam não apenas

13 Essa hipótese é desenvolvida em Fandiño e Kerstenetzky (2019).

as condições de geração de rendimentos (via qualificação, produtividade, redução de prêmios à educação), como também o próprio mercado de trabalho e as condições de remuneração do trabalho em geral (via emprego público no setor de serviços sociais, considerados *"good jobs"*, formalizados, com bons rendimentos médios e relativa baixa desigualdade de rendimentos). Nesse quesito, o avanço brasileiro foi lento, insuficiente, sem estratégia definida, testemunhando a prevalência de certa cegueira quanto ao potencial desenvolvimentista dos serviços.

Investimentos em saúde continuam subfinanciados, com gastos per capita baixos até mesmo para padrões latino-americanos. A promessa de um sistema unificado de saúde está longe de ser cumprida, pois ainda são os recursos privados das famílias brasileiras que financiam a maior parte dos gastos em saúde no país. Quanto à educação, em comunhão com o notório subfinanciamento, que situa o país na retaguarda da região em termos de gastos por estudante, estão os deficientes indicadores de provisão e resultados educacionais. Subatendimento em todos os níveis educacionais, atingindo de modo severo a educação infantil, superior e o ensino médio, nessa ordem, escolarização deficiente ainda inferior ao ensino médio incompleto, precária qualidade do sistema educacional, explicitada no parco desempenho em testes padronizados de estudantes brasileiros egressos do ensino fundamental são os marcadores da precariedade do sistema educacional, o qual não se configurou prioritário na estratégia de crescimento (re)distributivo da década de ouro.[14]

Pode-se especular, em hipótese benigna, que a aposta foi no sentido de que os gastos em serviços se elevariam inercialmente, com o crescimento econômico e as mudanças demográficas. Seja como for, o cálculo estava equivocado. As estimativas sobre as brechas nos gastos em educação e saúde necessários para que os direitos sociais constitucionais fossem de fato contemplados apontam para um percentual equivalente a quase o dobro das proporções atuais dos gastos em relação ao PIB (cerca de 8% do PIB).[15]

---

14 Ver OECD, 2016a.

15 Ver nota 16.

No entanto, a provisão de serviços sociais públicos de qualidade, em acréscimo a influências sobre o bem-estar e realizações pessoais, tem efeitos sociais notáveis, como o potencial de reduzir desigualdades sociais e econômicas. A experiência dos Estados de bem-estar contemporâneos que mais investem em serviços é pródiga em evidências (Esping-Andersen; Myles, 2007). O efeito sobre desigualdades econômicas normalmente mencionado é o que se traduz em qualificação e produtividade dos trabalhadores e, portanto, em maiores rendimentos médios e menores diferenciais salariais, intra e entre gerações. Contudo, há outra influência importante que merece atenção.

A expansão da provisão de serviços sociais produz efeitos sobre a qualidade dos empregos de um modo geral – e especificamente no setor de serviços, que é a fábrica de empregos do mundo contemporâneo. Quanto mais a estrutura do emprego se apoia naquelas ocupações (no subsetor de serviços sociais), mais equilibrado é o mercado de trabalho: mais formalizado, com maiores rendimentos médios e menores diferenciais salariais. Nos países desenvolvidos, o segmento de serviços sociais absorve algo entre 37% e 44% dos empregos no setor. É o subsetor isoladamente mais importante. Os maiores pesos encontram-se nos Estados do bem-estar nórdicos, onde a provisão é quase que exclusivamente pública. Na América Latina, a despeito da predominância do subsetor distributivo no emprego em serviços, o peso dos serviços sociais chega a 32% na Argentina e a 37% no Uruguai. No Brasil, responde apenas por 25%, dos quais pouco mais da metade são empregos públicos; sua participação, que diminuiu ligeiramente entre 2002 e 2014, oferece um ângulo novo da ausente prioridade à expansão de serviços sociais no país durante a década em análise (Kerstenetzky; Machado, 2017).

O esforço tributário necessário à entrega de direitos sociais, com previsíveis impactos redistributivos, teria de incluir uma reforma tributária que acentuasse a progressividade da arrecadação. O país, nisso também uma exceção quando comparado com países da OECD e mesmo da região, como Chile e México, tem sua carga tributária desproporcionalmente baseada em tributos indiretos (51% em 2013), que oneram os mais pobres (porque gastam toda a sua renda em consumo, ao contrário dos mais ricos). O único imposto progressivo no país é o imposto de renda, mesmo assim a alíquota média é baixa[16] e diminui com o aumento da renda no topo da distribuição (a partir do percentil 98) (Pinheiro 2017; Pinheiro; Waltenberg; Kerstenetzky, 2017). A alíquota marginal de 27,5%, que se abate com maior vigor sobre rendimentos relativamente baixos, é inferior até mesmo às praticadas em países "mercadófilos" como os EUA (39,6%) e o Chile (40%) (Castro, 2014).

A associação com a Constituição de 1988 parece inevitável. Na ausência de diretriz progressiva, já no ano de 1989 as alíquotas marginais despencariam vinte pontos percentuais, de 45% para 25%, sem qualquer drama político. Ainda, em 1995, lucros e dividendos distribuídos ficariam isentos de tributação, sob a alegação de se eliminar a bitributação e elevar os investimentos no país. O Brasil dali resultante seria um dos países com a mais baixa tributação de lucros em relação aos países da OCDE, incluindo Chile e México: 28,3% *versus* 51% (OECD), 57,6% (EUA), 40% (Chile) e 42% (México) (Gobetti; Orair, 2016). As principais fontes de arrecadação no país se tornariam a renda do trabalho e as transferências do governo.

Considerando-se, de um lado, a extremamente elevada concentração de renda nos altos estratos no país, visível em função da divulgação de tabulações especiais da Receita Federal do Brasil e de análises pioneiras por Medeiros e Souza (2016) e Medeiros, Souza e Castro (2015a; 2015b; 2015c) – concentração que não apenas não se contraiu, mas que despontou como uma das mais altas do mundo (Piketty, 2014; Atkinson, 2015) – e, de outro lado, a inexistência de tributação progressiva sobre altas rendas e riqueza, um manancial de recursos tributários potenciais estaria aberto a exploração. As vantagens são múltiplas; as dificuldades, previsíveis.

Em primeiro lugar, a simples mudança na composição da carga tributária, desonerando o consumo e os rendimentos mais baixos, já produziria impactos desconcentradores imediatos na distribuição de renda e reduziria a pobreza da renda disponível das famílias, atualmente inflada justamente por conta de impostos sobre o consumo (segundo cálculos

16 De acordo com Gobetti e Orair (2016), a alíquota média é de 8,8% quando considerados apenas os rendimentos tributáveis; 14,6% se considerados os rendimentos tributados exclusivamente na fonte; e 6,9% quando computados todos os rendimentos declarados.

de Lustig e colegas, com base na POF 2009, a pobreza pós-fisco supera a pobreza da renda de mercado no Brasil). Em segundo lugar, recursos adicionais logo encontrariam gastos à altura, como os necessários para a provisão de serviços sociais públicos universais e de qualidade. A aspiração de universalização com qualidade, contemplada na Carta de 1988, de modo a servir não apenas aos pobres como também à classe média e aos mais ricos, implicaria em gastos substanciais, da ordem de 8% do PIB, elevando a carga tributária caso outros gastos não sociais não se contraíssem.[17] Junto com a eliminação de renúncias tributárias para gastos privados em educação e saúde, impostos diretos progressivos sobre renda e riqueza seriam essenciais. A ampliação da carga tributária com a participação de impostos progressivos contribuiria ainda para melhorar o perfil de financiamento do Estado brasileiro, reduzindo o apoio em endividamento que é distributivamente regressivo e compromete o crescimento de longo prazo.

Quanto às dificuldades, a principal é de natureza política. Não parece haver razão técnica que justifique a ínfima progressividade da tributação brasileira, que isola o país da comunidade internacional mesmo quando considerada a redução de progressividade sofrida pelas economias avançadas ao longo de décadas recentes (OECD, 2015a; Piketty, 2014). A brecha entre o Brasil e o resto do mundo com o qual costuma ser comparado permanece irredutível. O argumento do prejuízo ao investimento foi falseado pela não resposta do investimento ao estímulo tributário a partir de 1995; o argumento da bitributação tampouco resiste ao fato de que países da OECD tributam sejam lucros distribuídos, sejam retidos, alocando alíquotas de modo a não prejudicar investimentos (Gobetti; Orair, 2016). Análise recente de declarações do imposto de renda com base no ano de 2013 fornece uma pista preciosa, ou uma confirmação contundente de suspeitas antigas, que nos põe na direção de uma explicação de ordem política: entre os declarantes no topo da distribuição de rendimentos estão dirigentes partidários e de associações patronais (Pinheiro, 2017).

---

17 Essa estimativa projeta a elevação dos gastos em educação para 10% do PIB, como aprovado no Plano Nacional de Educação, significando um acréscimo de cerca de 4% do PIB aos atuais 6%, aproximadamente, e dos gastos em saúde para cerca de 8% do PIB, que representam o gasto total dos brasileiros no financiamento das várias redes, ou seja, um gasto adicional de 4% do produto.

E a esperança?

Não há como negar a relevância do que ocorreu no Brasil, seja na perspectiva histórica autóctone, seja no contexto da história da redistribuição no mundo, seja ainda na cena global contemporânea. O caso da década dourada brasileira figurará na literatura internacional como ilustração (mais uma) da inversão de dogmas sagrados de teorias ortodoxas do crescimento e da economia do desenvolvimento pós-consenso de Washington: crescimento compatível com redistribuição, e mesmo crescimento redistributivo; valorização do salário mínimo (e regulação do mercado de trabalho) compatível com crescimento do emprego, em geral, e do emprego formal, em particular; programas de renda focalizados que não engolem o Estado social; políticas sociais quase universais com efeitos redistributivos mais importantes do que políticas focalizadas. Contudo, há que mencionar as lacunas: mudanças na renda não provocaram alterações na estrutura social, pelo menos não as que se esperavam, como a constituição de uma robusta classe média no país. Faltaram outras oportunidades, além das oferecidas pelo mercado de trabalho regulado: serviços sociais públicos de qualidade, acesso à riqueza.

E, assim como a Constituição de 1988 foi a origem da ordem jurídica que garantiu direitos sociais de cidadania, foi também o ponto de onde se originou uma impossibilidade. Os elevados custos de uma estrutura de oportunidades efetivamente universal exigiriam equação financeira que incluísse arrecadação progressiva. Tal opção esteve aparentemente fora do pacto social e político que sustentou a Assembleia Constituinte de 1987. E esse mesmo pacto esteve subjacente ao experimento de redistribuição recente.

Curiosamente, isso não pareceu representar um problema do ponto de vista do sistema de crenças dos principais protagonistas políticos do experimento redistributivo – as administrações petistas –, supondo que se tratasse de um sistema coerente: este alinhou a aspiração de elevar o padrão de consumo da população pobre e remediada em direção ao acesso a bens-símbolo da classe média, sonho operário legítimo, a elementos "economicistas" da equipe econômica, como o vício de reduzir desenvolvimento a crescimento do PIB, emprego e renda. Contudo, não foi um sonho social-democrata; nele não caberia, como não coube, a prioridade a serviços sociais públicos universais, o duplo societário da social-democracia. A sociedade materializada no consumo público conjunto de bens e serviços sociais.

De todo modo, o paradoxo na Constituição de 1988 aqui detectado foi claramente percebido pelos reformistas atuais: a Constituição não cabe no orçamento. O paradoxo se desfaz com a retração em marcha dos direitos sociais constitucionais.

No âmbito mundial, a formação de Estados de bem-estar com resultados efetivos requereu a expansão contínua do gasto, em resposta a novos e renovados riscos sociais. Na atualidade, os valores já superam 30% do PIB em países desenvolvidos. Outra observação ordinária é a colaboração entre seguridade social e serviços, ambos militando por justiça social e progresso material. Esse é principalmente o caso nos países onde o gasto social tem os maiores efeitos redistributivos, com forte retorno econômico, como no norte da Europa (Esping-Andersen; Myles, 2007).

Na contramão, o horizonte brasileiro para os próximos vinte anos é de *redução* do gasto como proporção do produto e *conflito* entre suas diferentes dimensões, dada a inevitável expansão da demanda que se faz prever pela simples dinâmica demográfica (o envelhecimento da população). Dados os evidentes subfinanciamentos e subcoberturas, em adição ao crescimento inercial indexado à demografia, qualquer cenário parece assombroso.

Referências bibliográficas

ALEJO, J.; CRUCES, G.; PARADA, C. Desigualdad e informalidad en América Latina: el caso del Brasil. In: AMARANTE, V.; ARIM, R. (Eds.). *Desigualdad e informalidad*: un análisis de cinco experiencias latino-americanas. Santiago de Chile: Comisión Económica para América Latina y el Caribe (Cepal), 2015. cap.V, p.129-62.

ATKINSON, A. B. *Inequality*: what can be done? Cambridge: Harvard University Press, 2015.

BALTAR, P. *Crescimento da economia e mercado de trabalho no Brasil*. Brasília: Ipea, fev. 2015. 64p. (*Texto para Discussão*, n.2036.)

BRITO, A. S. *O papel do salário mínimo na redução da desigualdade na distribuição de renda no Brasil entre 1995 e 2013*. 2015. 125f. Tese (Doutorado em Ciências Econômicas) – Universidade Federal Fluminense, Niterói, 2015.

______; FOGUEL, M.; KERSTENETZKY, C. L. *Afinal, qual a contribuição da política de valorização do salário mínimo para a queda da desigualdade no Brasil? Uma estimativa para o período 1995-2013*. Niterói: Cede, dez. 2015. 31p. (*Texto para Discussão*, n.109.) Disponível em: <http://www.proac.uff.br/cede/sites/default/files/TD109.pdf>. Acesso em: dez. 2015.

______. The Contribution of Minimum Wage Valorization Policy to the Decline in Household Income Inequality in Brazil: a decomposition approach. *Journal of Post-Keynesian Economics*, v.40, n.4, 2017, p.540-575.

BRITO, A. S.; MACHADO, D. C.; KERSTENETZKY, C. L. *A contribuição do salário mínimo para a redução recente da desigualdade na distribuição de renda no Brasil*: uma aplicação do método RIF Regression. Niterói: Cede, set. 2013. 28p. (*Texto para Discussão*, n.87.) Disponível em: <http://www.proac.uff.br/cede/sites/default/files/TD87.pdf>. Acesso em: set. 2013.

CASTRO, F. Á. de. *Imposto de renda da pessoa física*: comparações internacionais, medidas de progressividade e redistribuição. 2014. 115f. Dissertação (Mestrado em Economia do Setor Público) – Faculdade de Economia, Administração e Contabilidade, Universidade de Brasília, Brasília, 2014.

CORSEUIL, C. H. L.; MOURA, R. L. de; RAMOS, L. Expansão do emprego formal e tamanho das empresas: 1995-2011. In: BONELLI, R.; VELOSO, F. (Orgs.). *Panorama do mercado de trabalho no Brasil*. Rio de Janeiro: FGV, 2014. cap.7, p.149-68.

CORSEUIL, C. H. L.; NERI, M. C.; ULYSSEA, G. Uma análise exploratória dos efeitos da política de formalização dos microempreendedores individuais. In: BARBOSA FILHO, F. de H.; ULYSSEA, G.; VELOSO, F. (Orgs.). *Causas e consequências da informalidade no Brasil*. Rio de Janeiro: Elsevier/FGV IBRE, 2016. cap.10, p.209-35.

COSTA, J. S. de M.; BARBOSA, A. L. N. de H.; HIRATA, G. *Efeitos da ampliação dos direitos trabalhistas sobre a formalização, jornada de trabalho e salários das empregadas domésticas*. Rio de Janeiro: Ipea, out. 2016, 52p. (*Texto para Discussão*, n.2241.) Disponível em: <http://www.ipea.gov.br/portal/images/stories/PDFs/TDs/26102016td_2241.pdf>. Acesso em: fev. 2017.

ESPING-ANDERSEN, G. E.; MYLES, J. *The Welfare State and Redistribution*. 2007. Disponível em: <https://www.researchgate.net/publication/255583959_The_Welfare_State_and_Redistribution>. Acesso em: nov. 2016.

FANDIÑO, P.; KERSTENETZKY, C. L. O paradoxo constitucional brasileiro: direitos sociais sob tributação regressiva. *Brazilian Journal of Political Economy*, v.39, n.2, 2019, p.306-327.

FERREIRA, F. H. G. et al. *Economic Mobility and the Rise of the Latin American Middle Class*. Washington, DC: World Bank, 2013. 203p.

FOGUEL, M.; ULYSSEA, G.; CORSEUIL, C. H. Salário mínimo e mercado de trabalho. In: MONASTERIO, L. M.; NERI, M. C.; SOARES, S. S. D. (Eds.). *Brasil em desenvolvimento. Estado, planejamento e políticas sociais*. Rio de Janeiro: Ipea, 2014. v.1, cap.14, p.295-324.

GHATE, C. (Ed.). *The Oxford Handbook of the Indian Economy*. Oxford: Oxford University Press, 2014.

GOBETTI, S. W.; ORAIR, R. O. *Tributação e distribuição da renda no Brasil*: novas evidências a partir das declarações tributárias das pessoas físicas. Brasília: International Policy Centre for Inclusive Growth, fev. 2016. 26p. (*Working Paper*, n.136.) Disponível em: <https://ideas.repec.org/p/ipc/wpport/136.html>. Acesso em: nov. 2016.

HANNI, M.; MARTNER, R.; PODESTÁ, A. El potencial redistributivo de la fiscalidad en América Latina. *Revista Cepal*, v.116, p.7-26, ago. 2015.

IPEADATA. Disponível em: <ipeadata.gov.br>. Acesso em: fev. 2017.

KERSTENETZKY, C. L. Consumo social e crescimento redistributivo: notas para se pensar um modelo de crescimento para o Brasil. *Revista de Economia Política*, v.36, n.1, p.29-45, mar. 2016a.

______. MACHADO, D. C. Labor market development in Brazil: Formalization, at last? In: BAER, W.; AMMAN, E.; AZZONI, C. (Eds.). *Oxford Handbook of the Brazilian Economy*. Oxford: Oxford University Press, 2017.

______. *The Elusive "New Middle Class" in the Context of Social Progress in Brazil*, 2016b. Color. Apresentação preparada para o PPED research seminar.

______. UCHÔA, C.; SILVA, N. do V. The elusive new middle class in Brazil. *Brazilian Political Science Review*, v.9, n.3, p.21-41, dez. 2015.

KWON, H.-J.; MKANDAWIRE, T.; PALME, J. Introduction: social policy and economic development in late industrializers. *International Journal Of Social Welfare*, v.18, n.s1, p.s1-s11, mar. 2009.

LUSTIG, N.; LOPES-CALVA, L. F.; JUAREZ, E. O. Declining inequality in Latin America in the 2000s: the cases of Argentina, Brazil and Mexico. *World Development*, v.44, p.129-41, abr. 2013.

MEDEIROS, M.; SOUZA, P. H. G. F. *A estabilidade da desigualdade no Brasil entre 2006 e 2012*: resultados adicionais. Rio de Janeiro: Ipea, fev. 2016. 34 p. (*Texto para Discussão*, n.2170.) Disponível em: <http://repositorio.ipea.gov.br/bitstream/11058/6584/1/td_2170.pdf>. Acesso em: nov. 2016.

______. O topo da distribuição de renda no Brasil: primeiras estimativas com dados tributários e comparação com pesquisas domiciliares, 2006-2012. *Dados – Revista de Ciências Sociais*, Rio de Janeiro, v.1, n.58, p.7-36, 2015a.

MEDEIROS, M.; SOUZA, P. H. G. F.; CASTRO, F. Á. de. A estabilidade da desigualdade de renda no Brasil, 2006 a 2012: estimativa com dados do imposto de renda e pesquisas domiciliares. *Ciência & Saúde Coletiva*, v.4, n.20, p.971-86, 2015b.

MEDEIROS, M.; SOUZA, P. H. G. F. de; CASTRO, F. Á. de. Top incomes in Brazil: preliminary results. *Economics Bulletin*, v.35, n.2, p.998-1004, 2015c.

MILANOVIC, B. *Global Inequality*: a new approach for the age of globalization. Massachusetts: Harvard University Press, 2016. 320p.

MOURA, R. L. de; BARBOSA FILHO, F. de H. A queda da informalidade no Brasil entre 2002 e 2012. In: BONELLI, R.; VELOSO, F. (Orgs.). *Panorama do mercado de trabalho no Brasil*. Rio de Janeiro: FGV, 2014. cap.6, p.125-48.

______. Características socioeconômicas e setoriais da queda recente da informalidade: 2002-2012. In: BARBOSA FILHO, F. de H.; ULYSSEA, G.; VELOSO, F. (Orgs.). *Causas e Consequências da Informalidade no Brasil*. Rio de Janeiro: Elsevier/FGV/Ibre, 2016. cap.5, p.109-30.

OECD. *Education at a Glance, 2016: OECD indicators*. Paris: OECD Publishing, 2016a.

______. *In It Together: Why less inequality benefits all*. Paris: OECD Publishing, 2015a.

______. *OECD Employment Outlook 2015*. Paris: OECD Publishing, 2015b.

______. *OECD Employment Outlook 2013*. Paris: OECD Publishing, 2013.

______. *OECD Employment Outlook 2001*. Paris: OECD Publishing, 2001.

______. *OECD Statistics*. Disponível em: <http://stats.oecd.org/>. Acesso em: fev. 2017.

______. *PISA 2015 Results*: Excellence and equity in education. Paris: OECD Publishing, 2016b.

PEC 241 – Um teto para os gastos públicos. *O Globo*, 23 out. 2016. Disponível em: <http://especiais.g1.globo.com/economia/2016/pec241-umtetoparaos-gastospblicos/>. Acesso em: out. 2016.

PERO, V. L.; CRUZ, G. F. A queda da pobreza no Brazil: mudanças no perfil e nos determinantes no início dos anos 2000. In: Encontro Nacional de Economia, 43, 2015, Florianópolis. *Anais da Anpec*.

PIKETTY, T. *O capital no século XXI*. Rio de Janeiro: Intrínseca, 2014.

PINHEIRO, H. *Imposto sobre a renda das pessoas físicas (IFPF)*: oportunidades para tributar os rendimentos mais altos no Brasil. Pós-graduação em Economia da UFF, Niteroi. Manuscrito.

PINHEIRO, H.; WALTENBERG, F.; KERSTENETZKY, C. Imposto sobre a Renda das Pessoas Físicas: Oportunidades para tributar os rendimentos mais altos no Brasil. In: AFONSO, J. et al. (org.). *Tributação e Desigualdade*. Belo Horizonte: Letramento/Casa do Direito, 2017.

PNUD. *Relatório do desenvolvimento humano 2014 – sustentar o progresso humano*: reduzir as vulnerabilidades e reforçar a resiliência. Nova York: PNUD, 2014.

ROCHA, S. *Pobreza no Brasil: a evolução de longo prazo (1970-2011)*. Rio de Janeiro: Inae, maio 2013. 52p. (*Estudos e Pesquisas*, n.492.) Disponível em:

<http://www.inae.org.br/estudo/pobreza-no-brasil-a-evolucao-de-longo-prazo-1970-2011/>. Acesso em: fev. 2017. (XXV Fórum Nacional.)

______. *Pobreza no Brasil – afinal, de que se trata?* 1.ed. Rio de Janeiro: FGV, 2003. 244p.

SABOIA, J. Efeitos do salário mínimo sobre a distribuição de renda no Brasil no período 1995-2005 – resultados de simulações. *Revista Econômica (UFF)*, Rio de Janeiro, v.9, n.2, p.270-95, dez. 2007.

SCALON, C.; SALATA, A. Uma nova classe média no Brasil da última década? O debate a partir da perspectiva sociológica. *Sociedade e Estado*, Brasília, v.27, n.2, p.387-407, ago. 2012.

SOARES, S. S. D. O ritmo na queda da desigualdade no Brasil é aceitável? *Revista de Economia Política*, São Paulo, v.30, n.3, p.364-80, set. 2010.

SOCIEDADE BRASILEIRA DE ECONOMIA POLÍTICA. *Austeridade e retrocesso*: finanças públicas e política fiscal no Brasil. São Paulo: Friedrich-Ebert-Stiftung; Fórum 21; Plataforma Política Social; Sociedade Brasileira de Economia Política, 2016. 64p.

UCHÔA, C.; KERSTENETZKY, C. L. *É a "nova classe média" classe média? O que diz a Pesquisa de Orçamentos Familiares (2008-2009)*. Niterói: Cede, out. 2012, 11p. (*Texto para Discussão*, n.66.) Disponível em: <http://www.proac.uff.br/cede/sites/default/files/TD66.pdf>. Acesso em: out. 2012.

3
A política tributária brasileira sob o olhar da desigualdade: regressividade estável, persistente e duradoura

Eduardo Alves Lazzari e Jefferson Lécio Leal

Introdução

Uma das principais políticas que afetam a distribuição de renda é a tributação. Com efeito, a política tributária é a política pública com maior potencial de diminuir a concentração de renda nos indivíduos mais ricos (FMI, 2017). Seu desenho e implementação pode tanto reduzir quanto aumentar a desigualdade de renda, de modo que, ao analisá-la, podemos observar o engajamento de diferentes atores políticos em promover a redução de desigualdades. No entanto, a literatura sobre políticas públicas e redistribuição no Brasil é mais abundante em estudos sobre o papel do gasto social como política de redução de desigualdades e tem poucas investigações sobre o papel da política tributária na redistribuição de renda. Ainda mais escassas são pesquisas que abordem os fatores políticos que influenciam a política tributária.

Apresentamos neste capítulo um panorama da evolução da política tributária brasileira desde 1985, com enfoque no Imposto de Renda de Pessoa Física (IRPF). Decidimos concentrar a análise no IRPF por ser o imposto federal com efeito distributivo mais claro e direto, o que nos ajuda a esclarecer o papel que os diversos governos atribuíram à política tributária na redução de desigualdades de renda. Apresentamos ao longo do texto a composição da receita tributária total do setor público por tipo de tributos, o tratamento tributário dos rendimentos de pessoa física por estrato de renda e as mudanças legislativas às quais o IRPF foi submetido durante o período. Para tanto, utilizamos dados da Secretaria do Tesouro Nacional, dos *Grandes números do IRPF* – publicação da Secretaria da Receita Federal (SRF) – e do mapeamento das normas jurídicas que afetaram o IRPF no período entre 1985 e 2017.

Nossos resultados apontam que o sistema tributário como um todo manteve uma regressividade estável, pelo menos de 1990 a 2015, e que nenhum governo implementou mudanças significativas na política tributária que visassem reduzir a desigualdade por meio desse imposto. Também identificamos que a maior parte das alterações às quais o IRPF foi submetido implica a redução da progressividade do imposto, por meio de isenções e deduções. Esses resultados não referendam teorias que qualificam a democracia, a competição eleitoral e os governos de esquerda como variáveis que promovem redistribuição, e indicam que a lógica da política tributária difere daquela do gasto social.

A primeira seção deste capítulo apresenta as expectativas teóricas quanto à relação entre política e redistribuição. A segunda seção apresenta a composição da receita tributária brasileira. A terceira seção explica como as alíquotas do IRPF afetam a distribuição de renda e argumenta que o tratamento generoso deste imposto aos altos rendimentos compromete a sua progressividade no topo da distribuição de renda. As mudanças legislativas pelas quais passou o IRPF são apresentadas na quarta seção, indicando o protagonismo do Poder Executivo na política tributária e a predominância de alterações regressivas sobre o IRPF ao longo do período. As considerações finais apresentam as implicações do estudo para as teorias sobre redistribuição e nossas expectativas sobre a política tributária.

Política, tributação e desigualdade: o que nos dizem as teorias

A incidência da tributação sobre os indivíduos de diferentes estratos econômicos afeta a capacidade de um Estado de redistribuir a renda da sociedade. Por isso, as teorias sobre política e redistribuição fornecem variáveis que potencialmente ajudariam a explicar a progressividade ou regressividade do sistema tributário brasileiro, a saber, a democracia, a força dos grupos políticos de esquerda e a competição eleitoral. Nesta seção, fazemos uma breve revisão das explicações teóricas a respeito das condições propícias à redistribuição de renda e contextualizamos o sistema tributário brasileiro a fim de tentar explicá-lo à luz delas.

Para a teoria do eleitor mediano, a desigualdade prévia de uma sociedade e a democracia com ampla participação eleitoral são, conjuntamente, condição suficiente para que haja redistribuição. A previsão dessa teoria é de que, se as decisões públicas são tomadas pela maioria, sempre que a renda média dos indivíduos for superior à renda do eleitor mediano – aquele que está exatamente entre a metade de eleitores mais pobres e a outra metade de eleitores mais afluentes –, haverá redistribuição de renda dos mais ricos para os mais pobres (Meltzer; Richard, 1981). O motivo é que todos os eleitores cuja renda estiver abaixo da renda média votarão por essa redistribuição e formarão uma coalizão majoritária. Na prática, como as sociedades em geral dispõem mais de pobres do que de ricos e, dada a extensão do sufrágio universal, o modelo prevê que democracias com ampla participação redistribuirão renda.

Para uma segunda vertente, que enquadra as chamadas "teoria partidária" e "teoria dos recursos de poder", a democracia não é condição suficiente para que políticas redistributivas sejam implementadas, ainda que seja uma condição necessária.[1] Também é preciso que existam atores políticos engajados em implementar políticas para reduzir as desigualdades. A ideia por trás do argumento é que a demanda eleitoral por redistribuição não é o bastante para gerar políticas públicas que tenham esse

1 Vale dizer que essas obras não dialogam com uma vertente que explora os incentivos de regimes autoritários à implementação de políticas redistributivas, pelas quais, por exemplo, buscariam cooptar diferentes grupos que concederiam apoio ao regime. Falleti (2009) busca explicar a criação do Sistema Único de Saúde (SUS) na Constituinte de 1988 não como consequência da redemocratização, mas como decorrência de uma série de políticas de saúde implementadas no Brasil ao longo do período militar como uma estratégia das Forças Armadas para obter o apoio dos grupos mais vulneráveis da sociedade brasileira à ditadura.

objetivo, pois as decisões políticas são tomadas em arenas deliberativas, às quais indivíduos que se beneficiariam de maior redistribuição podem ou não ter acesso. Os atores que a teoria supõe engajados com políticas redistributivas variam de acordo com o contexto institucional. Nas democracias parlamentaristas europeias, seriam os sindicatos e os partidos social-democratas (Esping-Andersen, 1985; 1990). Na América Latina, são enfatizados os partidos de esquerda (Huber; Stephens, 2012).

Partidos conservadores têm como base eleitoral, em geral, os grupos mais ricos de uma sociedade, que são prejudicados por políticas redistributivas. Alternativamente, partidos de esquerda e sindicatos reivindicam para si a representação dos trabalhadores ou das camadas mais pobres da comunidade política, que mais ganhariam com políticas redistributivas. Apenas partidos de esquerda possuiriam o incentivo eleitoral e, em tese, o compromisso ideológico com a redistribuição para buscar a institucionalização de políticas redutoras de desigualdade que atendam os interesses de seu eleitorado.

Entretanto, pode-se argumentar que, se partidos conservadores buscassem os votos apenas das classes mais altas, nunca chegariam ao poder em sociedades com um vasto contingente de pobres, como as da América Latina. A partir dessa observação, uma terceira vertente teórica argumenta que a competição eleitoral em si criaria incentivos para que partidos de diferentes ideologias, esquerda ou direita, promovessem políticas redistributivas (Fairfield; Garay, 2017).

A institucionalização de um Estado de bem-estar social com várias políticas públicas universais – como saúde e educação – e não contributivas – tais quais o Benefício de Prestação Continuada (BPC) –, na Constituição de 1988, e a universalização do sufrágio teriam incluído um vasto grupo de até então *outsiders*, trabalhadores pobres e informais, fazendo com que as políticas propostas por partidos de esquerda e direita tivessem de convergir para suas preferências para vencer eleições (Arretche, 2015; 2018).

Portanto, os principais fatores apontados para explicar a redução das desigualdades estiveram presentes na história recente brasileira. Afinal, o período pós-1988 foi marcado por um regime democrático com competição e participação eleitorais elevadas. Ademais, um partido de esquerda ocupou a presidência de 2003 a meados de 2016. Assim, a expectativa teórica seria um aumento da progressividade da política tributária brasileira. A tributação, em especial o imposto sobre a renda, tem uma relação direta com a redistribuição, e o Brasil poderia ser um caso emblemático e fértil para a implementação de políticas redistributivas.

Entendemos por progressividade a situação em que, conforme aumenta a renda, aumenta-se também a parcela de renda paga em impostos. Um imposto de renda altamente progressivo indica de maneira explícita o engajamento de um governo em intervir na distribuição de renda, tributando mais do que proporcionalmente a renda dos mais ricos. Não à toa, o FMI (2017) situou como estratégico o papel da progressividade tributária na redução da desigualdade crescente nos EUA e em outros países desenvolvidos, afirmando que, "entre o grupo com renda muito alta, a tributação é o principal mecanismo de redistribuição" (FMI, 2017; p.10, tradução nossa).

Composição da receita tributária brasileira

No Brasil, União, estados e municípios possuem tributos próprios. O IRPF é um imposto federal, ou seja, a União o regulamenta e o coleta por meio da SRF. Além dele, são importantes tributos da União a Contribuição para o Financiamento da Seguridade Social (Cofins), o Imposto de Renda de Pessoa Jurídica (IRPJ), o Imposto sobre Produtos Industrializados (IPI), a Contribuição Social sobre o Lucro Líquido (CSLL), entre outros. Os estados são responsáveis pelo principal imposto da federação em termos de arrecadação, o Imposto sobre Mercadorias e Serviços (ICMS), além do Imposto sobre a Propriedade de Veículos Automotores (IPVA), por exemplo. Por fim, os municípios são responsáveis pelo Imposto Predial e Territorial Urbano (IPTU) e pelo Imposto sobre a Transmissão de Bens Imóveis (ITBI), entre outros.

Em termos de geração de receita, os dois tipos principais de tributos são os impostos e as contribuições sociais. A principal diferença formal entre os dois é que as contribuições sociais têm finalidades e destinações específicas, tais quais financiar a seguridade social ou entidades de categorias profissionais, enquanto as receitas de impostos não têm destinação pré-determinada. Do ponto de vista do orçamento da União, uma diferença mais importante é a partilha das receitas arrecadadas entre os entes federativos. Os impostos federais são constitucionalmente compartilhados com os governos subnacionais, ou seja, a receita coletada pela União com o IRPF deve ser compartilhada com estados e municípios. Contrariamente, as contribuições não são compartilhadas; toda a receita coletada pela União com a CSLL, por exemplo, fica em sua alçada.

Essa qualificação é importante, pois o governo federal expandiu as contribuições para aumentar suas receitas, sem dividi-las com os entes subnacionais, ao longo dos anos 1990, principalmente nos mandatos de Fernando Henrique Cardoso, como parte de uma estratégia arrecadatória, como apontam Ursula Peres e Fábio Pereira dos Santos, em capítulo deste volume. A criação de novas contribuições, além da majoração das alíquotas daquelas que já existiam, concorreu para o que se chamou de degradação do sistema tributário nacional, uma vez que essas contribuições criam distorções por meio da tributação em cascata e da dupla tributação (Werneck, 2006). Essa decisão estratégica tomada pelo governo federal sob Fernando Henrique Cardoso e não revertida nos mandatos presidenciais subsequentes, somada à complexa administração do ICMS estadual, torna o sistema tributário nacional complexo, com altos custos administrativos – tanto para as burocracias tributárias como para as empresas –, além de torná-lo objeto de permanente disputa judicial.

Ademais, sob a perspectiva redistributiva, o país segue uma tendência latino-americana, no sentido de que os impostos que mais geram arrecadação são indiretos, isto é, cobrados sobre mercadorias e serviços. Esses impostos tendem a ser regressivos, uma vez que sua alíquota independe da renda de quem os paga. Assim, ao adquirir um produto qualquer, um indivíduo pobre gasta proporcionalmente mais de sua renda do que um indivíduo rico gastaria na mesma transação. Diversos estudos empíricos referendam a proposição de que os impostos indiretos brasileiros são regressivos e que os diretos são progressivos (Immervoll et al., 2006; Paes; Bugarin, 2006; Rodrigues, 1998; Silveira, 2008). Ao mesmo tempo, os altos índices de informalidade estreitam a base tributária do IRPF e limitam sua coleta. Assim, o sistema tributário nacional, ao recorrer especialmente a impostos indiretos, combinado com a baixa arrecadação no imposto de renda, potencialmente progressivo, acaba aumentando a desigualdade no país (Cepal, 2017; Silveira, 2013).

Os dados da Secretaria do Tesouro Nacional, compilados pelo departamento de estatística da OCDE e apresentados no Gráfico 1, mostram a estável predominância dos impostos indiretos sobre os diretos no Brasil entre 1990 e 2015.

Gráfico 1: Composição das receitas tributárias totais* por categoria de tributo, 1990 a 2015

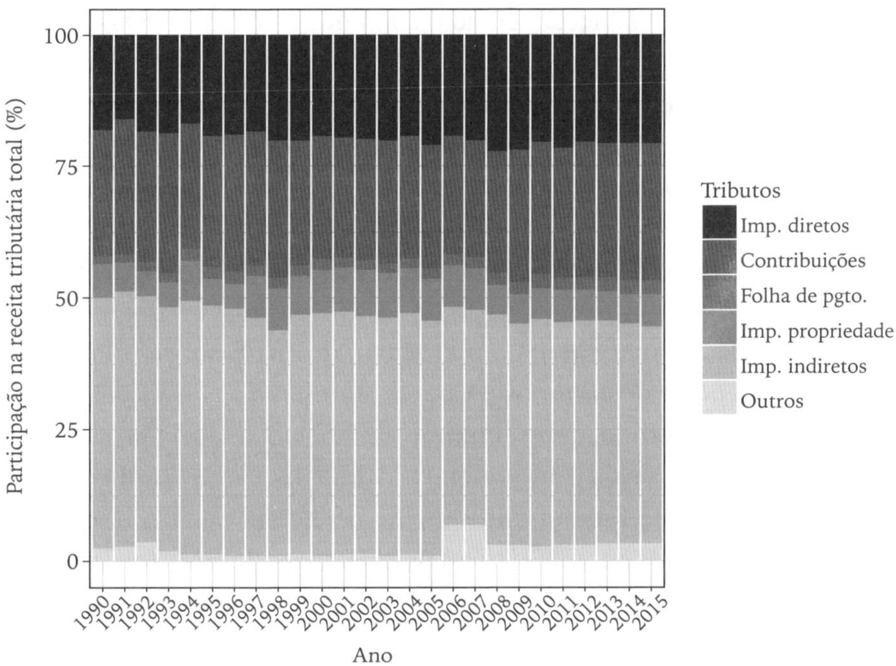

Fonte: OECD Statistics.

* A receita tributária total é composta pela soma da receita de todos os tributos da União, bem como de todos os municípios e estados.

No Gráfico 1, diferenciamos toda a receita tributária de todos os entes federativos por categorias de tributo. Os impostos diretos envolvem as receitas coletadas dos impostos sobre renda, lucros e dividendos.

As contribuições sociais compreendem a Cofins e a CSLL. Os impostos sobre folha de pagamento e sobre propriedade são autoexplicativos, os impostos indiretos envolvem os impostos sobre mercadorias e serviços, e "outros" é uma categoria reminiscente. Nesse gráfico, optamos por não distinguir a importância específica do IRPF, pois parece haver incompatibilidade na série temporal.[2]

Como se pode ver, há um ligeiro aumento na arrecadação dos impostos diretos ao longo do período. Parte-se de 18,1% da receita tributária total em 1990 para 20,8% em 2015. Nesse intervalo, o valor máximo encontrado foi de 22,4%, registrado em 2008. Portanto, há notória estabilidade na composição das receitas tributárias no Brasil. A parcela dos impostos diretos se mantém ao mesmo tempo que os impostos indiretos, regressivos, permanecem como o conjunto de tributos mais importante em termos arrecadatórios no Brasil. Assim, o minúsculo aumento da participação dos impostos diretos indica um aumento quase nulo da progressividade do sistema tributário como um todo.

O tratamento do IRPF a diferentes estratos de renda

Nesta seção, analisamos a incidência do IRPF sobre diferentes estratos de renda e destacamos o caráter regressivo das isenções a esse imposto. Antes de tudo, apresentamos na Tabela 1 a tabela progressiva anual do IRPF válida para o ano-calendário de 2016. Os que ganharam até R$ 22.847,76 no ano foram isentos do imposto. Para calcular o imposto a pagar, aplica-se a alíquota da faixa à parcela da renda que excede a faixa anterior, daí o nome alíquota marginal. Um indivíduo que ganhou em 2016

2 Na passagem de 2006 para 2007, a arrecadação salta de R$ 7,9 bilhões para R$ 60,33 bilhões, uma mudança incompatível com as alterações legislativas registradas em nosso banco de dados e com os *Grandes números do IRPF*, considerando, por exemplo, o número de declarantes e quantidade de rendimentos totais declarados ao fisco nacional naqueles anos. Entendemos que existiu alguma mudança metodológica na estimação da receita desse imposto que não é explicada pela Secretaria do Tesouro Nacional nem pela SRF. Para evitar uma interpretação equivocada do dado, optamos por englobar o IRPF na grande categoria de impostos diretos.

o total de R$ 50 mil e que não tenha direito a nenhuma isenção ou dedução, por exemplo, pagou R$ 3.616,48.[3] A forma simplificada para fazer o mesmo cálculo é multiplicar a renda (R$50.000) pela alíquota da faixa correspondente (22,5%) e subtrair desse resultado a parcela a deduzir (R$ 10.432,32).

Tabela 1: Tabela progressiva anual do IRPF (Ano-calendário 2016)

Base de cálculo (R$)	Alíquota (%)	Parcela a deduzir (R$)
Até 22.847,76	–	–
De 22.847,77 até 33.919,80	7,5	1.713,58
De 33.919,81 até 45.012,60	15	4.257,57
De 45.012,61 até 55.976,16	22,5	7.633,51
Acima de 55.976,16	27,5	10.432,32

Fonte: SRF.

À primeira vista, quando se observa a tabela progressiva do IRPF, tendemos a concluir que, conforme a renda aumenta, também aumenta a parcela dela paga em função do imposto. No cálculo, porém, desconsideramos que o IRPF não trata todos os rendimentos da mesma forma. Existem rendimentos tributáveis, exclusivos – isto é, tributados exclusivamente na fonte – e isentos, além das despesas dedutíveis.

Rendimentos tributáveis são aqueles que, como o nome indica, são sujeitos à tributação, como prestação de serviços e rendas de aluguel. Os rendimentos exclusivos são aqueles onerados no ato do recebimento, como os salários. Esses não são reembolsáveis quando da declaração e são menos vulneráveis à sonegação ou à evasão, já que seu recolhimento é feito na fonte geradora do rendimento. Por fim, existem os rendimentos isentos, que não são incluídos na base de cálculo, como bolsas de estudo e

3 Os primeiros R$ 22.847,76 são isentos. Com referência à segunda faixa, ele paga R$ 830,40 ((R$ 33.919,80 – R$ 22.847,77) × 7,5%). Já com relação à terceira faixa, ele paga R$ 1.663,92 ((R$ 45.012,60 – R$ 33.919,81) × 15,0%). Por fim, na quarta faixa, ele paga R$ 1.122,16 ((R$ 50.000,00 – R$ 45.012,61) × 22,5%). Somando os valores, o IRPF pago é R$ 3.616,48 (R$ 830,40 + R$ 1.663,92 + R$ 1.122,16).

rendas obtidas por meio de lucros e dividendos. A SRF considera "rendimentos totais" a soma dos rendimentos tributáveis, exclusivos e isentos.

As deduções são despesas executadas no ano-calendário da declaração que são abatidas da base de cálculo no total de rendimentos declarados, tais quais despesas com consultas médicas, dependentes e educação. A Receita Tributária Líquida (RTL) é determinada a partir da soma dos rendimentos tributáveis e exclusivos, subtraídas as despesas dedutíveis. A RTL de cada contribuinte é a base de cálculo do imposto a pagar, de acordo com a tabela progressiva vigente, de maneira análoga à que mostramos no exemplo acima. Além desse tratamento genérico, há rendimentos que recebem tratamento especial e são tributados a alíquotas diferentes daquelas da Tabela 1: fundos de longo prazo e aplicações de renda fixa, fundos de curto prazo, fundos de ações, aplicações com renda variável, remessas ao exterior, prêmios e sorteios, serviços de propaganda e remuneração de serviços profissionais.[4]

Devido a todas essas particularidades, avaliar apenas a progressividade do IRPF a partir da tabela progressiva anual desse imposto é bastante enganoso. Castro e Bugarin (2017) calcularam índices de progressividade para o IRPF, entre 2006 e 2012, e mostraram que o imposto é bastante progressivo em comparação a países desenvolvidos e outros países latino-americanos. Visto que a maioria dos indivíduos brasileiros é de pobres e que os mais pobres são isentos do pagamento de imposto de renda, o IRPF afeta um grupo muito pequeno e relativamente rico, o que implica em progressividade do imposto, considerado como um todo. No entanto, no topo da distribuição de renda (acima de 20 a 40 salários mínimos ao ano), o imposto deixa de ser progressivo e, quanto maior a renda, menor o IRPF pago como fração dos rendimentos (Gobetti; Orair, 2017).

Para realizar avaliações sobre a incidência do IRPF em cada faixa de renda, é possível utilizar os dados que a SRF torna públicos, chamados *Grandes números do IRPF*, uma publicação anual existente desde 1999 e que agrega, em indicadores, declarações do referido imposto, a fim de

---

4 Um resumo das alíquotas aplicáveis a esses rendimentos de tratamento especial pode ser consultado no site da SRF, disponível em <http://idg.receita.fazenda.gov.br/acesso-rapido/tributos/irpf-imposto-de-renda-pessoa-fisica>. Acesso em: 16 fev. 2018.

garantir maior transparência sobre o comportamento do tributo, em função da crescente demanda advinda da sociedade civil e da academia. O documento apresenta a quantidade de declarações, os rendimentos tributáveis, exclusivos e isentos, entre outras informações, por categorias previamente definidas pela própria SRF. Como os dados são agregados, não se trata de um banco de microdados, em que cada observação é um declarante.[5]

A maior parte da população adulta brasileira é isenta de declarar o IRPF por não atingir o rendimento mínimo a partir do qual o imposto é cobrado. Estima-se que somente cerca de 15% a 25% dos indivíduos adultos façam a declaração,[6] a depender do ano. Para calcular índices de progressividade, é necessário combinar as informações tributárias com a distribuição de renda dos estratos inferiores da população, disponíveis em pesquisas domiciliares, como a Pesquisa Nacional por Amostra de Domicílios (PNAD), como fizeram Castro e Bugarin (2017). Como esse trabalho já foi realizado por outros autores, optamos por detalhar o tratamento tributário diferenciado dos rendimentos por faixas de renda, usando os *Grandes números do IRPF*.

Embora a publicação date de 1999, foi apenas a partir de 2007 que uma quantidade maior de informações passou a ser compartilhada pela SRF, em especial a segmentação dos dados agregados por faixas de salário mínimo. Isso explica porque, nas análises subsequentes, alguns dados estarão restritos ao segundo mandato de Luiz Inácio Lula da Silva em diante. Dois recortes serão explorados aqui, a saber, a evolução por mandatos presidenciais e a distribuição de rendimentos por diferentes faixas de renda. É importante lembrar que os valores aqui apresentados só dizem respeito a um estrato mais abastado da população brasileira (os 15% a 25% mais ricos, a depender do ano).

5 Os microdados, não públicos, estão disponíveis no *data warehouse* da SRF. Embora outros pesquisadores tenham tido acesso a essa base, nossa solicitação de consulta por meio da Lei de Acesso à Informação foi indeferida, sob o argumento de que isso feriria o sigilo fiscal dos declarantes.

6 Medeiros e colegas (2015, p.17) estimam que 15% a 25% da população adulta brasileira é declarante, e Gobetti e Orair (2016, p.10) estimam 15% a 17%.

Tabela 2: Variação do número de declarantes e composição média dos rendimentos totais por mandato presidencial*

Mandato	Declarantes (Δ, mi)	Totais (R$, bi)	Tributáveis (%)	Exclusivos (%)	Isentos (%)	Deduções (%)
FHC II	3,440	1127,76	67,47	8,15	24,39	17,44
Lula I	8,070	1594,04	64,69	10,22	25,10	16,33
Lula II	-0,078	2052,81	64,61	8,53	26,86	15,54
Dilma I	3,619	2649,47	60,74	9,66	29,60	13,65
Dilma II	-0,062	2747,43	58,91	9,79	31,31	13,50
Temer	0,485	2745,47	59,01	10,25	30,74	13,47

Fonte: *Grandes Números do IRPF*, elaboração dos autores.
* "Mandato" se refere ao mandato presidencial. "Declarantes" apresenta a variação de declarantes ao longo do mandato, em milhões. "Totais" se refere ao valor médio dos rendimentos totais ao longo do mandato, em bilhões de reais (deflacionados para valores de 2016). "Tributáveis", "Exclusivos", "Isentos" e "Deduções" mostram a média de cada categoria ao longo do mandato, como percentual dos rendimentos totais.

O primeiro ano-calendário disponibilizado pela SRF foi o de 1999, primeiro ano do segundo mandato de Fernando Henrique Cardoso (FHC II, 1999-2002). Além de FHC II, obtemos Lula I (2003-2006), Lula II (2007-2010) e Dilma I (2011-2014) em sua totalidade. Temer engloba 2016, uma vez que o afastamento de Dilma Rousseff da presidência ocorreu após abertura do processo de impeachment pela Câmara dos Deputados em maio de 2016. Assim, Michel Temer ocupou a presidência em mais de metade do ano de 2016, ainda que interinamente até agosto. Dilma II acaba por abarcar apenas o ano-calendário de 2015.

A Tabela 2 apresenta, na segunda coluna, a variação total no número de declarantes, em milhões. Por exemplo, durante o mandato FHC II, o número de declarantes cresceu 3,44 milhões. Entre 1999 e 2016, o número de declarantes só caiu em Lula II e Dilma II, períodos nos quais houve crises econômicas; em Lula II, a crise internacional de 2008-2009, e a recessão de 2015-2016 em Dilma II.

Embora haja uma tendência de crescimento do total de rendimentos declarados – em termos reais – durante todo o período, como se observa na terceira coluna da Tabela 2, é importante destacar o efeito redistributivo que a crise econômica brasileira teve sobre a base do tributo. Dados os valores que determinavam as alíquotas do imposto e a queda da renda per capita em 2015 e 2016, o conjunto de declarantes se restringiu a um grupo de maior renda. Para se enquadrar na alíquota marginal inferior, de 7,5%, o contribuinte precisava auferir o equivalente a 1,78 vezes da renda per capita brasileira em 2014, razão que salta para 2,64 em 2016. Já para se enquadrar na alíquota marginal superior, de 27,5%, em 2014, o contribuinte precisava auferir 4,45 vezes a renda per capita nacional, número que salta para 6,47 em 2015.

Esses dados são consideravelmente vulneráveis à ausência de reajustes da tabela progressiva do IRPF. Conforme a inflação sobe no país, se a tabela não é reajustada, pessoas que seriam isentas passam a declarar, já que passam a se enquadrar na legislação do imposto. Com efeito, ao longo do período, em vários anos-calendários não houve reajuste da tabela (1994 a 1995, 1997 a 2001, 2003, 2004 e 2011). Pode-se argumentar que a não correção da tabela, ao expandir artificialmente a base de incidência do imposto, é uma estratégia arrecadatória do Poder Executivo, uma vez que a correção reduziria o número de declarantes, seja ao excluir contribuintes que deveriam ser isentos, seja reduzindo a alíquota aplicada sobre os contribuintes que, antes da correção, ficavam nas faixas marginais superiores.

Ainda sobre a tabela progressiva do IRPF, durante os anos de publicação dos *Grandes números*, o ano de 2009 contou com uma reforma estruturante. A Medida Provisória 451, de 2008, adicionou novas alíquotas ao IRPF. Se até então existiam três alíquotas marginais (0%, 15% e 27,5%), a MP 451 criou duas alíquotas adicionais, de modo que, a partir de então, passaram a existir cinco alíquotas: 0%, 7,5%, 15%, 22,5% e 27,5%.

Por fim, nas colunas seguintes, apresentam-se as porcentagens a que corresponderam em média os rendimentos tributáveis, exclusivos e isentos, além de deduções, em relação aos rendimentos totais. Por exemplo, anualmente, em média, no mandato de FHC II, os rendimentos tributáveis corresponderam a 67,4% dos rendimentos totais. Há uma importante queda da participação dos rendimentos tributáveis e das deduções, e um crescimento da participação dos rendimentos isentos. No mandato FHC II, os rendimentos isentos correspondiam, em média, a 24,4% dos rendimentos totais, percentual que chega a 30,7% no primeiro ano do mandato de Michel Temer, ou seja, os rendimentos isentos aumentaram sua fatia no bolo dos rendimentos totais ao longo de todo o período.

Ainda que a análise dos *Grandes números* do IRPF não nos permita apontar qual razão foi preponderante para essa evolução, uma hipótese pode ser levantada. Como se sabe, o imposto de renda na América Latina como um todo, mas também no Brasil, é altamente dependente dos rendimentos auferidos no mercado formal de trabalho (Cepal, 2017). Assim, trabalhadores assalariados bem remunerados seriam enquadrados na alíquota marginal superior de 27,5%. Especificamente no ano-calendário de 2016, para se enquadrar em tal faixa o contribuinte teria de auferir naquele ano ao menos R$ 55.976,16.

Contudo, recentemente pode-se observar duas mudanças paradigmáticas na regulação do IRPF. Em primeiro lugar, a Lei 9.249/1995 tornou isentos do IRPF os rendimentos obtidos em empresas por meio de lucros e dividendos. Ao mesmo tempo e em segundo lugar, a Lei 9.317/1996 criou o Sistema Integrado de Pagamento de Impostos e Contribuições das Microempresas e Empresas de Pequeno Porte, o chamado Simples Nacional. O sistema acabou dando tratamento diferenciado a rendimentos obtidos por indivíduos de mesmo rendimento, a depender de seu registro formal como empregado ou como proprietário de pessoa jurídica. O cenário estimula o que se convencionou chamar de *pejotização* (Gobetti; Orair, 2015). Com efeito, a partir do momento em que o trabalhador assalariado ultrapassa certo limiar de rendimentos, passa a ter alternativas tributárias para diminuir a incidência do fisco, como a criação de uma pequena empresa para emissão de notas fiscais, cujas faturas acabam por funcionar como seu salário. Consequentemente, ao declarar o IRPF, esse rendimento obtido no mercado de trabalho fica sob a rubrica de isentos e é tributado como renda de pessoa jurídica a uma alíquota mais baixa.

Assim, o aumento da parcela das isenções na arrecadação do IRPF pode refletir a paulatina adaptação dos declarantes, em função de uma decisão estratégica, a normas e regras que dão tratamento diferenciado aos rendimentos, buscando diminuir a carga do imposto. Na verdade, esse tratamento diferenciado acaba por violar não só o princípio de equidade vertical, que estipula que o pagamento de impostos deve ser proporcional à capacidade de pagá-los, ou seja, à renda, mas também o da equidade horizontal, pelo qual contribuintes com a mesma capacidade de contribuição fiscal devem contribuir igualmente ao fisco (Gobetti; Orair, 2015; 2016; 2017).

Se tal hipótese for procedente, pode-se esperar que os rendimentos isentos sejam concentrados entre as faixas dos declarantes com maior poder aquisitivo. Essa informação está disponível apenas a partir do ano-calendário de 2007, quando a SRF passou a divulgar os dados agregados do conjunto de declarações ao longo de onze faixas diferentes de rendimentos, de acordo com salários mínimos, partindo da primeira, com menor nível de rendimentos, declarando anualmente até 0,5 salário mínimo, até a última, mais rica, que declarou mais de 160 salários mínimos.

Com esses dados podemos calcular quanto cada faixa de salário mínimo contribuiu para os rendimentos tributáveis, exclusivos e isentos entre os anos de 2007 e 2016. Em outras palavras, é possível calcular a porcentagem de rendimentos isentos que os declarantes que auferiram mais do que 160 salários mínimos se apropriaram para cada ano do período de análise. Considerando que esses dados têm uma distribuição semelhante ao longo de todos anos, e também à luz da dificuldade de expor esse conjunto de informações, optou-se por apresentar a média da porcentagem apropriada por cada faixa de renda ao longo desses anos.

Assim, o Gráfico 2 apresenta quanto, em média, cada faixa de renda se apropriava dos rendimentos isentos, tributáveis e exclusivos. Na verdade, como apresentamos a curva de concentração desses três tipos de rendimentos, mostra-se, por exemplo, quanto dos rendimentos isentos era capturado até a segunda faixa de renda. Logo, no gráfico abaixo, o valor 0,21 na curva de rendimentos tributáveis, na coordenada 5 do eixo horizontal, representando aqueles que ganham entre 3 e 5 salários mínimos (SM), indica que, em média, 21% dos rendimentos tributáveis estavam contidos até esse ponto da distribuição. Vale ressaltar que, como os dados apresentados são médias, somados não chegarão a 1. Contudo, como sempre até a última faixa de renda todos os rendimentos são acumulados, o valor médio da décima primeira faixa sempre é igual a 1.

Gráfico 2: Média do acumulado de rendimentos por faixa de renda – 2007-2016*

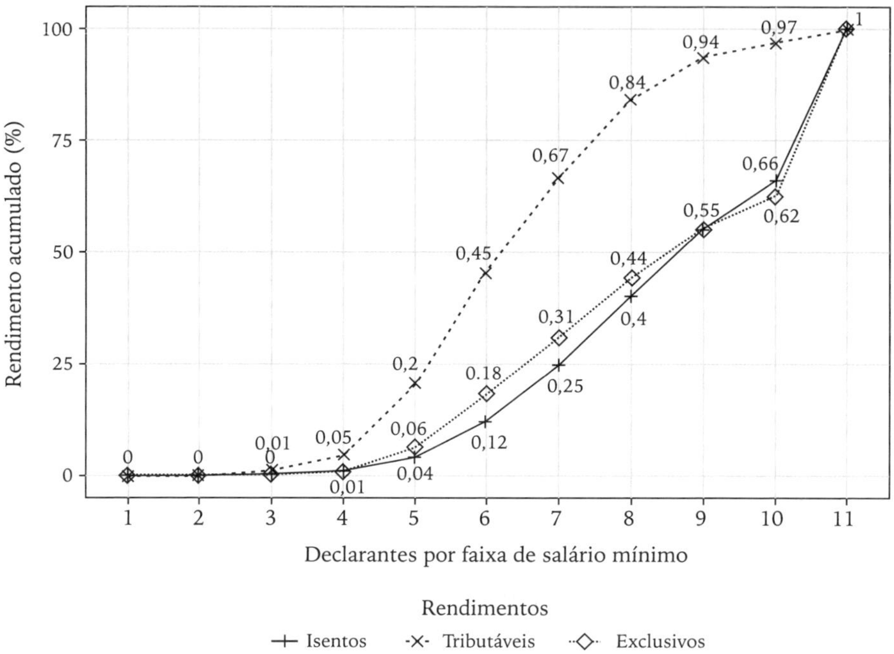

Fonte: *Grandes números do IRPF*, elaboração dos autores.

* As faixas de salário mínimo (SM) são numeradas de 1 a 11: 1) até 0,5 SM; 2) de 0,5 a 1 SM; 3) de 1 a 2 SMs; 4) de 2 a 3 SMs; 5) de 3 a 5 SMs; 6) de 5 a 10 SMs; 7) de 10 a 20 SMs; 8) de 20 a 40 SMs; 9) de 40 a 80 SMs; 10) de 80 a 160 SMs; e 11) mais que 160 SMs.

O gráfico permite observar a diferença na distribuição dos rendimentos isentos e tributáveis. Enquanto, entre os tributáveis, já na sexta faixa de renda – daqueles que declararam rendimentos totais entre 5 e 10 salários mínimos –, 45% desses rendimentos, em média, já tinham sido acumulados, apenas na oitava faixa de renda os rendimentos isentos atingirão tal nível de concentração. Com efeito, a faixa de renda mais rica, que declara mais do que 160 salários mínimos, concentra em média 34% dos rendimentos isentos, ao passo que entre os rendimentos tributáveis a mesma faixa corresponde a 3% apenas, uma vez que até a décima faixa de renda – daqueles que auferem entre 80 e 160 salários mínimos – estão acumulados em média 97% dos rendimentos tributáveis, número que cai para 66% nos rendimentos isentos.

Assim, quanto maior a renda declarada, maior a quantidade de rendimentos isentos em relação ao total, e – a partir da sexta faixa de renda – menor é o valor relativo de rendimentos tributáveis. O quadro reforça o tratamento diferenciado e vantajoso dado a rendimentos típicos de estratos mais ricos da distribuição, como lucros e dividendos, uma vez que esses corresponderam, em média, a 36% do total dos rendimentos isentos declarados. A distribuição desses mesmos rendimentos dentro do 1% mais rico da população mostra concentração semelhante à observada no Gráfico 2.[7]

Em suma, considerando o aumento da importância do IRPF, em função do maior número de declarantes e do volume maior de rendimentos declarados, é possível afirmar que o IRPF contribuiu para um sistema tributário mais progressivo. Entretanto, a manutenção e expansão de um tratamento diferenciado aos rendimentos típicos dos estratos superiores de renda indica que, ao longo do período, o tributo em si se tornou mais regressivo no topo da distribuição de renda, já que a análise da composição desses rendimentos por faixa de renda indica a violação do princípio de equidade vertical.

A evolução da política tributária do IRPF

Em linhas gerais, verificamos na primeira seção que a regressividade do sistema tributário foi, na melhor das hipóteses, pouco mitigada e, na segunda seção, que, embora o IRPF seja progressivo como um todo, cada vez mais tem sido comprometida a progressividade do imposto no topo da distribuição de renda. Isso se deve ao tratamento diferenciado de rendas elevadas, que favorece os rendimentos do capital e onera os rendimentos do trabalho. Aparentemente, a redemocratização, a presença da esquerda no governo federal e a competição eleitoral não impactaram fortemente a redistribuição de renda pelo lado da arrecadação de tributos.

7 Informação obtida por meio da análise dos *Grandes números do IRPF*, ainda que não apresentada aqui. Disponível se solicitada aos autores.

Seria possível afirmar, no entanto, que os diferentes governos empreenderam políticas tributárias específicas que, por algum motivo, não tiveram efeito suficiente para alterar a composição das receitas tributárias? Nesta seção mostramos, a partir de uma análise sistemática das mudanças legislativas que afetaram o IRPF entre 1985 e 2017, que esse não é o caso. Optamos por investigar as normas jurídicas relativas ao IRPF, pois elas são um indicativo direto da mobilização da política tributária como instrumento de redistribuição.

A empreitada de analisar as mudanças legais do IRPF não é trivial, dado que inexistia uma base de dados que reunisse todas essas alterações. Construímos nosso banco de dados a partir de duas pesquisas no site da Câmara dos Deputados e uma pesquisa no site da SRF para identificar todas as proposições sobre IRPF apresentadas entre 1985 e 2017 que foram bem-sucedidas no processo legislativo e transformadas em normas jurídicas, entre os seis tipos legislativos a seguir: propostas de emendas à Constituição (PEC), projetos de lei complementar (PLC), projetos de lei ordinária (PL), medidas provisórias (MPV), projetos de lei de conversão (PLV) e projetos de decreto legislativo (PDC).

Primeiramente, buscamos proposições dos seis tipos apresentadas no período de interesse, aprovadas ou não, que contivessem a exata expressão "imposto de renda" na ementa, nas palavras-chave de indexação ou no inteiro teor, do que resultou uma amostra de 3.109 proposições. O maior problema dessa amostra é que ela contém proposições sobre o imposto de renda de pessoas jurídicas, não apenas sobre o IRPF. Com a finalidade de filtrar os projetos sobre IRPF, classificamos essa amostra por meio de um algoritmo de modelagem de tópicos por *Latent Dirichlet Allocation* (LDA).

O método LDA permite que se estimem simultaneamente a probabilidade de uma palavra pertencer a um tópico[8] e a probabilidade de um tópico pertencer a um documento, a partir da frequência de ocorrência simultânea das palavras nos documentos. Esse é um método não supervisionado, isto é, a máquina classifica os textos sem receber qualquer classificação prévia. Para essa classificação automatizada, os textos

8 Um tópico pode ser entendido como uma temática. Cada um dos documentos é composto por diferentes tópicos, em diferentes proporções.

considerados foram as ementas e as descrições fornecidas pela Câmara dos Deputados.

Identificamos um grupo de leis que não diz respeito à incidência do IRPF, mas, principalmente, à tributação de pessoas jurídicas e à repartição das receitas tributárias entre os entes federativos. Os demais documentos, referentes ao IRPF, totalizavam 1.649 proposições, das quais 76 foram aprovadas. Nota-se que, a despeito de haver muitas proposições apresentadas na Câmara, apenas algumas dezenas se tornaram lei.

Em uma segunda etapa, buscamos no site da Câmara dos Deputados somente as proposições aprovadas dos seis tipos mencionados, apresentadas entre 1988 e 2017, que contivessem a sigla IRPF na ementa, na indexação da Câmara[9] ou no inteiro teor. Havia 22 proposições que atendiam a esses critérios, das quais apenas seis não faziam parte da amostra delimitada na etapa anterior. Assim, juntando as amostras identificadas nessas duas pesquisas, tínhamos 82 leis *a priori* ligadas ao IRPF. A partir da leitura das ementas e, quando necessário, dos inteiros teores dessas proposições, identificamos que 34 delas não eram referentes ao IRPF e, subtraídas estas das 82, restringimos a amostra a 48 leis. Por fim, em consulta à página da Legislação do IRPF da Receita Federal,[10] identificamos mais dezessete leis referentes ao imposto e totalizamos 65 leis.

Para detalhar quais aspectos desse tributo foram alterados, fizemos um mapeamento manual das alterações contidas nessas novas normas jurídicas. Falamos em alterações porque, por exemplo, numa mesma lei, os artigos 1º e 2º poderiam afetar, respectivamente, a alíquota incidente sobre alienação de bens e a tabela progressiva sobre os rendimentos de natureza genérica. Nesses casos, optou-se por registrá-los como observações diferentes e, finalmente, constituímos um banco de dados de 106 alterações correspondentes a 65 leis. Ressaltamos que tal procedimento foi adotado porque os efeitos produzidos sobre o IRPF poderiam variar no interior da mesma lei, de forma que, nos estágios mais avançados dessa

---

9 É razoável fazer a busca pela sigla IRPF, uma vez que essa é uma das palavras-chave com as quais a Câmara dos Deputados indexa as proposições.

10 Disponível em: <http://idg.receita.fazenda.gov.br/sobre/institucional/memoria/imposto-de-renda/legislacao/legislacao-do-imposto-de-renda-pessoa-fisica-de-1843-a-2013>. Acesso em: 20 dez. 2017.

pesquisa, perderíamos informações relevantes acerca dos efeitos redistributivos e arrecadatórios da produção legislativa caso tivéssemos optado por classificar cada lei com apenas uma categoria de alteração.

Em seguida, cada alteração dessas normas foi categorizada. São cinco as categorias nas quais os projetos foram enquadrados: tributação, regulação, isenções, dupla tributação e deduções. A primeira, nomeada "Tributação", refere-se a mudanças de alíquotas, criação ou anulação de faixas de renda sujeitas a alíquotas diferentes e atualizações de valores da tabela progressiva. "Regulação" denota aquelas normas jurídicas que alteram aspectos administrativos do imposto, tais como prazos de declaração e restituição. A categoria de "Isenções" altera os limites de rendimentos que não serão tributados ou ainda torna rendimentos então tributáveis em isentos. Por exemplo, a Lei 8.687/1993 tornou isentos os rendimentos de aposentadoria ou pensão recebidos por deficientes mentais. Semelhantemente, "Deduções" alteram as despesas dedutíveis do IRPF, seja no limite que pode ser deduzido, seja no tipo de despesa que passa a ser enquadrada como tal. "Dupla tributação", por sua vez, agrega todos os acordos bilaterais celebrados pelo Brasil que regularam o IRPF, buscando mitigar a dupla tributação em diferentes países e a evasão fiscal. Encontraram-se dezesseis decretos legislativos relativos ao tema, acordados com Finlândia, China, Noruega e Chile, por exemplo.

Gráfico 3: Número de alterações legislativas no IRPF por categoria (1985-2017)

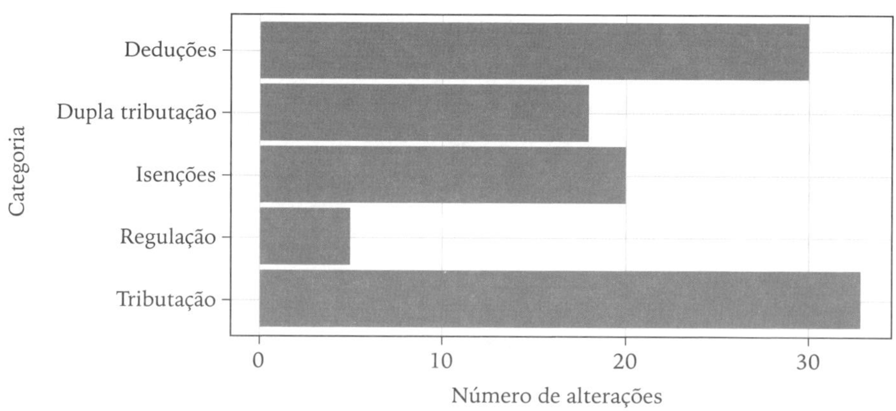

Fonte: Elaboração própria.

Como se pode ver no Gráfico 3, alterações de tributação e de deduções são as mais frequentes. Para investigar o efeito redistributivo das alterações, classificamos o efeito de cada uma delas como progressivo, regressivo ou ambíguo. Aumentos das alíquotas superiores, diminuição de limites de isenção ou dedução de rendimentos, criação de faixas de renda e as correções monetárias da tabela progressiva foram medidas consideradas progressivas. Simetricamente, diminuições das alíquotas superiores ou do número de faixas de renda e aumento dos limites e isenção e dedução são medidas consideradas regressivas. As demais medidas têm efeitos ambíguos.

Assim fizemos a classificação porque, como argumentamos na seção anterior, as isenções e deduções tendem a favorecer os estratos superiores da distribuição de renda e porque a desatualização da tabela tende a incluir na base do imposto, devido à inflação, os indivíduos mais pobres. Ao fazer essa tipologia, estamos desconsiderando, por exemplo, que a elevação da alíquota pode ser seguida por redução da atividade econômica ou crescente evasão fiscal, o que poderia ter efeitos distributivos perversos. Como Steinmo (1989), acreditamos que o estudo da decisão de política pública exige maior preocupação com os efeitos que eleitores e políticos delas esperam do que com os efeitos que elas têm na realidade. Argumentamos que, em geral, é mais fácil para políticos perceberem os efeitos diretos do que consequências econômicas indiretas e incertas.

Os tratados de bitributação têm os efeitos redistributivos mais ambíguos, pois não é possível determinar quais faixas de renda serão beneficiadas. Assim, desconsideramos essa categoria nas análises seguintes. No Gráfico 4, apresentamos o número de alterações por efeito redistributivo, por origem e por mandato presidencial. Optamos por agrupar os senadores e deputados na aba Legislativo porque as alterações realizadas no Senado Federal são poucas (apenas catorze).

Se analisarmos a origem dessas normas jurídicas, fica evidente que o protagonismo na política tributária reside no Executivo. Muito provavelmente tal protagonismo é caudatário do recurso a que a política tributária pode servir ao Executivo na condução da política fiscal, influenciada pelos quadros do Ministério da Fazenda, ou ainda novas diretrizes sugeridas pela SRF, alterando aspectos administrativos do tributo. Do grande

Gráfico 4: Número de alterações legislativas no IRPF por efeito redistributivo, origem e mandato

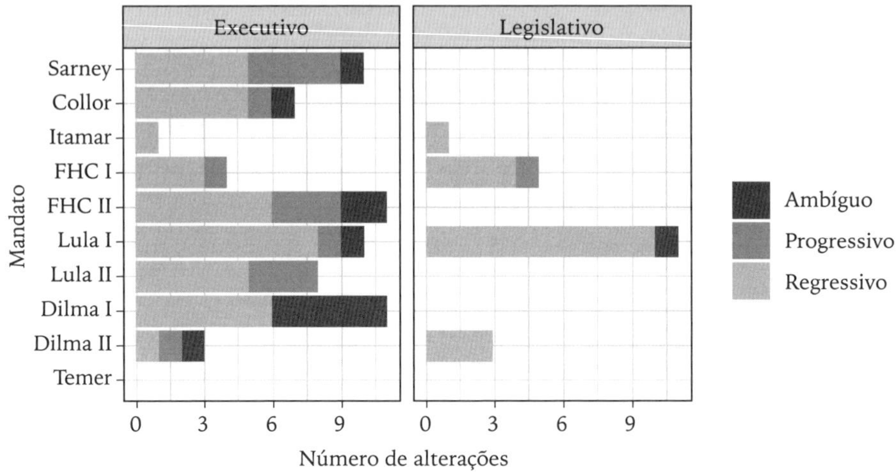

Fonte: Elaboração própria.

número de alterações regressivas com origem no Legislativo durante o mandato Lula I, destacam-se seis alterações das despesas dedutíveis e dos rendimentos isentos pela Lei 11.311/2006. A única alteração do Legislativo com efeitos progressivos é o art. 21 da Lei 8.981/1995, que aplicou uma alíquota de 15% sobre ganhos de capital com alienação de bens.

Dentre as alterações nas categorias tributação, isenções, deduções e regulação, 67% (57 alterações de 85) têm efeitos regressivos. De maneira geral, a produção legislativa do período, em nenhum dos governos, avançou no sentido de tornar o IRPF mais progressivo, o que é compatível com os resultados da seção anterior, que indicam que o imposto se tornou mais regressivo na ponta desde 1999. Assim, o período democrático não está associado ao aumento da progressividade do IRPF. Tampouco os mandatos de presidentes de esquerda foram marcados pela implementação de reformas progressivas, pois, em todos os mandatos, predominaram as alterações regressivas. A frequência irregular das correções de tabela progressiva parece indicar que o Executivo se preocupa mais com a arrecadação que com os efeitos redistributivos do imposto.

Os dados apresentados nesta seção apontam para dois direcionamentos. Primeiro, a evolução da política tributária do IRPF contrasta com o avanço das políticas redistributivas por meio do gasto social e se distancia das hipóteses que associam forças políticas de esquerda à redistribuição (Huber; Stephens, 2012), além de corroborar o argumento de que em políticas altamente técnicas e específicas, como a tributária (Azevedo; Melo, 1997), atores políticos de esquerda ou direita vão politizar questões que têm efeitos mais claros e potencial eleitoral maior (Roberts, 2012).

Contudo, deve-se lembrar de que este é um estudo que inclui apenas as proposições legislativas que se tornaram norma jurídica. É possível que a esquerda tenha se engajado numa política tributária mais progressiva, mas que tenha sido barrada pelos demais parlamentares, partidos ou governos. Também seria necessário considerar em estudos posteriores o contexto econômico em que cada proposta foi produzida.

Em segundo lugar, faz-se necessário investigar a relação que existe entre diferentes atores do Executivo – especialmente as burocracias da SRF e do Ministério da Fazenda – e grupos de interesse. Evidências sobre a tributação na América Latina, por exemplo, indicam que a progressividade tributária é positivamente associada à força dos sindicatos dos trabalhadores e negativamente ao grau de organização das entidades patronais (Castañeda, 2017; Castañeda; Doyle, 2015).

Considerações finais

Nesta última seção fazemos um apanhado das considerações sobre os dois pontos centrais colocados no início deste trabalho, a saber, a evolução da tributação no Brasil ao longo do tempo e os efeitos redistributivos do IRPF.

Em primeiro lugar, destaca-se que a maior parte dos rendimentos isentos é concentrada nos estratos mais ricos, enquanto a maior parte dos rendimentos tributáveis é atribuída aos estratos médios dos declarantes. Por ora, dois mecanismos poderiam explicar esses dados. Por um lado, novas normas legais foram aprovadas, favorecendo os rendimentos mais elevados, especialmente a Lei 9.249/1995. Ao isentar e favorecer os rendimentos de capital, o IRPF brasileiro cria uma estrutura regressiva no topo da distribuição de renda. Por outro lado, o enriquecimento da população brasileira ao longo do período analisado e a irregularidade das correções da tabela progressiva do IRPF, que acabam elevando a incidência tributária para os segmentos mais pobres dos declarantes, podem ter aumentado a participação dos rendimentos desses estratos no total de rendimentos tributados.

Em segundo lugar, o estudo demonstra que a maior parte das alterações legislativas que o IRPF sofreu parece tender à diminuição da progressividade, ou seja, não se identificam no período democrático estudado alterações de política tributária significativas no sentido de redução das desigualdades, nem mesmo nos mandatos presidenciais do Partido dos Trabalhadores (PT). A participação da tributação indireta na receita tributária total seguiu elevada entre 1990 e 2015. O percentual de parcela de renda isenta de pagamento de IRPF aumenta conforme cresce a renda dos indivíduos – pelo menos entre 2007 e 2016 – possivelmente em função da supracitada isenção de lucros e dividendos estipulada pela Lei 9.249/1995. E a maioria das alterações legislativas referentes ao IRPF promulgadas entre 1985 e 2017 tiveram caráter regressivo.

Embora o PT tenha apresentado plataformas eleitorais relacionadas à redução de desigualdades, como mostra o capítulo de Araújo e Flores neste volume, e políticas de redistribuição de renda pelo gasto social tenham sido promovidas com sucesso desde a Constituição de 1988, como mostra o capítulo de Celia Kerstenetzky, o aumento da tributação progressiva, um importante instrumento com potencial redistributivo, não foi mobilizado.

A política tributária do IRPF aparentemente é mais influenciada pela divisão entre Legislativo e Executivo que pela ideologia do governo. Uma vez que estamos analisando apenas os dados das proposições legislativas que foram aprovadas, não temos como afirmar que não houve nenhum engajamento da esquerda na política tributária progressiva, mas sabemos que, se existente, ele não foi bem-sucedido.

Ainda assim, deve-se considerar que, no mesmo período, amplas políticas redistributivas foram criadas ou intensificadas, como o Bolsa Família, Prouni, Fies e cotas raciais no ensino superior federal. O quadro sugere que o IRPF não foi usado como recurso para redistribuir renda pelos governos de esquerda, o que indica que a política da tributação difere da política dos gastos.

Elucidativa dessa diferença é a comparação dos tratamentos dados no governo Michel Temer à proposta de adição de uma nova alíquota ao IRPF e ao projeto de reforma da previdência, não aprovado até maio de 2018. Na primeira versão deste, apresentado ainda em 2016, o BPC era alterado. O BPC, estabelecido constitucionalmente, concede incondicionalmente um salário mínimo a idosos de 65 anos ou mais que tenham renda familiar per capita inferior a 25% do salário mínimo e tem efeitos largamente positivos sobre a população pobre do país. A primeira versão do projeto desvinculava o BPC do salário mínimo e criava um horizonte de desvalorização do benefício, além de aumentar a idade mínima de recebimento para 70 anos. Dois anos depois, dada a impopularidade da medida e a eventual punição eleitoral que se seguiria para seus proponentes, o BPC saiu da reforma da previdência. Em outras palavras, uma política pró-pobre, ainda que não redistributiva *per se*, foi mantida em função das consequências eleitorais e sociais que sucederiam sua aprovação.

Contrariamente, em 2017, Michel Temer publicamente reconheceu que o governo estudava a criação de uma nova alíquota do IRPF para aqueles que auferissem no mínimo R$ 20.000 mensais, incidindo entre 30% e 35%.[11] Essa medida afetaria apenas declarantes altamente remunerados, grupo de eleitores de tamanho reduzido, e ajudaria a reverter o déficit primário então enfrentado pela União. Para se ter uma ideia do tratamento diferenciado dado à política tributária, essa proposta foi anunciada pela imprensa na tarde do dia 8 de agosto daquele ano. Ao longo da tarde a proposta foi atacada pelo empresariado e pela base aliada, de modo que na noite do mesmo dia o governo recuou e disse que não encaminharia nenhuma proposta do tipo ao Legislativo.[12]

A estável regressividade do sistema tributário brasileiro ao longo de todo o período democrático atual e a generosidade com que os

11 "Temer diz que governo estuda aumento da alíquota do IR, mas que ainda não há 'nada decidido'". Disponível em: <g1.globo.com/sao-paulo/noticia/temer-diz-que-governo-estuda-aumento-da-aliquota-do-ir-mas-que-ainda-nao-ha-nada-decidido.ghtml>. Acesso em: 15 fev. 2018.

12 "Temer desiste de elevar Imposto de Renda". Disponível em: <economia.estadao.com.br/noticias/geral,governo-recua-e-diz-que-nao-enviara-proposta-de-elevacao-do-ir-ao-congresso,70001928981>. Acesso em: 15 fev. 2018.

rendimentos dos mais ricos são tratados pelo IRPF contrastam com a expansão de políticas redistributivas de gasto social. No entanto, parece claro que, no aparente impasse redistributivo a que se chegou em 2018, é impossível refletir sobre redistribuição e desigualdade no Brasil sem definir o papel que o IRPF e a política tributária podem desempenhar.

Referências bibliográficas

ARRETCHE, M. *Trajetórias das desigualdades*: como o Brasil mudou nos últimos cinquenta anos. São Paulo: Editora Unesp, 2015.

______. Democracia e redução da desigualdade econômica no Brasil: a inclusão dos *outsiders*. *Revista Brasileira de Ciências Sociais*, v.33, n.96, 2018.

AZEVEDO, S. de; MELO, M. A. A Política da Reforma Tributária: Federalismo e Mudança Constitucional. *Revista Brasileira de Ciências Sociais*, v.12, n.35, out. 1997.

CASTAÑEDA, N. Business Coordination and Tax Politics. *Political Studies*, v.65, n.1, p.122-43, 1º mar. 2017.

CASTAÑEDA, N.; DOYLE, D. *Redistribution and taxation*: how business and informal labor shape partisan tax strategies? [mimeo], 2015.

CASTRO, F. A. de; BUGARIN, M. S. A progressividade do Imposto de Renda da Pessoa Física no Brasil. *Estudos Econômicos*, v.47, n.2, p.259-93, 30 maio 2017.

CEPAL. *Panorama fiscal de América Latina y el Caribe 2017*: la movilización de recursos para el financiamiento del desarrollo sostenible. Santiago: Cepal, 2017.

ESPING-ANDERSEN, G. Power and Distributional Regimes. *Politics & Society*, v.14, n.2, p.223-56, 1º jun. 1985.

______. The Three Political Economies of the Welfare State. *International Journal of Sociology*, v.20, n.3, p.92-123, 1990.

FAIRFIELD, T.; GARAY, C. Redistribution under the right in Latin America: electoral competition and organized actors in policymaking. *Comparative Political Studies*, v.50, n.14, p.1871-906, 2017.

FALLETI, T. Infiltrating the State: The Evolution of Health Care Reforms in Brazil, 1964-1988. In: MAHONEY, J.; THELEN, K. (Eds.). *Explaining Institutional Change*: Ambiguity, Agency, and Power. Cambridge: Cambridge University Press, p.38-62, 2009.

FMI (FUNDO MONETÁRIO INTERNACIONAL). *Fiscal Monitor*: Tackling Inequality. Washington: FMI, 2017.

GOBETTI, S. W.; ORAIR, R. *Progressividade tributária*: a agenda esquecida. Concurso de Monografia em Finanças Públicas. XX Prêmio Tesouro Nacional. Brasília: Secretaria do Tesouro Nacional, 2015.

GOBETTI, S. W.; ORAIR, R. O. Distribuição e tributação da renda no Brasil: novas evidências a partir das declarações fiscais das pessoas físicas. Anais do XLIII Encontro Nacional de Economia. Niterói: Associação Nacional dos Centros de Pós-graduação em Economia (Anpec), 2016. Disponível em: <ideas.repec.org/p/anp/en2015/024.html>. Acesso em: 16 fev. 2018.

GOBETTI, S. W.; ORAIR, R. O. Taxation and distribution of income in Brazil: new evidence from personal income tax data. *Brazilian Journal of Political Economy*, v.37, n.2, p.267-86, jun. 2017.

HACKER, J. S.; PIERSON, P. Winner-Take-All Politics: Public Policy, Political Organization, and the Precipitous Rise of Top Incomes in the United States. *Politics & Society*, v.38, n.2, p.152-204, 1º jun. 2010.

HUBER, E.; STEPHENS, J. D. *Democracy and the Left*: Social Policy and Inequality in Latin America. Chicago: University of Chicago Press, 2012.

IMMERVOLL, H. et al. Simulating Brazil's tax-benefit system using Brahms, the Brazilian household microsimulation model. *Economia Aplicada*, v.10, n.2, p.203-23, 2006.

MEDEIROS, M.; SOUZA, P. H. G. F. de; CASTRO, F. A. de. O topo da distribuição de renda no Brasil: primeiras estimativas com dados tributários e comparação com pesquisas domiciliares (2006-2012). *Dados*, v.58, n.1, p.7-36, mar. 2015.

MELTZER, A. H.; RICHARD, S. F. A Rational Theory of the Size of Government. *Journal of Political Economy*, v.89, n.5, p.914-27, 1981.

PAES, N. L.; BUGARIN, N. S. Parâmetros tributários da economia brasileira. *Estudos Econômicos*, v.36, n.4, p.699-720, 2006.

PIKETTY, T. *O capital no século XXI*. Rio de Janeiro: Intrínseca, 2014.

ROBERTS, K. *The Politics Of Inequality And Redistribution In Latin America's Post--Adjustment Era*. Helsinki: UNU-WIDER, 2012.

RODRIGUES, J. J. *Carga tributária sobre os salários*. Brasília: SRF, 1998.

SILVEIRA, F. G. *Tributação, previdência e assistência sociais*: impactos distributivos. Campinas: Unicamp, 2008.

______. *Fiscal Equity*: Distributional Impacts of Taxation and Social Spending in Brazil. Rochester, NY: Social Science Research Network, 1º out. 2013. Disponível em: <papers.ssrn.com/abstract=2547949>. Acesso em: 16 fev. 2018.

STEINMO, S. Political Institutions and Tax Policy in the United States, Sweden, and Britain. *World Politics*, v.41, n.4, p.500-35, 1989.

WERNECK, R. L. F. An evaluation of the 2003 tax reform effort in Brazil. *Brazilian Journal of Political Economy*, v.26, n.1, p.75-94, mar. 2006.

4
Orçamento Federal: avanços e contradições na redução da desigualdade social (1995-2016)

Ursula Dias Peres e Fábio Pereira dos Santos

Introdução

A análise do orçamento público é fundamental para a compreensão das escolhas dos governos e da trajetória das políticas públicas porque revela tanto o montante que se gasta como também os mecanismos pelos quais tais gastos são financiados.

Três premissas orientam a análise que apresentamos neste capítulo. A primeira é de que o orçamento público é objeto de conflitos redistributivos que envolvem distintos interesses. A segunda é que essa disputa não se dá no vazio, mas é, sim, afetada por regras de formatação orçamentária que, por sua vez, expressam motivações. Além disso, escolhas prévias criam uma dinâmica independente, reduzindo a margem de ação dos governos atuais. A despeito disso, preferências partidárias programáticas podem ser notadas nas mudanças introduzidas na alocação orçamentária.

Este capítulo demonstra que a trajetória do orçamento público brasileiro no regime democrático contemporâneo foi afetada por dimensões que não operam de modo convergente. Ao contrário, o orçamento público é resultado de dinâmicas que muitas vezes se contrapõem. A primeira delas diz respeito à centralização *versus* a descentralização dos recursos públicos. A trajetória do orçamento público brasileiro também foi afetada pela permanente disputa do fundo público *versus* a vinculação constitucional/legal de recursos a determinadas despesas. Ações de maior transparência das informações e *accountability* sobre os orçamentos acabaram levando à sua crescente complexificação. Por fim, a ampliação do gasto social – que produziu redução das desigualdades sociais – conviveu com a regressividade da arrecadação tributária.

O primeiro ponto diz respeito a uma das bases fundantes da Constituição Federal (CF), que é a autonomia dos entes federativos e a proposta de um pacto fiscal coerente com essa autonomia, que pudesse reequilibrar um federalismo abalado pela ditadura militar. Sob essa perspectiva, a CF de 1988 previu uma redivisão de recursos tributários para estados e, especialmente, para municípios, aumentando os recursos dos governos subnacionais.

Por outro lado, ao se valer da prerrogativa da União para cobrança de contribuições, foi possível expandir os recursos federais, aumentando, durante os anos 1990, a carga tributária não compartilhada com os demais entes da federação. Também houve um processo, mais lento e incremental, de descentralização e municipalização de despesas e políticas públicas, acompanhado de centralização de controles e de indução com uso de recursos federais, o que permitiu descentralizar a alocação dos recursos e, ao mesmo tempo, centralizar a autoridade sobre o desenho das políticas sociais.

Com relação à segunda dimensão, ocorreu forte pressão, no final dos anos 1970 e ao longo dos anos 1980, para que houvesse uma discussão democrática da alocação dos recursos públicos. E, de fato, do final dos anos 1980 em diante houve aumento de processos e práticas participativos nos governos. Ampliou-se o número de grupos de interesses, de movimentos e de partidos na negociação orçamentária.

Como resultado desses processos, sucessivas alterações na CF vincularam parcelas de recursos e estabeleceram regras de alocação de gasto em áreas como educação e saúde. A alocação do fundo público foi se cristalizando em diferentes normas constitucionais e infraconstitucionais, reduzindo o espaço de negociação do conflito entre diferentes políticas públicas. Durante os anos 1990 e 2000, cresceu o número de instituições participativas de setores específicos, como conselhos participativos da educação, crianças e adolescentes, assistência, entre outros, com foco em cada segmento. Ao longo dos anos, arenas de discussão de orçamento e conflito distributivo nas quais se debateria a despesa global e também a receita – como os orçamentos participativos – foram perdendo força e espaço (Peres; Mattos, 2017).

Também influenciada pela crítica aos governos militares, à sua opacidade e impermeabilidade à participação democrática, a CF de 1988 adotou regras de maior transparência e controle sobre os recursos públicos.

Após ter convivido longamente com elevada inflação, as finanças públicas brasileiras passaram a depender dessa inflação para o ajuste do orçamento (Guardia, 1993; Peres, 1999), em larga medida desorganizado durante os governos militares. No final dos anos 1980, iniciam-se mudanças institucionais no sentido de sua reorganização, também impulsionadas por órgãos como o FMI e o Banco Mundial.

O estabelecimento de regras para receitas e despesas públicas nas três esferas da federação trouxe ganho indiscutível em transparência e *accountability*, mas por outro lado aumentou a complexidade dos orçamentos públicos. Essa complexidade mantém distante da discussão boa parte da sociedade, que não sabe o que é nem como funciona a alocação de recursos públicos. Os ganhos de transparência e *accountability*, portanto, não foram suficientes para garantir e ampliar o debate sobre essa temática.

A quarta dimensão talvez seja a mais fundamental. A busca pela redução das desigualdades sociais por meio de políticas públicas inclusivas, nas últimas décadas, se deu em conjunto com a sobrevivência de instituições e políticas de concentração de renda e manutenção de privilégios. Políticas de valorização do salário mínimo e de transferência de renda (previdência social, que passou a incluir uma parte marginalizada da população, excluída até 1988; Benefício de Prestação Continuada (BPC) e Bolsa Família, principalmente), com reajustes reais de valor, levaram a uma redução da desigualdade de renda. Mas, simultaneamente, manteve-se a política tributária regressiva, calcada em impostos indiretos e sobrepostos, junto com uma tímida e também regressiva taxação da renda e do patrimônio no país, contraditória com a redução de desigualdades.

Morgan (2017) mostrou que a redução das desigualdades de renda provenientes do trabalho e transferências de renda resultou em aumento do percentual da renda apropriado pelos 50% mais pobres, que capturaram 22% do aumento da renda no período 2001-2015, ao mesmo tempo que a concentração dos recursos de capital resultou em aumento da participação dos 10% mais ricos, capturando 61% do aumento de renda no período. Lazzari e Leal, em outro capítulo deste volume, argumentam que a tributação sobre a renda das pessoas físicas brasileiras não apenas se manteve regressiva como acentuou essa regressividade ao longo das últimas décadas, aumentando as isenções e diminuindo as alíquotas efetivas que incidem sobre a renda dos mais ricos. Ou seja, ao longo das últimas décadas a política orçamentária da União, por meio de suas decisões tributárias e alocativas de despesas, permitiu tanto a ampliação de gastos sociais, beneficiando a população menos favorecida, como a concentração de renda no topo da pirâmide.

Com base nesse argumento e nas quatro dimensões apresentadas, analisamos os gastos orçamentários e suas consequências para a redução da desigualdade do país. O presente capítulo está organizado em três seções, além desta introdução, das considerações finais e das referências bibliográficas. A primeira busca apresentar resumidamente a trajetória das mudanças de regras orçamentárias adotadas nas últimas décadas. Na segunda seção, tratamos brevemente da estrutura de receitas da União, evidenciando algumas características da política tributária nacional. Na terceira é analisada a evolução do financiamento das principais despesas e áreas de gasto da União. Por fim, nas considerações finais são revistas as quatro dimensões, para assim buscar entender a crise de financiamento ocorrida a partir de 2014 e as consequências da Emenda Constitucional 95/2016, que estabelece como teto das despesas primárias federais pelos próximos vinte anos o valor real observado no ano de 2016.

1. Trajetória normativa do orçamento público no Brasil

A Lei 4.320/64 padronizou o orçamento brasileiro e criou condições favoráveis para a implementação do orçamento-programa.[1] Esse modelo, porém, teve reflexos muito mais formalistas do que de estratégia de decisão alocativa de recursos entre os programas. Como analisado por Wildavsky (1969) e corroborado para o caso brasileiro por Piscitelli (1988) e Brasil (1993), o orçamento-programa (OP) brasileiro era uma ficção.

No início da implementação do OP no Brasil, o país estava sob uma ditadura militar. O *boom* econômico do final da década de 1960 a meados dos anos 1970, com aumento expressivo dos gastos estatais, conviveu com a desestruturação das finanças públicas, com enorme parcela de gastos realizada à margem das leis orçamentárias, além de elevada inflação.

A CF de 1988 instituiu um sistema de planejamento e orçamento composto pelo Plano Plurianual (PPA), Lei de Diretrizes Orçamentárias (LDO) e Lei Orçamentária Anual (LOA). O PPA possui uma finalidade estratégica e de médio prazo, e a LOA deve operacionalizar as metas do PPA. Já a LDO, como é uma ponte entre as metas do PPA e as ações da LOA, após a aprovação da Lei de Responsabilidade Fiscal (LRF) passou a definir as metas de resultado fiscal a serem alcançadas.

A Constituição ampliou o poder do legislativo na definição do orçamento, bem como instituiu a obrigatoriedade de destinação de recursos para algumas áreas de políticas públicas, como a educação (Castro, 2011) e posteriormente saúde (Faveret, 2003; Viana; Machado, 2008), estabelecendo vinculações de receitas de impostos federais, estaduais e municipais.

Nesse período o país sofreu um processo inflacionário que teve importantes consequências sobre o orçamento público (Guardia, 1993). A convivência duradoura da administração pública com a inflação levou à indexação das receitas públicas e ao descontrole nas despesas. A inflação

1 O orçamento-programa está associado a um sistema de planejamento organizado por objetivos definidos em programas. É mais complexo que o orçamento de desempenho (pautado pelo objeto do gasto e um plano de trabalho) (Core, 2001).

permitia balancear o orçamento conforme a necessidade do Poder Executivo, controlando o conflito entre os vários atores em um processo com baixa *accountability* (Peres, 1999).

No cenário internacional, os anos 1990 foram de ajuste e reforma orçamentária em diversos países. Pressionado pela instabilidade monetária e por elevado endividamento externo, o governo brasileiro buscou se adequar aos novos paradigmas fiscais internacionais, voltados principalmente à redução da participação do Estado na economia, ao controle do endividamento e à solvência dos orçamentos públicos. O Plano Real foi exitoso em reduzir a inflação, mas a estratégia adotada para isso elevou o endividamento público e o desequilíbrio do setor externo da economia (Santos, 2000; Batista Jr., 2002). Foram adotadas regras de controle para o déficit e a dívida pública, em especial de estados e municípios, e limites para a despesa de pessoal. Essas medidas foram posteriormente consolidadas na LRF. Dívidas dos entes federados foram federalizadas e a União passou a decidir sobre o endividamento dos entes federativos.

Essas alterações trouxeram grandes ganhos de *accountability* para o orçamento. Os ministérios da Fazenda e do Planejamento continuaram inovando nas alterações contábeis e criaram o controle de receitas e despesas por fonte, possibilitando maior gerência da União sobre as transferências e convênios federais com os municípios. A consequência foi uma redução do arbítrio do gestor local sobre o uso dos recursos.[2] Esse ajuste da segunda metade dos anos 1990, consolidado na LRF em 2000, expressou uma orientação dos governos Fernando Henrique Cardoso e definiu um novo equilíbrio político na federação, com concentração de poder na União.

O governo Lula iniciou-se em 2003 com continuidade na política econômica do governo anterior, mas sinalizou uma mudança importante nas políticas de redistribuição de renda[3] com a criação do Bolsa Família (Silva, 2007) e, no final de seu primeiro mandato, com a instituição de

2 Esse ponto demonstra a importância política dos instrumentos contábeis no processo orçamentário (Lascoumes; Le Galès, 2012).

3 Para uma discussão dos impactos do Bolsa Família e do Benefício de Prestação Continuada na distribuição de renda, ver Morgan (2017), em especial p.19 e Figura A.5.

uma regra de aumento real do salário mínimo de acordo com a variação real do PIB de dois anos precedentes. Em 2006 o governo federal anunciou um aumento de investimentos em infraestrutura e criou o Programa de Aceleração do Crescimento (PAC), com recursos federais, execução em parte a cargo de estados e municípios e foco em áreas como transporte coletivo, habitação e saneamento, entre outras. A participação na programação do PAC requer contrapartidas, aprovação prévia de projetos, liberação de recursos em função da execução da obra, entre outras regras, descentralizando recursos e mantendo poder decisório e controle sobre a utilização destes e de suas contrapartidas, colocando a União em um patamar de maior autoridade *vis-à-vis* os demais entes federativos.

Esse processo de centralização/descentralização de políticas não se deu de forma linear e análoga nas diferentes políticas públicas do país. Analisando os três sistemas de políticas públicas mais robustos e cujas despesas serão apresentadas na seção 3, a educação, a saúde e a assistência social tiveram processos distintos de organização. A descentralização da execução, combinada à centralização de recursos na educação, teve início já na CF de 1988 e foi aprofundado na década de 1990. A criação do Fundef e do Fundeb implicou organização diferente dos recursos próprios dos entes subnacionais e permitiu enfrentar problemas como a universalização do ensino fundamental. Mas também reduziu o grau de discricionariedade de estados e municípios para decidir suas despesas. Já no caso da saúde a estruturação foi distinta, pois o financiamento foi paulatinamente pesando mais sobre os municípios. Os recursos da União, apesar de induzirem alguns programas, não têm implicado um regramento estrito nas distintas unidades federativas do país, e a alocação de recursos, respeitado o gasto mínimo em saúde, depende muito de cada local. Na assistência social, a maior parte dos recursos nem sequer passa pela execução orçamentária dos entes subnacionais, sendo executada diretamente pela União. Os municípios atuam no cadastro de beneficiários do Bolsa Família, mas nem ao menos participam da operacionalização do BPC, a cargo do INSS. O volume de recursos da União para outras programações em assistência social é muito pequeno, representando menos de 10% dos gastos nessa área nas capitais em 2016 (Brasil, 2016).

2. Estrutura das receitas da União

Além de definir a base para o estabelecimento de novos tributos, a CF determinou competências e a partilha tributária entre os entes federativos. O financiamento das políticas públicas passou a contemplar em parte demandas de grupos que ansiavam por maior participação e espaço no financiamento público.

Parcela importante dos recursos públicos foi transferida aos entes subnacionais. Em 1990, a participação do governo central na receita disponível chegou a 58,9%, a dos estados passou para 27,6%, e a dos municípios, para 13,5%, sendo que em 1980 essa proporção era de, respectivamente, 68,2%, 23,3% e 8,6%, como mostra o gráfico a seguir. Com mais algumas mudanças ocorridas nos anos seguintes, estabilizou-se a participação da União em torno de 55%, a dos estados em 25% e a dos municípios por volta de 20%.

Gráfico 1: Participação dos entes da federação na receita disponível – 1980-2016

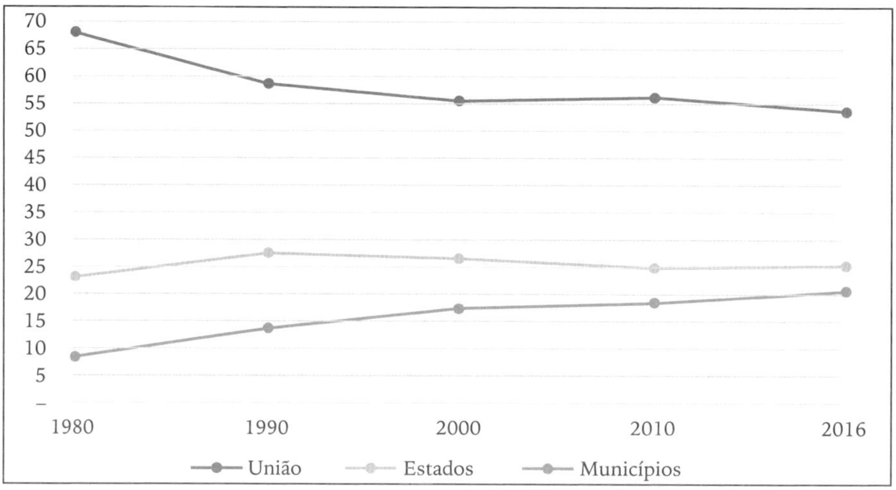

Fonte: Elaboração própria a partir de dados extraídos de Afonso (2017).

Além das demandas sociais que pressionavam o orçamento federal, a instabilidade monetária e o endividamento externo e interno estimulavam medidas de ajuste fiscal. A União instituiu novas contribuições federais ou elevou a receita de contribuições já existentes (Cofins, CSLL, PIS, Pasep, entre outras), de forma a compensar as perdas tributárias constitucionais, elevar a arrecadação federal e interromper a trajetória de queda da receita disponível observada desde os anos 1980.

O resultado foi o aumento da cumulatividade do sistema tributário ao incidirem novas taxações sobre a produção ou o consumo, já tributados por outros impostos (Granado; Peres, 2010). As opções adotadas pela União, para a cobrança tanto de contribuições quanto dos principais impostos federais, como o Imposto de Renda, não significaram maior justiça tributária, redundando em "uma situação paradoxal em que as alíquotas médias do IRPF passam a cair no topo da distribuição e quebram sua escada de progressividade" (Gobetti; Orair, 2016, p.9). Um exemplo da consequência dessa opção pode ser vista na Tabela 1, que mostra a diminuição das alíquotas efetivas do IRPF para todas as faixas de renda acima de vinte salários mínimos entre os anos de 2007 e 2013.

Tabela 1: Alíquota efetiva[1] da renda, tributável e isenta, por faixa de salário mínimo (em %)

Faixa de renda/ano	% Declarantes		Alíquota efetiva da renda tributável e isenta	
	2007	2013	2007	2013
Até 20 SM	91,60%	91,60%	3,10%	4,10%
20 a 40 SM	5,50%	5,70%	11,70%	11,20%
40 a 80 SM	2,10%	2,00%	12,90%	10,10%
80 a 160 SM	0,50%	0,50%	10,30%	6,60%
160 SM	0,30%	0,30%	4,40%	3,30%

Fonte: Receita Federal do Brasil, citado em *Relatório da distribuição pessoal da renda e da riqueza da população brasileira*. Secretaria de Política Econômica do Ministério da Fazenda (SPE/MF), maio de 2016.
[1] Divisão do imposto pago pela renda tributável e isenta.

É importante ressaltar que essa política foi mantida tanto em governos do PSDB quanto nos governos do PT. Apesar de resistências internas e externas, de estudos de áreas técnicas apontando a necessidade de ajustes nas alíquotas de IRPF, de cobrança de impostos sobre dividendos recebidos, de alterações no IRPJ e até de instituição de imposto sobre grandes fortunas, nenhum dos governos pós-redemocratização priorizou essas mudanças. O governo Lula chegou a enviar ao Congresso Nacional uma Proposta de Emenda Constitucional (PEC 41/2003) instituindo a progressividade de alguns impostos, mas não houve acordo no Congresso para essas alterações.

Para não enfrentar o conflito inerente a reformas progressivas nos impostos sobre a renda e o patrimônio, a principal fonte de aumento da arrecadação da União foram, como já citamos, as contribuições, que cresceram cerca de 30% mais que o conjunto das receitas correntes e 55% mais que as receitas de impostos entre 1995 e 2016, como mostra o Gráfico 2. A partir de 2014, há um refluxo em todas as receitas federais, tanto de contribuições como de impostos.

Esse cenário das receitas, associado à estrutura dos gastos públicos, que será discutida na próxima seção, e à crise política nacional, leva a uma complexa situação entre 2015 e 2016, configurando uma crise fiscal de grandes proporções, que será mencionada posteriormente neste capítulo.

Gráfico 2: Evolução das receitas correntes da União – 1995/2016

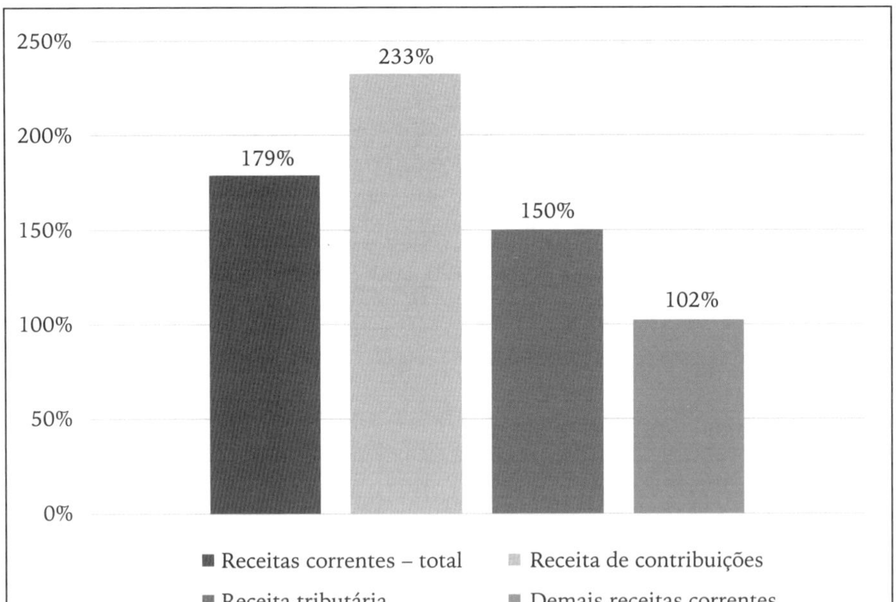

Fonte: Elaboração própria a partir de dados da Secretaria do Tesouro Nacional (STN).

3. Estrutura da despesa orçamentária da União

Nesta seção serão analisadas as despesas governo federal referentes às áreas de previdência social, saúde e assistência social (seguridade social), educação, serviço da dívida e subsídios, que correspondem à maior parte do gasto federal.

3.1 Priorização de áreas sociais: previdência, saúde, educação e assistência

Previdência

O gráfico a seguir permite perceber que, apesar de todas as despesas terem se expandido no período de 1995 a 2016, esse aumento não se deu de forma linear. A previdência social teve um crescimento absoluto bastante superior às demais, passando de 4,98% do PIB em 1995 para 9,24% em 2016.

Esse crescimento está associado a características do sistema previdenciário e da população brasileira. Em primeiro lugar, a opção de atrelar a remuneração básica ao salário mínimo[4] permitiu valorizar as aposentadorias e benefícios assistenciais vinculados ao piso. Por outro lado, o envelhecimento populacional, com aumento da expectativa de vida dos mais idosos, mantém beneficiários recebendo por mais tempo recursos da previdência. Esses fatores tornaram essa função, isoladamente, o principal gasto social do governo. Esses mecanismos permitiram atenuar a desigualdade entre as camadas mais pobres da população, em especial na área rural (Helfand et al., 2009) e de forma geral entre os beneficiários do Regime Geral de Previdência Social (RGPS).[5]

---

4 O salário mínimo teve ganhos reais de 88% entre 2002 e 2016, medidos pelo IPCA.

5 Medeiros e Souza (2013) mostraram os diferentes impactos do RGPS e dos regimes próprios dos servidores públicos estatutários e militares na distribuição de renda. Caetano (2008) mostrou o impacto positivo do RGPS na redistribuição regional da renda dos municípios mais ricos para os mais pobres.

Gráfico 3: Gastos federais por função orçamentária: evolução da despesa em % PIB – anos selecionados no período 1995-2016

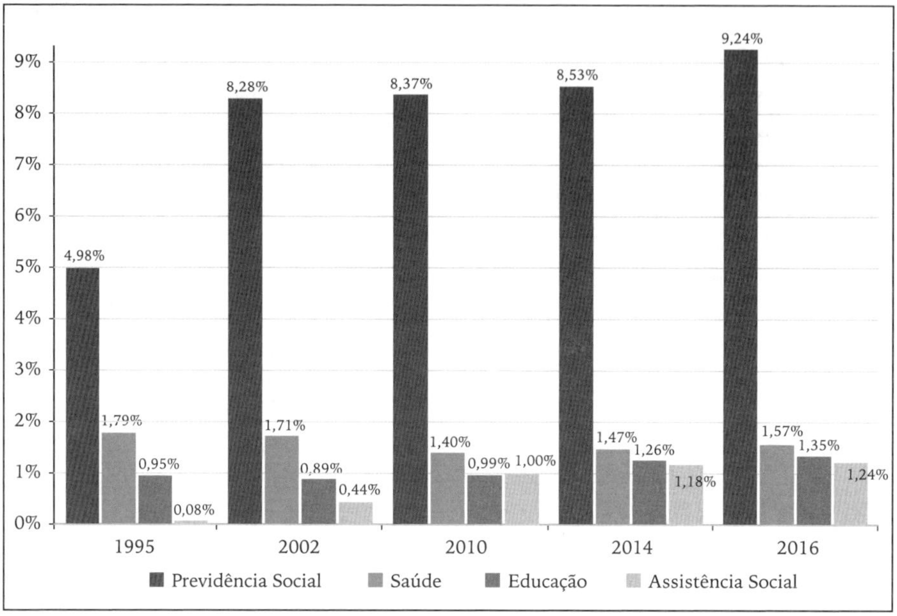

Fonte: Elaboração própria a partir de dados da STN e de Castro et al. (2012).

Saúde

O gasto federal em saúde caiu como proporção do PIB ao longo dos últimos vinte anos, apesar de a trajetória da despesa pública total em saúde ter sido de crescimento contínuo, em ritmo mais intenso que o do gasto privado. Segundo Levi (2016), as despesas públicas com saúde atingiram 45% do total, ante 39% em 2002. Esse aumento, contudo, foi determinado principalmente pelos entes subnacionais, que passaram a aplicar 12% (estados) e 15% (municípios) de suas receitas de impostos e transferências em saúde a partir de 2001.

Ainda segundo Levi, considerando-se os três níveis de governo, entre 2002 e 2013 as despesas com o financiamento do SUS mais que dobraram em termos reais (crescimento de 113%, uma média de 7% ao ano). Enquanto os gastos de estados e municípios aumentaram cerca de uma vez e meia (148% e 154% respectivamente), os da União cresceram apenas 77%.

Gráfico 4: Gasto Público com Ações e Serviços Públicos de Saúde (1995-2015)

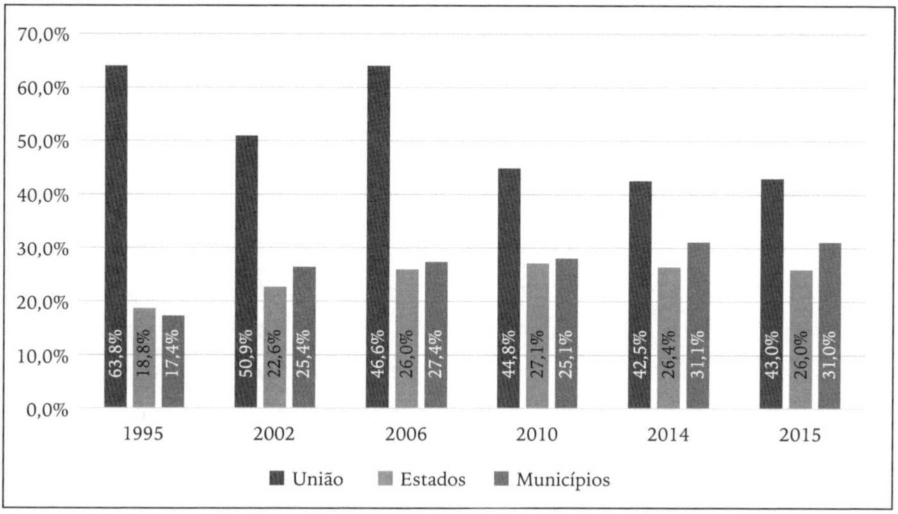

Fonte: Elaboração própria a partir de dados de Brasil (2011), Levi (2016), Mendes e Funcia (2016).

O crescimento desses gastos foi bastante instável ao longo dos últimos 25 anos. Desde a inserção do capítulo do SUS na CF, sua regra de financiamento havia permanecido indefinida até recentemente. Como mostra o Gráfico 4, nesse processo a União reduziu sua participação de 63,8% dos gastos em saúde em 1995 para apenas 43% em 2015, enquanto, no mesmo período, os municípios aumentaram seu financiamento de 17,4% para 31%, e os estados, de 18,8% para 26,0%.

Educação

O financiamento da educação no Brasil conta com vinculação constitucional de impostos nas três esferas, sendo a União[6] responsável pela aplicação de 18% de seus impostos, e os estados e municípios por, no mínimo, 25% da receita de impostos, para a manutenção e o desenvolvimento do ensino (MDE).

Apesar da existência desse mecanismo de financiamento desde a década de 1980, os anos seguintes à promulgação da CF de 1988 foram

6 A vinculação da União foi suspensa pela EC95/2016.

marcados pela desigualdade educacional, com agravamento dos indicadores de analfabetismo, não universalização do ensino fundamental e indefinição do conceito de MDE (Rezende Pinto; Adrião, 2006) com utilização dos recursos para despesas que não eram consideradas de educação.

O contexto de implementação da descentralização caracterizava-se pela assimetria de informações entre os entes e pelo baixo estímulo à cooperação, ao que se aliava a inexistência de estratégia, por parte do governo federal, sobre o processo de transferência de competências (Castro; Barreto; Corbucci, 2000).

Uma definição mais precisa do conceito de MDE foi estabelecida apenas em 1996, com a promulgação da Lei de Diretrizes e Bases da Educação Nacional (Lei 9.394/1996). A solução encontrada para enfrentar o problema de coordenação e agência se deu por meio da criação de uma nova engenharia financeira, a partir da subvinculação de recursos destinados à educação, isto é, com a criação em 1996 do Fundo de Manutenção e Desenvolvimento do Ensino Fundamental e Valorização do Magistério (Fundef) (Martins, 2010). Tratava-se de um fundo contábil constituído por 15% da arrecadação de impostos e transferências governamentais de estados e municípios, estruturado no âmbito de cada estado (Callegari, 2013; Gomes, 2013).

A literatura ressalta que o Fundef obteve resultados consideráveis em relação ao seu objetivo inicial, de atuar como mecanismo incentivador da universalização das matrículas de ensino fundamental. Em cerca de dois anos já se alcançava quase a totalidade dessa meta, com expressivo crescimento de matrículas na rede municipal, levando a uma proporção de cerca de 60% da oferta municipal e 40% da estadual, o inverso do que se constatava até 1997 (Rodriguez, 2001). Entretanto, e por focalizar essencialmente a universalização do ensino fundamental, o Fundef produziu diminuição de investimentos nas etapas de educação infantil e ensino médio (Rodriguez, 2001).

Com o fim do período de vigência do Fundef (2006), as redes de ensino, comunidade epistêmica e organizações da sociedade civil se mobilizaram para ampliar o fundo, abrangendo a educação infantil e o ensino médio. A Emenda Constitucional nº 53 foi aprovada em 2006, criando o Fundo de Manutenção e Desenvolvimento da Educação Básica e Valorização dos Profissionais da Educação (Fundeb) (Peres, 2007; Callegari, 2010). O Fundeb possui estrutura de financiamento semelhante à de seu antecessor, prevendo, no entanto, aumento de recursos, passando a 20% das receitas de impostos e transferências para as modalidades e níveis da educação básica e ampliando a participação da União na complementação de recursos.

A partir de 2006 a União aplicou mais que o mínimo constitucional, como mostra o Gráfico 5 a seguir, embora até 2010 o valor da receita considerada estivesse reduzido pela incidência da Desvinculação de Receitas da União (DRU). A partir de 2011 a DRU deixou de afetar a área da educação.

Gráfico 5: Gastos com manutenção e desenvolvimento do ensino (2000-2016)

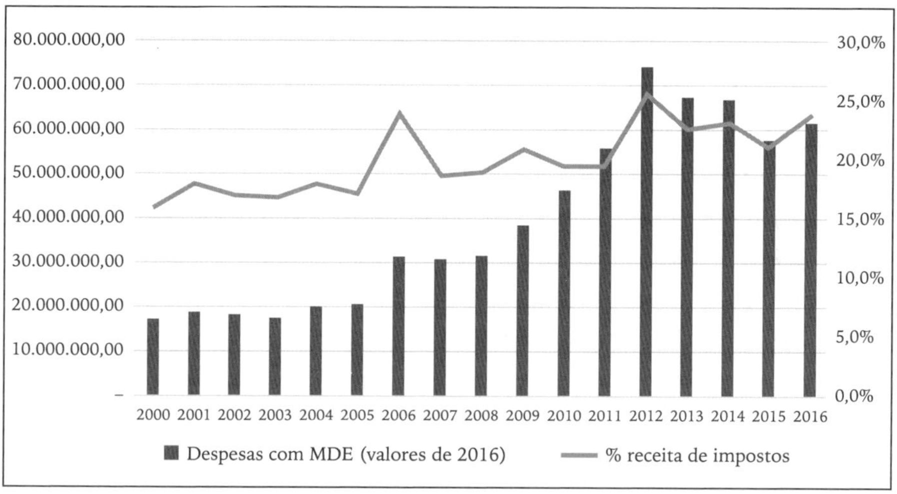

Fonte: Elaboração própria a partir de dados do Siconfi-STN.

Com a complementação da União, vários estados (na maioria dos casos, das regiões Norte e Nordeste) foram contemplados com mais recursos e houve elevação dos gastos mínimos por aluno. É importante destacar que nas últimas décadas houve aumento do volume de recursos públicos aplicado em educação, partindo de 4,7% do PIB em 2000 e chegando a 6,4% do PIB em 2012, como mostra a Tabela 3.

Tabela 3: Gasto Público em Educação (% do PIB)

Ano	Todos os níveis	União	Estados	Municípios
2000	4,7	0,9	2,0	1,8
2001	4,8	0,9	2,0	1,8
2002	4,8	0,9	2,1	1,8
2003	4,6	0,9	1,9	1,8
2004	4,5	0,8	1,8	1,9
2005	4,5	0,8	1,8	1,9
2006	5,0	0,9	2,1	2,0
2007	5,2	1,0	2,1	2,0
2008	5,4	1,0	2,3	2,1
2009	5,7	1,2	2,3	2,2
2010	5,8	1,2	2,3	2,3
2011	6,1	1,3	2,5	2,3
2012	6,4	1,3	2,5	2,6

Fonte: Inep, 2014.

Apesar do Fundeb, a maior parte do gasto em educação tem sido realizada pelos estados e municípios, ficando a União com gastos que variam de 0,8 a 1,3% do PIB, principalmente com ensino superior. Além disso, alguns estudos têm apontado que parte dos municípios menores, que dependem do Fundo de Participação dos Municípios, perde recursos com o Fundeb, enquanto municípios maiores, com receitas expressivas de ICMS, obtêm ganhos líquidos com esse fundo (Limonti et al., 2014).

Assistência social

A assistência é a área de menor volume de recursos na seguridade social. Nas últimas décadas houve uma mudança de patamar de gastos nessa função, que passou de um mínimo de 0,08% do PIB em 1995 para 1,24% do PIB em 2016. Novos benefícios, bem como programas e ações dirigidos ao enfrentamento de diferentes níveis de privação, risco e vulnerabilidade, estruturaram o Sistema Único da Assistência Social (Suas) a partir de 2004 (Vaitsman et al., 2009). O Suas hoje congrega todos os recursos destinados à assistência social, sejam eles benefícios, serviços ou programas de transferência de renda. Dentre os benefícios garantidos a partir de 1988, destacam-se o Benefício de Prestação Continuada (BPC) e o Renda Mensal Vitalícia (RMV) – este último em extinção. O Programa Bolsa Família, que foi estruturado no início do primeiro governo Lula e ampliado ao longo dos anos, teve em 2016 uma despesa de aproximadamente R$ 27,9 bilhões, atendendo 13,5 milhões de famílias.

Tanto o BPC quanto o Bolsa Família são benefícios transferidos diretamente aos indivíduos/família. Já os serviços para atendimento de população vulnerável ou em situação de risco dependem da atuação descentralizada nos estados e municípios da autoridade responsável pela assistência social, cofinanciados pela União, por meio de repasses fundo a fundo, com critérios pactuados de forma federativa no âmbito do Suas. Os montantes de financiamento entre os três tipos também são bastante distintos. O Gráfico 6, a seguir, permite perceber isso.

Gráfico 6: Gastos da União em assistência social (% do PIB) - 1995-2016

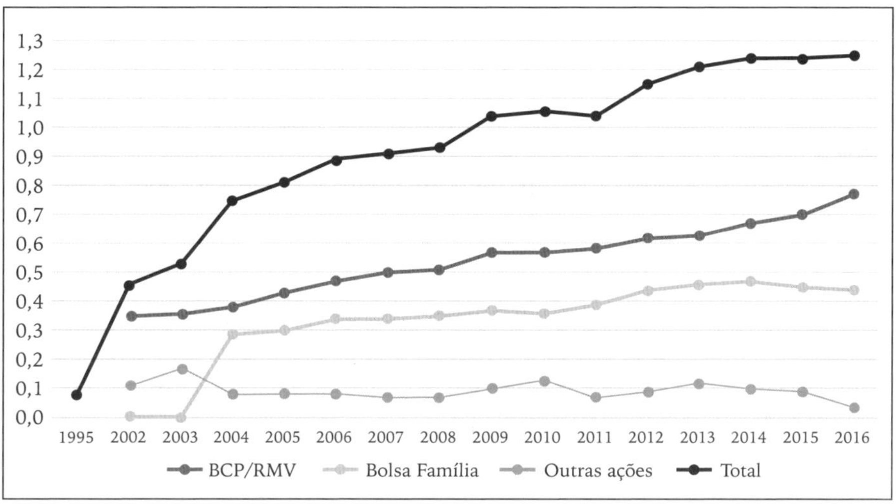

Fonte: Elaboração própria a partir de dados extraídos de STN e Castro et al. (2012).

A elevação dos gastos em assistência social se deu de forma conflitiva. O crescimento dos programas associados ao salário mínimo foi fundamental para a redução da desigualdade, mas atenderam apenas parcialmente ao que se buscava na proposta do PNAS e do Suas. A organização e complementariedade de benefícios, programas de transferências de renda, serviços e projetos não se deu, ficando quase restrita a benefícios e transferências.

Ao longo das últimas décadas a União desempenhou um papel de relevo na definição das políticas públicas de previdência, educação, saúde e assistência aqui destacadas. É importante mencionar que, apesar de ser possível perceber a dimensão da centralização na definição de recursos e descentralização executiva em todas, é necessário reconhecer distinções relevantes entre estas.

Na previdência social a operação do RGPS é federal, mas, embora parte das regras esteja inscrita na CF, não houve ainda a definição de uma única política para os regimes próprios. A educação é talvez o melhor exemplo de área na qual a organização de um sistema descentralizado de execução com a definição centralizada e padronizada de recursos tem sido implementado desde a Constituição. Na Saúde, apesar de todo o desenvolvimento institucional do SUS, a questão do financiamento não foi resolvida e a União tem sistematicamente aplicado recursos insuficientes, assim como vários estados. Os municípios têm sofrido enorme pressão social e aplicado recursos bem acima da regra constitucional. A padronização programática e de despesas não tem a mesma forma que na educação, e estados e municípios dispõem de maior poder de decisão nessa política do que em educação. A assistência social tem se mostrado a menos sistematizada das três áreas sociais. Com grande centralização de recursos relativos aos benefícios e transferências, que não passam pelos orçamentos subnacionais, estes têm pouca influência na execução dessas políticas. Nas demais programações do Suas, a decisão sobre o financiamento e a alocação de recursos tem sido em boa parte local e com baixa padronização regional.

3.2 Despesas com juros e endividamento

Além da seguridade social e da educação, outra despesa de impacto nos gastos federais é o pagamento de juros da dívida pública. Ao longo das últimas décadas o governo federal reorganizou as regras de endividamento vigentes no país por meio de resoluções do Senado, leis ordinárias e especialmente com a aprovação da LRF, como apresentado anteriormente neste capítulo. O controle do endividamento de estados e municípios pela União implicou a assunção de um modelo de metas fiscais em que o resultado primário positivo permitiria o pagamento de juros e amortização da dívida inclusive pelos entes que refinanciaram suas dívidas com a União no final dos anos 1990 e início dos anos 2000.

Como pode ser visto no Gráfico 7, o setor público pagou valores elevados em juros nominais que incidiram sobre a dívida pública ao longo de todo o período, embora uma tendência de queda possa ser observada entre os anos de 2003 e 2014, com nova elevação a partir de 2015. Ao longo de quase duas décadas, desde que foi adotada em 1999 a política de superávits primários, o governo federal gerou superávits em 15 dos 18 exercícios fiscais entre 1999 e 2016. O comportamento do endividamento, entretanto, não responde apenas nem principalmente à política de geração de superávit pelos três entes da federação. A razão dívida líquida/PIB, relação mais usada como indicador da saúde financeira do setor público, apresentada no Gráfico 8, responde também aos juros pagos anualmente e à taxa de crescimento do PIB.

Gráfico 7: Juros nominais pagos (% PIB)

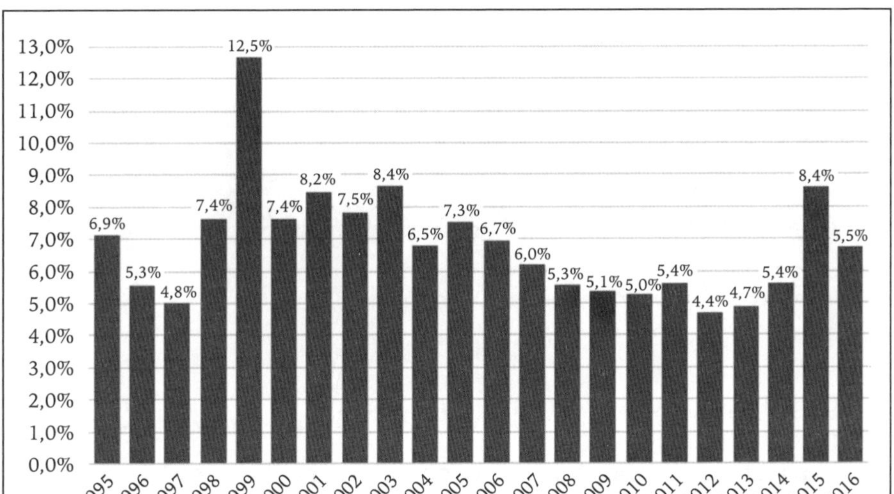

Fonte: elaboração própria a partir de dados do Banco Central.

Como pode ser observado no gráfico abaixo, e apesar da elevação da carga tributária, a razão dívida líquida/PIB cresceu em praticamente todo o período que vai do início do Plano Real até 2002, experimentando a partir daí queda sistemática até 2014, com superávits primários relativamente estáveis de 1999 até 2013. Também é determinante para a queda ou elevação da razão dívida líquida/PIB a combinação do montante de juros pagos anualmente com a taxa de crescimento real do PIB. A recente elevação da razão dívida líquida/PIB, a partir de 2015, mostra com clareza que a combinação de déficits primários, altas taxas de juros e queda do PIB é explosiva para a sustentabilidade do endividamento público.

Gráfico 8: Dívida líquida do setor público (% PIB)

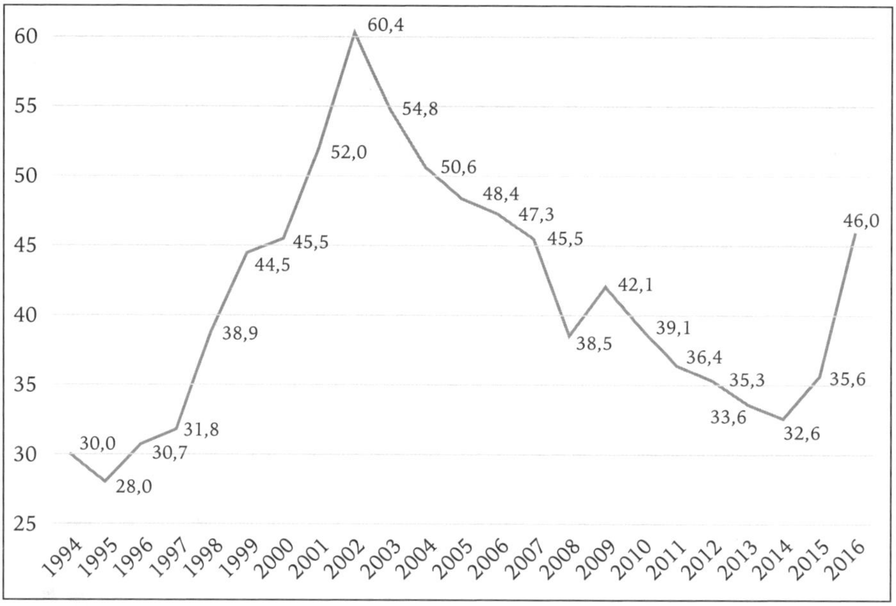

Fonte: elaboração própria a paritr de dados do Banco Central.

3.3 Gastos com subsídios ao setor privado

Um elemento importante a provocar aumento das despesas primárias do governo federal nos últimos anos foram os elevados e crescentes subsídios concedidos ao setor privado a partir do impacto da crise financeira de

2007/2008 no Brasil. Como pode ser observado no Gráfico 9, o impacto orçamentário desses subsídios se multiplicou por cinco entre 2009 e 2015, após se manter sem grandes alterações entre 1995 e 2009. Esses gastos deverão se manter em patamar elevado, especialmente porque os subsídios se concentram em empréstimos de longo prazo concedidos pelo BNDES, que continuarão onerando o orçamento pelos próximos anos.

Gráfico 9: Subsídios e subvenções pagos pelo governo federal (1995-2016)

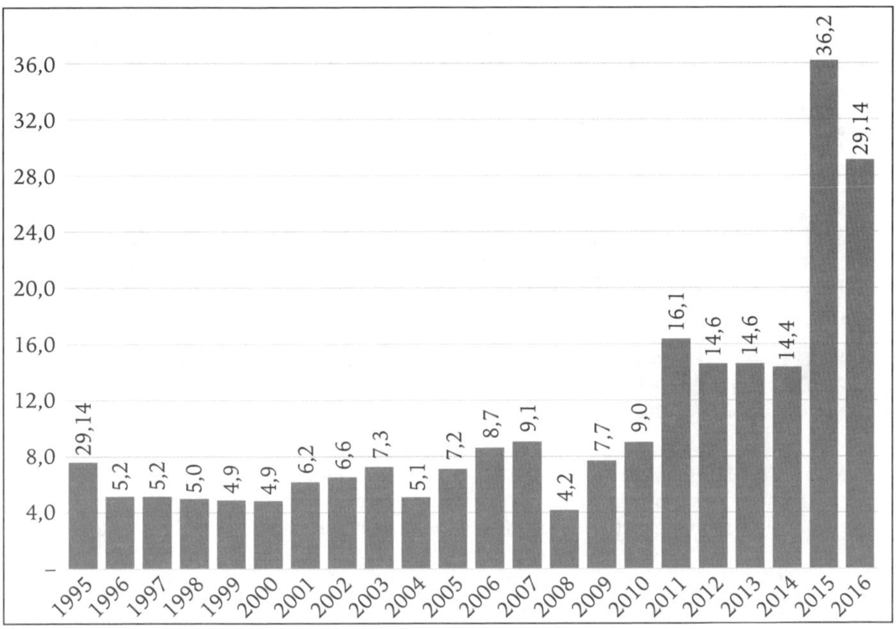

Fonte: Elaboração própria a paritr de dados do Ministério do Planejamento. Valores de 2016 atualizados pelo IPCA.

3.4 Rigidez orçamentária e disputa pelo Fundo Público

A estrutura do gasto público federal tem estado voltada para as despesas anteriormente descritas, isto é, a seguridade social e a educação, além de gastos com juros da dívida e subsídios ao setor privado. A rigidez orçamentária de vinculações de receitas a determinadas despesas, como é o caso dos mínimos constitucionais para educação e saúde, ou obrigatoriedade legal de realização de determinados gastos, como pagamento de benefícios sociais, salários, aposentadorias etc., além do pagamento de juros e subsídios, tem sido uma das características fundamentais das finanças públicas brasileiras ao longo das últimas décadas. O Gráfico 10 permite observar as vinculações da seguridade social, que oscilam em torno de 50%; as vinculações do orçamento fiscal, por volta de 30%; e a parte não vinculada das despesas, pouco mais de 20% (Santos, 2016).

Gráfico 10: Vinculações de despesas da União (2000-2015)

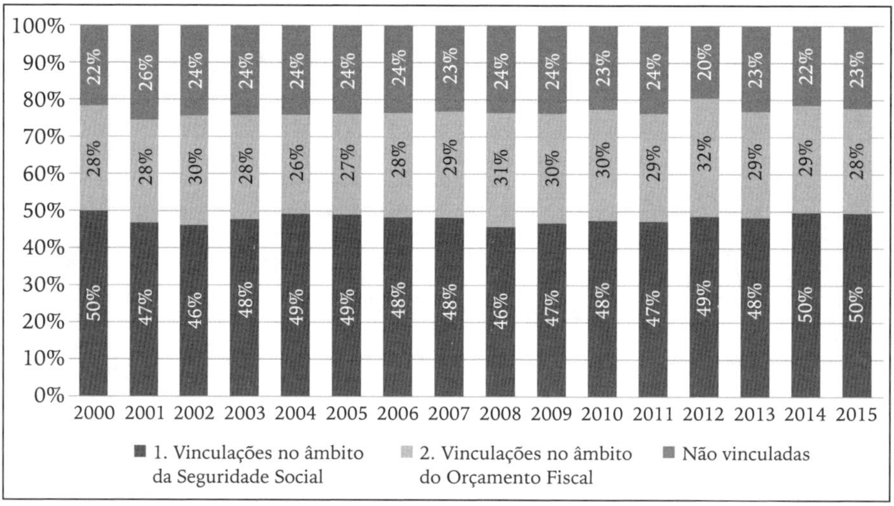

Fonte: elaboração própria a partir de dados do Ministério do Planejamento, Desenvolvimento e Gestão.

Do total da receita do governo federal apenas cerca de 20% são recursos discricionários, ou seja, podem ser usados para despesas nas quais é possível fazer escolhas entre diferentes áreas de gasto. Pode-se, inclusive, gastar mais em áreas que possuem recurso vinculado, como a educação, que, no âmbito federal, tem recebido mais do que o mínimo estabelecido pela Constituição. Não é esse o caso, entretanto, da saúde, que tem recebido estritamente o mínimo obrigatório por parte do governo federal. Os recursos para investimentos são, em sua maioria, não vinculados e saem desses recursos discricionários, assim como o custeio dos ministérios de outras áreas (habitação, infraestrutura e mobilidade urbana, desenvolvimento agrário, agricultura, cultura etc.). A consequência desse enrijecimento é que as demais políticas passam a disputar uma fração bastante reduzida de recursos, situação que é agravada pela queda de arrecadação e pela EC 95/2016,[7] levando a uma crise de financiamento.

Gastos de pessoal

Os gastos com pessoal ativo e inativo da União, apesar de frequentemente apresentados como elemento de enrijecimento do orçamento e componente explosivo da elevação do gasto público no Brasil, vêm apresentando tendência decrescente como proporção do PIB ao longo das últimas duas décadas, exceto em anos de estagnação ou decréscimo do produto, como é o caso dos anos de 2009 e de 2014 a 2016. Depois de atingir um pico de 4,9% do PIB em 2002, as despesas totais com pessoal mostram clara tendência de queda nos anos seguintes, chegando a 4,1% do PIB em 2016 e a um valor médio de 4,3% do PIB no período. Os gastos com inativos caíram 0,56% do PIB entre o pico do ano de 2001 e 2016, enquanto os gastos com pessoal ativo se reduziram em 0,23% do PIB entre 2002 e 2016.

Esse comportamento das despesas de pessoal ocorreu mesmo com elevações expressivas em áreas finalísticas como Educação e Defesa Nacional. A redução de despesas de pessoal ocorreu sistematicamente em quase todos os anos com crescimento real do PIB, mostrando que a rigidez da alocação orçamentária para pessoal na União é muito menor do que se difunde e do que supõe o senso comum.

A análise dessa dimensão ilumina a contradição entre o aumento da disputa democrática pelo fundo público após a Constituição e o enrijecimento dos espaços orçamentários a partir da vinculação das receitas do governo e da obrigatoriedade legal de parcelas crescentes das despesas. A disputa por espaço orçamentário é bastante dificultada pela pressão exercida pela despesa com juros da dívida, seja na forma de superávit primário, que deixou de acontecer desde 2014, quando o resultado primário passou a ser negativo, seja pelo crescente endividamento público.

7 A EC 95/2016, conhecida com a Emenda do Teto, determinou que até 2036 as despesas primárias federais fiquem limitadas ao valor de 2016, sendo apenas corrigidas anualmente pela inflação. O total das despesas, assim como os mínimos constitucionais com educação e saúde, ficarão congelados em seu valor real por todo o período, o que implicará sua expressiva redução como proporção do PIB e em valores *per capita* (Peres; Santos, 2016).

Gráfico 11: Despesas com pessoal da União (% PIB)

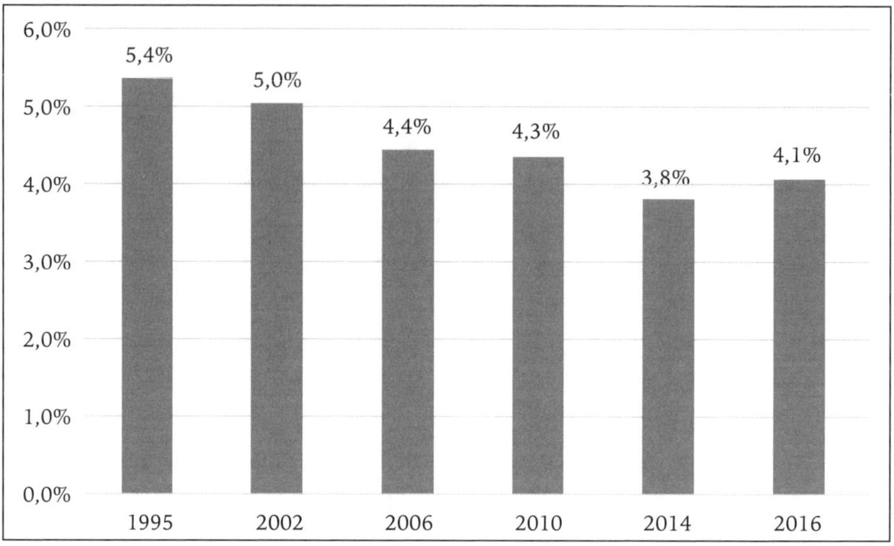

Fonte: elaboração própria com dados da Secretaria do Tesouro Nacional.

Considerações finais: a Emenda Constitucional 95/2016 (PEC 241/55) e o futuro do gasto público

O endividamento está no centro da mudança radical do regime fiscal que decorre da Emenda Constitucional 95/2016 (PEC 241/55).[8] Como argumentado, a redução drástica das receitas da União nos anos recentes, a contínua elevação dos gastos obrigatórios, dos subsídios ao setor privado e do pagamento de juros da dívida levaram a uma situação de crise fiscal, intensificada pela crise política. No entanto, é relevante ressaltar que, além do foco anterior na sustentabilidade da dívida pública, cujo instrumento principal era o resultado primário, o novo regime fiscal tem como objetivo central a diminuição do tamanho do Estado e a redução do escopo de suas políticas.

A existência de um teto constitucional para as despesas primárias por vinte anos vai exercer uma pressão de redução das despesas públicas como proporção do PIB e redução do valor *per capita* para todas as áreas

8 Para uma apresentação mais detalhada sobre a PEC 241/55, ver Peres e Santos (2016).

de políticas públicas, mesmo aquelas protegidas por vinculações constitucionais de parcelas das receitas de impostos, que foram suspensas e transformadas em congelamento do valor real pelo período. Dada ainda a previsível continuidade da elevação real de gastos previdenciários, as despesas não protegidas por vinculações terão que ser reduzidas não apenas como proporção do PIB ou em valor *per capita*, mas em seu valor real. Áreas de políticas urbanas como habitação, saneamento, transporte coletivo e infraestrutura urbana serão certamente alvo dessa redução, ao lado de políticas cujo espaço orçamentário é historicamente reduzido, como cultura, ciência e tecnologia e desenvolvimento agrário.

A trajetória do orçamento público brasileiro no período recente (desde o governo FHC), assim como os desafios colocados pela EC 95 podem ser mais bem sintetizados retomando-se as quatro dimensões, contraditórias e paradoxais, em torno das quais desenvolvemos a análise até aqui.

A dinâmica de centralização *versus* descentralização do gasto público, que tem implicações importantes nas receitas e despesas para as áreas de educação, saúde e assistência social, como apresentado, não foi linear e homogênea entre as políticas e nem entre governos. Na mudança para os governos do PT a educação ganhou mais espaço no orçamento da União, assim como a Assistência Social, com a estruturação do Bolsa Família como política fundamental nessa área. Na área da saúde, a União manteve gastos em patamar abaixo do recomendado inclusive pela regulamentação da Emenda 29/2000, ampliando a responsabilidade dos municípios.

No que diz respeito ao novo regime fiscal, a descentralização representada pela maior participação dos municípios na receita disponível tende a ser mantida. Na estrutura das receitas, a opção por contribuições que permitiram recentralizar recursos após a CF 88 também deve permanecer, assim como o controle do endividamento de estados e municípios e regras para despesa de pessoal. A descentralização de competências, que fica mais evidente nas áreas de saúde e educação, deve ser mantida e aprofundada com a expressiva redução das despesas primárias federais como proporção do PIB decorrente da EC 95/2016.

A estrutura formal do orçamento brasileiro tem ampliado a possibilidade de acesso às informações orçamentárias e financeiras. No entanto, essa é uma discussão que avançou pouco na sociedade em função da complexidade das normas, que tornam difícil a compreensão de como são alocados os recursos públicos no país. Não é possível afirmar que as mudanças de regras e controles em prol da maior transparência orçamentária garantiram maior envolvimento da população na discussão da receita e do gasto público. Houve, sim, maior participação setorial no orçamento, em especial nos dois governos Lula, que buscaram uma política mais ativa de participação. Além disso, pode-se destacar também a criação do portal da transparência e o fortalecimento da CGU, transformada em ministério.

O orçamento público brasileiro apresenta concentração alocativa de recursos voltados a algumas áreas sociais, sobretudo previdência social, saúde e educação, e ao pagamento de juros da dívida. O crescimento das despesas obrigatórias tem sido uma tendência desde os governos FHC, mantida e incrementada pelos demais governos. A partir de 2011, com a queda da DRU, aumentou-se a vinculação em educação, o que permite uma diferenciação no financiamento dessa política. Parte dessa decisão alocativa está dada por regras de proteção da despesa, enfraquecidas pela EC 95/2016. Por outro lado, a drástica redução das despesas primárias federais no novo regime fiscal vai acirrar a disputa pelo financiamento entre as políticas. O espaço das despesas não obrigatórias é restrito hoje a cerca de 20% do orçamento e tende a diminuir nos próximos anos com a imposição do teto de despesas e a continuidade do aumento das despesas previdenciárias.

Nenhum dos governos sob o regime democrático contemporâneo enfrentou a necessidade de uma reforma tributária ampla e progressiva, que permitisse reduzir a grande concentração de renda no país. Antes, mantiveram um padrão concentrador na política tributária; padrão este que é também fortalecido por uma política de juros nominais elevados e de alocação de recursos em subsídios ao setor privado.

Apesar disso, observa-se uma tendência importante de redução da desigualdade social decorrente da alocação do gasto público em diferentes políticas a partir do final dos anos 1990. Nesse caso é importante ressaltar os aumentos reais do salário mínimo, que precedem o governo Lula mas que foram ampliados com a regra de atualização pela variação real do PIB, o que permitiu ganhos importantes no regime geral de previdência social (RGPS), nos benefícios da assistência social e no mercado de trabalho. O novo regime fiscal não revê a atual estrutura tributária e vai interromper a tendência redistributiva do gasto público que favorece os mais pobres, agravando, caso não seja revisto, as desigualdades e a concentração de renda.

Referências bibliográficas

AFONSO, J. R. Pacto federativo. 2015. Disponível em: <www2.camara.leg.br/atividade-legislativa/comissoes/comissoes-temporarias/especiais/55a-legislatura/pacto-federativo/documentos/audiencias-publicas/JosRoberto Afonso.pdf.>

______. Descentralização fiscal, políticas sociais e transferência de renda no Brasil. *Série Gestão Pública*, n.63, Instituto Latinoamericano y del Caribe de Planificación Económica y Social (Ilpes), Cepal, Santiago do Chile, fev. 2007.

______. Cenário fiscal atual no Brasil: implicações para governos subnacionais. Apresentação realizada no Banco Interamericano de Desenvolvimento, Washington DC, 10 out. 2017. Disponível em: <www.joserobertoafonso.com.br/governos-subnacionais-afonso/>. Acesso em: abr. 2018.

ARESTIS, P.; Paula, L. F.; Ferrari-Filho, F. A nova política monetária: uma análise do regime de metas de inflação no Brasil. *Economia e Sociedade*, v.18, n.1, p.1-30, 2016.

BATISTA JR., Paulo Nogueira. Vulnerabilidade externa da economia brasileira. *Estudos Avançados*, São Paulo, v.16, n.45, p.173-85, ago. 2002. Disponível em: <www.scielo.br/scielo.php?script=sci_arttext&pid=S0103-40142002000200011&lng=en&nrm=iso>. Acesso em: 2 ago. 2017. dx.doi.org/10.1590/S0103-40142002000200011.

BRASIL. Conselho Nacional de Secretários de Saúde. *O financiamento da saúde*. Brasília: Conselho Nacional de Secretários de Saúde (Conass), 2011.

BRASIL. Despesa orçamentária das capitais. *Finanças do Brasil (Finbra)*, 2016. Disponível em: <siconfi.tesouro.gov.br/siconfi/pages/public/consulta_finbra/finbra_list.jsf>.

BRASIL. Inep. Ofício nº 024/2014 – GM/MEC. Resposta ao Ofício nº 204 (SF), de 17 de fevereiro de 2014, que versa sobre o Requerimento de Informação nº 1173/2013, de autoria do senador Randolfe Rodrigues. Brasília, 2014. Disponível em: <fernandorodrigues.blogosfera.uol.com.br/2014/03/19/gasto-direto-da-uniao-em-educacao-publica-e-1-do-pib-ha-4-anos/>.

BRASIL, Secretaria de Articulação com os Sistemas de Ensino/Ministério da Educação. Instituir um Sistema Nacional de Educação: agenda obrigatória para o país. Diretoria de Articulação com os Sistemas de Ensino, 2015. Disponível em: <pne.mec.gov.br/images/pdf/SNE_junho_2015.pdf>. Acesso em: 10 jun. 2016.

BRASIL. Relatório da distribuição pessoal da renda e da riqueza da população brasileira (dados do IRPF 2015/2014). Secretaria de Política Econômica do Ministério da Fazenda (SPE/MF), maio 2016. Disponível em: <www.fazenda.gov.br/centrais-de-conteudos/ publicacoes/transparencia-fiscal/distribuicao-renda-e-riqueza/relatorio-distribuicao-da-renda-2016-05-09.pdf>.

BRASIL, H. G. Processo decisório e a questão orçamentária: uma analogia. *Revista de Administração Pública*, Rio de Janeiro, v.27, n.3, p.116-46, 1993.

CAETANO, M. A. Previdência social como instrumento de distribuição regional da renda. *Texto para Discussão*. Brasília; Rio de Janeiro: Ipea, 2008.

CALLEGARI, C. (org.). *O Fundeb e o financiamento da educação pública no estado de São Paulo*. 5.ed. São Paulo: Aquariana; IBSA; Apeoesp, 2010.

______. O financiamento da educação básica. In: ABMP; Todos pela Educação (orgs.). *Justiça pela qualidade na educação*. São Paulo: Saraiva, 2013. p.223-65.

CASTRO, J. A. de. Financiamento da educação pública no Brasil: evolução dos gastos. In: GOUVEIA, A. B.; REZENDE PINTO, J. M.; CORBUCCI, P. R. (orgs.). *Federalismo e políticas educacionais na efetivação do direito à educação no Brasil*. Brasília: Ipea, 2011.

______. Dilemas para o financiamento da educação. In: CUNHA, DA. C.; GADOTTI, M.; BORDIGNON, G.; NOGUEIRA, F. (orgs.). *O Sistema Nacional de Educação, diversos olhares 80 anos após o Manifesto*. Brasília: MEC/Sase, 2014. p.178-96.

______; CARVALHO, C. H. A. de. Necessidades e possibilidades para o financiamento da educação brasileira. *Revista Educação e Sociedade*, v.34, 2013.

CASTRO, J. A. de; BARRETO, A. R.; CORBUCCI, P. R. A reestruturação das políticas federais para o ensino fundamental: descentralização e novos mecanismos de gestão. *Texto para Discussão*, n.745. Rio de Janeiro: Ipea, jul. 2000. 31p.

CASTRO, J. A.; RIBEIRO, J. A. C.; CHAVES, J. V.; DUARTE, B. C. Gasto social federal: prioridade macroeconômica no período 1995-2010. Nota Técnica nº 9. Ipea, 2012.

CORE, Fabiano Garcia. *Reforma gerencial dos processos de planejamento e orçamento*. Enap, 2001.

FAVERET, A. C. S. C. A vinculação constitucional de recursos para a saúde: avanços, entraves e perspectivas. *Ciênc. saúde coletiva*, Rio de Janeiro, v.8, n.2, p.371-8, 2003.

GOBETTI, S. W; ORAIR, R. O. Progressividade tributária: a agenda negligenciada. *Texto para Discussão*. Brasília; Rio de Janeiro: Ipea, 2016.

GOMES, E. C. da S. O financiamento da educação no Brasil. In: ABMP; Todos pela Educação (orgs.). *Justiça pela qualidade na educação*. São Paulo: Saraiva, 2013, p.266-87.

GRANADO, A. C.; PERES, U. D. Reforma tributária: aspectos importantes acerca da federação, atribuições dos entes e o financiamento da ação pública. *Cadernos Adenauer*, n.1, 2010, p.45-61.

GUARDIA, E. R. *Orçamento público e política fiscal*: aspectos institucionais e a experiência recente 85/91. Campinas, 1993. Dissertação (Mestrado em Economia/ Finanças públicas) – Universidade Estadual de Campinas.

HELFAND, S. M.; ROCHA, R.; VINHAIS, H. E. F. Pobreza e desigualdade de renda no Brasil rural: uma análise da queda recente. *Pesquisa e Planejamento Econômico*, v.39, n.1, abr. 2009.

LASCOUMES, P.; LE GALÈS, P. A ação pública abordada pelos seus instrumentos. *Revista Pós Ciências Sociais*, v.9, n.18, 2012.

LEITE, C. K. S.; PERES, U. D. Lei de Responsabilidade Fiscal, federalismo e políticas públicas: um balanço crítico dos impactos da LRF nos municípios brasileiros. In: CUNHA, A. S.; MEDEIROS, B. A.; AQUINO, L. M. C. (orgs.). *Estado, instituições e democracia*: república. 1.ed. Brasília: Ipea, 2011. v.1, p.213-48.

LEVI, M. L. Sistema de saúde no Brasil: redistributividade no modelo de financiamento e provisão. *Parlamento e Sociedade*, São Paulo, v.4, n.7, p.33-63, jul.-dez. 2016

LIMONTI, R. M.; PERES, U. D.; CALDAS, E. de L. Política de fundos na educação e desigualdades municipais no estado de São Paulo: uma análise a partir das arenas políticas de Lowi. *Revista de Administração Pública*, v.48, n.2, p.389-409, 2014.

MARQUES, R. M.; MENDES, Áquilas. Os dilemas do financiamento do SUS no interior da seguridade social. *Economia e Sociedade*, v.14, n.1, 159-75, 2005.

MARTINS, P. de S. O financiamento da educação básica como política pública. *Revista Brasileira de Política e Administração da Educação*, v.23, n.3, p.497-514, 2010.

MEDEIROS, M; SOUZA, P. Gasto público, tributos e desigualdade de renda no Brasil. *Texto para Discussão*. Brasília; Rio de Janeiro: Ipea, 2013.

MENDES, A.; FUNCIA, F. R. O SUS e seu financiamento. In: MARQUES, R. M.; PIOLA, S. F.; ROA, A. C. (orgs.). *Sistema de saúde no Brasil*: organização e financiamento. Rio de Janeiro: ABrES; Brasília: Ministério da Saúde, Departamento de Economia da Saúde, Investimentos e Desenvolvimento; Opas/ OMS no Brasil, 2016. 260p.

MORGAN, M. Falling Inequality beneath Extreme and Persistent Concentration: New Evidence for Brazil Combining National Accounts, Surveys and Fiscal Data, 2001-2015. *World Working Paper Series*, n.2017/12, World Inequality Database (WID). (versão de 9 dez. 2017.)

OLIVEIRA, F. A. de. *Economia e política das finanças públicas no Brasil*: um guia de leitura. São Paulo: Hucitec, 2009.

PISCITELLI, R. B. O processo de elaboração e execução orçamentária no Brasil: algumas de suas peculiaridades. *Revista de Economia Política*, São Paulo, v.8, n.3, p.88-100, 1988.

PERES, U. D. *A influência da inflação no processo orçamentário brasileiro. Estudo de caso*: execução orçamentária do estado de São Paulo de 1991 a 1997. São Paulo,

1999. Dissertação (Mestrado) – Fundação Getulio Vargas, Escola de Administração de Empresas de São Paulo.

______. *Arranjo institucional do financiamento do ensino fundamental no Brasil*: considerações sobre os municípios brasileiros e estudo de caso do município de São Paulo no período de 1997 a 2006. São Paulo, 2007. 298f. Tese (Doutorado em Economia de Empresas) – Fundação Getulio Vargas, Escola de Administração de Empresas de São Paulo, São Paulo, 2007.

______; MATTOS, B. B. A participação social e o conflito distributivo na planificação e orçamentação públicas: o caso do município de São Paulo. *Cadernos Gestão Pública e Cidadania*, São Paulo, v.22, n.73, set.-dez. 2017, p.456-77.

PERES, U. D.; SANTOS, F. P. 2016. PEC 241/55: redução do Estado, aumento da desigualdade. *Revista do Conselho Federal de Economia*, ano VII, n.22, dez. 2016.

REZENDE, F. *Finanças públicas*. 2.ed. São Paulo: Atlas, 2001.

______. *A política e a economia da despesa pública. Escolhas orçamentárias, ajuste fiscal e gestão pública*: elementos para o debate da reforma do processo orçamentário. Rio de Janeiro: Editora FGV, 2015.

REZENDE PINTO, J. M. Financiamento da educação no Brasil: um balanço do Governo FHC (1995-2002). *Educação e Sociedade*, Campinas-SP, v.23, n.80, p.108-35, set. 2002.

______; ADRIÃO, T. Noções gerais sobre o financiamento da educação no Brasil. *EccoS – Revista Científica*, v.8, n.1, p.23-46, 2006.

RODRIGUEZ, Vicente. Financiamento da educação e políticas públicas: o Fundef e a política de descentralização. *Cadernos Cedes*, Campinas, v.21, n.55, 2001.

SANTOS, F. P. *O Plano Real e o crescimento da dívida pública no Brasil*. São Paulo, 2000. Dissertação (Mestrado em Administração Pública e Governo). EAESP/FGV.

______. Notas sobre o financiamento das políticas públicas no Brasil e na cidade de São Paulo. *Parlamento e Sociedade*, São Paulo, v.4, n.7, p.15-32, jul.-dez. 2016.

SCHMITT, Maurílio Leopoldo. Regime Fiscal Brasileiro. Apresentação em seminário. Curitiba, 2009.

SILVA, Maria Ozanira da Silva. O Bolsa Família: problematizando questões centrais na política de transferência de renda no Brasil. *Ciência & Saúde Coletiva*, v.12, p.1429-39, 2007.

SPOSATI, A. Sistema único: modo federativo ou subordinativo na gestão do Suas. *Revista Katálysis*, v.18, n.1, p.50-61, 2015.

VAITSMAN, J.; ANDRADE, G. R. B.; FARIAS, L. O. Proteção social no Brasil: o que mudou na assistência social após a Constituição de 1988. *Ciência & Saúde Coletiva*, v.14, n.3, 2009.

VIANA, A. L. A.; MACHADO, C. V. Proteção social em saúde: um balanço dos 20 anos do SUS. *Physis. Revista de Saúde Coletiva*, v.8, p.645-84, 2008.

WILDAVSKY, A. B. Rescuing Policy Analysis from PPBS. *Public Administration Review*, v.29, n.2, p.189-202, 1969. Blackwell Publishing.

5
A Organização da administração pública e suas implicações sobre a implementação de políticas públicas: o poder executivo federal

Sheila Cristina Tolentino Barbosa

A organização da administração pública, embora determinante para a capacidade de implementação das decisões dos governos, é comumente negligenciada nos debates sobre os resultados das políticas públicas. Como se verá a seguir, a análise do período 1995-2017 revela intensa transformação organizacional da administração pública federal, que ocorreu à margem das discussões acerca dos governos e suas realizações. Este capítulo demonstra que o modo de organização da administração pública federal (APF)/Poder Executivo Federal tem implicações sobre a implementação das políticas públicas. Meu objetivo é apresentar uma discussão abrangente das capacidades do Poder Executivo Federal, as quais resultam de uma trajetória de expansão, contração e fragmentação de sua estrutura organizacional. Tais movimentos ocorreram por efeito tanto da distribuição partidária de cargos quanto da pressão de temas que ganham destaque na agenda governamental. Com esse panorama geral da trajetória de organização do Poder Executivo Federal, pretendo demonstrar que esta tem um efeito independente sobre a capacidade de implementação de políticas públicas.

A análise está baseada em pesquisa bibliográfica e documental, com estratégias qualitativas e quantitativas, bem como, e sobretudo, no estudo comparativo, com foco nos anos recentes. Para isso foram levantados dados referentes à administração direta (ministérios) e foram consultadas bases de dados do governo sobre orçamento e pessoal no serviço público federal. A discussão a respeito da organização da administração indireta limita-se, por razões de espaço, à abordagem dos movimentos de centralização e descentralização, posto que a organização da administração indireta abarca uma enorme diversidade de funções. Discussões mais aprofundadas sobre a trajetória da administração indireta é tarefa a ser empreendida em pesquisas futuras. De todo modo, os dados sobre orçamento e pessoal, aqui discutidos consideram a administração indireta vinculada aos ministérios.

A primeira seção apresenta as premissas teóricas do capítulo no que se refere à relação entre estrutura organizacional e implementação de políticas públicas. A segunda seção aborda a diferenciação vertical e horizontal da estrutura organizacional e suas implicações. A terceira seção introduz a questão da distribuição partidária de cargos como um elemento de modificação das estruturas governamentais. A quarta seção mostra como as diretrizes para mudanças nas estruturas organizacionais do poder executivo, bem como o foco em programas, são invariantes nos governos Fernando Henrique Cardoso (FHC) e Lula. A quinta seção apresenta a linha de desenvolvimento das estruturas participativas no Poder Executivo, demonstrando que, embora a maior ampliação destas tenha ocorrido durante o governo Lula, essa trajetória se inicia após a Constituição Federal de 1988 (CF 88) e também cresce sob FHC. A sexta seção trata dos modos possíveis de ampliação da capacidade de ação estatal para além da administração direta. A sétima examina a flexibilidade organizacional, em particular os contratos de terceirizados, e sua expansão no período. A oitava seção e a nona enfocam, respectivamente, a distribuição do orçamento e da mão de obra entre os ministérios. Para concluir o capítulo, apresento minhas considerações finais. Incrementalismo, e não rupturas paradigmáticas, é o que caracteriza todos os governos democráticos do período, inclusive os governos de esquerda.

1. Estruturas e capacidade organizacional

A lógica da estrutura organizacional determina a hierarquia e sua respectiva alocação de recursos, cargos e competências; desse modo, implica em divisão do trabalho com efeito sobre as práticas e interações humanas (Hall, 1996). Na organização da administração pública, a estrutura organizacional tem implicações na distribuição de recursos humanos e orçamentários para consecução dos objetivos governamentais, bem como representa fortemente a distribuição de poder na arena política. Ela também condiciona e reflete a ação da organização, constituindo um aspecto mutável e em constante transformação (Hall, 1996). Assim, as estruturas organizacionais também delimitam a capacidade organizacional. No caso da administração pública, o tema ganha relevância na medida em que "A capacidade do governo para implementar suas decisões também é um importante componente da política pública e um fator-chave, que afeta os tipos de ação que o governo levará em conta" (Howlett, 2013, p.8).

Portanto, entender o modo de organização e a forma de distribuição dos recursos de uma estrutura organizacional possibilita conhecer a capacidade organizacional e suas implicações sobre os resultados da ação governamental na implementação de suas decisões. Adicionalmente, permite compreender a distribuição de poder em uma coalizão de governo, assim como sinaliza as prioridades de sua agenda. Nesses termos, a análise organizacional viabiliza comparações entre diferentes governos, como se discutirá a seguir.

2. Diferenciação vertical e horizontal das estruturas organizacionais e suas implicações

Estruturas organizacionais são caracterizadas essencialmente pela hierarquia de seu desenho e pela divisão do trabalho, ou seja, pela diferenciação vertical e horizontal da organização (Hall, 1996), de acordo com o número de níveis hierárquicos existentes na estrutura (Jones; George, 2008). De acordo com o *Manual de orientação para arranjo institucional de órgãos e entidades do Poder Executivo Federal* (Brasil, 2008, p.77), um ministério típico pode, em geral, ser composto por até seis níveis hierárquicos de cargos na cadeia vertical abaixo do ministro, o que caracteriza uma estrutura mais verticalizada se comparada a organizações do setor privado.

Quanto à diferenciação vertical e horizontal, é possível ainda observar nas estruturas da APF, sem distinção entre os governos a partir de 1995, ocorrências, nos ministérios, tanto de baixíssima quanto de alta amplitude de controle em distintos níveis hierárquicos. A baixa amplitude de controle é explicitada em relações de subordinação nas quais o superior hierárquico comanda uma unidade organizacional composta por poucas (apenas uma ou duas) unidades organizacionais subordinadas (Sobral; Peci, 2008).[1] Nesses casos, a prática de racionalização seria aglutinar unidades organizacionais com atividades/funções afins.

De outro lado, as longas cadeias horizontais, muito comuns nas estruturas dos maiores ministérios, explicitam alta amplitude de controle, ou seja, um único dirigente possui numerosas unidades sob seu comando e controle direto (Sobral; Peci, 2008). Nesse caso, os temas disputam espaço na agenda do superior em seu comando. Não raro, algumas funções são negligenciadas na disputa por recursos de pessoal ou orçamentários, ou ainda na agenda dos decisores no nível hierárquico imediatamente superior.

Modificações na estrutura da administração direta foram uma constante no Brasil. O governo Dutra somava dez órgãos com status de ministério. Ao fim do último governo militar, eles eram dezesseis. No segundo governo Dilma, esse número chegou a quarenta, o que é uma expressão da enorme fragmentação horizontal registrada ao longo dos anos, notadamente após a redemocratização (ver Tabela 1).

A fragmentação temática, ou diferenciação horizontal, que induz a baixas amplitudes de controle foi bastante acentuada nos governos Lula e Dilma, com a ampliação do número de departamentos em secretarias finalísticas nos diferentes ministérios, como se observa no Gráfico 1, em que pese, como se verá a seguir, a terem sido registrados, ao menos no plano formal, esforços de racionalização da estrutura. Observa-se ainda no Gráfico 1 que, nos governos FHC, o número de departamentos vinculados a secretarias finalísticas permaneceu praticamente estável, o que é compatível com o contexto de crise fiscal registrado à época.

1 Vide exemplos no Sistema de Informações Organizacionais do Governo Federal (Siorg).

Gráfico 1: Evolução do número de departamentos vinculados a secretarias finalísticas do governo federal (1995-2015)

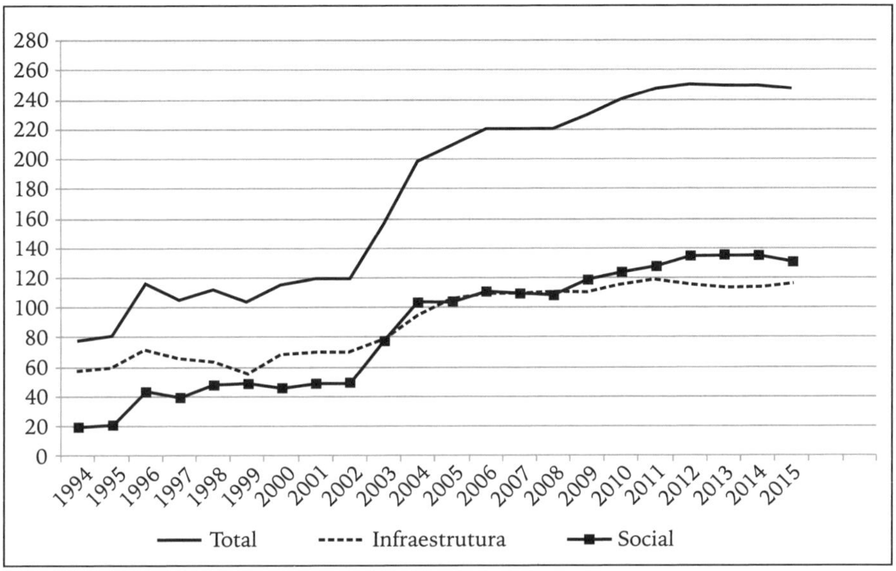

Fonte: Barbosa e Pompeu (2017).

É interessante notar no Gráfico 1 que os poucos incrementos ocorridos nos governos FHC estão mais concentrados em órgãos de infraestrutura e gestão. Já nos governos Lula os acréscimos ocorrem em ambos os segmentos temáticos e, por fim, nos governos Dilma, os incrementos se concentram no segmento dos temas sociais. Tais observações revelam as áreas de intervenção mais relevantes nas agendas de cada governo.

Os governos Lula e Dilma experimentaram considerável expansão horizontal da máquina pública, notadamente na administração direta, com sucessivas criações de ministérios (vide Tabela 1) e fragmentação horizontal de suas estruturas, conforme ilustrado e discutido na segunda seção deste capítulo. Esses dados demonstram uma tentativa de expansão da capacidade governamental, sobretudo em temas sociais. Tais governos já foram referidos pela literatura recente como governos novo- ou neodesenvolvimentistas (Fonseca, 2016) ou social-desenvolvimentistas (Oreiro; Marconi, 2016). Contudo, destaca-se que a aplicabilidade dessas variantes do conceito original está no centro dos debates atuais acerca do conceito de desenvolvimentismo (Fonseca, 2016; Oreiro; Marconi, 2016; Bresser-Pereira, 2016).

As maiores expansões temáticas das estruturas ministeriais foram registradas nos governos Dilma, Lula, Sarney e militares. Cabe ressaltar que a expansão no governo Sarney ocorreu no contexto da transição democrática e foi possivelmente marcado pela pressão para a inclusão de novos focos na agenda governamental, expressos na criação de ministérios com temas inéditos, como os do desenvolvimento urbano e meio ambiente, habitação e desenvolvimento social e ciência e tecnologia, por exemplo.

Conforme apontado anteriormente, os governos Lula e Dilma expandiram o número de ministérios marcadamente por meio da atribuição do status de ministério a órgãos da Presidência da República, o que sugere uma espécie de centralização administrativa (ver Tabela 1). Essa centralização também é evidenciada na adoção da estratégia de projetos prioritários geridos por órgãos da Presidência da República, ainda que com temas bem específicos, como é o caso do Programa de Aceleração do Crescimento (PAC), concentrado em projetos de desenvolvimento da infraestrutura.

Sobre a divisão do trabalho a ser desenvolvido, ou seja, a diferenciação horizontal, as estruturas organizacionais são comumente orientadas pela divisão funcional e/ou pela distribuição geográfica, divisão por produtos ou por clientes e, em menor frequência, pelas relações matriciais ou pela organização por processos. Há nesse aspecto uma maior variedade de nomenclaturas para os distintos tipos de diferenciação horizontal. Neste capítulo, nos concentramos nos tipos mais comuns encontrados na literatura e mais aderentes às formas encontradas na APF.

Na divisão funcional, as unidades são arranjadas de modo a agrupar recursos e atividades por funções organizacionais específicas, com linhas hierárquicas claramente definidas, distinguindo ainda área-meio e área-fim com relação ao propósito da organização. Na administração pública federal brasileira, a divisão funcional clássica, que distingue área-meio e área-fim, adquire feições muito particulares, pois reproduz diferentes áreas-meio dentro da divisão temática que expressa a especialização de funções em torno dos temas de atuação finalísticos; por exemplo: saúde, educação, infraestrutura e previdência.

Tabela 1: Trajetória da administração direta

Governos	Ministérios	Ministro extraordinário	Total considerando ministros extraordinários	Ministérios militares	Total de ministérios considerando ministérios militares	Órgãos da presidência com *status* de ministério	Presidência do Banco Central com *status* de ministro	Total geral de estruturas com *status* de ministério
FHC 1	17	4	21	3	24	4	0	28
FHC 2	20	1	21	0	21	6	0	27
Lula 1	23	0	23	0	23	5	1	29
Lula 2	24	0	24	0	24	12	1	37
Dilma 1	24	0	24	0	24	14	1	39
Dilma 2	24	0	24	0	24	14	1	39
Temer	21	0	21	0	21	5	1	27

Fonte: elaboração própria.

A evolução da divisão funcional ou temática na gestão pública expressa, ao menos no discurso oficial, a relevância de temas específicos, dados o posicionamento na cadeia hierárquica e a eventual extinção das estruturas relacionadas a temas específicos. Isso porque a criação e o posicionamento de estruturas na hierarquia organizacional podem ser meramente figurativos, caracterizando uma resposta política a demandas específicas, dissociadas de capacidade orçamentária e de recursos humanos qualificados para empreender a consecução de seus objetivos.

Como se observará mais adiante, os governos Lula e Dilma expandiram o número de órgãos com status de ministérios, de modo a comunicar que determinados temas ganharam espaço na agenda governamental, como é o caso da Secretaria de Políticas para Mulheres, Secretaria da Micro e Pequena Empresa, Secretaria de Igualdade Racial (todos relacionados a amplos segmentos da sociedade), embora seus orçamentos e quadros de pessoal (ainda que com expansão registrada para o período analisado) permanecessem bastante limitados se comparados aos temas de maior relevância em termos de recursos orçamentários e de pessoal, como é o caso de saúde, educação e defesa. Isso implica que aqueles temas entraram na agenda governamental; contudo, com menor capacidade organizacional.

Para todos os governos do período analisado, também se verifica na organização da APF a diferenciação por produtos, processos ou clientes, que agrupa atividades e recursos dedicados a produtos e serviços específicos, processos de trabalho ou a tipos de clientes (Sobral; Peci, 2008). A depender de seu tamanho, as estruturas tendem a apresentar formas híbridas de diferenciação horizontal. Essa diferenciação tem o objetivo de conceber estruturas adequadas aos complexos desafios da ação governamental, quer seja em razão de seus objetos ou de sua abrangência.

Referências a estruturas organizadas por projetos também estão presentes em todo o período da análise. Nesse caso, uma única unidade organizacional estaria subordinada a diferentes superiores, denotando o compartilhamento de equipes próprio do modelo matricial de estrutura organizacional (Caravantes; Caravantes; Kloeckner, 2005; Jones; George, 2008). Cabe ressaltar que nos ministérios, embora a terminologia de gerência de projetos esteja presente, sua utilização não denota necessariamente o compartilhamento de equipes ou dupla subordinação, mas em geral a suposta priorização de dado projeto com equipe dedicada.

Todos esses tipos de diferenciação horizontal são visíveis nas estruturas, revelando certa modernidade da administração no período analisado. Quanto a esse aspecto, os diferentes governos após 1995 são homogêneos na medida em que herdam tais estruturas e formatos e tendem a se modificar de forma incremental.

3. Distribuição de poder na perspectiva de estruturas organizacionais

Para além da convenção formal da hierarquia de poder expressa na dimensão vertical dos organogramas, é possível observar que, a depender das relações políticas do ocupante de dado cargo, seu poder pode ser diferenciado em relação aos demais ocupantes de um mesmo nível hierárquico. A proximidade ou distância pessoal do ocupante de um cargo em relação ao centro de poder do governo geram distintas possibilidades de atuação. A estrutura administrativa do Estado possui uma particularidade que vai além do componente técnico representado pela burocracia estável ou temporária selecionada por critérios de mérito. Há um componente político, expresso na ocupação de cargos de direção e assessoramento de livre nomeação e exoneração, os chamados cargos de confiança (Lopes, 2015). Assim, no âmbito da administração pública, a distribuição de cargos possibilita ainda verificar a ocupação partidária na máquina do Poder Executivo.

No que se refere à ocupação partidária da estrutura organizacional do Estado brasileiro, os dados sobre tamanho de coalizões e de estrutura indicam que, desde 2003, coalizões mais numerosas em termos de partidos políticos componentes ocuparam a estrutura do governo federal, com reflexos na expansão expressiva do número de órgãos com status de ministério e de departamentos finalísticos (Barbosa; Pompeu, 2017), abrindo mais espaço para a acomodação de novos partidos na coalizão de governo.

4. Diretrizes para as mudanças organizacionais do poder executivo

Sob a égide de diferentes coalizões de governo, durante todo o período analisado, foram encontrados apenas dois documentos formais de definição de diretrizes relativas à organização da administração pública: os decretos nº 3.134/1999, sob FHC, e nº 6.944/2009, sob Lula. Ainda que editados por governos de diferentes orientações partidárias, ambas apresentam o mesmo foco na redução de despesas e a mesma menção explicita à redução de níveis hierárquicos e ao aumento da amplitude de controle. Não parece haver distinção entre os governos nesse sentido. Ambos sugerem alinhamento a uma estratégia geral de racionalização, guiada pelo corte de gastos.

O Decreto nº 3.134, de 10 de agosto de 1999, do segundo governo FHC, no contexto da crise fiscal que marcou os anos 1990, de forma bastante sucinta e com apenas um artigo estabelecia diretrizes com foco na redução de despesas com cargos em comissão, os quais teriam impacto sobre a estrutura hierárquica.

Dez anos depois, já no segundo governo Lula e também no contexto da crise econômica iniciada em 2008, o Decreto nº 6.944, de 21 de agosto de 2009, mantém o foco na redução de despesas e, de forma incremental, indica a orientação para resultados[2] na revisão da estrutura organizacional do Poder Executivo Federal, além de apontar, em seu parágrafo 2º, meios pelos quais seria alcançado o fortalecimento da capacidade institucional. No entanto, não resta claro, a partir do referido decreto, como os meios de racionalização organizacional não orientados por corte de despesas foram definidos e analisados nas proposições de alteração das estruturas organizacionais então existentes.

No que diz respeito à capacidade de implementação de políticas públicas, o Decreto nº 6.944/2009, vigente até março de 2019, indicava a organização da ação governamental por programas e por alinhamento a competências das organizações e os resultados que se pretende alcançar.

---

2 O Plano Diretor da Reforma Administrativa do Estado (PDRAE), publicado em 1995, traz como inovação o foco na gestão pública voltada para resultados (Brasil, 2005, p.7)

Embora o Manual de orientação para arranjo institucional de órgãos e entidades do Poder Executivo Federal (Brasil, 2008, p.9) já contivesse tal previsão.

As revisões sucessivas do Decreto nº 6.944/2009 não propuseram alterações em suas diretrizes. Significa dizer que, nesse sentido, não há distinção nas estratégias organizacionais dos diferentes governos do período analisado, considerando que tais diretrizes estiveram presentes em todos os referidos governos, como evidenciado a seguir.

Certo alinhamento a programas públicos, como mencionado no Art. 1º, § 1º, diretriz I dos decretos acima indicados, é perceptível desde os anos 1990. Por exemplo, nos regimentos internos do então Ministério do Desenvolvimento Agrário (MDA) publicados em 2000 e 2009, os quais definem unidade interna voltada especificamente ao Programa Nacional de Fortalecimento da Agricultura Familiar (criado em 1996). Ou seja, a orientação por programas já se fazia presente no período anterior ao primeiro governo Lula e permaneceu como diretriz até os governos Dilma.

Essa mesma lógica de organização por programa foi mantida quando da aglutinação do MDA com o Ministério do Desenvolvimento Social (MDS), ocorrida em 2016. Contudo, de modo geral a lógica dos organogramas é pautada pelas competências de cada órgão, pois a estrutura reflete a organização de macroprocessos no sentido de concretizar o cumprimento de competências organizacionais. No caso, o fortalecimento da agricultura familiar está entre as competências dos citados ministérios, sendo que em geral as competências são estabelecidas de modo a abarcar políticas públicas já estabelecidas ou são modificadas para contemplar novos objetos definidos por políticas públicas.

5. Estruturas participativas no Poder Executivo Federal

A estrutura organizacional agrega corpos colegiados, tais como comitês, forças-tarefa, grupos de projeto etc., nos quais as decisões são tomadas após processos de discussão e negociação ou por voto, ou melhor, não seguem um padrão de decisões baseadas em ordens hierárquicas. Essas representam uma tendência na administração pública (Egeberg, 2010).

No caso da administração pública brasileira, tal tendência se manifestou de forma mais acentuada a partir da CF 88, com a abertura de espaços de participação social na gestão pública (Costa, 2008).

Uma noção mais clara dessa trajetória de abertura à participação social na gestão pública é demonstrada por Avelino e colegas (2017). Sua análise, a partir do *Guia de Conselhos Nacionais* publicado em 2013, informa que 75% dos quarenta conselhos ali registrados foram instituídos após 1988. A pesquisa revela que, até o ano de 1994, existiam dezesseis dos referidos colegiados. Durante os governos FHC foram criados mais nove. Nos governos Lula ocorreu o maior incremento: surgiram catorze colegiados. E apenas um surgiu durante os governos Dilma. Observa-se então que a tendência crescente vinha desde o governo FHC, embora maiores volumes e velocidade dessa abertura à participação social na gestão pública e de políticas públicas tenham sido experimentados durante os governos Lula.

Avelino e colegas (2017) apresentam ainda um *ranking* de órgãos com esse tipo de colegiado. Os principais são o Ministério da Justiça e Cidadania, com doze colegiados vinculados (30%), seguido pelo Ministério do Trabalho (15%), da Presidência da República (10%) e do Ministério do Desenvolvimento Social e Agrário (8%). Cabe destacar que parte dessa concentração é resultante das aglutinações de órgãos ocorridas entre 2015 e 2016. Adicionalmente, considerando as competências de tais órgãos, é possível observar que tais colegiados são, em sua maioria, direcionados à participação na gestão de políticas sociais.

6. Ampliação da capacidade estatal e impactos sobre a ação governamental

O Brasil apresenta movimentos marcantes de descentralização administrativa via expansão da administração indireta com foco na ampliação da capacidade organizacional do Poder Executivo Federal. Essa expansão se dá de forma mais destacada a partir de Vargas com a criação das empresas públicas que deveriam alavancar o processo de desenvolvimento nacional. Esse processo de ampliação da administração indireta sob as orientações da ideologia desenvolvimentista (Costa, 2008) se estende do governo Vargas ao período em análise, destacando-se os governos de Juscelino Kubistchek (JK) e governos militares. Conforme mencionado na seção 2, essa orientação pela ideologia desenvolvimentista é também observável nos governos Lula e Dilma.

A ampliação da Capacidade organizacional e a busca de proximidade aos fatos, pessoas ou problemas a atender são os fundamentos da descentralização administrativa no âmbito da administração pública federal, como se depreende dos dispositivos do Decreto-Lei nº 200/1967. É interessante notar que, como uma espécie de lei orgânica da administração pública federal (Costa, 2008), esse decreto permanece vigente como norma central sob os governos democráticos.

O referido decreto, editado no regime militar, estabelece o princípio da descentralização administrativa da seguinte forma:

> Art. 10. A execução das atividades da Administração Federal deverá ser amplamente descentralizada.
>
> § 1º A descentralização será posta em prática em três planos principais:
>
> a) dentro dos quadros da Administração Federal, distinguindo-se claramente o nível de direção do de execução;
>
> b) da Administração Federal para a das unidades federadas, quando estejam devidamente aparelhadas e mediante convênio;
>
> c) da Administração Federal para a órbita privada, mediante contratos ou concessões.

No primeiro plano, trata-se de diferenciar a administração direta da administração indireta (a primeira se destina à direção, e a segunda, à execução), sendo que a descentralização empreendida por meio de personalidades jurídicas da administração indireta implica em delegação de poderes da primeira para a segunda (Salgado, 2012). O estabelecimento e a ampliação da administração indireta no decorrer dos anos dão à administração pública federal contornos mais definidos em seu papel executivo, disponibilizando ao Estado distintas personalidades jurídicas para construção de seu aparato administrativo, as quais seriam capazes de dotar a administração pública de maior flexibilidade de gestão.

No segundo e no terceiro planos, cuida-se de ampliar a capacidade operacional por meio da utilização de estruturas externas ao aparato da administração pública federal, através das administrações das unidades federadas (estados e municípios) e da iniciativa privada, via aquisição de serviços direcionados ao atendimento do interesse público. As ações nesses planos foram extensivamente ampliadas a partir de 1995, no contexto da crise fiscal, com políticas públicas partilhadas entre União, estados e municípios e com maior envolvimento do setor privado na entrega de bens e serviços à sociedade. A partir de 2003, esse quadro prossegue, sendo intensificadas as estratégias de implementação de políticas públicas por meio de repasses diretos a municípios e/ou público-alvo (vide os casos do Programa Bolsa Família e do Cadastro Único).

Mais recentemente, assistimos ao surgimento da descentralização em um quarto plano. A reforma administrativa de 1995 trouxe em seu conteúdo o envolvimento da sociedade civil organizada também na prestação de serviços de interesse público, destacadamente por meio das então denominadas organizações sociais (OS) e das diferentes espécies de organizações da sociedade civil sem fins lucrativos. No entanto, durante o governo FHC foram qualificadas como organizações sociais no âmbito federal apenas seis OS, com possibilidade de repasse de recursos da União para desenvolvimento de suas atividades.

Essa opção foi descartada durante os governos Lula e primeiro governo Dilma, em face de ação direta de inconstitucionalidade contra a qualificação de organizações sociais pelo governo federal impetrada pelo PT ainda durante o governo FHC. Somente no segundo governo Dilma foram qualificadas novas organizações sociais, mas em número ainda menor.

Cabe salientar que uma proposta de nova lei orgânica, em substituição ao Decreto-Lei nº 200 de 1967, foi elaborada por uma comissão de juristas instituída pelo Ministério do Planejamento em dezembro de 2007. O objetivo era modernizar os modelos jurídicos que constituem a APF e, por decorrência, seu modo de atuação, visando o foco em resultados (Salgado; Fernandes, 2011). Ainda em 2009 houve lançamento do anteprojeto, resultado dos trabalhos da referida comissão, sobre a criação de um novo ordenamento jurídico para a administração pública federal, o qual, embora tenha sido fruto de ampla discussão em ciclos de debates, não avançou. Mais uma vez, a mudança incremental se configurou como preferência, mesmo nos governos Dilma.

7. Flexibilidade organizacional e capacidade de implementação de políticas públicas

A noção de organização flexível e seus conteúdos são úteis à compreensão de mudanças organizacionais, bem como à concepção de reformas administrativas, por considerar mudanças ambientais no entorno da organização. Aqui os termos-chave são adaptação, dinamismo e eficiência.

Para a manutenção da capacidade de ação é essencial a adaptação das estruturas a novas condições e desafios decorrentes das mudanças ambientais. Assim, a flexibilidade organizacional é vista como um requisito de sobrevivência organizacional (Scaico; Tachizawa, 2006). Barbosa e Pompeu (2017), ao analisarem mudanças organizacionais entre 1990 e 2017, apontam que há um dinamismo nas estruturas organizacionais, sobretudo nos ministérios com mais tempo de existência, em especial nos ministérios do Planejamento, da Fazenda e da Previdência, que apresentaram, em média e respectivamente, 1,29, 0,96 e 0,95 modificações em suas estruturas por ano, durante o período analisado. Nesses casos, ocorreram sucessivas mudanças dentro de curtos períodos.

Essa aparente flexibilidade para mudanças organizacionais pode ter duplo sentido, pois tanto pode significar desejável flexibilidade para ajuste a contextos quanto pode implicar baixa estabilidade organizacional, com reflexos negativos sobre a capacidade de implementação de políticas públicas. Assim, um diagnóstico consistente exige estudos adicionais, com verificação de impacto em cumprimento de metas por meio de pesquisa longitudinal.

Além disso, há possibilidades de flexibilização organizacional por meio da montagem de equipes de trabalho em projetos com prazos definidos, cuja mão de obra pode ser deslocada em caso de metas ou prazos a serem cumpridos. Outra forma de flexibilização organizacional é aquela mediante terceirização de atividades. Essas possibilidades têm sido observadas no Poder Executivo Federal nos anos analisados, indicando certa flexibilidade organizacional.

Nos anos recentes, houve intenso debate sobre a terceirização no serviço público. De um lado, sindicatos se posicionaram contra, sob a bandeira da precarização das relações de trabalho; de outro, os governos têm buscado flexibilização da mão de obra, a exemplo das tendências de mercado, sobretudo considerando que a contratação de mão de obra em regime estável significa compromisso de longuíssimo prazo, inclusive no pós-aposentadoria, a qual é estabelecida em regime especifico para servidores públicos.

Em 2011, a súmula 331 do Tribunal Superior do Trabalho (TST) estabeleceu a responsabilidade subsidiária da administração pública na contratação de serviços terceirizados, visto que em processos judiciais a administração pública vinha sendo apontada como responsável solidária, o que lhe acarretava ônus extra. A disputa em torno da terceirização também se pautou por quais são os serviços que podem ser terceirizados e em que condições. Durante os governos Lula e Dilma, governo e sindicatos não chegaram a um acordo sobre o tema, de modo que o projeto de Lei 4230, proposto em 1998, durante o segundo governo FHC, se arrastou no Congresso até o ano de 2017, quando foi transformado em Lei Ordinária nº 13429/2017, mantendo a responsabilidade subsidiária.

A despeito de todas essas controvérsias, a terceirização esteve presente em todos os governos recentes. Embora ainda bastante limitados, dados do Observatório da Despesa Pública mantido pela Controladoria Geral da União (CGU), disponíveis apenas a partir de 2010, mostram a variação no comportamento de cada órgão quanto à maior utilização da mão de obra de terceirizados entre 2010 e 2017[3] (ver Gráfico 2).

Ainda como iniciativa de flexibilização organizacional da composição da mão de obra da máquina pública federal, a Lei nº 8.745, de 9 de

3 Uma vez que a base de dados do CGU disponibiliza dados somente a partir de 2010, com posição a cada quadrimestre e com lacunas de informações em alguns deles, sobretudo para o ano de 2011, os dados foram tratados de modo a apresentar tendências. Assim, para fins de comparabilidade, foi destacado, para cada ano, o mês com o maior número de terceirizados dos principais órgãos em termos de volumes de orçamento e de mão de obra.

dezembro de 1993, dispôs sobre a contratação por tempo determinado para atender à necessidade temporária de excepcional interesse público. Esta ainda constitui possibilidade em vigor. De acordo com dados do Sistema Integrado de Administração de Recursos Humanos (Siape), tal prática esteve presente durante todo o período analisado, sobretudo no Ministério da Educação, especificamente na educação superior, com a contratação de professores substitutos, seguido dos ministérios da Saúde, do Planejamento e do Meio Ambiente.

Gráfico 2: Volume de mão de obra terceirizada (considerando maiores valores entre as informações quadrimestrais)

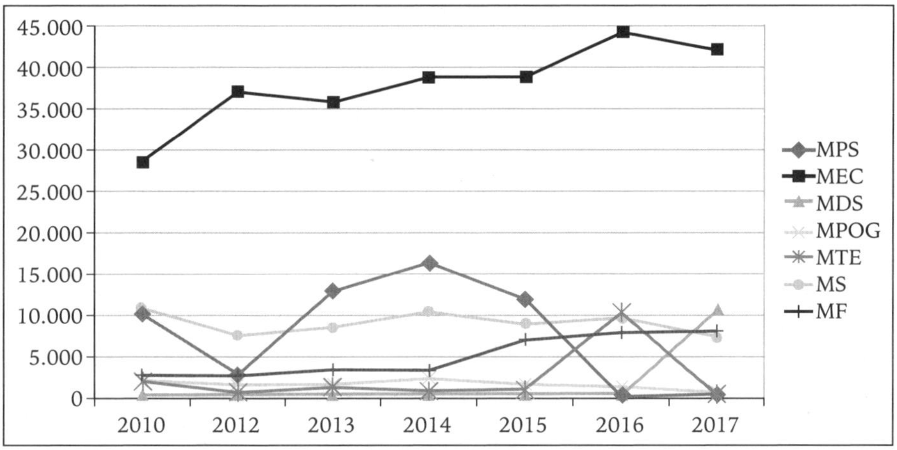

Fonte: Observatório da Despesa Pública/CGU – jan. 2018.
Obs.: Em razão das várias lacunas de informação para o ano de 2011, este não consta do gráfico. O significado das siglas consta da lista ao fim do capítulo.

No segundo governo FHC (1999 a 2002), o volume anual de contratos temporários apresentou crescimento, variando de 11.900 a 16.276 contratos. Esse padrão crescente prossegue nos governos seguintes. Os anos de maior volume de contratos de temporários estão nos governos Lula, chegando a 40.094 no ano de 2005, sendo que em 2008, 2004 e 2009 o governo manteve entre 27 mil e 28 mil contratos de regime temporário. Essa tendência crescente é interrompida durante os governos Dilma: nos anos de 2013 a 2016 o número de contratos se manteve por volta de 24 mil a 25 mil, mas ainda em torno de 50% a mais que no último governo FHC.

Dados os requisitos da lei quanto à excepcionalidade e interesse público de tais contratações, sua aplicação, numa suposição de eficiência, é mais associada à ampliação de capacidade na implementação de políticas públicas. Para uma melhor compreensão das capacidades organizacionais da estrutura governamental no Brasil, são explorados e discutidos, a seguir, dados sobre a distribuição orçamentária, bem como sobre a distribuição da mão de obra.

8. Alocação orçamentária por Ministério – 2000 a 2017

Com relação à distribuição orçamentária entre os órgãos componentes da estrutura (distribuição setorial), alguns dados chamam a atenção. Em primeiro lugar, observa-se que não há variações relevantes ao longo dos anos. A proporção de orçamento disponível por órgão a cada ano e o percentual de orçamento empenhado por órgão[4] em relação ao total da dotação inicial da União a cada ano tem comportamento estável durante os governos analisados. Os seis maiores orçamentos são destinados a Previdência, Saúde, Defesa, Trabalho e Emprego, Educação e Fazenda, com médias bem similares entre os diferentes governos. Apenas no governo Dilma o comportamento desse primeiro grupo se modifica, pois o orçamento da Educação ultrapassa os da Defesa e do Trabalho e Emprego (ver gráficos 3, 4 e 5). Essa mudança se deve possivelmente a desdobramentos do Programa de Apoio a Planos de Reestruturação e Expansão das Universidades Federais (Reuni), iniciado em 2007.

Outro ponto de destaque é o fato de ser bastante estável o percentual de empenho do orçamento da previdência em relação às dotações orçamentárias iniciais da União a cada ano – em torno de 41% a 43% entre

4 Para uma melhor compreensão da distribuição orçamentária setorial, levaram-se em consideração, nos gráficos 2, 3, 4 e 5, os orçamentos totais da União por ano e os valores empenhados por órgãos a cada ano. Assim, chegou-se às participações percentuais médias dos órgãos em relação aos valores totais do orçamento da União a cada ano, para obter a distribuição horizontal e tendências de volume orçamentário, não só atribuído mas efetivamente utilizado por cada órgão. A opção por valores empenhados em lugar dos valores executados levou em conta o fato de serem valores restritos aos anos em questão, ao passo que os valores executados podem conter viés de resíduos de valores empenhados em anos anteriores, os chamados "restos a pagar".

2000 e 2017. As alterações verificadas nos últimos dois anos são associadas à aglutinação da Previdência ao Ministério do Trabalho e Emprego, em 2016, e ao Ministério do Desenvolvimento Social em 2017. Isto é, não há evidências de aumentos proporcionais da participação da previdência no orçamento total, mas tão somente a soma de orçamentos dos órgãos aglutinados.

De outro lado, no bloco dos demais órgãos observa-se a pulverização do orçamento em razão do aumento do número de órgãos com status de ministérios, ocorrido sobretudo nos governos Lula e Dilma. Significa dizer que, embora com aumentos nominais ano a ano, as proporções do orçamento inicial e de execução em relação ao mesmo diminuem para esse outro grupo de órgãos, dada a necessidade de redistribuir o orçamento para os novos órgãos.

Considerando o padrão de redistribuição orçamentária indicado anteriormente, podemos afirmar que, se por um lado alguns temas alcançam a agenda governamental, com a criação de órgãos e dotações orçamentárias específicas, tais como as políticas para mulheres, de igualdade racial, para micro e pequenas empresas e de direitos humanos, de outro – como era de se esperar –, a criação de novos órgãos implica uma queda nos percentuais de participação do bloco dos demais órgãos (excluídos os seis maiores) e, por conseguinte, em suas médias de execução (ver gráficos 3, 4 e 5).

Apenas os ministérios da Educação, Previdência, Saúde, Trabalho, Integração e Desenvolvimento Social apresentam percentuais de empenho bem próximos aos do orçamento inicial (boa parte destes responsáveis por despesas obrigatórias). Já os ministérios das Relações Exteriores e do Desenvolvimento Agrário tendem a percentuais de empenho acima do orçamento inicial durante o período analisado. Estes últimos com significativas quedas de participação percentual durante os governos Lula e Dilma, o que aponta para uma perda de relevância de tais temas na agenda governamental nesse período.

Considerando as médias de empenho orçamentário em relação a dotações iniciais dos dois primeiros anos do governo Temer, as médias do Ministério do Trabalho e Emprego (MTE) e do Ministério do Desenvolvimento Social (MDS) sobem em razão da aglutinação dos mesmos com a estrutura, competências e orçamento do extinto Ministério da Previdência, como se observa no Gráfico 6.

Gráfico 3: Participação dos órgãos em relação ao total do orçamento da União (média de percentuais dos valores empenhados em relação à dotação orçamentária da União) – governo FHC (1999 a 2002)

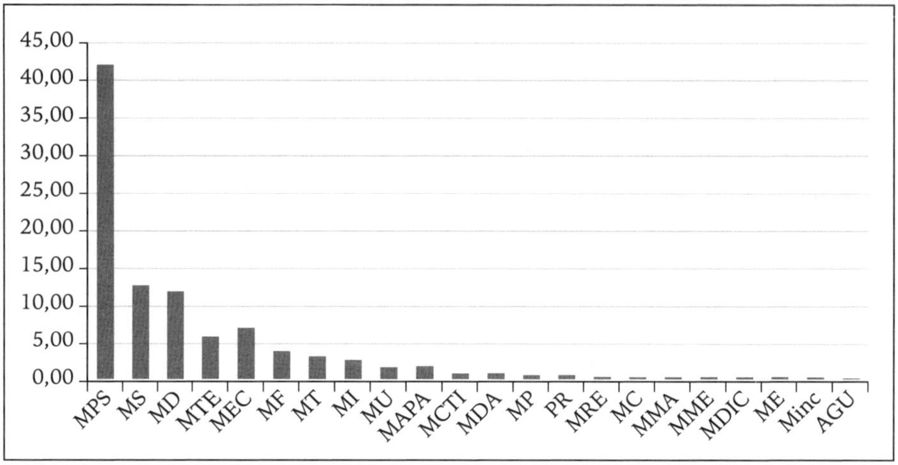

Fonte: Painel do Orçamento: disponível em: <www.siop.planejamento.gov.br/siop/>. Acesso em: 15 jan. 2018.
Obs.: O significado das siglas consta da lista ao fim do capítulo.

Gráfico 4: Participação dos órgãos em relação ao total do orçamento da União (média de percentuais dos valores empenhados em relação à dotação orçamentária da União) – governos Lula (2003 a 2010)

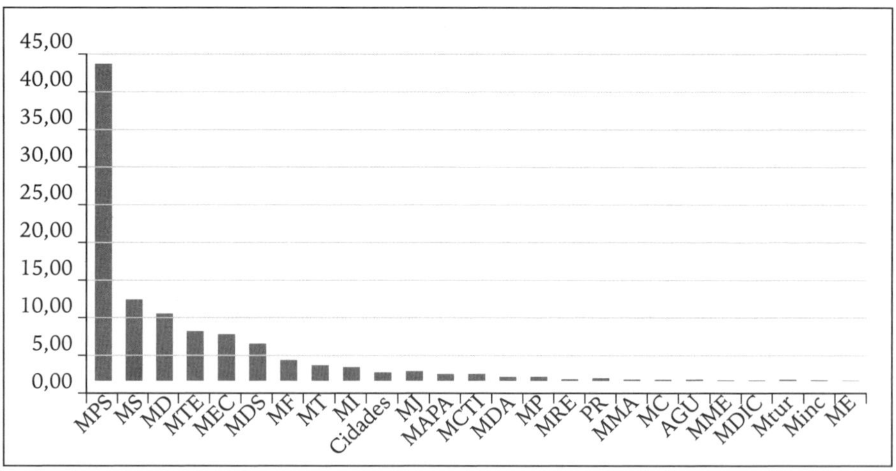

Fonte: Painel do Orçamento: disponível em: <www.siop.planejamento.gov.br/siop/>. Acesso em: 15 jan. 2018.
Obs.: O significado das siglas consta da lista ao fim do capítulo.

Gráfico 5: Participação dos órgãos em relação ao total do orçamento da União (média de percentuais dos valores empenhados em relação à dotação orçamentária da União) – governo Dilma (2011 a 2015)

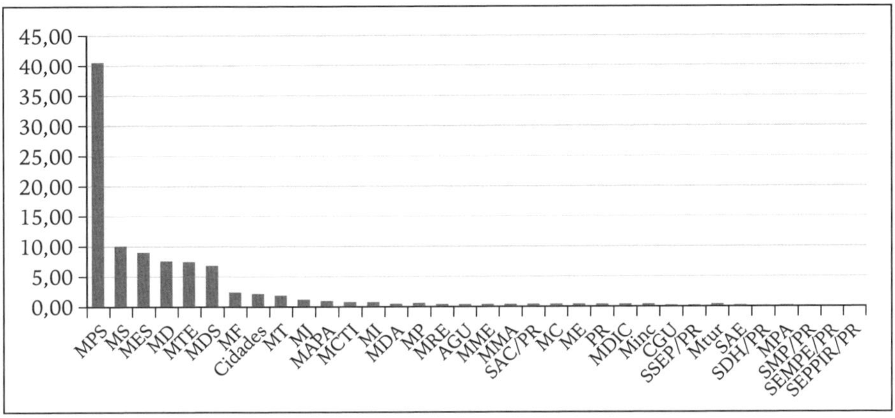

Fonte: Painel do Orçamento: disponível em: <www.siop.planejamento.gov.br/siop/>. Acesso em: 15 jan. 2018.
Obs.: O significado das siglas consta da lista ao fim do capítulo.

Gráfico 6: Participação dos órgãos em relação ao total do orçamento da União (média de percentuais dos valores empenhados em relação à dotação orçamentária da União) – governo Temer (2016-2017)

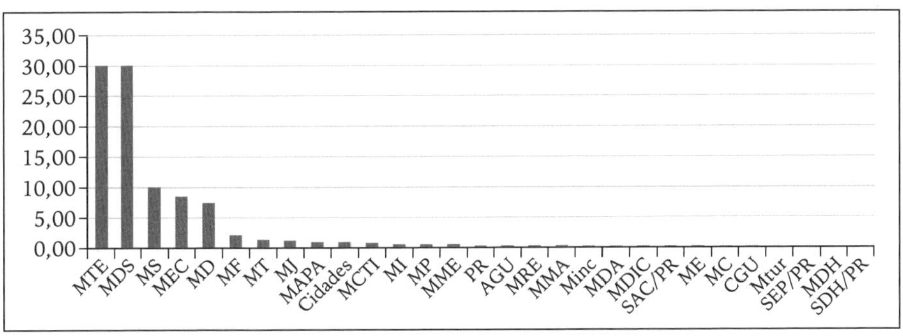

Fonte: Painel do Orçamento: disponível em <www.siop.planejamento.gov.br/siop/>. Acesso em: 15 jan. 2018.
Obs.: O significado das siglas consta da lista ao fim do capítulo.

O mesmo acontece com as secretarias especiais com status de ministério que foram aglutinadas em outras estruturas e cujos orçamentos e competências passam a integrar diferentes ministérios. Nesse período, é possível observar várias alterações na média da proporção de execução orçamentária entre órgãos de menores orçamentos. Nota-se, por exemplo, que os ministérios da Defesa e do Desenvolvimento Agrário, bem como a Presidência da República e a Advocacia Geral da União (AGU) apresentaram acréscimos, enquanto os ministérios da Educação, da Fazenda, das Cidades, do Trabalho, da Justiça, da Agricultura, Pecuária e Abastecimento, da Ciência e Tecnologia, das Relações Exteriores e da Cultura apresentam quedas em suas proporções, sugerindo uma agenda governamental com outro foco.

9. Alocação de mão de obra enquanto recurso organizacional

Enquanto recurso organizacional que materializa as estruturas que compõem a APF (direta e indireta), a mão de obra pode ser analisada sob dois aspectos: o da sua qualificação e o de seu quantitativo. Desde meados da década de 1990, a qualificação da mão de obra foi posta em marcha em razão do diagnóstico do Plano Diretor da Reforma do Aparelho do Estado (PDRAE), prosseguindo pelos anos recentes. No aspecto quantitativo, a distribuição de mão de obra apresenta forte concentração em seis ministérios e suas entidades vinculadas (ver Gráfico 7), divergindo do quadro orçamentário apenas no que se refere ao MTE, que não figura entre os maiores ministérios em termos de mão de obra, e ainda ao Ministério do Planejamento, que possui um dos maiores quadros de mão de obra mas não integra os seis maiores orçamentos.

O Ministério da Educação (MEC) concentrou no período entre 1999 e 2016 de 36% a 45% da mão de obra de servidores públicos civis da União. Em trajetória descendente, o ministério da Saúde concentrou de 21% a 16% na mesma época. Juntos, esses órgãos somam em média de 57% a 61% dos servidores civis da União em serviços públicos, cujos processos de trabalho são intensivos em mão de obra.

Essas evidências caracterizam a constante relevância dos temas da saúde e da educação na pauta dos diferentes governos (ao menos no que se refere aos recursos dedicados). Embora se observe, refletido nos dados orçamentários bem como nos de mão de obra, um significativo incremento do foco governamental na educação, sobretudo a partir de 2009, este se deu como um desdobramento Programa de Apoio a Planos de Reestruturação e Expansão das Universidades Federais (Reuni), incluindo a criação dos institutos federais, que abarcam o ensino técnico profissionalizante e o ensino superior.

De fato, entre 2003 e 2014 – e mais notadamente a partir de 2009 –, ampliou-se de forma expressiva o acesso ao ensino superior. Mas isso ocorreu muito mais via setor privado, por meio dos programas Prouni (com oferta de bolsas de estudo) e Fies (financiamento estudantil) do que pela ampliação do ensino estatal (institutos e universidades federais). Assim, o grande mérito do investimento do Reuni na ampliação do ensino superior público, e na consequente contratação de mão de obra para a área de educação, não está na ampliação de vagas em si, mas na distribuição geográfica da oferta, com interiorização de vagas no ensino superior, sendo essa uma das estratégias do plano de democratização do ensino superior.[5]

Gráfico 7: Distribuição da mão de obra nos seis ministérios de maior concentração (1999-2016)

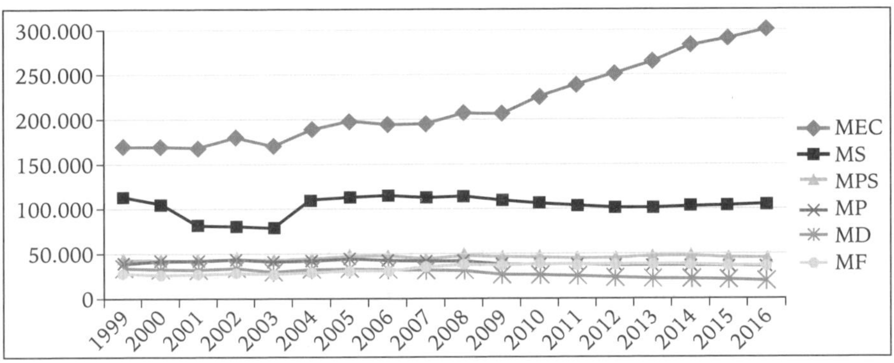

Fonte: Sistema Integrado de Administração de Recursos Humanos (Siape) (Data Warehouse): extraído em dez. 2017.
Obs.: Os dados consideram posições de dezembro de cada ano e contemplam apenas servidores civis da União em diferentes regimes de contratação. O significado das siglas consta da lista ao fim do capítulo.

5 Ver dados da ampliação de ofertas de vagas via Prouni, Fies e criação de universidades e institutos federais constantes do relatório sobre "A democratização e expansão da educação superior no país 2003-2014" disponível em: <portal.mec.gov.br/index.php?option=com_docman&view=download&alias=16762-balanco-social-sesu-2003-2014&Itemid=30192>. Acesso em: 19 dez. 2017.

Ainda no que se refere ao comportamento da distribuição de mão de obra por órgãos em relação ao total de servidores civis da União, os dados demonstram certa estabilidade nas proporções, com exceção do caso do MEC a partir de 2009. Isso significa que durante o período analisado não há indícios de transformações significativas na política de gestão dos recursos de mão de obra. Apesar dos crescimentos nominais, as proporções foram mantidas. As exceções são o MEC a partir de 2009, o Ministério da Saúde – que durante o período de 2001 a 2003 experimentou queda em seu volume de mão de obra, mas com retomada a partir de 2004 – e o corpo civil do Ministério da Defesa, que vem decrescendo marcadamente desde 2009.

Outro aspecto que merece atenção, ainda que requeira estudos adicionais, é a relação entre mão de obra terceirizada e mão de obra do serviço público federal no poder executivo. Durante o período analisado, não foram observados estudos sobre essa relação. Comparativamente, dados preliminares indicam que a mão de obra terceirizada nos órgãos destacados nos gráficos anteriores oscila entre o equivalente a 4% (MP) a 70% (MDS) do total da mão de obra nos diferentes vínculos entre os anos de 2010 e 2016 (período em que há dados disponíveis quanto à mão de obra terceirizada). Estes dados refletem a composição efetiva da mão de obra no Poder Executivo Federal.

Os maiores volumes de terceirizados estão no Ministério da Previdência (e seus sucessores), com 11.893 terceirizados em 2015, e no Ministério da Educação, que no mesmo ano somou 38.725 terceirizados, neste último caso equivalendo a 13,3% da mão de obra do MEC naquele ano. Esses números são praticamente estáveis no período de 2010 a 2016, o que indica uma demanda constante por serviços que envolvem mão de obra terceirizada. Caberia em estudos futuros qualificar esses dados, detalhando funções comumente terceirizadas, suas implicações na implementação de políticas públicas e custos relativos de serviços terceirizados em comparação a custos da mão de obra no Poder Executivo Federal, de modo a dar suporte a estratégias de organização para ampliação da capacidade organizacional do Estado.

Considerações finais

Considerando o modo de organização e a forma de distribuição dos recursos de sua estrutura organizacional, as transformações observadas na APF (direta) expressam, sem dúvida, modernização em relação ao período anterior à Constituição de 1988, mas de forma bastante incremental. Os resultados obtidos no combate às desigualdades durante o período analisado, caracterizado por avanços em diversas áreas de políticas públicas, estão certamente relacionados às capacidades organizacionais do Estado brasileiro.

Observa-se, em certa medida, uma orientação por competências que abarcam os programas públicos federais, mas não se observa uma estratégia clara nas mudanças identificadas, marcadamente caracterizadas pela crescente fragmentação organizacional. Ainda necessitamos aprofundar nossas reflexões quanto ao desenvolvimento de uma inteligência relativa à capacidade organizacional e sua contribuição na promoção de políticas públicas capazes de transformar o quadro de expressivas desigualdades presentes no contexto brasileiro.

Ao longo do período democrático, há mais incremento que transformações radicais. No que diz respeito ao aspecto organizacional, no nível federal, quando muito, o que se observou a partir de 2003, como elemento diferencial, foi uma estratégia de recomposição de mão de obra e de expansão das estruturas vinculadas ao MEC, bem como de seu orçamento, para ampliar o acesso ao ensino superior. Não há evidências, de que orientações ideológicas de esquerda – associadas à ampliação do Estado – tenham pautado essa expansão, pois, como destacado anteriormente, os governos petistas avançaram muito mais na oferta de ensino superior via iniciativa privada. Portanto, como em outros temas de políticas públicas, é possível dizer que, seguindo tendências dos governos pós-redemocratização, a atuação do Estado esteve muito mais direcionada ao financiamento do ensino do que à ampliação ou aperfeiçoamento da capacidade organizacional própria.

No que diz respeito à distribuição de órgãos, os movimentos de expansão da estrutura de ministérios sugerem ter sido esta uma resultante da necessidade da acomodação de um maior número de partidos nas coalizões de governo, o que de todo modo viabilizou também a entrada de novos temas na agenda governamental, ao menos do ponto de vista formal. Cabe ressaltar que a suposta redução realizada durante as reformas ministeriais do governo Temer foi em grande medida oportunamente viabilizada pelo expressivo número de cadeiras que foram desocupadas pelo PT e partidos aliados quando do seu desembarque do governo. Além disso, é importante ressaltar que, conforme apontaram Barbosa e Pompeu (2017), nesse caso a mudança mais se assemelha a uma aglutinação de estruturas que conservam departamentos e funções. Destaque-se ainda que não se observa um padrão de racionalidade nas transformações da administração direta nos últimos governos, o que ressalta o caráter político, em oposição ao técnico, nas reformas ministeriais dos anos recentes.

O padrão estável da distribuição orçamentária entre os diferentes ministérios bem como o da distribuição de mão de obra não sugerem mudanças paradigmáticas em sua capacidade de implementação de políticas públicas, embora seja necessário ressalvar que vêm ocorrendo avanços no que diz respeito à qualificação da mão de obra e às iniciativas do governo digital. As mudanças organizacionais observadas neste início de século parecem apontar para um incrementalismo como resultado de, num ambiente democrático, pressões de demandas sociais crescentes e cada vez mais complexas.

Por outro lado, a estabilidade administrativa tem como aspecto positivo sua contribuição à estabilidade do Estado, sobretudo em momentos de instabilidade política. Estratégias organizacionais que envolvam rupturas apressadas, como aquelas ocorridas durante o governo Collor, podem representar prejuízos ao sistema. Assim, passa a ser central a discussão sobre como promover mudanças que tornem a administração pública mais efetiva e eficiente no atendimento às demandas da sociedade no menor prazo possível, sem prejuízos à necessária estabilidade administrativa.

Uma transformação organizacional, no sentido de ampliar capacidades estatais para a implementação de políticas públicas, deve conter elementos de estratégia com impactos sobre a definição de funções que constituem o papel do Estado, bem como sobre processos de trabalho capazes de viabilizar o cumprimento de tais funções. A qualificação da mão de obra é requisito mínimo, e as competências organizacionais, ao lado dos processos de trabalho, ou seja, elementos técnicos, deveriam ser os norteadores do modelo organizacional que concretiza a ação do Estado.

Referências bibliográficas

AVELINO D. P.; RIBEIRO, J. D. G.; MACHADO, D. F. P. Representação da sociedade civil nos conselhos e comissões nacionais (relatório de pesquisa). Ipea, 2017.

BARBOSA, Sheila C. T.; POMPEU, J. C. B. Trajetória recente da organização do governo federal. *Boletim de Análise Político Institucional*, n.12. Ipea, 2017.

BRASIL. Ministério do Planejamento. *Manual de orientação para arranjo institucional de órgãos e entidades do Poder Executivo Federal*. Brasília, 2008.

BRASIL. Presidência da República, Casa Civil. *Governos da República*. Biblioteca. 3.ed. rev. e atual. Brasília: 1996.

BRASIL. Presidência da República, Câmara da Reforma do Estado. *Plano Diretor da Reforma do Aparelho do Estado*. Brasília: Ministério da Administração Federal e Reforma do Estado, 1995.

BRESSER-PEREIRA, L. C. Teoria Novo-Desenvolvimentista: uma síntese. *Cadernos do Desenvolvimento*, Centro Internacional Celso Furtado de Política para o Desenvolvimento, Rio de Janeiro, ano 1, n.1, 2016.

CARAVANTES, G. R.; CARAVANTES, C. B.; KLOECKNER, M. C. *Administração*: teorias e processos. São Paulo: Pearson Prentice Hall, 2005.

COSTA, F. L. da. Brasil: 200 anos de Estado; 200 anos de administração pública; 200 anos de reformas. *Revista de Administração Pública*, FGV, Rio de Janeiro, n.5, v.42, 2008.

EGEBERG, M. *Implicações da estrutura burocrática*: uma perspectiva organizacional. Administração Pública – Coletânea. Brasília: ENAP/Editora Unesp, 2010.

FONSECA P. C. D. O projeto desenvolvimentista no Brasil: histórico e desafios da atualidade. *Cadernos do Desenvolvimento*, Centro Internacional Celso Furtado de Política para o Desenvolvimento, Rio de Janeiro, ano 1, n.1, 2016.

HALL, R. H. *Organizations: Structures, Processes and Outcomes*. 6.ed. Englewood Cliffs, NJ: Prentice Hall, 1996.

HOWLETT, M.; RAMESH, M.; PERL, A. *Política pública*: seus ciclos e subsistemas uma abordagem integral. 3.ed. Rio de Janeiro: Elsevier, 2013.

JONES, G. R.; GEORGE, J. M. *Administração contemporânea*. Trad. Maria Lúcia G. L. Rosa. São Paulo: McGraw-Hill, 2008.

LOPEZ, F. G. (org.). *Cargos de confiança no presidencialismo de coalizão brasileiro*. Brasília: Ipea, 2015.

OREIRO, J. L.; MARCONI, N. O novo-desenvolvimentismo e seus críticos. *Cadernos do Desenvolvimento*, Centro Internacional Celso Furtado de Política para o Desenvolvimento, Rio de Janeiro, ano 1, n.1, 2016.

SALGADO, V. A. B.; FERNANDES, C. C. C. Ciclos de debates "Direito e gestão pública: os limites da autonomia e do controle do Poder Executivo em debate". In: CARDOSO Jr., J. C.; PIRES, R. R. C. (orgs). *Gestão pública e desenvolvimento*: desafios e perspectivas. *Diálogos para o desenvolvimento*. Ipea, 2011. v.6.

SALGADO, V. A. B. *Manual de administração pública democrática*. Campinas, SP: Saberes, 2012.

SCAICO, O.; TACHIZAWA, T. *Organização flexível*: qualidade na gestão de processos. São Paulo: Atlas, 2006.

SLACK, N. et al. *Administração da produção*. São Paulo: Atlas, 2009

SOBRAL, F.; PECI, A. *Administração*: teoria e prática no contexto brasileiro. São Paulo: Prentice Hall, 2008.

Anexo – Lista de siglas

MPS – Ministério da Previdência Social
MS – Ministério da Saúde
MD – Ministério da Defesa
MTE – Ministério do Trabalho e Emprego
MEC – Ministério da Educação
MF – Ministério da Fazenda
MT – Ministério dos Transportes
MI – Ministério da Integração Nacional
MJ – Ministério da Justiça
MAPA – Ministério da Agricultura, Pecuária e Abastecimento
MCTI – Ministério da Ciência, Tecnologia e Inovação
MDA – Ministério do Desenvolvimento Agrário
MP – Ministério do Planejamento
PR – Presidência da República
MRE – Ministério das Relações Exteriores
MC – Ministério das Comunicações
MMA – Ministério do Meio Ambiente
MME – Ministério de Minas e Energia
MDIC – Ministério da Indústria, Comércio Exterior e Serviços
ME – Ministério do Esporte

MINC – Ministério da Cultura
Mtur – Ministério do Turismo
MPA – Ministério da Pesca e Aquicultura
MDH – Ministério dos Direitos Humanos
SPM/PR – Secretaria de Políticas para Mulheres
SEMPE/PR – Secretaria da Micro e Pequena Empresa
SEPPIR/PR – Secretaria de Políticas de Promoção da Igualdade Racial
SEP/PR – Secretaria dos Portos
SAC/PR – Secretaria de Aviação Civil
SAE – Secretaria de Assuntos Estratégicos
SDH/PR – Secretaria de Direitos Humanos
AGU – Advocacia Geral da União
CGU – Controladoria Geral da União

Parte II

MUDANÇA POR *LAYERING*

6
Trabalho, pobreza e desigualdade: a garantia de renda no sistema brasileiro de proteção social[1]

Luciana Jaccoud

As últimas três décadas foram marcadas por importantes mudanças no sistema brasileiro de proteção social. Ao longo desse período, os programas que operam transferências monetárias passaram a atender não apenas aos trabalhadores vinculados a contratos formais de trabalho, mas também aos trabalhadores rurais em regime de economia familiar, a segmentos de trabalhadores informais urbanos, idosos e deficientes em situação de indigência e às famílias em situação de extrema pobreza. A ampliação dos programas de garantia de renda, incluindo a emergência de benefícios monetários de natureza não contributiva operados pelo governo federal, alterou parte importante do Estado social, com consequências relevantes para a sociedade brasileira.

Este capítulo analisa a trajetória da proteção social no período 1988-2015 no que se refere à garantia de renda. Dá destaque às duas inflexões que, nesse período, marcaram a reconfiguração do arranjo protetivo brasileiro. Uma primeira e mais significativa inflexão tem como marco o

1 Agradeço a Marta Arretche, Eduardo Marques e Carlos Aurélio de Faria pelas leituras cuidadosas e comentários à versão preliminar deste capítulo.

novo projeto de Estado social acolhido na Constituição Federal de 1988. O texto constitucional abrigou dispositivos inovadores, modificando o perfil conservador que, desde a década de 1930, caracterizava a proteção social brasileira. Mesmo tendo sofrido reformas, o projeto adotado em 1988 perdurou como a referência organizadora do sistema de proteção social, tanto no que se refere à inclusão de novos grupos de beneficiários, como à cobertura, objetivos e magnitude das transferências. Ao longo desses trinta anos, contudo, outra inovação implicou a inclusão de novos princípios de intervenção. A criação de um programa de transferência de renda condicionada remodelou características do modelo protetivo. A expansão das ofertas assistenciais aprofundou tensões, em especial no que se refere à relação entre trabalho e proteção social, com consequências institucionais, políticas e sociais.

Este capítulo pretende mostrar como a primeira inflexão operou a expansão da garantia de renda. Para além da categoria do trabalho formal, cuja proteção é tradicional na história da proteção social brasileira, outros segmentos de trabalhadores, com destaque aos rurais, foram incluídos, atendidos pelos dispositivos tradicionais da previdência social. Esse movimento foi acompanhado pelo alargamento da proteção aos inativos pobres, com um benefício assegurado pela assistência social. Na década de 2000, contudo, esse arranjo foi alterado. Com o Programa Bolsa Família, a proteção social se expandiu com o reconhecimento de novas situações de risco, identificadas como de pobreza e de extrema pobreza. Ampliaram-se, assim, as ofertas da assistência social, que avançou não apenas sobre a categoria de inativos, mas agora também sobre a de ativos em situação de pobreza.

As etapas e a forma de ampliação de ofertas contributivas e não contributivas implicaram a inclusão de novos públicos atendidos. A primeira inflexão respondeu a um reconhecimento mais amplo das condições de exercício do trabalho. A previdência social estendeu sua proteção para além do assalariamento formal, operando com formas variadas de incentivos que procuraram contornar limitações da capacidade contributiva das categorias de menor renda. Entretanto, foi ainda dentro de um quadro de proteção associada à participação no mercado de trabalho que se deu essa expansão. Esse contexto marcou igualmente a emergência da assistência social como direito social no campo da renda. A solidariedade por meio da política pública se dirigiu a certas categorias da população excluídas da condição de ativos. Ou seja, foi também em torno do trabalho, aqui problematizado por sua impossibilidade, que as ofertas assistenciais no campo da renda se afirmaram em 1988, reconhecendo o direito aos idosos e às pessoas com deficiência sem condições de prover sua manutenção. As categorias "necessidade" e "pobreza" surgiram, nesse momento, singularizadas pela presença da dependência e inatividade às quais se associavam os dois segmentos da população para quem o direito à renda não contributiva foi garantido. Só posteriormente, já em 2003, a categoria "pobreza" emerge como referência *per si* capaz de organizar benefícios monetários públicos. O segundo movimento de expansão não decorreu do primeiro, mas afirmou-se em contraponto a ele. E exigiu adaptações e compromissos, nem sempre bem-sucedidos, visando superar tensões advindas das lógicas protetivas e institucionais distintas.

Um segundo processo a ser analisado se refere à expansão simultânea dos dois dispositivos, previdenciário e assistencial, resultando em uma experiência inédita na proteção social brasileira. Durante a década de 1990, a inclusão previdenciária, seja medida por meio de indicadores de contribuição ou de proteção, observou, na média, tendência declinante. Mas, a partir de 2002, tal tendência foi revertida. A cobertura assistencial crescente foi acompanhada pela ampliação dos benefícios previdenciários. O impacto foi positivo em vários aspectos, tais como estabilização e melhoria da renda das famílias e redução da desigualdade de renda. Com cobertura massiva, mas atuando em patamares diversos e com objetivos variados de segurança e de reposição (ou manutenção) da renda fora do mercado, acentuaram-se as dificuldades de coexistência e articulação entre tais políticas e programas.

O objetivo deste capítulo é, portanto, analisar a trajetória da proteção social brasileira entre 1988 e 2015 no campo da garantia de renda, considerando a evolução institucional, o compromisso redistributivo, os públicos e as categorias de risco que organizaram, no período, aquelas duas políticas, previdência e assitência social. Avançando para entender a dinâmica daquela trajetória, bem como as características e tensões que por elas perpassam, será realizado um esforço de analisar as principais políticas e ofertas não como iniciativas isoladas, mas como componentes de um arranjo protetivo mais amplo, que será aqui denominado de "sistema público de garantia de renda". Mesmo reconhecendo os riscos de se comparar dispositivos de proteção social organizados de acordo com princípios, histórico e padrões de intervenção distintos, as vantagens do exercício são significativas. Ele permite avaliar os vínculos que as duas políticas mantêm entre si, por exemplo, na elaboração das respectivas categorias de beneficiário ou no reconhecimento dos distintos dispositivos que operam com o objetivo similar de proteção da população temporária ou definitivamente inativa. E possibilita desvelar o fato de que ambas emergem como respostas – sejam estas concorrentes ou complementares (ou, em certas circunstâncias, as duas coisas ao mesmo tempo) – ao debate político e às representações sobre desigualdade e sobre as vulnerabilidades sociais no país.

O capítulo está organizado em cinco seções, além desta introdução. Na primeira, será analisada a expansão do sistema de garantia de renda e, dentro dela, do Regime Geral da Previdencia Social (RGPS). As duas seções seguintes se dedicam ao processo de emergência da proteção não contributiva, sendo a segunda seção dedicada ao Benefício de Prestação Continuada (BPC), e a terceira, ao Programa Bolsa Família (PBF). A quarta seção visa explorar o arranjo protetivo organizado pelo sistema público de garantia de renda, considerando sua trajetória recente, cobertura e impactos, bem como seu diálogo com os temas da pobreza, segurança e da desigualdade. A última seção apresenta as considerações finais.

Reconfigurando o sistema previdenciário: a expansão do RGPS

A garantia de renda é um objetivo central dos sistemas de proteção social, tendo o seguro social se afirmado como a principal tecnologia. A literatura converge no reconhecimento de que a emergência da política previdenciária, desde o final do século XIX, expressou um esforço do Estado em contornar o conflito entre capital e trabalho e em assentar bases mais seguras que pudessem apoiar o processo de industrialização. A criação de um regime de cotizações obrigatórias sob responsabilidade do Estado tinha como objetivo garantir a manutenção da renda em face dos chamados riscos sociais – doença, invalidez, desemprego involuntário e idade avançada, situações que impedem a participação no mercado de trabalho independentemente da vontade do trabalhador. Para os objetivos deste trabalho, cabe lembrar que a emergência dessa política pública se assentou em uma distinção entre trabalhadores e pobres, dirigindo aos primeiros a garantia protetiva do Estado.

No Brasil, a trajetória da previdencia social e seu impacto social e político até a década de 1980 foram amplamente estudados, sendo o processo capturado pelos conceitos de cidadania regulada, em Wanderley Guilherme dos Santos (1979), e de patrimonialismo, em James Malloy (1986), ou em sua crítica com o resgate dos conceitos de corporativismo ou meritocracia, tal como formulados por Fabio Wanderely Reis (1990) ou Sônia Draibe (1990). Em que pese às diferenças, as análises convergem no reconhecimento de que uma estrutura adensada de proteção social foi erigida em torno do trabalho formal, e mesmo a unificação dos Institutos de Aposentadorias e Pensões, em 1966, abriu poucos espaços para a inclusão de outras categorias socioprofissionais, tais como trabalhadores informais urbanos, domésticos ou rurais. A proteção previdenciária seguiu garantida, fundamentalmente, aos empregados formais, contratados com registro em Carteira de Trabalho, "não sem motivo, anteriormente denominada Carteira de Trabalho e Previdência Social – CTPS" (Guimarães et al., 2013, p.66).

Os novos dispositivos criados com a carta constitucional democrática, incluindo a criação do Regime Geral da Previdencia Social (RGPS), marcaram o afastamento desse modelo original. A Constituição promoveu uma reorganização da proteção social, como parte de um projeto ampliado de cidadania que pretendia articular o fortalecimento dos direitos políticos e civis com os direitos sociais. Entre as mais importantes mudanças, destaca-se o adensamento das políticas e programas que operam benefícios monetários, contributivos ou não contributivos. Foi criada, dentro do RGPS, a categoria de segurado especial da previdência social, englobando o trabalhador rural em regime de economia familiar, com benefícios unificados aos dos trabalhadores urbanos. Instituiu-se o

Benefício de Prestação Continuada (BPC), primeiro programa de natureza não contributiva da proteção social brasileira, destinado a pessoas com deficiência e idosos em situação de indigência. Fixou-se o salário mínimo como o valor de base dos benefícios previdenciários, rurais e urbanos, e do BPC. Reconhecido como mínimo social para a previdência e a assistência social, o salário mínimo ampliou sua função reguladora da renda das famílias e fortaleceu o papel redistributivo da seguridade social. Não menos relevante, a Constituição retirou a oferta dos serviços de saúde do campo contributivo, considerando-a direito de cidadania, cuja oferta universal foi posta sob responsabilidade direta do Estado.

As mudanças no campo previdenciário tiveram continuidade por meio de inovações legais adotadas nos anos 1990 e, principalmente, na década de 2000, com o objetivo de promover a inclusão previdenciária de categorias socioprofissionais precarizadas, em especial trabalhadores em atividades marcadas pela informalidade ou inseridos em formas não assalariadas ou atípicas de ocupação. Em 1991, a aprovação do novo Plano de Benefícios da Previdencia Social (lei n.8212) regulamentou o texto constitucional no que se refere aos segurados especiais, permitindo a rápida expansão da cobertura para a clientela rural.[2] Destacam-se ainda a criação de incentivos voltados às micro e pequenas empresas, reduzindo as alíquotas de contribuição e facilitando seu recolhimento, tais como: o Simples (1996), o Super Simples Nacional (2006), o Microempreendedor Individual (2008) ou a dedução da cota patronal relativa ao empregado doméstico na Declaração Anual de Imposto de Renda das Pessoas Físicas (2006). Também foram adotadas legislações favorecendo os trabalhadores autônomos ou com vínculos precários, como são exemplo o Plano Simplificado de Inclusão Previdenciária (PSPS), de 2006, e a regulamentação do trabalho doméstico, de 2015.[3]

2 "Em termos percentuais, os segurados especiais vão de 4,4% para mais de 10% – ou 14% a depender do critério utilizado – da PEA em apenas dois anos. Em termos absolutos, os números impressionam: de 2,5 milhões para mais de 6 milhões – ou 9 milhões" (Rangel et al., 2009, p.57). Ver ainda Valadares e Galiza (2016).

3 Sobre tais medidas e seus impactos, ver Rangel e colegas (2009); Guimaraes e colegas (2013); Ipea (2017; 2018).

Mas é em torno da categoria de segurados especiais que se afirma com clareza o caráter solidário e redistributivo do RGPS. O baixo valor da alíquota de contribuição do segurado especial (2,3% do total da produção comercializada) e a limitada mercantilização dos bens comercializados por esse segmento produtivo (que incluiu, além dos agricultores familiares, outras categorias como pescadores e extrativistas) impõe uma efetiva complementação da arrecadação com recursos do orçamento fiscal.[4] Como consequência, as diferenças entre o percentual de trabalhadores protegidos e trabalhadores que contribuem são expressivas para os segurados rurais, possibilitando que a proteção previdenciária em áreas rurais seja proporcionalmente superior à do meio urbano (Ipea, 2018).

As novas opções de filiação e de contribuição favoreceram a expansão da cobertura previdenciária entre os trabalhadores não assalariados, e refletiram-se no aumento da filiação do RGPS em todas as faixas de rendimento. Para o período entre 2005 e 2014, observa-se que o percentual de contribuintes para o total dos ocupados cresceu de 48,9 para 62,3. Esse aumento foi verificado em todas as faixas de renda, "sem nenhuma exceção", em que pese, ao final do período, os rendimentos mais baixos continuarem concentrando o maior número de não contribuintes (Ipea, 2016, p.39-40).

A melhora nos indicadores de cobertura para o período foi impulsionada pela ampliação do nível de atividade econômica, do crescimento da renda do trabalho e do crescimento nas taxas de formalização. Mas a dinâmica econômica não explica, por si só, a trajetória positiva de inclusão previdenciária. Esta também depende do arranjo institucional do sistema de proteção social e de suas regras de inclusão e de reposição de renda, além de sua relação com prerrogativas advindas da forma de regulação do trabalho e dos direitos do trabalho a ela vinculados. Os benefícios RGPS, que em 1995 alcançavam 14,5 milhões de beneficiários, chegaram a uma cobertura de 28,3 milhões em 2015, dos quais 9,4 milhões eram trabalhadores rurais em regime especial de cotização previdenciária. O

---

4 Somada às demais receitas provenientes do setor agrícola (que inclui ainda todos os produtores rurais, pessoa física e jurídica e o segmento da agroindústria), a contribuição rural total representava cerca de 1,5% do conjunto da arrecadação do RGPS.

impacto do RGPS urbano e rural tem sido significativo tanto na melhoria das condições de vida das famílias beneficiárias como na redução da pobreza e na desigualdade de renda no país.[5] São impactos efetivos na proteção e segurança de renda da população coberta, mas também nos Estados da federação com menor participação no Produto Nacional Bruto (PIB) e mercado de trabalho menos dinâmico (Ipea, 2018).

A afirmação da garantia de renda não contributiva e os inativos

A criação do Benefício de Prestação Continuada (BPC) como direito constitucional instituído em 1988 e regulamentado pela Lei Orgânica de Assistência Social (Loas) em 1993 significou uma inovação relevante no sistema de garantia de renda brasileiro. O BPC, que começou a ser concedido em 1996, tem seu valor fixado em um salário mínimo mensal e consiste na instituição do direito a uma renda mínima destinada às pessoas com 65 anos ou mais e às pessoas com deficiência (PcD) incapacitante para a vida independente e para o trabalho, que vivem em situação de extrema pobreza.[6] Trata-se, portanto, de uma renda de substituição garantida àqueles cuja situação de pobreza se soma à impossibilidade (ou desobrigação, no caso dos idosos) de garantir sua sobrevivência pelo próprio trabalho. Gerenciado pelo Ministério do Desenvolvimento Social (MDS), atualmente o BPC integra as ações de proteção social básica no âmbito do Sistema Único de Assistência Social (Suas).

A concessão do BPC independe de quaisquer contribuições prévias por parte do beneficiário, sustentando-se exclusivamente sobre o princípio da solidariedade social. Por ser o primeiro benefício a materializar

---

5 Avaliações da previdência rural e urbana têm mostrado o importante papel do RGPS na redução da pobreza e da desigualdade social, assim como na melhoria das condições de vida das famílias beneficiárias. Ver notas técnicas 25 e 31 e textos para discussão do Ipea n.688, 734, 1.066, 1.283 e 1.416, disponíveis em: <www.ipea.gov.br>.

6 A situação de extrema pobreza foi caracterizada na Loas (art. n.20) pela renda familiar *per capita* inferior a um quarto do salário mínimo. Sobre a discussão do questionamento jurídico dessa linha de pobreza, ver Silveira e colegas (2016).

esse princípio na seguridade social brasileira, o BPC consiste em uma das mais significativas inovações da política social nas últimas décadas. Além de ser o primeiro mínimo social garantido constitucionalmente no país, o benefício se destinou a um público até então majoritariamente excluído de qualquer mecanismo público de garantia de renda.[7] Devido à expressiva cobertura realizada pela previdência rural aos idosos no campo, o BPC se caracteriza como um benefício essencialmente urbano, garantindo proteção social a grupos sem trajetória laboral passada, ou cuja trajetória foi marcada pela precariedade e pelos baixos rendimentos.

O impacto do BPC na melhoria das condições de vida das famílias beneficiárias e na redução da pobreza nos grupos atendidos é significativo.[8] Alcançando 4,5 milhões de benefícios pagos em dezembro de 2015, o BPC trouxe novas perspectivas de bem-estar para uma parcela da população exposta a graves condições de risco e vulnerabilidade, materializadas pela superposição entre a presença de uma deficiência severa ou da idade avançada e da extrema pobreza.[9] A essas condições, frequentemente se somam situações de perda de autonomia e instalação de condição de dependência, com alto potencial de agravar a pobreza monetária.[10] Para a extensão da cobertura entre os idosos, contribuiu a flexibilização dos critérios, como a redução da idade de acesso, de 70 para 65 anos – mais condizente com a expectativa de vida dessa população;[11] e com a possibilidade de o benefício ser obtido por mais de um idoso na mesma família.

---

7 A Renda Mensal Vitalícia (RMV) é considerada precursora do BPC. Criada em 1974, consistia num benefício previdenciário destinado aos inválidos ou pessoas com 70 anos ou mais em situação de extrema pobreza. Para acessar o benefício, exigia-se dos potenciais beneficiários ter feito, no mínimo, doze contribuições à Previdência Social ao longo de sua vida ativa.

8 Avaliações do BPC têm mostrado seu importante papel na redução da pobreza e da desigualdade social no país, assim como na melhoria das condições de vida das famílias beneficiárias. Ver textos para discussão n.1.184, 1.228 e 1.248, disponíveis em: <www.ipea.gov.br>.

9 Pesquisa realizada entre 2008 e 2010 concluiu que, em média, a renda proveniente do BPC representa 79% do orçamento das famílias beneficiárias, e em 47% dos casos ela é a única renda da família (Sagi/MDS, 2010, p.48).

10 Sobre os impactos da deficiência e da dependência no orçamento e na dinâmica familiar, gerando ou aprofundando o risco de pobreza para o domicílio, ver Silveira e colegas (2016).

11 Sobre a expectativa de sobrevida dos beneficiários do BPC, ver Jaccoud e colegas (2017).

Entretanto, a mesma interpretação não está presente no caso da concessão do benefício às pessoas com deficiência, cuja presença de um beneficiário na família dificulta a concessão de um segundo benefício.[12]

A afirmação da garantia de renda não contributiva e os ativos

Resultado da integração, ocorrida em 2004, de diversos programas federais de transferência de renda, o Programa Bolsa Família (PBF) constitui a mais recente inovação no campo da garantia de renda do sistema brasileiro de proteção social (SBPS). O programa se volta a um problema até então marginalmente enfrentado pelas políticas públicas no país: a vulnerabilidade social materializada na ausência/insuficiência de renda independente da incapacidade comprovada para o trabalho.[13] Nesse sentido, a criação do PBF reflete uma mudança na identificação dos problemas passíveis de intervenção no social, que deixaram de estar associados exclusivamente aos contextos de impossibilidade, temporária ou definitiva, de exercício do trabalho. De fato, o PBF beneficiou predominantemente as famílias pobres e extremamente pobres, cujos membros adultos participam do mercado de trabalho, mas em condições de precariedade laboral e baixos rendimentos, quando não em atividades sem remuneração.[14]

Ao contrário do BPC e dos benefícios da previdência social, o PBF não constitui um direito legalmente assegurado, ou seja, o atendimento de todas as condições de elegibilidade pelo demandante não gera automaticamente a concessão do benefício. Não obstante a ausência de mecanismo institucionalizando um direito à renda mínima, com impactos na provável

12 A parca disponibilidade de informações sobre as PcD dificulta avaliações mais profundas quanto ao grau de cobertura desse público e, portanto, quanto às lacunas do sistema de proteção.

13 Até então predominavam para esse público as políticas descontínuas e precárias de oferta de produtos de primeira necessidade, com destaque para a distribuição das chamadas "cestas básicas" por iniciativa voluntária de gestões municipais.

14 Sobre as taxas de ocupação, atividade e formalização para beneficiários e não beneficiários do PBF, ver Souza (2012). Um balanço da literatura sobre a participação no trabalho das famílias beneficiadas do PBF pode ser encontrado em Oliveira e Soares (2012).

exclusão de famílias elegíveis do acesso ao programa, é importante reconhecer que o PBF se aproximou rapidamente da universalização da meta de cobertura de seu público-alvo.[15] A elegibilidade ao benefício é operada por duas diferentes linhas, que estimam a pobreza e a extrema pobreza, expressas em valores nominais de renda domiciliar *per capita*, cuja atualização não é automática, e depende de decisão discricionária do governo federal. O mesmo ocorre com relação aos valores de cada um dos componentes que integram o benefício do PBF recebido por cada família.[16] O enquadramento na situação de extrema pobreza garante o recebimento de um primeiro componente, chamado "benefício básico", e pago independentemente da composição da família. Um segundo componente, o "benefício variável", é acessível tanto às famílias em situação de extrema pobreza como àquelas em situação de pobreza, dependendo da presença de gestantes, crianças, adolescentes e/ou jovens entre 16 e 17 anos. Por fim, o "benefício de superação da extrema pobreza", também independente da composição da família, foi criado em 2012 com o objetivo de cobrir o hiato entre a renda *per capita* da família (considerando os demais componentes do PBF) e a linha de extrema pobreza fixada pelo programa.

Ao conceder benefício a famílias extremamente pobres independentemente da presença de crianças na família, o PBF supera a concepção de vulnerabilidade restrita a idade, ou seja, à referência a situações de dependência e inatividade que concede a infância.[17] Além da inclusão da pobreza como situação específica da incidência da ação pública independente da comprovação ou da presunção da inatividade, seja ela legitimada pela idade, como no caso de crianças e idosos, seja pela deficiência ou dependência, o programa inovou ao adotar uma linha de extrema pobreza que foi transformada em um patamar mínimo de renda abaixo do qual

15 Segundo Soares e colegas (2009), já em 2006 o PBF havia alcançado sua meta, atendendo ao conjunto das famílias brasileiras com renda fixada abaixo da linha de pobreza e extrema pobreza.

16 O valor do benefício recebido pelo PBF varia caso a caso em função da renda e composição das famílias.

17 Tal configuração também diferencia o PBF das iniciativas precedentes de transferência de renda, cujo público era composto por famílias pobres com crianças em sua composição, como os programas Bolsa-Escola e Bolsa-Alimentação, criados entre 2001 e 2003, o faziam. Sobre a sua cobertura, sobreposições e benefícios pagos, ver Ipea (2007).

nenhum brasileiro deveria estar. O PBF traz, assim, para dentro do sistema de garantia de renda, os segmentos de trabalhadores pobres, integrados ou não ao mercado de trabalho, e o compromisso com uma renda mínima de escopo universal.

Inovação relevante também foi adotada nas regras de permanência, considerando a volatilidade na renda das famílias pobres. Em estudo tendo como base a Pesquisa Mensal de Emprego (PME/IBGE) para o período de 2002 a 2006, Ribas e Machado (2009) constataram a elevada mobilidade das famílias pobres, que cruzam a linha de pobreza nos dois sentidos. No período estudado, os autores estimaram que, entre os pobres, "mais de 30% saem da pobreza no mês seguinte" a setembro de cada ano, data de coleta da PNAD. Entretanto, "dos que saíram da pobreza, apenas 45% se mantiveram fora por dois meses ou mais" (Ribas; Machado, 2009, p.20-1). Em suma, a pobreza está longe de ser um fenômeno estático, o que gera impactos nos programas de garantia de renda. De fato, considerando a volatilidade da renda, o público do PBF passaria progressivamente a ser estimado pelo programa não apenas como o daqueles que estão abaixo da linha de pobreza do programa em um dado momento, mas igualmente os que correm risco de estar. Trata-se, portanto, de uma estimativa de público-alvo mais elevada que aquela calculada por meio de uma fotografia da posição das famílias na distribuição de renda em um certo ponto do tempo (Soares et al., 2009). O reconhecimento de que a população vulnerável à pobreza é maior que a população pobre em um determinado momento implica, portanto, em aceitar que um programa focalizado tem inevitavelmente algum "erro de inclusão". Em 2009, norma de concessão do benefício ampliou as garantias de permanência, assegurando à família acesso ao benefício por um prazo de dois anos, quando então é feita uma nova avaliação de sua condição e, portanto, de sua elegibilidade ao benefício.[18]

A gestão das condicionalidades do programa também foi marcada por um progressivo esforço em reduzir o caráter punitivo e reconhecer a denegação de acesso da população mais pobre em relação aos serviços públicos. O PBF contribuiu para dar maior visibilidade à iniquidade na inclusão e permanência nas políticas de educação e saúde, reconhecendo

18 Decreto n.7.013/2009.

que as famílias de menor renda enfrentam lógicas restritivas de oferta e acesso a políticas sociais, impulsionadas por fatores variados, desde as características da população e seus territórios até mecanismos de segregação e expulsão operados no interior das políticas públicas. Efetivamente, os estudos sobre os impactos das condicionalidades mostram resultados positivos na trajetória escolar – tanto na frequência como na progressão dos alunos – e nas condições nutricionais e de saúde das crianças.[19] A gestão do programa promoveu melhorias na integração com as políticas nacionais de saúde e educação, compartilhando sistemas de informação e aperfeiçoando estratégias de atendimento. Efetivou-se um modelo de acompanhamento das famílias beneficiárias por parte do Sistema Único de Assistência Social (Suas) assentado no entendimento de que a situação de descumprimento de condicionalidades expressa dificuldades de acesso e/ou permanência aos serviços e direitos básicos de saúde e educação, indicando condição agravada de vulnerabilidade.[20]

Quanto aos resultados, é importante mencionar o impacto do PBF nas diversas situações de carência dos seus beneficiários. O programa tem impacto no hiato e na severidade da pobreza, mas pouco na superação da pobreza, tendo em vista os valores modestos dos benefícios pagos, substantivamente menores que a linha de pobreza considerada (Soares; Sátyro, 2009). Por outro lado, verifica-se que o PBF contribui positivamente para a redução da desigualdade de renda, dado o caráter progressivo das transferências e sua focalização.[21] A continuidade do papel exercido pelo PBF na redução da pobreza, da extrema pobreza e da desigualdade depende, contudo, da correção do valor do benefício. A ausência de um indexador ou de um mecanismo periódico e previsível de correção, seja das linhas

19 Sobre educação, ver em especial Simões (2013); Craveiro e Ximenes (2013); Cireno e colegas (2013); e Silveira e colegas (2013); sobre saúde, ver, entre outros, Raselle e colegas (2013); Santos e colegas (2013).

20 Desde 2012, as famílias que descumprem condicionalidades precisam ser acompanhadas, nos municípios, pelo Suas, que deverá identificar as situações que dificultaram o acesso aos serviços básicos de educação e de saúde e promover os encaminhamentos e atividades necessários para sua superação. A continuidade e a regularidade da transferência ficam garantidas durante o atendimento das famílias pelas equipes da assistência social. Ver, a esse respeito, "Instrução Operacional Conjunta no 19 Senarc/SNAS", 7 fev. 2013.

21 Sobre o impacto do PBF na redução da pobreza e da desigualdade, consultar textos para discussão do Ipea n.1.184, 1.228 e 1.248, disponíveis em: <www.ipea.gov.br>.

de pobreza, seja dos valores dos benefícios, fragiliza o PBF, mitigando os custos políticos da redução do valor dos benefícios e, em consequência, a relevância do programa.

A criação e a expansão do PBF deram novo caráter e amplitude à vertente não contributiva do sistema de garantia de renda. Em uma década, a transferência condicionada a famílias em situação de pobreza alcançou de forma quase permanente mais de 13 milhões de famílias (Ipea, 2016a).[22] A implementação do programa ocorreu em um contexto de adensada institucionalidade das políticas sociais brasileiras, o que influenciou tanto a trajetória institucional do programa como o próprio perfil e a dinâmica do sistema de garantia de renda, como tratado a seguir.

A montagem de um sistema de garantia de renda: entre trabalhadores e pobres

Como pôde ser visto nas seções anteriores, nas últimas três décadas a proteção social brasileira ampliou a oferta e a cobertura no âmbito da garantia de renda. Passou a atender não apenas os trabalhadores vinculados a contratos formais de trabalho, mas também os trabalhadores rurais em regime de economia familiar, informais, idosos e deficientes em situação de indigência e, por fim, famílias em situação de extrema pobreza. Uma estimativa preliminar dos benefícios concedidos em 2015 pelos programas contributivos e não contributivos de garantia de renda vigentes no Brasil indica expressivo universo de benefícios. Em dezembro de 2015, foram concedidos cerca de 47 milhões de benefícios. Destes, 28,3 milhões eram de natureza previdenciária, referentes à cobertura de trabalhadores pelo Regime Geral da Previdência Social (RGPS). Naquele mesmo período, segundo o *Boletim Estatístico da Previdência Social*, 55,1% dos benefícios urbanos e 98,6% dos benefícios rurais pagos eram em valor igual a um salário mínimo. O BPC pagou naquele mês 4,5 milhões de

22 Entre as características do PBF, cabe lembrar a de que o programa não estipula prazo máximo para recebimento do benefício, podendo este ser pago enquanto persistir a situação de insuficiência de renda da família. O critério de inclusão é a renda autodeclarada pela família, o que não afeta a reconhecida boa focalização do programa.

benefícios destinados a idosos e deficientes pobres. O PBF operava, no mesmo mês, para mais de 14 milhões de famílias com valores médios de benefícios de R$ 170,00 (valor nominal).

O impacto do sistema de garantia de renda pode ser observado no crescimento de sua participação no conjunto das rendas das famílias. Os benefícios previdenciários e assistenciais representavam 9,5% da renda média das famílias em 1989; valor que alcançou o patamar de 15,6% em 1998 e de 19,3% em 2008, com participação maior para as famílias de menor renda (Castro, 2013). Nessa última década, entre 1998 e 2008, as transferências públicas ampliaram sua participação na renda média das famílias mesmo em anos de crescimento da renda do trabalho, como foi o caso do período após 2004. A relevância das políticas de garantia de renda voltada a ativos e inativos alcança ainda outras dimensões da vida social e da dinâmica das famílias, como mostram os estudos sobre o PBF e sobre a previdencia rural em termos de promoção da autonomia feminina (Bartholo, 2017), ampliação da cidadania (Rego; Pizani, 2013), redução da migração e reforço da pequena produção rural (Valadares; Galiza, 2016), além da redução da desigualdade rural/urbana e regional (Barbosa; Constanzi, 2009).

Esses impactos estão relacionados à expansão dos benefícios no que se refere à cobertura e ao valor transferido. No que concerne ao valor, a vinculação do piso básico do RGPS e do BPC ao salário mínimo fortaleceu a capacidade redistributiva do sistema. Já com relação à cobertura, os avanços assentaram-se na ampliação simultânea de mecanismos de proteção voltados a ativos e inativos. Mas, sobretudo, a expansão se alicerçou no alargamento concomitante de distintos dispositivos de proteção ao trabalhador e à pobreza, dispositivos não necessariamente conciliáveis no que se refere aos objetivos e aos princípios de acordo com os quais operam, ponto que merece ser mais bem explorado.

Reformada ao longo das últimas três décadas, a matriz histórica do seguro social manteve-se organizada em torno do objetivo de enfrentamento dos riscos sociais, mas em um contexto de expansão do reconhecimento, regulação e promoção da proteção ao trabalho. As proteções asseguradas ao trabalho avançaram por meio do tratamento diferenciado acolhido, pela Constituição de 1988, à pequena produção rural, e ganharam novo fôlego na década de 2000, com a ampliação das categorias profissionais que receberam incentivos e regulações específicas para a formalização do trabalho e a filiação previdenciária. A introdução dos segurados especiais no RGPS, bem como do MEI e do trabalho doméstico, significou não apenas a extensão da cobertura a um grande número de trabalhadores com baixa capacidade contributiva, mas, sobretudo, uma alteração no que diz respeito à fonte de legitimidade do direito ao benefício previdenciário, que se expande do emprego formalizado ou de um número de contribuições aportadas para o reconhecimento do exercício do trabalho, ao qual se acoplam, sucessivamente, tratamentos e incentivos diferenciados.

O segundo objetivo do sistema de garantia de renda, o de enfrentamento da pobreza, emergiu não apenas como uma nova meta, mas como um novo princípio de legitimação da ação pública no campo da renda. As tensões que essa inovação de trajetória provocou são relevantes. De fato, até a Constituição Federal de 1988, a pobreza não era um problema acolhido pelo sistema de proteção social brasileiro. A história da assistência social no Brasil mostra o enfrentamento das situações de destituição como predominantemente dependente de iniciativas filantrópicas de entidades privadas e das obras católicas, organizadas pelo princípio moral da ajuda e da caridade. Mesmo as situações de carências e de extrema vulnerabilidade suscitavam poucas iniciativas do poder público. Ao Estado coube sobretudo, ao longo do século XX, o papel de apoiar financeiramente as práticas beneficentes através de subsídios, isenções fiscais e transferências de recursos públicos. Nesse arranjo, a oferta de serviços assistenciais não contava com uma regulação pública que garantisse padrões mínimos de qualidade e de cobertura. Ademais, estava ausente das políticas públicas de assistência social a prestação de benefícios monetários destinados a enfrentar o problema de insuficiência de renda.

A emergência do tema da pobreza como objeto de políticas de renda ocorreu ainda na década de 1990, mas sob influência de uma leitura liberal e residualista sobre o Estado social (Jaccoud, 2010). A emergência, na esfera federal, das transferências de renda não contributivas se deu em meio a críticas ao modelo de proteção social construído em 1988, seja em virtude dos expressivos gastos dele decorrentes, seja de seu caráter universalista, considerado pouco efetivo diante da pobreza (Camargo, 2004). A nova conjuntura política aberta em 2003, com a posse de sucessivos governos comprometidos com uma intervenção redistributiva do Estado, significou a unificação e expansão massiva da transferência condicionada de renda. Esse crescimento alterou o arranjo institucional da proteção social sem, contudo, desencadear restrições na cobertura garantida pelos demais programas da seguridade social. Ao contrário do que ocorreu em outros países da América Latina, como México e Chile, onde a implementação de Programas de Transferência Condicionada de Renda foi concomitante ao enfraquecimento de regimes públicos de previdencia social, no Brasil o PBF desenvolveu-se em um contexto alargado de proteção social e sob influência de uma coalizão política favorável a uma agenda socialmente inclusiva, além de identificada com as garantias trabalhistas e sindicais. O PBF emergiu, assim, em um quadro de adensada institucionalidade do SBPS e interagiu com ele, ampliando progressivamente seu escopo protetivo. Integrou-se às garantias asseguradas pela Seguridade Social pelo texto constitucional, convivendo com a manutenção da cobertura do RGPS aos trabalhadores rurais e a expansão aos informais e domésticos, realizada por meio de novos incentivos à filiação previdenciária.

A associação de uma matriz contributiva com uma não contributiva propiciou significativo fortalecimento da proteção social brasileira no campo da renda. Identificam-se três papéis distintos e complementares. De um lado, o BPC e o RGPS operam em conjunto sob uma lógica de substituição de renda em situações de incapacidade para o exercício do trabalho (idosos e pessoas com deficiência). Possibilitaram a ampliação da proteção em situações de invalidez e deficiência, além de garantir condições de maior dignidade para a população idosa, cujos patamares de pobreza e indigência foram reduzidos de forma significativa: em 2015, apenas 1,5% dos idosos brasileiros se encontravam em situação de indigência, e 7,8% em situação de pobreza, ou seja, viviam com uma renda mensal *per capita* inferior a ¼ e ½ do salário mínimo, respectivamente.[23]

23 Simulações feitas por Batista e colegas (2009) apontam que, sem as rendas garantidas pelos benefícios assistenciais e previdenciários, haveria uma incidência severa da pobreza sobre a população com 60 anos ou mais, que alcançaria quase 60% desta.

De outro lado, o RGPS, rural e urbano, opera no campo de proteção a trabalhadores ativos, diante de riscos temporários de perda da capacidade laboral por doenças, acidente, maternidade e reclusão, situações que representam efetivos riscos de vulnerabilidade e pobreza. Por fim, respondendo principalmente a uma lógica de complementação de renda em situação de insuficiência de renda de famílias, o PBF intervém em contexto onde os membros adultos estão em idade ativa e, majoritariamente, participam do mercado de trabalho.

De outra perspectiva, enquanto a Previdência Social, de natureza contributiva, mobiliza garantias para evitar a instalação de situações de carência relacionadas à perda temporária ou definitiva da capacidade de trabalho, os benefícios assistenciais (BPC e BF) enfrentam um quadro de pobreza já instalado. Em decorrência, as condições de elegibilidade assumem perfil diferente: o acesso aos benefícios do seguro social pressupõe contribuição prévia ou comprovação de participação no mercado de trabalho, enquanto a garantia de renda à população pobre é vinculada a testes de meios, que comprovem a insuficiência de renda.

A intervenção estatal no campo específico da garantia de renda diante das situações de pobreza não apenas ganhou reconhecimento nos dispositivos do Estado social, como alcançou proporções massivas, com a cobertura de ¼ da população brasileira pelo PBF, e alterou o arranjo protetivo. Foi ultrapassado o limite estabelecido pela carta constitucional quanto à ação pública em face da pobreza, ali relacionada às condições de incapacidade para o trabalho associados à idade e à condição de deficiência. Com esse movimento, integrou-se à proteção social o tema da pobreza trabalhadora, até então dali excluído. Porém, a inclusão da assistência social na construção de um sistema abrangente de proteção social não apenas ampliou expressivamente a participação dos benefícios não contributivos, mas o fez de uma posição ambígua, operando simultaneamente com duas funções que tensionam a legitimidade e a consistência do modelo. De um lado, a assistência social dirigiu-se aos segmentos da população incapazes de satisfazerem suas necessidades; de outro, complementou um arranjo contributivo de proteger aqueles cuja inserção no mundo do trabalho se caracteriza pela precariedade. Vale analisar com mais atenção cada uma dessas funções.

A definição do público, e do próprio escopo das ofertas da assistência social, se assenta no reconhecimento da incapacidade de satisfazer as necessidades básicas de forma autônoma (independente da forma de se classificar tais necessidades). A questão da autonomia ganha aqui relevância, associada não apenas à capacidade individual, mas a uma visão emancipadora do mercado, da concorrência e da meritocracia (Rosanvallon, 2011). A política pública, além de uma intervenção sobre o social, opera também como um espaço discursivo e como uma grade de leitura sobre a sociedade e seus conflitos. A previdência social propõe a superação do debate organizado em torno da responsabilidade individual sobre as situações de comprometimento da capacidade de trabalho, e responde a esse desafio com a constituição de uma propriedade ou fundo social sob a base da cotização dos beneficiários e com uma contrapartida de participação no mundo do trabalho (Castel, 1998). As garantias jurídicas organizadas em torno dos benefícios assistenciais, ao contrário, encontram muitas dificuldades de afastar-se do império de uma racionalidade moral. As tensões são menores quando os beneficiários são idosos, crianças ou deficientes, cuja condição de dependência e/ou incapacidade ameniza resistências. Mas elas se adensam quando se trata de benefícios dirigidos à população em idade e em condições de exercício do trabalho.

A alegação de desvio moral (preguiça, irresponsabilidade, indolência) se alimenta da leitura moral da questão social, mas também da matriz individualista, cada vez mais presente nas sociedades contemporâneas (Castel, 2009). A permanência da apreciação sobre o comportamento dos beneficiários desafia uma interpretação onde a vulnerabilidade é analisada a partir da natureza das relações sociais estabelecidas, inclusive com o Estado. Por outro lado, a clara separação entre os que financiam e os que recebem os benefícios assistenciais promove uma tensão nesse campo da proteção social, não integralmente amenizada pela cobrança de contrapartidas (ou condicionalidades) por parte dos beneficiários (Morel, 2000). Mas, e talvez a mais relevante tensão, diz respeito às categorias centrais de intervenção. Organizados em torno da pobreza e da necessidade, os benefícios da assistência social estão ancorados na gramática da desigualdade, e nela a assistência social encontra referência e legitimidade. Como consequência, encontram dificuldade de organizar-se como um campo de direitos, campo este que supõe não apenas o reconhecimento do outro em dignidade, mas equivalência tanto no espaço político como, em algum âmbito, no espaço social.

Por fim, vale lembrar que a extensa cobertura do PBF também é consequência da inexistência, no sistema brasileiro de proteção social, de um benefício voltado às crianças. No Brasil, a cobertura do salário-família é escassa, e a isenção no imposto de renda de pessoas físicas por filhos dependentes do contribuinte não é computada como gasto indireto e contabilizada como gasto social. Assim, no debate público brasileiro, o PBF mobiliza atenções como a principal intervenção contra a pobreza infantil. De fato, o alto percentual de crianças em situação de pobreza, mesmo com a presença do PBF, sugere a necessidade de fortalecimento do programa e seus benefícios. Contudo, mesmo dessa perspectiva, as dificuldades para aumentar os valores do benefício são expressivas, e não se ancoram apenas em possíveis implicações orçamentárias. Como deixam claro as frequentes demandas pela implementação das chamadas "portas de saída", há uma expectativa de que as próprias famílias se responsabilizem integralmente por suas crianças. O desconforto com a transferência de renda para crianças pobres se expressa ainda com mais clareza em manifestações de receio de que o PBF gere incentivo à maternidade irresponsável. Além da ausência de sustentação empírica, tais manifestações enfraquecem em face dos demais benefícios voltados a crianças, como o salário-família ou as deduções do imposto de renda por dependente.

Considerações finais

Este capítulo procurou discutir a trajetória do sistema de garantia de renda nas últimas três décadas, dando ênfase nas duas principais mudanças sofridas e procurando avaliar as suas consequências. A superação do arranjo conservador-corporativo que, desde a década de 1930, organizava a previdência social brasileira, sofreu uma importante alteração com a implantação dos dispositivos previstos no texto constitucional de 1988. As garantias constitucionais permitiram ultrapassar desigualdades existentes entre trabalhadores urbanos e rurais no acesso e valores dos benefícios previdenciários. A inclusão dos trabalhadores da agricultura familiar em regime de contribuição diferenciada e subsidiados por recursos fiscais garantiu a quase universalização da proteção social no mundo rural, com relevantes impactos sociais e econômicos (Valadares; Galiza, 2016). Ainda como decorrência das inovações da Constituição, surge o primeiro benefício não contributivo, rompendo a tradição exclusivamente securitária da proteção social no âmbito da renda. A vinculação do BPC e do piso previdenciário do RGPS ao salário mínimo dotou tal arranjo de uma institucionalidade capaz de ampliar sua função reguladora da renda das famílias.

Mas o impacto redistributivo da vinculação do piso mínimo dos benefícios previdenciários e assistenciais ganhou efetiva densidade com a adoção de uma política de valorização real do salário mínimo, adotado pelo governo em 2004, no bojo de pressões originadas no movimento sindical. Com a nova política, o salário mínimo sofreu um aumento real de mais de 70% entre 2004 e 2014 (Kerstenetzky, 2017, p.6), fortalecendo expressivamente o impacto redistributivo do sistema de garantia de renda.

A partir de 2003, as políticas de garantia de renda atuaram com novos padrões de inclusão, com a expansão da Previdencia Social a categorias informais e precarizadas do mercado de trabalho, tais como trabalhadores sem carteira e domésticos. Ainda reflexo de decisões políticas em prol do alargamento das políticas de proteção social, a criação e rápida expansão do PBF completou um quadro ampliado de ofertas da proteção social. A complementação entre seguro social e assistência social permitiu extensão da cobertura em termos de população e em termos de situações sociais (ativos e inativos) e econômicas (modo de inserção no mercado de trabalho e capacidade contributiva).

A operação de programas com princípios protetivos diversos teve impactos positivos na redistribuição e na composição e estabilização dos rendimentos das famílias. A superação do arranjo conservador exigiu a intervenção de novas dinâmicas de solidariedade, além da solidariedade categorial ou profissional, agindo marcadamente no sentido horizontal, entre ativos e inativos (Palier, 2007). Em situação de pleno emprego e predomínio das relações de assalariamento, esse modelo funciona como um mecanismo de integração do sistema social e reforça funções de incorporação que o mercado de trabalho venha a jogar. No caso brasileiro, a Constituição adotou outro arranjo, afirmando direitos de cidadania que pudessem atuar como mecanismos de integração, compensando as falhas do mercado de trabalho e promovendo incorporação à proteção social de formas de trabalho não assalariadas no mundo rural e de algumas formas de não trabalho. Mas permaneceu ativa a questão de como integrar o trabalho precário urbano e o "não trabalho" de populações em idade ativa, participantes ou não da PEA. O PBF foi uma resposta a essa questão, intervindo junto a um espaço social de alta vulnerabilidade. Mas tanto as escolhas da Constituição quanto as inovações pós-2003 são mais exigentes em termos de solidariedade vertical, de modo a legitimar e a sustentar, via tributária, transferências não contributivas bem como tratamentos tributários diferenciados para as coberturas contributivas a grupos de trabalhadores de baixa renda.

Submetido a fortes pressões em seu papel de mediação do conflito distributivo, o projeto ampliado de proteção social encontrou dificuldades em se manter. Um exemplo dessas dificuldades é dado pela inexistência de mecanismos periódicos, amparados em regra legal, para a atualização da linha de pobreza e do valor dos benefícios do PBF. Expressando resistências ainda mais profundas, a Proposta de Emenda à Constituição enviada pelo governo ao Congresso Nacional em dezembro de 2016, no contexto de recomposição conservadora das forças políticas ocorrida após a deposição da presidenta Rousseff, almeja profunda reorganização na previdência social brasileira, alcançando ainda o benefício assistencial voltado a idosos e pessoas com deficiência.[24]

Contudo, há lições aprendidas nesse processo. A literatura tem chamado a atenção para o impacto dos sistemas de proteção social sobre a estrutura social, as hierarquias e a desigualdade. É fato, também enfatizado por estudos, que a agenda da focalização pode aumentar a cobertura aos grupos desprotegidos, mas também ampliar a desigualdade (Korpi; Palme, 1988). Entretanto, a experiência brasileira nas últimas três décadas aponta para a importância dos potenciais impactos redistributivos de programas seletivos em contextos onde possam ser integrados a arranjos

24 Sobre o tema, ver Mostafa e Theodoro (2017); Cerqueira (2017); Jaccoud e colegas (2017).

robustos de garantia de renda. Constata-se que universalidade e seletividade podem conviver em um mesmo sistema, favorecendo a capacidade redistributiva da política pública a partir de desenhos específicos e em quadros onde os níveis de gasto social são mais elevados (Marx et al., 2013). O impacto das políticas sociais sobre a desigualdade parece, assim, dependente da adoção de estratégias e metas específicas para garantir acesso, efetividade e resolutividade junto a públicos marcados por expressivas desigualdades (Jaccoud, 2013).

Observa-se a relevância em operar com gramáticas diferenciadas, mas complementares, de reconhecimento e princípios de justiça em contextos sociais marcados por alta desigualdade. Mas se o impacto distributivo das políticas de garantia de renda reflete a densidade das suas instituições, também reflete a sua integração com regimes de crescimento econômico. Estudos vêm apontando o resultado dos programas previdenciários e assistenciais na ampliação de consumo das famílias, com repercussão na demanda agregada da economia. Mostafa, Souza e Vaz (2010) estimaram os multiplicadores de renda das políticas sociais, concluindo que em cada 1% de crescimento do gasto social no PIB há um incremento de 1,85% na renda das famílias e um crescimento de 1,37% do PIB. Entretanto, a sustentabilidade desse modelo depende de sua coerência com um regime de crescimento, em amplo questionamento após a crise política de 2016.

De fato, em que pesem os ganhos econômicos e sociais, os mecanismos redistributivos montados nos últimos trinta anos, bem como o modelo de crescimento que busca fortalecer o mercado interno, estão sob forte ameaça. Respondendo aos reclamos cada vez mais fortes por restrição da responsabilidade pública no campo social e dos deveres fiscais a ela associados, a proposta de reforma constitucional apresentada pelo governo ao Congresso Nacional no final de 2016 tem como objetivo fazer retroagir as garantias constitucionais asseguradas em 1988. Os benefícios contributivos e não contributivos vinculados ao salário mínimo têm recebido ataques cada vez mais frontais,[25] ao mesmo tempo que ressurge com

25 Ver, por exemplo, relatório publicado pelo Banco Mundial em 2017 sob o título "Um ajuste justo: análise da eficiência e equidade do gasto público no Brasil".

força o discurso monotemático do equilíbrio fiscal, abafando não apenas o debate sobre a igualdade de resultados, mas inclusive a defesa do princípio de igualdade de oportunidades. Além disso, uma articulação mais virtuosa entre o arranjo de proteção social e a política econômica mostra-se particularmente difícil numa economia em franco processo de desindustrialização e sob dominância cada vez mais direta do capital financeiro. A atual matriz de proteção social brasileira requer uma estratégia de crescimento econômico que promova a elevação da produtividade de segmentos da força de trabalho historicamente excluídos dos mercados estruturados, em especial os trabalhadores rurais de economia familiar e os trabalhadores informais urbanos (Delgado; Theodoro, 2005). Este, contudo, é um debate interditado em contexto de ruptura da ordem democrática, denegação das demandas por igualdade e dominância de uma visão fiscalista na gestão da política econômica.

Referências bibliográficas

BARBOSA, E.; COSTANZI, R. Previdência social e redistribuição de renda intermunicipal. *Informe de Previdência Social*, v.21, n.4, abril de 2009.

CAMARGO, J. M. Política social no Brasil: prioridades erradas, incentivos perversos. *São Paulo em Perspectiva*, v.18, n.2, 2004, p.68-77.

CASTEL, R. *La Montée des incertitudes: travail, protections, statut de l'individu*. Paris: Seuil, 2009.

______. *As metamorfoses da questão social*. Petrópolis, RJ: Vozes, 1998.

CASTRO, J. Política social, distribuição de renda e crescimento econômico. In: FONSECA, A.; FAGNANI, E. (orgs.). *Políticas Sociais, cidadania e desenvolvimento*. São Paulo: Fundação Perseu Abramo, 2013. v.1.

CERQUEIRA, B. *Previdência: excluir para crescer ou crescer com inclusão*. Brasília: Unacon, 2017.

DELGADO, G.; THEODORO, M. Desenvolvimento e política social. In: JACCOUD, L. (org.). *Questão social e políticas sociais no Brasil contemporâneo*. Brasília: Ipea, 2005, p.409-35.

GUIMARÃES, L.; COSTANZI, R.; ANSILIERO, G. Possibilidades e limites para a expansão da proteção social pela via contributiva clássica: notas sobre a inclusão previdenciária da população ocupada. In: CAMPELLO, T.; CÔRTES, M. (orgs.). *Programa Bolsa Família: uma década de inclusão e cidadania*. Brasília: Ipea, 2013. p.65-92.

IPEA. Previdência social. *Boletim de Políticas Sociais – Acompanhamento e Análise*, n.25, 2018, Brasília, Ipea.

______. Previdência social. *Boletim de Políticas Sociais – Acompanhamento e Análise*, n.24, 2016, Brasília, Ipea.

______. Assistência social. *Boletim de Políticas Sociais – Acompanhamento e Análise*, n.24, 2016a, Brasília, Ipea.

______. Previdência e assistência social: efeitos no rendimento familiar e sua dimensão nos estados. *Comunicados do Ipea*, n.59, Brasília, Ipea, jul. 2010.

JACCOUD, Luciana. Igualdade e equidade na agenda da proteção social. In: FONSECA, A.; FAGNANI, E. (orgs.). *Políticas sociais, cidadania e desenvolvimento*. São Paulo: Fundação Perseu Abramo, 2013. v.2.

______. O PBF e o combate a pobreza: reconfigurando a proteção social no Brasil?. In: CASTRO, J.; MODESTO, L. (orgs.). *Bolsa Família 2003-2010: avanços e desafios*. Brasília: Ipea/MDS, 2010. v.1, p.101-36.

______. Pobres, pobreza e cidadania: os desafios recentes da proteção social. *Texto para Discussão*, n.1372, Brasília, Ipea, 2009.

______; MESQUITA, A. C.; PAIVA, A. O Benefício de Prestação Continuada na reforma da previdência: contribuições para o debate. *Texto para Discussão*, n.2301, Brasília, Ipea, 2017.

KERSTENETZKY, C. Redistribuição no Brasil no século XXI. *Texto de Discussão*, n.125, Rio de Janeiro, Cede/UFF, 2017.

KORPI, W.; PALME, J. The paradox of redistribution and strategies of equality: Welfare state institutions, inequality, and poverty in the Western countries. *American Sociological Review*, Los Angeles, Sage, 1998, p.661-87.

MARX, I.; SALANAUSKAITE, L.; VERBIST, G. The paradox of redistribution revisited: and that it may rest in peace?. *Discussion Paper Series*, n.7414, Bonn, Alemanha, Institute for the Study of Labor (IZA), 2013.

MESQUITA, A. C.; JACCOUD, L.; SANTOS, M. P. Perspectivas para o Sistema de Garantia de Renda no Brasil. In: CASTRO, J. et al. (eds.). *Perspectivas da política social no Brasil*. Brasília: Ipea, 2010. p.345-418.

MOREL, S. *Les logiques de la reciprocité, les transformations de la relation d'assistance aux États Unis et en France*. Paris: PUF, 2000.

MOSTAFA, J.; SOUZA, P.; VAZ, F. Efeitos econômicos do gasto social no Brasil. In: CASTRO, J. et al. (eds.). *Perspectivas da política social no Brasil*. Brasília: Ipea, 2010. p.109-62.

MOSTAFA, J.; THEODORO, M. (Des)Proteção social: impactos da reforma da previdência no contexto urbano. Senado Federal, *Boletim Legislativo*, n.65, jun. 2017.

OLIVEIRA, L. F.; SOARES, S. O que se sabe sobre os efeitos das transferências de renda sobre a oferta de trabalho. *Texto para Discussão*, n.1738, Brasília, Ipea, 2012.

PALIER, B. Des assurances de moins en moins sociales. In : PAUGAM, S. (dir.). *Penser la Solidarité-lápport des sciences sociales*. Paris: PUF, 2007.

RANGEL, L. A. et al. Conquistas, desafios e perspectivas da previdência social no Brasil vinte anos após a promulgação da Constituição Federal de 1988. *Boletim de Políticas Sociais – Acompanhamento e Análise*, Brasília, Ipea, 2009.

REGO, W.; PINZANI, A. *Vozes do Bolsa Família: autonomia, dinheiro e cidadania*. São Paulo: Editora Unesp, 2013.

RIBAS, R.; MACHADO, A. F. A imputação da renda não-trabalho na pesquisa mensal de emprego (PME/IBGE) e seu proveito em análises dinâmicas de pobreza e desigualdade. *Texto para Discussão*, n.1363, Brasília, Ipea, 2009.

ROSANVALLON, P. *La Société des égaux*. Paris: Seuil, 2011.

SAGI/MDS. Pesquisa de Avaliação de Impacto do Benefício de Prestação Continuada – linha de base. *Cadernos de Estudos Desenvolvimento Social em Debate*, n.13, 2010.

SILVEIRA, F. et al. Deficiência e dependência no debate sobre a elegibilidade ao BPC. *Nota Técnica*, n.31, Brasília, Ipea, 2016.

SOARES, S. Volatilidade de renda e a cobertura do Programa Bolsa Família. *Texto para Discussão*, n.1459, Brasília, Ipea, 2009.

______; RIBAS, R.; SOARES, F. Focalização e cobertura do Programa Bolsa Família: qual o significado dos 11 milhões de famílias?. *Texto para Discussão*, n.1396, Brasília, Ipea, 2009.

SOARES, S.; SÁTYRO, N. O Programa Bolsa Família: desenho institucional, impactos e possibilidades futuras. *Texto para Discussão*, n.1396, Brasília, Ipea, 2009.

SOUSA, M. *Diferenciais de inserção no mercado de trabalho de beneficiários e não beneficiários do Programa Bolsa Família segundo o Censo Demográfico 2010*. Brasília: Sagi/MDS, 2012.

VALADARES, A.; GALIZA, M. Previdência rural: contextualizando o debate em torno do financiamento e das regras de acesso. *Nota Técnica*, n.25/2016, Brasília, Ipea, 2016.

7
Política de saúde do Brasil: continuidades e inovações

Telma Menicucci

O principal marco das políticas sociais brasileiras é a Constituição Federal de 1988 (CF 1988), que lançou as bases para uma expressiva alteração da forma de intervenção do Estado, ampliando os direitos e o campo da proteção social. Entre as mudanças mais profundas destacam-se aquelas relativas à saúde, em que se verificou uma verdadeira reforma sanitária a partir da definição do direito à saúde.

Este capítulo trata dessa política, considerando seus marcos normativos e, particularmente, as inovações e continuidades das últimas décadas. Em função de seus efeitos, é feita uma breve síntese do legado das políticas anteriores, seguida da reconstituição do processo de implementação e evolução da política definida constitucionalmente, priorizando três dimensões relevantes para a oferta de serviços – o financiamento, a reorganização do modelo de atenção e a questão federativa – e alguns resultados em termos de acesso e enfrentamento de desigualdades municipais e regionais.

O legado da política de saúde e a Constituição Federal de 1988

As origens mais remotas das políticas de saúde no Brasil remontam aos anos 1910, quando se operaram a coletivização e a nacionalização do cuidado a partir da ênfase na prevenção de doenças e no saneamento e, mais à frente, na erradicação de doenças transmissíveis com foco no vetor transmissor, na fase do chamado "sanitarismo campanhista". A partir dos anos 1930, inicia-se um deslocamento dessa ênfase preventiva e coletiva para o fortalecimento da assistência médica individual como parte do processo de montagem e desenvolvimento da Previdência Social. A esta, nos diversos formatos institucionais que assumiu ao longo de sua trajetória, coube a assistência de caráter individual, restrita aos segurados e seus dependentes, com ampliação do acesso atrelado à expansão da cobertura previdenciária, deixando de fora grandes segmentos populacionais. Por sua vez, as ações de caráter coletivo e algumas de assistência básica de escopo restrito se desenvolviam a cargo do Ministério da Saúde, numa diferenciação funcional e institucional que perdurou até o final da década de 1980, período em que as ações individuais ganham maior importância relativa (Menicucci, 2007; 2014a; 2017).

Por vários mecanismos, incentivos e decisões governamentais, a expansão da assistência pública, particularmente a partir dos anos 1960, favoreceu a expansão da rede privada prestadora de serviços em detrimento da rede pública, além de propiciar o desenvolvimento da assistência privada – no início de forma complementar à atenção pública e depois de modo autônomo, sob a forma de planos e seguros privados, na maior parte contratados coletivamente por empresas empregadoras para seus empregados e em menor parcela de forma individual. Nos anos 1980, o mercado de saúde já assumia grandes proporções, ainda que seu crescimento ocorresse em paralelo ao da assistência previdenciária pública. A expansão dos planos privados recriou desigualdades entre os trabalhadores que marcaram o surgimento da previdência social de caráter corporativo, uma vez que os planos cobriam os empregados predominantemente das grandes empresas e no eixo Sul-Sudeste. Além disso, transformou entes privados em atores poderosos e influentes na arena da saúde, em associação com a atrofia da capacidade regulatória e de produção de serviços do Estado, fortemente dominado pelos interesses privados.

O modelo assistencial dependente do setor privado pela via da compra de serviços e centrado na assistência hospitalar se mostrou inadequado pelo alto custo e pela ineficácia, desencadeando críticas e propostas alternativas. No bojo do processo de redemocratização do país, a partir de meados da década de 1970, novos atores políticos entraram em cena e foi possível incluir na agenda da Assembleia Nacional Constituinte uma proposta ampla de reforma que, de modo geral, conseguiu se expressar na Constituição promulgada em 1988. Abriu-se uma "janela para a política", permitindo o surgimento de uma política informada por uma ideologia publicista e por uma concepção de saúde como direito, tendo como corolários a universalização e a igualdade (Menicucci; Brasil, 2010, p.381).

Como princípios e diretrizes expressas no texto constitucional e na legislação infraconstitucional, destacam-se:

- Reconhecimento da saúde como "direito de todos e dever do Estado, garantido mediante políticas sociais e econômicas que visem à redução do risco de doença e de outros agravos e ao acesso universal e igualitário às ações e serviços para sua promoção, proteção e recuperação" (art. 196), rompendo com o caráter meritocrático da assistência, vinculada à inserção no mercado de trabalho.
- A saúde foi estabelecida como *parte da seguridade social*, organizada sob uma lógica universalista e equitativa, e definida como um conjunto de ações e iniciativas destinadas a assegurar os direitos relativos à saúde, à previdência e à assistência social, com criação de orçamento próprio oriundo de fontes diversificadas de impostos e contribuições sociais;
- Para dar materialidade à política, foi instituído o Sistema Único de Saúde (SUS), tendo como princípios: *universalidade de acesso, gratuidade, igualdade* e *integralidade* na assistência; *participação da comunidade; descentralização político-administrativa*.

Entretanto, se a reforma caracterizou uma situação de ruptura, o texto constitucional expressa certa continuidade, explicável a partir da confluência dos fatores que favoreceram a inovação institucional com o legado das políticas prévias e dos padrões consolidados. Se, por um lado, foi consagrada a saúde como direito, com garantia da universalidade de acesso à atenção, por outro, foram preservadas a liberdade do mercado e as formas privadas de assistência, independentemente de qualquer intervenção governamental, expressando os acordos possíveis entre os atores forjados na conjuntura de redemocratização e os velhos atores constituídos no processo de desenvolvimento da assistência à saúde no país. Uma nova arena se constituiu a partir do processo constituinte, formada por atores com interesses conflitantes, incluindo tanto os defensores do SUS público, inclusivo e gratuito, quanto os defensores das formas privadas de assistência à saúde. A dualidade institucional e política teve consequências para a completa implementação do SUS.

Na década de 1990, inicia-se o processo de implantação das mudanças jurídico-institucionais, o que envolvia alterações drásticas na organização e amplitude do sistema de saúde, como a transição de um sistema restrito aos trabalhadores assalariados para um sistema universal; descentralização da gestão para unidades de governo autônomas do ponto de vista político-administrativo em substituição a um modelo altamente centralizado; unificação de estruturas e atividades antes separadas (ações de caráter coletivo e assistência individual), com vistas à obtenção da integralidade; expansão da oferta e reorganização do modelo de atenção, garantindo o atendimento integral, mas com prioridade para as atividades preventivas; e introdução de novos mecanismos de gestão que incluem a participação da sociedade após longo período de cerceamento das liberdades. Um desafio de grande monta, especialmente para um país com mais de 5 mil municípios e profundas desigualdades tanto na capacidade de prestação de serviços e nas condições socioeconômicas quanto nas necessidades e na situação de saúde (Menicucci, 2014a).

A seguir, com foco nas dimensões elencadas, a trajetória da política será feita a partir de dois recortes temporais: a década de 1990, quando ocorre a implementação do SUS, e as duas primeiras décadas dos anos 2000, sendo que os dois períodos correspondem, *grosso modo*, a governos de diferentes coalizões partidárias. As consequências sobre a desigualdade na atenção à saúde permeiam a discussão dentro de cada dimensão.

O financiamento do SUS

A implementação de uma política pública, particularmente quando altera o *status quo*, envolve decisões e iniciativas governamentais, sendo um processo de adaptação em função de mudanças do contexto. Seu sucesso está associado à capacidade de obtenção de convergência entre os agentes implementadores em torno dos objetivos da política e dos instrumentos para efetivá-la. A disponibilidade de recursos e o suporte político dos beneficiários são condições essenciais para o sucesso da implementação.

As condições políticas para implementação da reforma foram distintas daquelas relativas ao momento de sua definição. Entre essas, se destacam o contexto nacional e internacional marcado pelo reordenamento do papel do Estado e da relação Estado-mercado em favor do segundo e de restrição a políticas universalistas; a configuração conservadora das coalizões de governo que se sucederam ao período da transição democrática, particularmente dos presidentes Collor e Fernando Henrique, em perfeita sintonia com o ambiente internacional e que priorizaram os processos de ajuste e de estabilização econômica, acompanhados das reformas estruturais, em sentido inverso à ampliação das atribuições governamentais e dos direitos sociais consagrados na Constituição; a fragmentação do movimento sanitário, o idealizador da reforma, posteriormente à Constituinte, quando se evidenciaram suas heterogeneidades e clivagens partidárias; ausência de apoio organizado dos principais beneficiados pelo SUS, situados nos estratos sociais mais baixos; o frágil e contraditório apoio do segmento organizado dos trabalhadores, em sua maioria coberto por planos privados e que não tinham interesses imediatos num sistema universal e incluíam em sua pauta trabalhista a oferta desses planos (Menicucci, 2006; 2007).

A regulamentação do texto constitucional foi objeto de conflitos e resistências intraburocráticas e apenas em 1992 foi dado início ao processo de operacionalização do SUS. Em meados da década, chegou a ser proposta por iniciativa do poder executivo sob o comando do presidente Fernando Henrique Cardoso uma Emenda Constitucional (PEC 32/1995), que propunha alterar o artigo 196 da Constituição substituindo a ideia da universalização e gratuidade da prestação de serviços de saúde como direito do cidadão e dever do Estado. Num quadro de consolidação da democracia, após o efervescente debate público a propósito da ampliação de direitos sociais, e dado o custo político de uma alteração estrutural desses dispositivos constitucionais, a proposta não obteve apoio e as restrições à efetivação do SUS não se deram sob a forma de redução programática, mas por meio de inviabilização sistêmica,[1] particularmente em função da instabilidade do financiamento.

O financiamento do SUS, definido pela Constituição e alterado por emendas constitucionais (EC) posteriores, é competência dos três entes federados mediante recursos orçamentários, além de contribuições sociais previstas no Orçamento da Seguridade Social (OSS), embora nem todas destinadas à saúde, tendo havido uma setorialização dessas contribuições pós-Constituição. Há grande consenso entre analistas e gestores de que o financiamento tem sido o maior entrave para a efetivação do direito constitucional à saúde, mas politicamente tem sido conflituoso o processo de sua definição.

No momento de implantação do SUS, a garantia de recursos era imprescindível para efetivar a universalização e a realização dos investimentos para a ampliação da rede de serviços. Como a descentralização se fez na dependência dos recursos federais, principais responsáveis pelo financiamento das ações (cerca de 80% até o final da década de 1980, 70% na década de 1990; reduzindo-se recentemente para aproximadamente 45%), o montante e a forma de repasse desses recursos para estados e municípios tornaram-se uma questão proeminente. As restrições ao financiamento se deram por meio de vários mecanismos, como a instabilidade na alocação de recursos federais (Menicucci, 2007; Lucchesi, 1996), apesar de crescimento dos valores arrecadados pela Seguridade Social; a suspensão de repasse dos recursos sobre a folha de pagamento; os constantes contingenciamentos do orçamento da saúde e a retenção de recursos da seguridade social para o Fundo Social de Emergência, criado

1 A expressão é usada por analogia com a noção de redução sistêmica das políticas do Estado de bem-estar utilizada por Pierson (1994), referindo-se às estratégias indiretas para a redução de políticas cujas consequências são sentidas apenas no longo prazo.

em 1994 para aumentar os recursos disponíveis para uso de livre arbítrio da Presidência da República (Ugá; Porto, 2008).[2]

Essa situação gerou uma crise em meados dos anos 1990, uma vez que o mau funcionamento do sistema de saúde passou a ser uma das faces mais vulneráveis da política social. A partir de um diagnóstico da crise, centrado no financiamento, propostas alternativas entraram na agenda pública, tendo resultado em duas medidas importantes:

1) Instituição da Contribuição Provisória sobre Movimentação Financeira (CPMF) pela EC12/1996, prorrogada várias vezes até 2007, inicialmente para custeio exclusivo das ações de saúde, mas passando a ser destinada também ao pagamento de aposentadorias e pensões e ações de combate e erradicação da pobreza a partir da EC 21/1999, além de ter se tornado uma substituta para outras fontes do orçamento da seguridade social, e não suplementar. A CPMF não garantiu ampliação de recursos em termos reais, mas garantiu certo grau de estabilidade.

2) A aprovação da EC 29/2000, após significativa pressão da coalizão de defesa do SUS, num quadro de políticas restritivas de gasto e falta de definição de fontes estáveis de financiamento. A EC definiu recursos mínimos para o financiamento do SUS sob a forma de vinculação de recursos orçamentários dos estados e municípios para a saúde (respectivamente 12% e 15% de suas receitas tributárias), além de regras menos vinculantes para a União, mas atrelando os seus gastos ao crescimento do PIB.

Contraditoriamente, ao mesmo tempo que se discutia a vinculação de recursos para o SUS, foi aprovada a Lei 9665/1998, que regulamentou os planos e seguros privados de saúde e apontava o interesse governamental de alavancar o crescimento do mercado privado. Essa regulamentação formalizou a dualidade do sistema de saúde brasileiro, e politicamente enfraqueceu a proposta de um sistema universal, embora o processo regulatório tenha sido feito de forma independente da política nacional de saúde e sem sequer negá-la ou redirecioná-la oficialmente.

2 Com esse fundo, dá-se a desvinculação de 20% de todas as receitas arrecadadas pela União, incluindo as do Orçamento da Seguridade Social. Em 1997, foi renomeado como fundo de Estabilização Fiscal e, a partir de 2000, como Desvinculação das Receitas da União (DRU).

A aplicação da EC 29 permitiu maior estabilidade no financiamento e crescimento contínuo dos recursos, particularmente ao ampliar os gastos dos entes subnacionais, com progressiva diminuição relativa da participação da União no custeio do SUS, mantendo-se, contudo, bastante superior aos gastos dos outros entes federados.

Tabela 1: Gasto público com saúde por esfera governamental (%)

	2000	2010	2015
Municípios	21,7	28,5	31,3
Estados	18,6	26,4	26,2
União	59,8	45,1	42,5

Fonte: Siops/MS.

O gasto federal real em ações e serviços de saúde sofreu flutuações. Depois de uma estagnação no período 2000-2003, houve expansão significativa em termos absolutos a partir de 2004 e forte tendência de crescimento a partir de 2006, apesar do fim da CPMF em 2007 – passa de 38,7 bilhões de reais em 2000 para 62 bilhões em 2010, R$ 722 *per capita* (Piola et al., 2016).

Dois conjuntos de fatores contribuem para entender esse percurso. Por um lado, o aumento do gasto está relacionado ao crescimento econômico do período e à EC 29, que vincula o gasto federal às variações do PIB; por outro lado, em 2009 verificou-se um crescimento anticíclico – o gasto cresceu em termos absolutos e em proporção do PIB – não apenas na saúde, mas também no gasto social como um todo, expressando a estratégia do governo de adotar políticas anticíclicas para enfrentar a crise financeira internacional (Machado et al., 2014, p.195), bem como as prioridades da coalizão de governo do período que levaram a um crescimento do gasto social *per capita* de 70% no período 2003-2010, bastante superior ao do período 1995-2002 de 32% (Ipea, 2012, p.9).

Entretanto, esse crescimento não foi uniforme entre as políticas sociais, e foi relativamente mais lento na saúde. De modo geral, a ampliação do orçamento do Ministério da Saúde não se expressou em crescimento equivalente como proporção do PIB, permanecendo um pouco abaixo de 2%, atingindo valor mais alto a partir de 2012. Considerando o gasto dos três níveis de governo, em percentual do PIB houve aumento relativo do gasto total em saúde, que passa de 2,89% em 2000 para 3,65% em 2010 e 3,8% em 2014 (Piola et al., 2016).

Apesar do crescimento dos recursos aplicados pelas três esferas de governo e do gasto público real do governo federal em todas as regiões do país, as desigualdades entre elas em termos de gasto *per capita* se mantiveram ao longo do tempo, sendo fortemente afetadas pelas disponibilidades financeiras de estados e municípios. Piola e colegas (2016) identificaram que no período 2000-2010 as variações do gasto federal não foram suficientes para a correção de desigualdades e a região Sudeste se manteve com os maiores valores e a Nordeste com os menores, apesar de que essa tenha apresentado o maior crescimento no gasto *per capita* e maior participação federal, mas ainda insuficiente para mudar sua posição relativa (Piola et al., 2016, p.416). Dados recentes apontam leve mudança dessa posição, uma vez que em 2016 coube à região Norte o menor gasto municipal *per capita*; embora Norte e Nordeste sejam as regiões onde os recursos de transferências são relativamente maiores, são também aquelas com os menores gastos municipais *per capita*, bem inferiores à média nacional. Ou seja, o poder redistributivo do governo federal afeta positivamente, mas não elimina as desigualdades no gasto com saúde, de cuja composição fazem parte os gastos dos entes subnacionais.

Tabela 2: Despesa em saúde/habitante segundo a origem dos recursos por Região. Brasil, 2016

Região	Origem dos recursos				
	Próprios		Transferências		Total
	R$	%	R$	%	R$
Região Norte	227,52	51,60	213,4	48,40	440,92
Região Nordeste	248,52	45,82	293,85	54,18	542,37
Região Sudeste	492,35	65,35	261,11	34,65	753,46
Região Sul	427,6	58,05	308,95	41,95	736,55
Região Centro-Oeste	425,19	52,49	384,85	47,51	810,04
Total	387,94	58,01	280,81	41,99	668,75

Fonte: Siops.

Contudo, considerando apenas a atenção básica, Vasquez (2011) aponta que a vinculação de receitas e as transferências condicionadas não apenas expandiram os gastos estaduais e municipais, mas reduziram as desigualdades nos recursos *per capita* disponíveis aos municípios para custeio das ações e serviços descentralizados ao fornecer incentivos para a implantação de determinadas políticas, tendo efeitos na diminuição da desigualdade horizontal. O mesmo efeito não é verificado nos níveis de atenção mais complexos, que estão associados à diferenciação na capacidade de prestação de serviços de cada região.

Cabe ressaltar que no cômputo dos gastos públicos não estão incluídos os gastos tributários a partir da renúncia fiscal, que beneficia diretamente pessoas físicas e jurídicas e, indiretamente, o mercado de planos de saúde. Definido desde os anos 1980, esse incentivo não sofreu alteração pós-SUS. A título de exemplo, em 2011, o gasto tributário em saúde foi de 15.807 bilhões de reais (10,47% do gasto tributário total), equivalente a 22,5% do gasto público federal em saúde (Ocké-Reis, 2013). Esse gasto refere-se aos planos de saúde e outras despesas com atendimentos de saúde de pessoas físicas e de pessoas jurídicas para seus empregados. Se o gasto tributário fosse computado como gasto público, superaria o gasto privado, que no mesmo ano atingira 54,26% do gasto total em saúde.

A institucionalização do SUS teve como um de seus efeitos a alteração da arena política setorial, com a introdução de novos atores como gestores de níveis subnacionais de governo e conselheiros de saúde, além dos antigos atores, como os prestadores de serviços em grande parte dependentes do SUS enquanto o maior comprador de serviços. A expansão da assistência para todos os cidadãos, inclusive os beneficiários de planos privados que utilizam diversos serviços do SUS, produziu expectativas, definiu comportamentos e gera uma demanda crescente por serviços de saúde, percebidos como um direito de cidadania, que se expressa principalmente sobre as prefeituras (Menicucci, 2007). A demanda pela ampliação dos recursos para a saúde assumiu a feição política de pressão pela regulamentação da EC 29/2000, visando, principalmente, definir maior vinculação de recursos federais. No âmbito do próprio governo federal, o reconhecimento do caráter político do problema levou à criação, em 2006, do *Pacto em Defesa do SUS* como proposta de *repolitização da saúde* por meio de uma estratégia de mobilização social para afirmação da saúde como direito de cidadania e que tinha o financiamento público como um dos seus pontos centrais, e a regulamentação da EC 29 o seu objetivo imediato.

A regulamentação só ocorreu após quase 12 anos da aprovação da emenda e 10 anos de tramitação no Congresso, com a aprovação da LC 141/2012 no primeiro mandato do governo Dilma, caracterizado por grande ativismo normativo-legal no âmbito da saúde. O embate entre Executivo e Legislativo, e entre esses e os *advocacies* do SUS, teve um desfecho que frustrou as expectativas de ampliação de recursos e de aumento da participação da União no financiamento, provocando reações políticas imediatas. No âmbito do Legislativo, novos projetos de lei começaram a tramitar e outras propostas passaram a ser cogitadas no Executivo. No âmbito societário iniciou-se uma mobilização, denominada Movimento Nacional em Defesa da Saúde Pública, cuja ação principal foi organizar o abaixo-assinado "Saúde+10", que gerou um Projeto de Lei de Iniciativa Popular retomando uma proposta de vincular 10% da Receita Corrente Bruta da União para a saúde pública.

Em junho do mesmo ano (2013), um fato inesperado surpreendeu o país, quando um movimento popular de grande vulto, aparentemente desorganizado, ou frouxamente organizado a partir principalmente de redes sociais, com características, de certa forma, caóticas e sem condução pela via de instituições políticas tradicionais, levou às ruas milhares de pessoas, em particular jovens de classe média, principalmente nas grandes cidades. Iniciado como um movimento de estudantes pela gratuidade do transporte coletivo, ganha ampla adesão e passa a agregar demandas diversificadas, entre elas a saúde, embora sem propostas definidas, sem interlocutores e alvos definidos.

Como resposta imediata, e buscando uma "agenda positiva", o Congresso, duramente criticado pelo movimento das ruas, retoma a tramitação de projetos de lei versando sobre o financiamento do SUS, cujo resultado concreto foi a inclusão da saúde na partilha dos *royalties* do petróleo, com a aprovação da Lei 12.858/2013, modificando o projeto original que previa a alocação de parte desses recursos, compulsoriamente, pelos entes federados na área de educação. Essa lei estabeleceu a distribuição de 25% desses *royalties* para a saúde e 75% para a educação nos novos contratos da União para exploração do petróleo, além da destinação de 50% dos recursos de um Fundo Social decorrente da exploração do pré-sal para educação e saúde, nos mesmos percentuais.

Por uma confluência de fatores, no curto período de 2011-2013 o SUS ocupou a agenda pública e governamental, apontando para a constituição de uma demanda articulada pela ampliação do seu financiamento. Os decisores pareciam tender para o enfrentamento do problema histórico do subfinanciamento, o que pode ser explicado por vários fatores, como: o crescimento de pressões sociais e dos governos subnacionais, o cálculo eleitoral ou uma janela de oportunidade para desgaste do governo federal por seus opositores, uma vez que o então governo Dilma se opunha à ampliação de gastos sem a definição de novas fontes de recursos. Não tardou, entretanto, que os ventos passassem a soprar para outros rumos. Ainda em 2015 foi aprovada a EC 86, que alterou o financiamento federal, vinculando-o a percentuais crescentes de sua Receita Corrente Líquida até alcançar 15% em 2020, mas incluindo nessa base de cálculo os valores dos *royalties* do petróleo e a parcela das emendas parlamentares destinadas a ações e serviços de saúde. Se aplicada, recursos complementares se tornariam suplementares, com resultados inócuos sobre o financiamento.[3]

O governo Lula (2003-2011) buscou ampliar investimentos no setor, não do ponto de vista do custeio do SUS, mas para ações voltadas à aceleração do desenvolvimento associado à inclusão social e a partir da afirmação do elo entre saúde e desenvolvimento socioeconômico. Integrando a agenda social lançada em 2007, foi concebido o "PAC da Saúde", nome atribuído ao Programa Mais Saúde, que apresentou uma proposta de reorganização e incremento dos investimentos no "complexo produtivo da saúde", visando aumentar a produção de insumos estratégicos. Entretanto, o programa foi elaborado, em grande parte, a partir de uma previsão de recursos via prorrogação da CPMF, o que não se concretizou. Entre as iniciativas implementadas, destacam-se as voltadas para a internalização da produção de fármacos no Brasil; articulação da política de assistência

3 A partir da ADI 5595, ajuizada pelo então procurador-geral da República, Rodrigo Janot, foi concedida pelo STF liminar suspendendo a eficácia dos artigos da EC 85/2015 que tratam do financiamento do SUS.

farmacêutica para a transformação da base produtiva nacional de medicamentos; apoio à inovação em produtores públicos de vacinas, reagentes para diagnóstico e biofármacos, associando a estratégia de imunização ao desenvolvimento tecnológico local; investimento nas instituições públicas de produção e inovação em saúde (Gadelha; Costa, 2012).

A reorganização do modelo de atenção

A CF 1988 define como uma das diretrizes do SUS o atendimento integral, com prioridade para atividades preventivas. Desde os anos 1990, pretende-se reorganizar o modelo de atenção, buscando reverter a lógica de atendimento emergencial, em geral centrado na atenção hospitalar, que caracterizara a assistência à saúde até então, mas de alto custo e baixa eficácia. Para isso, foram sendo definidas políticas e ações com vistas a fortalecer a atenção primária, mais fortemente nos anos 2000.

Em 1991 e 1994, respectivamente, foram lançados o Programa de Agentes Comunitários de Saúde (PACS) e o Programa de Saúde da Família (PSF), fundidos em seguida. O PSF, adotado como política prioritária do governo federal a partir de 1995, foi operacionalizado mediante a implantação de equipes multiprofissionais em unidades básicas de saúde, responsáveis pelo acompanhamento de um número definido de pessoas em uma área geográfica delimitada. Subjaz à concepção desses programas a proposta de organizar a Atenção Primaria à Saúde com base na integração entre a unidade de saúde e a comunidade, ou entre profissionais de saúde e usuários dentro de um dado território e supõe o estabelecimento de um vínculo entre equipe, população e território, além do estímulo à participação da comunidade (Mendonça et al., 2008; Campos, 2008).

Um incentivo para o fortalecimento da atenção primária foi o piso assistencial básico (PAB), definido na Norma Operacional Básica (NOB) de 1996 e implantado em 1998, por meio do qual o governo federal tornava-se cofinanciador, de forma regular, por meio da transferência aos municípios de um valor *per capita* para a assistência naquele nível de atenção. Esse valor, entretanto, ficou congelado, entre 1998 e 2003, e tampouco ocorreu a correção do número de habitantes dos municípios (Vazquez, 2011).

Dado o sistema federativo do Brasil, que garante autonomia aos governos subnacionais para aderir ou não a programas federais, exceto quando haja determinação constitucional expressa, foram sendo definidos incentivos financeiros sob a forma de cofinanciamento federal para aqueles que aderissem. Ao valor fixo do PAB foi acrescido o "PAB variável", vinculando à adesão a programas prioritários, entre eles o PSF e o PAC. Com esse processo de decisões descentralizadas, a ampliação da cobertura pelo PSF foi se dando de forma gradual e lenta, mais acentuada nos pequenos municípios e áreas de baixa densidade assistencial, mas produzindo a ampliação do acesso às ações de saúde (Castro e Fausto, 2012). Em janeiro de 2000, apenas 1.753 municípios tinham equipes de saúde da família que cobriam apenas 9,20% da população, atingindo 30% em 2002.

Na agenda do governo Lula, iniciado em 2003, a atenção primária se mantém como prioridade e diversas ações buscaram ampliá-la e qualificá-la e se traduziram no aumento de recursos, qualificação das equipes, formação dos profissionais e fortalecimento do monitoramento e avaliação.

Em 2006, a partir da Política Nacional de Atenção Básica (PNAB), foi alterado o conceito de programa para o de Estratégia de Saúde da Família (ESF). Essa mudança de *status* sinaliza para a configuração da atenção primária como forma de reorganização do modelo assistencial e de um sistema de saúde integral e universal centrado na atenção primária (Conill, 2008; Giovanella, 2008). No período 2004-2009, houve um aumento de mais de 50% do programa no orçamento do Ministério da Saúde e crescimento do percentual desses gastos em relação ao total, de 14,3 para 15,7% (Castro; Fausto, 2012, p.181). A partir de 2013, passaram a ser feitas anualmente correções da base populacional e do valor *per capita* do PAB, embora sem alcançar uma correção adequada levando em conta as taxas de inflação – isso exige contrapartida dos municípios, feita também por alguns estados. Por meio de dois programas (2011), foi feito um aporte significativo de recursos federais para atenção primária nos municípios: 1) Programa de Melhoria de Acesso e de Qualidade (PMAQ) para qualificar a cobertura por meio de indução financeira para avaliação do desempenho das equipes de atenção básica; 2) Programa Requalifica UBS (Unidade Básica de Saúde), que distribuiu recursos para a construção, reforma e ampliação das Unidades Básicas de Saúde com o objetivo de criar condições adequadas para o trabalho e o atendimento ao usuário.

Outros profissionais foram incorporados às equipes da Equipe de Saúde da Família por meio de duas ações: 1) Programa Brasil Sorridente (2003), que definiu incentivos para expansão da saúde bucal no âmbito do PSF, ampliando as Equipes de Saúde Bucal e os Centros de Especialidades Odontológicas (CEO) de níveis mais complexos; 2) Núcleos de Apoio à Saúde da Família (NASF), criados em 2008, nos quais se amplia o espectro de profissionais que atuam na Atenção Primária, para além do médico, do enfermeiro, do auxiliar ou técnico de enfermagem e dos agentes comunitários de saúde.

Integram a agenda da atenção primária do período ações voltadas para grupos específicos, articuladas à agenda social do governo e voltadas para redução de desigualdades, como mulheres, crianças e adolescentes, trabalhadores, população negra, quilombolas, indígenas e assentados. O Estatuto do Idoso, aprovado em 2003, traz um capítulo específico voltado para a saúde, com uma sinalização no sentido de suprimir o processo asilar e atuar na promoção e recuperação da saúde do idoso (Menicucci, 2011).

Posteriormente, foram elaboradas duas Políticas Nacionais de Atenção Básica (PNAB), em 2006 e em 2011, além da Política Nacional de Promoção da Saúde em 2006 e atualizada em 2013, tendo como referência o conceito ampliado de saúde, que gerou vários programas e ações visando ampliar o acesso, entre eles: Consultório na Rua (2011), Saúde na Escola (2007), Política Nacional de Atenção Integral à Saúde das Pessoas Privadas de Liberdade (2014), Unidades Básicas de Saúde Fluviais (2011).

Entretanto, o processo de implementação das políticas de atenção primária tem se dado com dificuldades: a ESF não é a única forma pela qual se organiza a atenção primária; há falta de integração entre centros de saúde e todo o sistema de atenção; o acesso da população ainda se dá por meio de prontos-socorros, hospitais e prontos atendimentos; há muita medicalização com pouca promoção e educação à saúde; prevalece a ênfase preventivista, com foco no coletivo, sobre a dimensão clínica da atenção básica (Campos, 2008). Entre os dificultadores, destaca-se a formação dos profissionais que compõem as equipes de saúde da família, pois a Atenção Primária depende de radicais mudanças na formação e, em particular, na educação médica, tradicionalmente voltada para as especialidades. Buscando enfrentar a dificuldade de recrutar e fixar profissionais médicos nas regiões mais longínquas do país, além da baixa oferta de médicos especializados em saúde da família e comunidade, em 2013 foi lançado o Programa Mais Médicos.

O Programa é voltado para a formação dos profissionais médicos no tocante à residência médica, à formação generalista e às diretrizes curriculares dos cursos de medicina, tendo como foco a consolidação do SUS, particularmente na atenção primária. Um dos projetos do Programa – Mais Médicos para o Brasil – prevê oferta de bolsas para curso de especialização de três anos em atenção básica de saúde, inclusive para médicos estrangeiros, como medida emergencial para regiões prioritárias do SUS. Pesquisas apontam que a implantação do Programa Mais Médicos contribuiu para o alcance do direito à saúde ao ampliar o número de médicos na atenção primária, particularmente nas regiões de maior vulnerabilidade e escassez, incluindo populações indígenas e quilombolas; deu passos importantes na integralidade do cuidado como prática profissional que busca identificar de modo mais abrangente as necessidades dos usuários dos serviços; proporcionou melhores condições de atendimento nas unidades básicas e aumentou sua produtividade, que se expressou na maior satisfação dos usuários, além de qualificação para a atenção primária dos médicos que participavam do programa (Girardi et al., 2016; Lima et al., 2016; Comes et al., 2016; Telles, 2019).

Todos esses programas e ações apresentam sinergias importantes e, em conjunto, têm contribuído para a consolidação da atenção básica, ampliando o acesso e melhorando a qualidade. Em setembro de 2016, 5.379 municípios tinham equipes de ESF, cobrindo 63,48% da população. Entre 2002 e 2012, o número de equipes de saúde bucal aumentou mais de cinco vezes, passando de 4.260 para 22.139, operando em 4.907 municípios; entre 2004 e 2012 foram implantados 943 centros de especialidades e laboratórios regionais de próteses dentárias em 771 municípios brasileiros.[4]

---

4 Disponível em: <dab.saude.gov.br/portaldab/ape_brasil_sorridente.php?conteudo=faq>. Acesso em: 8 ago. 2017.

As relações federativas

Do ponto de vista federativo, o SUS foi criado como um pacto assentado em uma concepção de cooperação entre as três esferas de governo. Embora haja um conjunto de atribuições comuns, o governo central concentra autoridade no processo decisório e na regulamentação da política de saúde, enquanto os governos subnacionais, particularmente os municípios, são os responsáveis pela execução.

O principal mecanismo de regulação e que define a natureza das relações intergovernamentais é a distribuição dos recursos para o custeio do sistema, sendo que a União tem um poderoso mecanismo institucional de coordenação, que é a maior disponibilidade de recursos, apesar de o financiamento da saúde ser responsabilidade de todos os entes federativos. O repasse "fundo a fundo" – de um fundo específico para outro fundo de saúde – é a modalidade preferencial de transferência de recursos, mas com reduzida liberdade, uma vez que o financiamento de custeio com recursos federais é organizado e transferido em blocos destinados a fins específicos. Por meio de transferências condicionadas à adesão a programas e prioridades definidas nacionalmente, são também providos incentivos para o alinhamento dos governos locais às prioridades da agenda federal, justificados pela busca de uniformização da política no território brasileiro.

Desde sua implantação, tem havido uma evolução do marco regulatório das relações federativas no SUS, podendo ser identificados três momentos principais nesse processo: 1) implantação do SUS na década de 1990, com foco no processo de descentralização da execução das ações para os municípios; 2) primeira década do século XXI, com a tentativa de implementação da diretriz da regionalização; e 3) mudanças durante o governo da presidenta Dilma, na segunda década deste século, que enfatizavam a construção de pactos federativos para a construção de redes de atenção temáticas resolutivas.

Essa evolução do marco regulatório se dá no sentido de definir e redefinir as competências dos entes federativos e as formas de sua articulação, com vistas a garantir os princípios constitucionais da universalidade, integralidade e igualdade de acesso às ações e serviços, em contexto de grandes heterogeneidades e de autonomia dos entes federados. O aparato institucional do SUS, montado na década de 1990, foi bem-sucedido no sentido de viabilizar a descentralização, mas não conseguiu efetivar a regionalização (Fortes, 2008; Levcovitz et al., 2001; Mendes, 1998). Ao contrário, as regras da descentralização, particularmente as relativas à transferência de recursos, atuaram no sentido de dificultá-la ao supervalorizar o papel do município como prestador dos serviços de saúde, ao lado de uma subvalorização do papel dos estados como instâncias de organização do processo de gestão, financiamento, fiscalização e controle. Os problemas e desequilíbrios desse arranjo institucional acabaram produzindo o chamado "municipalismo autárquico", no qual, ao invés de uma visão cooperativa, os municípios concorrem entre si pelo dinheiro público de outros níveis de governo, lutam predatoriamente por investimentos privados e, muitas vezes, repassam custos a outros entes (Abrucio, 2005; Mendes, 1998, 2004, 2009).

A partir de 2001, normatizações (NOAS 2001 e 2002) e ações voltadas para a organização regionalizada do setor saúde tiveram como um de seus objetivos corrigir as distorções do municipalismo autárquico e substituir a atitude de competição intermunicipal pela cooperação, além de fortalecer a função de coordenação do nível estadual. Isso se justifica pela própria natureza da atenção à saúde, que demanda a gestão de uma rede de serviços diversificada e distribuída em diferentes níveis de complexidade, em geral territorialmente dispersa e atuando em escalas variadas em função do grau de complexidade e da demanda, o que configura a "hierarquização da atenção", de forma a compatibilizar a localização territorial das pessoas com a da rede assistencial sob a responsabilidade de gestores diversos (Menicucci; Marques, 2016).

Embora os instrumentos criados tenham dado início a um esforço de integração federativa, eles foram pouco eficazes no sentido de articular as redes regionais, romper com a fragmentação, decorrente do processo de municipalização e de construir um verdadeiro sistema de saúde (Menicucci, 2014b). Nos governos Lula e Dilma, foram feitas tentativas de aperfeiçoamento da coordenação federativa no sentido de redefinir as competências dos entes federativos e as formas de sua articulação; implementar a regionalização com definição de instrumentos que favoreçam a cooperação entre os municípios e estados nos espaços regionais.

A primeira foi com o Pacto da Saúde (2006-2011), que buscou substituir, em parte, a ênfase na indução por meio de incentivos à ação coordenada e cooperativa por uma lógica de acordos intergovernamentais envolvendo compromissos com resultados sanitários. O Pacto de Gestão buscou estabelecer mais claramente as responsabilidades de cada ente federado de forma a diminuir as competências concorrentes, instituindo os colegiados de gestão regional como arenas de pactuação institucionalizadas, com vistas a resolver os problemas da ação coletiva, que se agregaram aos outros já em funcionamento de âmbito nacional e estadual: Comissão Intergestores Tripartite e Comissão Intergestores Bipartite, respectivamente.

Entretanto, a indução federal não foi capaz de alterar as desigualdades quanto à garantia da integralidade da atenção em todos os espaços regionais do país. Mesmo que a União regule e defina incentivos de alinhamento dos entes federados às diretrizes nacionais, a regionalização é afetada pelo contexto, comportamento e opções políticas dos atores regionais e locais. Menicucci e Marques (2016) registraram grandes diferenças entre as regiões de saúde entre e intraestados a partir da construção de um índice de regionalização (IR), composto de três dimensões – atenção básica, de média e de alta complexidade –, calculado paras as regiões de uma amostra de estados. A maior parte das regiões pesquisadas não consegue propiciar a atenção integral nos próprios espaços regionais, não suprindo a demanda dos seus habitantes, especialmente na atenção hospitalar. Influenciam esses resultados fatores estruturais que afetam a capacidade de produção de serviços (recursos financeiros e capacidade instalada, medida pelo número de médicos e leitos hospitalares) e a atuação dos governos estaduais no sentido de assumir seu papel de coordenação do processo de articulação dos municípios e de construção das redes assistenciais.

Em função de sua baixa efetividade, os Pactos tiveram vida curta. Nova regulamentação (Decreto 7.508/2011) visou definir as responsabilidades sanitárias sobre a oferta e organização das ações e serviços, por meio de um contrato jurídico (Contrato Organizativo da Ação Pública – Coap) que, em princípio, obriga os entes signatários ao seu cumprimento, sob pena de as cláusulas penais serem executadas. Dessa forma, acredita-se que garanta maior segurança jurídica aos acordos federativos. A constituição de redes de atenção temáticas insere-se no mesmo esforço de articulação federativa para garantia da integralidade da atenção por meio de pactos federativos para a articulação de pontos de atenção.[5]

Da mesma forma, a autonomia dos entes federados, que relativiza a força da indução nacional, pode ser percebida na implantação parcial do Coap, que teve adesão de poucos estados (Ouverney et al., 2017) e de acordo com padrões muito diferenciados. A partir do impulso dos primeiros anos, o Coap parece ter se tornado "uma agenda perdida" (Ribeiro et al., 2017).

Destacam-se também, como marcas dos governos desse período, a criação do Serviço de Atendimento Móvel de Urgência (Samu), voltado para o atendimento pré-hospitalar móvel, e do Programa Farmácia Popular, com o estabelecimento de uma rede de drogarias privadas credenciada para vender produtos com até 90% de desconto em relação ao preço de comercialização, mediante subsídio governamental. Ainda na área de medicamentos, deu-se a criação da Câmara de Regulação do Mercado de Medicamentos (Camed) e fixação de normas para o controle de preços; apoio aos laboratórios oficiais; isenção de ICMS para medicamentos de alto custo; reforço aos medicamentos genéricos; além da convocação da 1ª Conferência Nacional de Medicamentos e Assistência Farmacêutica.

Conclusões: continuidades e mudanças no século XXI

Ao definir toda população como titular de direito à saúde, a partir da CF 1988 o acesso a ações e serviços de saúde deixa de ser condicionado à inserção no mercado de trabalho, assumindo-se o preceito da universalidade que iguala todos os cidadãos. Entre outros, esse direito consagra uma dimensão não monetária importante da igualdade, o que faz com que a implantação do SUS e sua universalização não sejam algo trivial, a ser subestimado do ponto de vista do ideal constitucional de redução das desigualdades.

5 As redes priorizadas foram a Rede Cegonha, de atenção às urgências e de atenção psicossocial.

Na concretização desse direito abstrato, a desigualdade se expressaria na possibilidade maior ou menor de efetivamente acessar os serviços de saúde, o que está relacionado à disponibilidade de recursos para organizar a oferta e às regras de acesso. Dessa perspectiva, o foco privilegiado para refletir sobre a desigualdade em saúde no Brasil devem ser a disponibilidade e a distribuição territorial dos gastos públicos – que sinalizam para a possibilidade maior ou menor de oferta de serviços – e as regras relativas à expansão da atenção básica como porta de entrada ao sistema de saúde bem como as relações federativas, considerando que a garantia da atenção à saúde universal e integral envolve articulação e coordenação entre os entes federados.

A materialização desse direito é fruto dos governos democráticos pós-Constituição, que foram desafiados a implantar o SUS, mesmo resistentes ou enfrentando resistência à mudança de *status quo*. A década de 1990 protagonizou avanços político-institucionais no sentido de reorganização institucional, como: a unificação da política; a construção do arcabouço institucional e decisório do SUS, respeitando a organização federativa e a diretriz da participação social; a descentralização e fortalecimento dos sistemas municipais de saúde; a expansão das ações e serviços no território nacional; esforços iniciais para reorganização do modelo de atenção com ênfase na atenção primária e, no final da década, a definição de novas e estáveis fontes de financiamento. Paradoxalmente, também no final da década, deu-se a regulamentação dos planos privados de saúde, formalizando o caráter dual da assistência à saúde e a clivagem entre população coberta por planos privados e a não coberta. Como a primeira fonte de desigualdade, tem-se de um lado cerca de um quarto da população com dupla cobertura (privada e pública) e de outro a maioria, usuária exclusiva do SUS.

No século XXI, de 2003 até maio de 2016, o Brasil teve governos encabeçados por presidentes oriundos do Partido dos Trabalhadores (PT), cuja marca principal foi o foco em políticas sociais e a busca de redução das desigualdades pela via do desenvolvimento com inclusão. Um conjunto de políticas sociais e econômicas do período teve impacto sobre as condições e o estado de saúde, atuando na primeira dimensão do direito à saúde definido na CF 1988, tendo merecido especial atenção o combate à fome e à miséria, com destaque para os programas de transferência de renda e a política de desenvolvimento agrário; combate ao racismo e às desigualdades raciais; constituição da política de assistência social; crescimento da taxa de cobertura da previdência social por meio de medidas voltadas para a diminuição do trabalho informal; implementação de uma política de desenvolvimento urbano; política de recuperação dos valores do salário mínimo.

A política de saúde foi concebida desde a CF 1988 a partir de uma perspectiva inclusiva e igualitária, desenhada e desenvolvida por representantes de partidos e movimentos do chamado campo progressista, do qual o PT faz parte de forma majoritária. Na maior parte do período dos governos petistas, o Ministério da Saúde foi ocupado por sanitaristas comprometidos com os princípios da reforma sanitária, em sintonia com a agenda geral de governo. Na atuação setorial, verificam-se continuidades com expansão e qualificação de ações anteriores (maior aporte de recursos, ênfase na melhoria da gestão, formação de recursos humanos, monitoramento e avaliação na lógica de obtenção de resultados) e mudanças na organização do SUS, particularmente no sentido de aprimorar as relações intergovernamentais e estabelecer compromissos pactuados entre os entes federados, além da introdução de programas inovadores (Brasil Sorridente, Samu, Farmácia Popular) e ações voltadas para grupos específicos e em situação de vulnerabilidade (mulheres, idosos, crianças, negros, quilombolas, assentados, indígenas).

Os resultados apontam para a expansão dos serviços, como a cobertura da ESF com ampliação de equipes, médicos e população coberta; expansão da atenção odontológica e dos serviços de urgência; e algum grau de redistribuição territorial dos recursos federais, ainda insuficientes para eliminar as desigualdades, fortemente afetadas pelas condições socioeconômicas regionais e locais. Em relação à clivagem central entre o sistema público e o privado, nenhuma mudança foi verificada no século XXI.

Apesar da persistente desigualdade, não é irrelevante a efetiva implantação de um sistema universal, com certa uniformização da política de saúde num país de dimensões continentais, favorecida pela coordenação federativa exercida pelo governo federal, particularmente sob a forma de incentivos e regulação das transferências fiscais, bem como sob a forma de pactos federativos.

Contudo, o ano de 2015 marcou o desenrolar de uma das maiores crises política e institucional do país, com fortes repercussões sobre o futuro das políticas sociais brasileiras, entre elas a de saúde. O afastamento da presidenta Dilma Rousseff em 2016 foi seguido da posse do vice-presidente Michel Temer, que deu início a um processo de mudanças constitucionais e de desconstrução do *status quo* sob o manto de severo ajuste fiscal e do mote de "modernização", com corte de despesas públicas, privatizações e ameaças às políticas sociais capazes de tornar efetivos direitos consagrados na Constituição.

Em relação à política de saúde, algumas decisões e propostas indicam restrições ao financiamento e sinalizam para mudanças nos princípios sobre os quais se alicerça o sistema de saúde, destacando-se:

a) aumento de 20% para 30% da alíquota da DRU e criação de um mecanismo semelhante para estados, Distrito Federal e municípios (Drem);
b) instituição do "novo regime fiscal", cujo objetivo é estabelecer, por vinte anos, teto para as despesas primárias (que excluem o pagamento de juros) no âmbito da União, que passam a ser limitadas à variação da inflação, medida pelo Índice Nacional de Preços ao Consumidor Amplo (IPCA) e tendo como base as despesas de 2016; esse teto mitiga o caráter vinculante das despesas com saúde definidas constitucionalmente;
c) propostas de fortalecimento e expansão dos planos privados de saúde, justificadas a partir da necessidade de "repensar" direitos constitucionais como o acesso universal à saúde, em virtude de supostamente o país não conseguir mais sustentá-los, e traduzidas em um projeto de criação de "Plano de Saúde Acessível", de menor custo e com um rol de serviços inferior aos mínimos obrigatórios estabelecidos pela Agência Nacional de Saúde Suplementar (ANS), bem como propostas de mudanças na regulação do setor de saúde suplementar, bastante favorável às operadoras, em detrimentos dos usuários;

d) alterações no formato das relações intergovernamentais, com redução do papel de coordenação federativa por parte do governo federal, expressas no Projeto SUS Legal, que altera as regras para repasse de recursos federais, reduzindo de seis blocos temáticos para duas modalidades (custeio e investimento); e nas mudanças na Política Nacional da Atenção Básica (PNAB), aprovada em 2017, segundo a qual os municípios terão autonomia para reorganizar a Atenção Básica, promovendo, na prática, a desregulamentação e retrocedendo todo o esforço para fortalecer a atenção básica iniciada nos anos 1990 e aprofundada nos 2000, por meio do desestímulo à ESF, eliminação de exigências mínimas para as equipes de saúde da família e flexibilização de regras que dão sentido a elas, como a territorialização, as atribuições dos Agentes Comunitários de Saúde e o seu caráter universal ao estabelecer a focalização em áreas vulneráveis.

A agenda atual aponta para o desfinanciamento do SUS, a desregulamentação do sistema com redução da coordenação federal, que contribuía para maior igualdade, e a ampliação do setor privado com menor regulação. Prenuncia-se uma nova reforma da saúde "por dentro" e sem alarde, que, sem negar o SUS, o inviabilizará sistemicamente caso seja concretizada.

Referências bibliográficas

ABRUCIO, F. A coordenação federativa no Brasil: a experiência do período FHC e os desafios do governo Lula. *Revista de Sociologia e Política*, n.24, p.41-67, jun. 2005.

CAMPOS, G. W. de S. Suficiências e insuficiências da política para a Atenção Básica no Brasil: debate. *Cadernos de Saúde Pública*, Rio de Janeiro, n.24 (sup. 1), p.S7-S27, 2008.

CASTRO, A. L. B.; FAUSTO, M. C. R. A política brasileira de atenção primaria à saúde. In: MACHADO, C. V.; BAPTISTA, T. W. F.; LIMA, L. D. *Políticas de saúde no Brasil – continuidades e mudanças*. Rio de Janeiro: Fiocruz, 2012.

CASTRO, J. A. Q.; RIBERIO. J. A. C.; CHAVES, J. V.; DUARTE, B. C. Gasto social federal: prioridade macroeconômica no período 1995-2010. *Nota Técnica*, n.9, Brasília, Ipea, set. 2012.

COMES, Y. et al. A implementação do Programa Mais Médicos e a integralidade nas práticas da Estratégia Saúde da Família. *Ciência & Saúde Coletiva*, v.21, n.9, Rio de Janeiro, p.2729-38, set. 2016.

CONILL, E. M. Ensaio histórico-conceitual sobre a Atenção Primária à Saúde: desafios para a organização de serviços básicos e da Estratégia Saúde da Família em centros urbanos no Brasil. *Cadernos de Saúde Pública*, Rio de Janeiro, n.24 (sup. 1), p.S7-S27, 2008.

FORTES, F. B. *Inovação institucional no contexto do federalismo brasileiro pós-1988: a Emenda Constitucional 29 de 2000 e os governos estaduais*. Tese. UFMG, 2008.

GIOVANELLA, L. Atenção Primária à Saúde seletiva ou abrangente?. *Cadernos de Saúde Pública*, Rio de Janeiro, n.24 (sup. 1), p.S7-S27, 2008.

GADELHA, C. A.; COSTA, L. S. Saúde e desenvolvimento nacional: a gestão federal entre 2003 e 2010. In: MACHADO, C. V.; BAPTISTA, T. W. F.; LIMA, L. D. *Políticas de saúde no Brasil – continuidades e mudanças*. Rio de Janeiro: Fiocruz, 2012.

GIRARDI, S. N.; VAN STRALEN, A. C.; CELLA, J. N.; DER MAAS, L. W.; CARVALHO, C. L.; FARIA, E. Impacto do Programa Mais Médicos na redução da escassez de médicos em Atenção Primária à Saúde. *Ciência & Saúde Coletiva*, v.21, n.9, Rio de Janeiro, p.2675-84, set. 2016.

LIMA, R. T. S.; FERNANDES, T. G.; BALIEIRO, A. A. S.; COSTA, F.; SCHRAMM, J. M. A.; SCHWEICKARDT, J. C.; FERLA, A. A. Atenção Básica no Brasil e o Programa Mais Médicos: uma análise de indicadores de produção. *Ciência & Saúde Coletiva*, Rio de Janeiro, v.21, n.9, p.2685-96, set. 2016.

LEVCOVITZ, E.; LIMA, L. D.; MACHADO, C. V. Política de saúde nos anos 90: relações intergovernamentais e o papel das Normas Operacionais Básicas. *Ciência e Saúde Coletiva*, v.6, n.2, p.269-91, 2001.

LUCCHESI, Patrícia T. R. Descentralização do financiamento e gestão da assistência à saúde no Brasil: a implementação do Sistema Único de Saúde – Retrospectiva 1990/1995. *Planejamento e Políticas Públicas*, n.14, p.75-138, dez. 1996.

MACHADO, C. V.; LIMA, L. D.; ANDRADE, C. L. T. Federal funding of health policy in Brazil: trends and challenges. *Cadernos de Saúde Pública*, Rio de Janeiro, v.30, n.1, p.187-200, jan. 2014.

MENDES, E. V. A descentralização do sistema de serviços de saúde no Brasil: novos rumos e um outro olhar sobre o nível local. In: MENDES, E. V. (org.). *A organização da saúde no nível local*. São Paulo: Hucitec, 1998. p.17-55.

______. *Pacto de gestão*: da municipalização autárquica à regionalização cooperativa. Belo Horizonte: Secretaria do Estado de Minas Gerais, 2004.

______. *As redes de atenção à saúde*. Belo Horizonte: ESP-MG, 2009.

MENDONÇA, M. H. M.; VASCONCELLOS, M. M.; VIANA, A. L. D. Atenção primária à saúde no Brasil. *Cadernos de Saúde Pública*, n.24 (sup. 1), 2008.

MENICUCCI, T. A política de saúde no governo Lula. *Saúde Soc.*, São Paulo, v.20, n.2, p.522-32, 2011.

MENICUCCI, T. A relação entre o público-privado e o contexto federativo do SUS: uma análise institucional. *Série Políticas Sociais*, Santiago, Cepal, v.196, 2014a.

______. *Público e privado na política de assistência à saúde no Brasil: atores, processos e trajetória*. Rio de Janeiro: Fiocruz, 2007.

______; BRASIL, F. Construção de agendas e inovações institucionais: análise comparativa da reforma sanitária e da reforma urbana. *Estudos de Sociologia*, Araraquara, SP, v.15, n.29, p.369-96, 2010.

______; MARQUES, A. M. F. Cooperação e coordenação na implementação de políticas públicas: o caso da saúde. *Dados*, v.59, n.3, p.823-65, set. 2016.

______; MACHADO, J. A.; COSTA, L. A. O desempenho em saúde no Brasil: uma avaliação a partir do Pacto pela Saúde (relatório de pesquisa). Belo Horizonte: UFMG, 2014b.

______; MARQUES A. M. F.; SILVEIRA, G. O desempenho dos municípios no Pacto pela Saúde no âmbito das relações federativas do Sistema Único de Saúde. *Saúde Soc.*, São Paulo, v.26, n.2, p.348-66, 2017.

OCKÉ-REIS, C. O. Mensuração dos gastos tributários: o caso dos planos de saúde – 2003-2011. *Nota Técnica*, n.5, Brasília, Ipea, maio 2013.

OUVERNEY, A. M.; RIBEIRO, J. M; MOREIRA, M. R. O Coap e a regionalização do SUS: os diversos padrões de implementação nos estados brasileiros. *Ciência & Saúde Coletiva*, v.22, n.4, p.1193-207, 2017.

PIERSON, P. *Dismantling the Welfare State? Reagan, Thatcher, and the politics of retrenchment*. Cambridge: Cambridge University Press, 1994.

PIOLA, S. F.; FRANÇA, J. R. M.; NUNES, A. Os efeitos da Emenda Constitucional 29 na alocação regional dos gastos públicos no Sistema Único de Saúde no Brasil. *Ciência & Saúde Coletiva*, v.21, n.2, p.411-21, 2016.

RIBEIRO, J. M.; MOREIRA, M. R.; OUVERNEY, A. M.; SILVA, C. M. F. P. Políticas de saúde e lacunas federativas no Brasil: uma análise da capacidade regional de provisão de serviços. *Ciência & Saúde Coletiva*, v.22, n.4, p.1031-44, 2017.

TELLES, H. (org). *Mais Médicos*: As vozes dos atores e os impactos na atenção básica à saúde. Belo Horizonte: Editora UFMG, 2019.

VAZQUEZ, D. A. Efeitos da regulação federal sobre o financiamento da saúde. *Cadernos de Saúde Pública*, Rio de Janeiro, v.27, n.6, p.1201-12, jun. 2011.

UGÁ, M. A.; PORTO, S. M. Financiamento e alocação de recursos em saúde no Brasil. In: GIOVANELLA, L.; ESCOREL, S.; LOBATO, L. V. C.; NORONHA, J. C.; CARVALHO, A. I. (orgs.). *Políticas e sistema de saúde no Brasil*. Rio de Janeiro: Fiocruz, 2008.

8
Governos partidários e políticas educacionais no Brasil do século XXI: a eficácia da democracia

Sandra Gomes, André Luís Nogueira da Silva e Flávia Costa Oliveira

Ainda que a avaliação mais comum no Brasil seja negativa com relação ao desempenho das políticas educacionais, este capítulo argumenta, ao contrário, que a democracia tem sido eficaz em realizar o direito à educação nos últimos trinta anos. Para os céticos, alguns indicadores ajudam a ilustrar esse ponto.

Em 1988, isto é, ano da promulgação da nova constituição, o gasto público em educação no Brasil era estimado em 3% do PIB (Goldemberg, 1993) e, 24 anos depois de sua vigência, esse percentual havia dobrado para 6% (OCDE, 2015; Peres; Santos, neste livro). Em 1992, as desigualdades de acesso ao ensino fundamental ainda permaneciam elevadas: enquanto 80% das crianças de 6 a 14 anos residentes no Sudeste frequentavam esse nível de ensino, no Nordeste esse índice era de 63%. Em 2002, essa diferença havia caído para apenas 1,7%, como resultado da quase universalização do acesso a esse nível de ensino (Ipea, 2016), concretizando a prioridade dada ao ensino fundamental no governo FHC. Em 2015, 90% das crianças de 4 e 5 anos frequentavam a escola, em comparação a 66% em 2001, aproximando-se da meta de universalização da pré-escola preconizada nos marcos institucionais aprovados no governo

Lula. Ainda em 2015, 26% das crianças com menos de 3 anos de idade frequentavam creches, em comparação a reduzidos 8% em 1997 ou 12% em 2005, como efeito de programas educacionais adotados nos governos Lula e Dilma. No ensino superior, 4,6% dos jovens de 18 a 24 anos frequentavam esse nível de ensino em 1992, valor que salta para cerca de 18% em 2015 (Ipea, 2016) a partir de diferentes estratégias de ampliação de vagas nos governos FHC, Lula e Dilma. As desigualdades, nesse caso, ainda permanecem elevadas entre diferentes segmentos sociais, especialmente entre os mais pobres (5% de frequência) e os de maior renda (44% de frequência)[1] e entre brancos (25%) e negros (12,5%).[2] Ainda que as desigualdades educacionais relativas à origem social dos indivíduos não tenham desaparecido (Ribeiro, 2011), é fato que aquelas relacionadas ao acesso à escola vêm diminuindo consideravelmente desde o retorno à democracia.

Argumentamos, além disso, que os partidos políticos na democracia brasileira têm projetos políticos distintos e, quando no governo, adotam políticas públicas de acordo com suas visões de Estado, sociedade e justiça social, reiterando a eficácia da democracia. A partir da teoria dos governos partidários, dos efeitos das instituições e da democracia na explicação da adoção de tipos diferentes de Estados de bem-estar social e de políticas sociais nos países desenvolvidos (Esping-Andersen, 1990; Huber; Stephens, 2001; 2012; Castles, 2008; Boix, 1997; 1998; Iversen; Stephens, 2008), argumentamos que esse processo também é aplicável e observável para o caso brasileiro das políticas educacionais. Adotamos, ainda, uma perspectiva do contexto brasileiro como sugerido por Arretche (2018) em que a expansão de políticas sociais interessa tanto a partidos de esquerda quanto aos de direita, dado o elevado peso do eleitorado dependente de serviços públicos estatais. No caso da educação, esse argumento é particularmente válido, visto que 81,6% dos alunos da educação básica no Brasil frequentam escola pública (Censo Escolar,

---

1 Dados de 2011, do MEC, para o 1º e o 5º quintil de distribuição da renda familiar *per capita*, respectivamente. Fonte: PNAD/IBGE, elaborado por Deep/Inep.

2 Dados de 2015, anexo estatístico do *Boletim de Políticas Sociais*, n.24, Ipea, 2016.

2016). De fato, a importância política do Ministério da Educação (MEC) pode ser atestada por seus ocupantes: dos seis governos aqui analisados, em apenas um o MEC não foi ocupado exclusivamente por membros do partido do Presidente.[3]

Nesse sentido, analisamos os quatro governos do PT (2003-2016), tomados como partido de esquerda. Para identificar as continuidades e mudanças, fazemos uma comparação com os governos anteriores, do PSDB (1995-2002). Como não há consenso na literatura sobre a posição do PSDB no espectro ideológico (Rodrigues, 2002; Roma, 2002),[4] adotamos a premissa mais aceita pelos estudiosos sobre partidos no Brasil: o PT disputa o eleitorado de centro-esquerda, e o PSDB, o de centro-direita (Guarnieri, 2014).

Este capítulo está dividido em três seções. Na primeira, apresentamos teorias que justificam a adoção de políticas públicas distintas por partidos de direita e de esquerda, de modo a orientar nossa análise empírica. Distinguimos também duas lógicas explicativas: uma aplicável para a educação básica e outra para o ensino superior. Na segunda seção, verificamos a evolução dos gastos públicos em educação, demonstrando que, a despeito de fatores exógenos, há escolhas políticas que orientam as decisões. Na terceira seção, analisamos o conteúdo das políticas educacionais dos governos Lula e Dilma de modo a identificar as continuidades e inflexões na educação básica e no ensino superior. Ao final, são apontadas algumas implicações para o debate atual.

---

3 Os ministros foram os seguintes: Paulo Renato Souza (PSDB, jan. 1995-dez. 2002); Cristovam Buarque (PT, jan. 2003-jan. 2004); Tarso Genro (PT, jan. 2004-jul. 2005); Fernando Haddad (PT, jul. 2005-jan. 2012); Aloízio Mercadante (PT, jan. 2012-fev. 2014); Henrique Paim (PT, fev. 2014-dez. 2014); Cid Gomes (Pros, jan. 2015-mar. 2015); Renato Janine Ribeiro (sem partido, abr. 2015-out. 2015); e Aloízio Mercadante (PT, out. 2015-maio 2016).

4 Roma (2002) argumenta que a posição ambígua do PSDB é resultado dos primeiros momentos de sua formação, em 1988: ao mesmo tempo que rompia com o governo Sarney para disputar as eleições presidenciais como uma alternativa de centro-esquerda (e com uma agenda de políticas sociais), na perspectiva econômica o PSDB foi, desde a origem, um partido liberal, com propostas de políticas econômicas características de governos de direita.

Governos partidários, preferências e escolhas de políticas educacionais

Em regimes democráticos com sufrágio universal, partidos de esquerda, ao chegarem ao poder, adotariam políticas públicas distintas como resultado dos princípios normativos que orientam sua própria fundação e organização, como resposta às demandas de sua base eleitoral ou, ainda, como estratégias para a conquista de novos eleitores (Arretche, 2018; Batista, 2008; Boix, 1997; Castles, 2008; Esping-Andersen, 1990; Huber; Stephens, 2012; Iversen; Stephens, 2008). Políticas públicas, bem como seus custos e efeitos sociais, seriam, desse modo, resultado de cálculos políticos que orientam a tomada de decisão de partidos no poder. Governos de esquerda tenderiam a adotar maior gasto estatal em políticas sociais que produzam efeitos redistributivos e governos de direita priorizariam a eficiência dos mercados como geradores de bem-estar.

Do ponto de vista das políticas econômicas, os partidos se distinguiriam por visões do funcionamento do mercado e de princípios de justiça social que afetariam, inclusive, o tipo de política educacional a adotar. Para Boix (1997; 1998), governos de esquerda investiriam mais recursos públicos na formação de capital físico e humano, com o entendimento de que isso contribuiria para o aumento da capacidade competitiva do país e da produtividade, resultando em crescimento econômico, aumento de renda dos trabalhadores menos qualificados e diminuição das desigualdades. A orientação por esses princípios culminaria num aumento do gasto público estatal, isto é, induzido pelo Estado em governos de esquerda. Partidos de direita, por outro lado, partiriam do entendimento de que a redução de impostos e de regulamentações estatais produziriam as condições ótimas para o pleno desenvolvimento das forças de mercado, resultando em aumento da taxa de poupança e de investimento e culminando em crescimento econômico. Assim, o investimento privado e a liberdade para a plena competição seriam motores centrais do crescimento econômico e do aumento da eficiência que, no médio prazo, determinariam oportunidades de geração de renda e de emprego para toda a sociedade, inclusive maior liberdade para os cidadãos acessarem serviços, como os de educação, no setor privado. Para partidos de direita, portanto, o ponto central numa estratégia de desenvolvimento seria a criação de incentivos para o pleno funcionamento do mercado e, nesse caso, a preocupação redistributiva seria secundária.

Isso não quer dizer, no entanto, que partidos de direita não invistam em educação. Ao contrário, no modelo liberal do funcionamento da economia, o fator capital humano é central para o desempenho ótimo do mercado; porém, parte da premissa de que o mercado pode atender parte da demanda por educação ou qualificação de trabalhadores e se limita a uma intervenção que não venha a ser excessiva. Os efeitos da abertura de mercados com a globalização têm elevado a centralidade da educação na chamada "sociedade do conhecimento", em que se demandaria maior capacidade intelectual e criativa associada à de inovação tecnológica, estando presente, dessa forma, na agenda de governos de diferentes matizes.

Para Arretche (2018), porém, há certa especificidade do contexto brasileiro a ser levada em conta. Além da chegada de partidos de esquerda ao poder, as regras constitucionais associadas ao peso do eleitorado beneficiário das políticas sociais seriam fatores explicativos para a expansão de políticas sociais redistributivas. A Constituição Federal de 1988 (CF 1988), definida num momento de transição do autoritarismo para a democracia, produziu a inclusão dos *outsiders*, os excluídos do modelo de proteção social corporativista anterior. A partir desse ponto, em competições eleitorais com sufrágio universal, mesmo partidos conservadores não poderiam ignorar o peso do eleitorado mais pobre. Nesse sentido, o direito à educação universal e gratuita, como fixado na CF 1988, produziria não padrões antagônicos de expansão do acesso a esse serviço social entre partidos de direita e esquerda, mas, ao contrário, uma tendência à convergência no atendimento da demanda por educação pública. A existência de um partido de esquerda com força eleitoral tornaria esses incentivos ainda maiores.

Com a possibilidade de testar empiricamente se há ou não especificidades para os países da América Latina, Huber e Stephens (2012) encontram forte associação entre governos de esquerda e políticas que geram redução nos níveis de pobreza e desigualdade. No caso específico da educação, porém, os autores chegam a uma conclusão diferente: a democracia seria o fator mais relevante para explicar a elevação do gasto e melhorias nos indicadores educacionais, analisando um conjunto de 18 países e dados entre 1970 e 2007/2008. Em outras palavras, partidos de esquerda não fariam diferença para o nível de gasto em educação no caso da América Latina, ao contrário dos países desenvolvidos. Uma hipótese para explicar a não associação entre partidos de esquerda e gasto em educação, levantada por Huber e Stephens (2012), é que a diferença de projetos políticos estaria na estrutura dos gastos, isto é, nos tipos de políticas que recebem prioridade, e não em seu volume. Batista (2008), por outro lado, encontra associação positiva entre governos de esquerda na América Latina e maior gasto em educação entre 1980 e 1999, em sentido inverso ao defendido por Huber e Stephens (2012).

Em suma, há no caso latino-americano duas explicações distintas para a relação entre governos de esquerda e o gasto em educação: o principal fator explicativo seria, para uns, a democracia e, para outros, o partido. A primeira distancia o caso latino-americano dos países desenvolvidos, enquanto a segunda o aproxima. Na próxima seção, testamos esses argumentos para os governos do PT no Brasil.

Antes de continuarmos, cabe especificar o caso do ensino superior, pois haveria razões para se assumir cálculos diferentes. Partindo da premissa de que gastos no ensino superior não são redistributivos, Ansell (2008) argumenta que as preferências partidárias, nesse caso, são condicionadas pelo nível de massificação e pela forma de ingresso no sistema.

Governos de esquerda só adotarão medidas para ampliar o gasto público em ensino superior se os custos (taxação) para isso não penalizarem o seu eleitorado típico, isto é, as camadas de menor renda e qualificação. Partidos levariam em consideração o quanto o sistema de ensino superior ainda é elitizado ou, ao contrário, está a caminho da massificação. O autor considera massificado um sistema em que cerca de 40% da população na idade esperada para esse nível de ensino frequenta ou já concluiu o ensino superior.

Se as vagas são poucas, o acesso ao ensino superior tende a ser dependente da renda, atendendo a parcela mais rica da população. Nesse caso, governos de esquerda optariam por expandir matrículas sem aumentar os subsídios públicos ao introduzir, por exemplo, "*fees*" (mensalidades) ou estimulando a expansão privada. Em sistemas elitizados, qualquer expansão de acesso não beneficiaria os mais pobres e sim as classes de renda mais alta, justamente o eleitorado dos partidos de direita. Nesse cenário, argumenta o autor, são os governos de direita que terão razões para aumentar o gasto público em ensino superior, pois qualquer expansão atenderia não apenas seu eleitorado típico como também um potencial novo eleitor da classe média.

Se, por outro lado, o sistema é ou está a caminho de se massificar, as preferências se invertem. Governos de esquerda passariam a adotar a mesma lógica esperada para o restante das políticas sociais: aumentar os gastos públicos. Nesse cenário, qualquer ampliação de acesso passa a incluir os setores de menor renda. Simetricamente, governos de direita, em sistemas não elitistas, não teriam razões para apoiar a expansão de gastos públicos nesse nível de ensino, que beneficiaria, a partir desse ponto, o eleitorado de esquerda.

Há, porém, um elemento que pode alterar os cálculos dos partidos: a existência de mecanismos que tornem o sistema de ingresso no ensino superior menos dependente da renda. Políticas de cotas ou ações afirmativas, bolsas de estudo ou crédito estudantil, ao aumentarem as chances de ingresso de pessoas de menor renda, alterariam o apoio do eleitorado a uma política de expansão com recursos públicos. Nesse cenário, mesmo que ainda elitizado, governos de esquerda adotariam o aumento do subsídio público para a expansão do ensino superior. Adiante, também analisamos a capacidade explicativa do modelo de Ansell (2008) para os governos do PT.

Gasto em educação e governos de esquerda no Brasil

Nesta seção, testamos a proposição de que a democracia é o principal fator explicativo do gasto em educação e, portanto, independe do perfil ideológico do partido no poder. Para isso, fazemos uma análise dos gastos federais em educação para verificar se há ou não variações com a chegada de governos de esquerda no poder no Brasil (Lula 2003-2010 e Dilma 2011-2016) em comparação ao governo anterior, de FHC (1995-2002).

O Gráfico 1 permite realizar uma análise longitudinal dos gastos públicos em educação a cargo exclusivamente do governo federal entre 1995 e 2016. Para efeitos comparativos, os valores foram atualizados para dezembro de 2016, com base no IPCA acumulado.[5]

Gráfico1: Despesas da união com educação, 1995-2016 (em mihões)

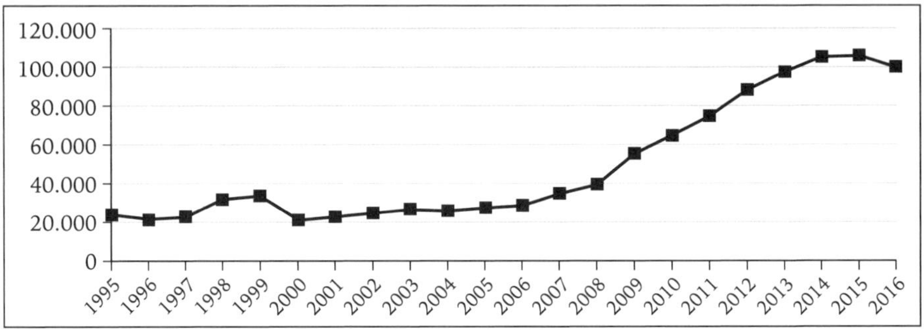

Fonte: Secretaria do Tesouro (SNT). Elaborado pelos autores.
* Valores atualizados para dezembro de 2016 com base no IPCA acumulado.

Em uma primeira análise, percebe-se que os gastos reais da União com educação seguem certa estabilidade até 2006, momento a partir do qual há uma inflexão e um crescimento progressivo e ininterrupto até 2015. Em 2016, observa-se a primeira reversão desse crescimento, com queda. No período, as despesas federais em educação tiveram um crescimento real de cerca de 23 bilhões de reais em 1995 para 100 bilhões em 2016.

Os governos do PT aumentaram de forma real e substantiva o gasto federal em educação em comparação aos governos do PSDB. Nos governos de FHC, há estabilidade nos gastos, à exceção de 1998 e 1999, em que se observam picos de crescimento. Entre 1995 e 2002, as despesas com educação da União variaram de R$ 23 bilhões para R$ 24 bilhões sem alterações significativas. Nos governos de Lula e Dilma, ao contrário, o gasto cresce de R$ 26,7 bilhões em 2003 para R$ 100,4 bilhões em 2016, isto é, um aumento de mais de 370%.

5 Optamos pela análise do volume de gastos para adequarmos o teste às proposições revisadas na seção teórica. Para uma análise dos gastos relativos, ver Castro e colegas (2012).

Tendo em vista que nem os governos do PSDB nem os do PT alteraram a vinculação constitucional de gasto mínimo em educação pela União (18%), quais fatores explicariam a variação observada no Gráfico 1? Há, por um lado, as condições econômicas, que se refletem na disponibilidade fiscal, mas, por outro, há decisões políticas dos governos. Iniciemos com as escolhas políticas. Três marcos institucionais nos parecem centrais para explicar o crescimento e os picos observados em todo o período.

Primeiramente, o incremento observado entre 1998 e 1999 ocorre exatamente no momento em que entra em pleno vigor a Emenda Constitucional n.14/1996, que institui o Fundo de Manutenção e Desenvolvimento do Ensino Fundamental e de Valorização do Magistério (Fundef). Devido a esse normativo, a União passa a fazer uma complementação de recursos para os entes subnacionais que não atingissem o valor mínimo anual estabelecido. Essa complementação, no entanto, é diminuída nos anos posteriores, a partir de uma reinterpretação do Ministério da Fazenda sobre qual seria o mínimo a ser considerado para o cálculo (Vazquez, 2005), reduzindo a participação dos recursos federais de 3,2% do total do fundo em 1998 para 2,3% em 2002 (Castro, 2010). Como resultado, a partir de 2000 o gasto federal volta aos patamares anteriores.

O segundo marco institucional é a ampliação e reformulação do Fundef, transformado em Fundeb – agora abarcando toda a educação básica – por meio da Emenda Constitucional n.53/2006, que começa a ser implementada em 2007 e atinge pleno funcionamento em 2009. Essa política, ainda que não tenha adotado plenamente o princípio de equalização nacional como se esperava desde o Fundef (Oliveira; Souza, 2010), acabou por aumentar, em termos práticos, a participação da União na complementação de recursos para os entes subnacionais. Estabelece também critérios automáticos para o cálculo dos montantes a serem repassados, retirando a decisão da alçada do Ministério da Fazenda. A partir do diagnóstico negativo que a comunidade de especialistas, ativistas e gestores da educação fazia sobre o papel reduzido da União na redistribuição e equalização no Fundef, os parlamentares que apreciavam o Fundeb instituíram uma participação maior da esfera federal – a despeito das resistências do Ministério da Fazenda, sugerindo uma discordância de prioridades no interior do PT. Outro aspecto que explica esse aumento é a exigência de que somente uma parte dos 18% devidos pela União poderia ser utilizada como forma de complementação ao Fundeb (Martins, 2009) de modo que, efetivamente, foi necessário alocar recursos outros. De fato, Peres e Santos, neste livro, mostram como os gastos da União em educação ultrapassaram o patamar mínimo de 18% em todos os anos entre 2009 e 2015. Trata-se, portanto, de alterações significativas na composição dos gastos em educação, que se deram como resultado de escolhas políticas.

O terceiro marco institucional relevante refere-se à outra Emenda Constitucional, aprovada em 2009 (EC 59/2009), que retira os recursos da educação da política de Desvinculação das Receitas da União (DRU), proposta de iniciativa da Senadora Ideli Salvatti (PT-SC). Instituída em 1994 sob a insígnia de Fundo Social de Emergência (FSE),[6] a DRU permite que seja usada discricionariamente parte da arrecadação federal vinculada a áreas como educação, saúde e previdência social. Essa medida possibilita que o governo federal utilize esses recursos em outras despesas ou na formação do superávit primário. O fim da DRU para a educação se deu de maneira escalonada: 12,5% em 2009; 5% em 2010; e total em 2011.

Essa mudança gerou impactos substanciais na disponibilidade de recursos para a educação, como pôde ser visto no Gráfico 1. Logo no seu primeiro ano de vigência, as despesas em educação aumentaram cerca de 41%, saindo de R$ 39,5 bilhões em 2008 para R$ 55,7 bilhões em 2009. Em 2011, com seu pleno funcionamento, o gasto federal em educação chegou a 74,7 bilhões, quase dobrando os valores em relação a 2008. O fim da DRU para a área educacional era uma bandeira da comunidade de educação e já havia sido tentada pelo governo em propostas anteriores, inclusive no interior do próprio Fundeb.

Se, por um lado, esses marcos institucionais mostram que decisões deliberadas dos governos impactam o gasto federal em educação, por outro as condições econômicas também contribuem para a explicação. O nível de arrecadação de impostos é especialmente relevante no caso

6 À época, a DRU estabelecia que 20% da arrecadação da União com impostos, contribuições sociais e de intervenção no domínio econômico não podiam ser alvo de vinculação a qualquer órgão, fundo ou despesa (art. 76, *caput*, do ADCT, CF 1988).

da educação, que tinha, até 2016, vinculações constitucionais de gastos mínimos atrelados a receitas.

O aumento da arrecadação de receitas federais é praticamente constante entre 1997 e 2013, perpassando por todos os governos, como discutem Peres e Santos em capítulo deste livro. De fato, dada a política de ajuste fiscal adotada em boa parte do governo FHC, a carga tributária é aumentada de modo contínuo, especialmente no segundo governo (MPOG, 2015). No início do governo Lula, estratégia similar foi também adotada, com ajuste fiscal e aumento da carga tributária entre 2004 e 2005 (MPOG, 2015). Porém, se entre 1995 e 1999 os gastos em educação estão próximos e até mesmo acima da arrecadação, entre 2000 e 2002, mesmo com crescimento positivo do PIB, os níveis de gasto federal em educação permaneceram os mesmos. Até 2006, no governo Lula, observa-se um padrão similar. Esse cenário começa a se alterar a partir de 2007 como efeito combinado do crescimento econômico e de um patamar mais elevado de arrecadação devido ao aumento da carga tributária de anos anteriores. Ainda assim, não é apenas o crescimento econômico que explica esse resultado.

O ano de 2009 é particularmente interessante. Apesar do crescimento negativo do PIB nesse ano – como efeito da crise internacional dos mercados –, os gastos federais em educação permaneceram crescendo, explicado pelas políticas aprovadas anteriormente – pleno funcionamento do Fundeb e primeiro ano de implantação da desvinculação da DRU. A combinação do elevado desempenho econômico no ano seguinte (2010) com as escolhas políticas anteriores para a educação produziu a maior elevação anual de todo período analisado: as despesas federais em educação saíram de R$ 39,5 bilhões em 2009 para R$ 55,7 bilhões em termos reais apenas um ano depois (41%). Mesmo com o início da desaceleração econômica em 2014 (MPOG, 2015, p.3), a queda na disponibilidade fiscal não se traduziu, de imediato, em queda nos gastos em educação no governo Dilma, revelando a inércia das decisões de gastos anteriores. Somente em 2016, com as crises política e fiscal plenamente maturadas e um novo governo, os gastos federais em educação apresentam uma primeira queda, ainda que seus valores permaneçam muito distantes dos patamares de gastos do período pré-2007.

Dessa forma, é possível dizer que a disponibilidade fiscal tem impactos na capacidade de gasto, mas, ainda assim, há decisões políticas que refletem a agenda de governos que se orientam por princípios normativos distintos. No governo FHC, o aumento da carga tributária não se traduziu em aumento em gastos federais na educação na medida em que a política macroeconômica de ajuste fiscal era entendida pelo governo como prioritária para dar as bases e sustentabilidade para o crescimento econômico. Com isso, não foram realizados novos aportes de recursos e as políticas educacionais adotadas durante o governo FHC trataram de alterar prioridades, com ênfase na universalização do ensino fundamental e, em menor medida, a expansão do ensino médio. No governo Lula, a decisão de elevar a participação da União no Fundeb e, especialmente, de retirar a educação da DRU foram também decisões políticas que refletem a agenda do partido de aumentar a participação estatal na educação nacional "da creche à universidade", como era defendido. Desse modo, ainda que governos estejam sujeitos a fatores exógenos dos quais não têm diretamente controle, há variação nas decisões tomadas que espelham projetos políticos distintos.

Ainda que os gastos federais em educação não tenham aumentado durante o governo FHC, há um ligeiro crescimento do gasto público total no período: de 3,1% de todas as despesas em 1995 para 3,4% em 2002 (Castro, 2010). A razão para isso é que estados, especialmente municípios, ampliaram seus gastos. O Gráfico 2 ilustra a evolução das despesas com educação nos três níveis de governo.

De maneira similar aos gastos federais, os marcos institucionais e as condições econômicas explicam parte da evolução. Estados e municípios aumentam seus gastos de modo quase contínuo, com picos nos anos imediatamente posteriores ao Fundef (1997) e Fundeb (2007).[7] De 1996 a 1999, os municípios apresentavam praticamente o mesmo nível de gasto da União. De 2000 a 2002, as despesas municipais se estabilizam, porém já ocorre um distanciamento dos gastos federais, que se intensifica até

7 Abrahão (2005) encontra dados diferentes, indicando que teria havido redução do gasto dos estados em alguns anos do período entre 1995 e 2002 e apenas crescimento significativo do gasto dos municípios.

2016. No caso dos estados, há uma preponderância nos investimentos educacionais em relação aos outros entes federados até 2012. A partir de 2013, os municípios, pela primeira vez, ultrapassam os estados em termos de gasto em educação e passam a ser o nível de governo com maior gasto social nessa área. É possível que outros marcos institucionais expliquem também esse padrão, como a instituição do piso salarial do magistério em 2008 – elevando os gastos com pessoal em educação – ou a proibição de gastos com pessoal inativo com recursos da educação.

Gráfico 2: Despesas em educação da união, estados/DF e municípios, 1995-2016 (em milhões)

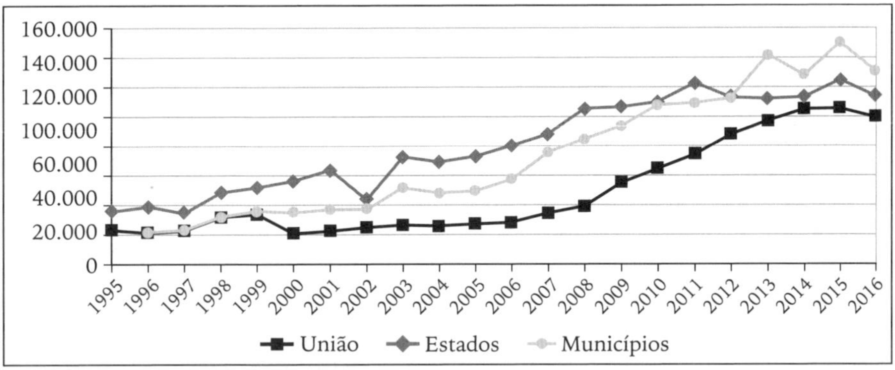

Fonte: Secretaria do Tesouro Nacional (SNT) e CEM/CEPID/FAPESP. Elaborado pelos autores.
* Valores atualizados para dezembro de 2016 com vase no IPCA acumulado.
** Dados de despesas municipais referentes a 1995 não foram divulgados pela STN.

De qualquer forma, é notável a continuidade da estratégia de coordenação nacional do gasto em educação por meio de regulamentações do governo federal tanto nos governos do PSDB quanto nos do PT. A diferença é que nos governos do PSDB o esforço de crescimento do gasto em educação básica esteve restrito a fórmulas que induzissem a expansão do gasto dos governos subnacionais para esse objetivo, enquanto nos governos do PT essa estratégia foi associada ao aumento também da participação da União no gasto nacional em educação.

Em suma, ao contrário do que foi observado por Huber e Stephens (2012), nossos dados mostram que a chegada da esquerda ao poder, no Brasil, produziu aumento nos gastos em educação, confirmando achados de Batista (2008). Como aqueles autores trabalham com informações até o ano de 2007/2008, esse conjunto de dados ainda não captava as mudanças que apresentamos nesta seção. A dinâmica econômica afeta o gasto em educação. No entanto, apesar de relevante, o gasto em educação no Brasil não pode ser explicado apenas pela disponibilidade fiscal. Trata-se de decisões políticas que marcam projetos políticos distintos. Na seção a seguir, exploramos estratégias ou visões sobre as formas de melhorar a educação nacional que podem ser observadas nos governos do PT.

Continuidades e inovações nas políticas de educação no século XXI na perspectiva do governo partidário

Nesta seção, analisamos o conteúdo de uma seleção de políticas educacionais como forma de identificar as continuidades e mudanças ou inovações introduzidas pelos governos de esquerda no Brasil. Iniciamos a análise pela educação básica e, em seguida, examinamos o ensino superior.

Com relação à educação básica, verificam-se elementos de continuidade nos governos FHC, Lula e Dilma assim como de mudanças. Em qualquer dos casos, observa-se a influência da CF 1988 como um marco institucional e normativo orientador das políticas educacionais, ainda que apropriado de modos distintos pelos governos.

Ao final do regime militar, havia um diagnóstico consensual de que a expansão do acesso ao ensino obrigatório, apesar de relevante, não havia logrado atingir a universalização, havia excluído os segmentos populacionais mais vulneráveis e, como resultado, produzido aumento das desigualdades educacionais. A CF 1988 foi elaborada num momento político de transição do autoritarismo para a democracia e pautada pelo estabelecimento de direitos sociais universais. Esse cenário também orientou a tomada de decisão dos constituintes com relação à educação. Estes instituíram pleno direito à educação para a população brasileira, entendida como um direito social e dever do Estado e da família. Dentre os vários princípios norteadores da educação, os constituintes inseriram a igualdade de condições para o acesso e a permanência na escola, explicitando, dessa forma, dois gargalos produzidos pelas políticas educacionais prévias. O ensino fundamental (EF) permaneceu obrigatório, inclusive para aqueles que não tiveram acesso na idade apropriada, assim como os constituintes registraram uma sinalização para uma futura universalização (e obrigatoriedade) do ensino médio. A educação infantil não teve metas explícitas de atendimento, mas assinalava futura ampliação, ao estipular ser dever do Estado garantir seu atendimento. A gratuidade em todos os estabelecimentos oficiais de ensino – uma bandeira defendida pelo Fórum em Defesa do Ensino Público e Gratuito durante a constituinte –, a valorização dos profissionais de ensino e a gestão democrática também foram definidos como princípios orientadores da ação pública.

Os constituintes também estabeleceram maiores garantias para o financiamento da educação, reconhecendo a necessidade de ampliação e regularidade dos gastos e elevaram o comprometimento da União para 18% das receitas. Ainda, os constituintes definiram que metade dos gastos da União devia ser alocado prioritariamente para a eliminação do analfabetismo e a universalização do EF, respondendo, assim, aos dois problemas prioritários que estavam na base do grande atraso educacional do país. Outros dispositivos também reforçaram a priorização da alocação de recursos e de políticas para o EF de forma colaborativa entre União, estados, Distrito Federal e municípios, na medida em que havia grande disparidade de capacidade de atendimento e de financiamento entre os entes subnacionais. Formas de colaboração eram também especialmente necessárias no caso do EF, pois estados e municípios são, de forma concorrente, os principais provedores desse serviço.

De fato, o EF foi considerado uma área prioritária no governo FHC, tendo como emblemáticos o Fundef – que também institui um gasto mínimo na remuneração do magistério do ensino fundamental – e a expansão dos programas federais com apoio financeiro da União para as escolas públicas do EF (Castro, 1999; Draibe, 2003). A adoção de critérios impessoais – como número de matrículas – para o repasse de recursos gerenciados pelo FNDE eliminou as práticas clientelísticas anteriores (Draibe, 2003). Houve também iniciativas focalizadas, como a parceria com o Bird para a melhoria do EF, com adoção de critérios de priorização regional, transferências adicionais de recursos para municípios participantes do Programa Comunidade Solidária e, a partir de 2001, com o

Programa Bolsa-Escola (Castro, 1999). Esse conjunto de ações foi capaz de induzir os entes subnacionais a produzir a virtual universalização do acesso a esse nível de ensino no Brasil, realizando o ideário da CF 1988.

Com relação aos demais níveis de ensino, houve iniciativas de apoio às redes estaduais para ampliação da oferta de ensino médio regular que promoveram significativa expansão – de 22% de taxa de escolarização líquida em 1995 para 40% em 2002 (Ipea, 2016) –, mas não tinham como objetivo uma universalização de curto prazo. Com efeito, o governo FHC sinaliza a sua não intenção de viabilizar tal universalização ao retirar da CF 1988 a menção expressa a uma futura obrigatoriedade para esse nível de ensino durante a tramitação do Fundef. O ensino médio profissional tem uma inflexão no governo FHC. Em 1997, o curso profissionalizante é separado do ensino médio regular e adota-se um programa de apoio à expansão das redes estaduais e privadas, financiada pelo Banco Mundial, mas que excluía a rede federal de ensino técnico da estratégia expansionista (Cassiolato; Garcia, 2014). A educação infantil recebeu poucos incentivos federais e seu crescimento no período (Castro, 2010) está associado à iniciativa própria dos municípios.

Essas estratégias de ação – ampliação do acesso à educação na direção do que preconiza a CF 1988 e o papel de normatizador e indutor nacional na educação – foram não apenas mantidas como expandidas nos governos Lula e Dilma. Observa-se progressiva ampliação do papel do governo federal na regulação e no financiamento dos serviços educacionais públicos, estendidos agora para outros níveis e modalidades de ensino e não mais restritos ao ensino fundamental. Novas ações foram criadas, como os programas Mais Educação, Educação do Campo (Pronacampo), Brasil Alfabetizado, Pró-Infância, Plano de Desenvolvimento da Educação, criação de novos indicadores (como o Ideb), expansão de avaliações nacionais (Prova Brasil, Enem etc.), além de ações articuladas com outros ministérios, como a compra da agricultura familiar para a merenda escolar, Programa Saúde na Escola e o próprio Bolsa Família. De fato, a ampliação do gasto federal, como vista na seção anterior, permitiu ao governo ampliar o escopo de atuação estatal na educação nacional.

Há, dessa forma, elementos de continuidade – de construção progressiva ao longo do tempo –, que são resultado direto da democracia de massas, do marco constitucional de 1988 e, ao mesmo tempo, de uma ampliação do papel estatal na condução da política educacional nos governos de esquerda no Brasil, como previsto pelas teorias do governo partidário.

Por exemplo, o Fundeb não pode ser atribuído como uma bandeira exclusiva do PT, pois já havia, mesmo antes do governo, um consenso entre atores da comunidade de políticas educacionais sobre as limitações do Fundef, em especial no que se referia à falta de apoio ao restante dos níveis de ensino da educação básica. No próprio programa de governo dos candidatos a presidente do PT (Lula) e do PSDB (Serra) em 2002, ambos propõem a ampliação do Fundef, explicitando o comprometimento de expandir o acesso em todos os níveis. Por outro lado, o Fundeb não pode ser entendido como mera reprodução do Fundef estendido para a educação básica, pois havia disputas de projetos políticos entre diversos atores da comunidade de educação. Três exemplos são ilustrativos: 1) a definição de um novo mecanismo para a complementação da União, como discutido na seção anterior; 2) a inclusão das creches no fundo (contrariando os interesses dos governos estaduais) sem adição de impostos municipais para a formação do fundo;[8] e 3) a inserção do piso nacional dos profissionais da educação pública, durante a tramitação do Fundeb, com substancial impacto nos gastos com pessoal para os governos subnacionais, especialmente nos estados que, adiante, questionaram a legislação no Supremo Tribunal Federal.

A criação do piso nacional dos profissionais da educação pública é, por um lado, exemplo da manutenção do mecanismo de ações reguladas nacionalmente pelos governos do PT e, por outro, resposta a uma reivindicação antiga da Confederação Nacional dos Trabalhadores da Educação (CNTE), sindicato historicamente ligado ao PT, e havia sido explicitamente inserida já no programa de governo do partido em 2002. Essa proposta claramente difere daquela do PSDB, partido sem conexões com

8 Creches não constavam no projeto original do executivo, mas foram inseridas por parlamentares durante a apreciação legislativa. Entrevistas que realizamos com atores envolvidos no processo sugerem que era um veto do Consed (Conselho de Secretários Estaduais de Educação), para evitar maior compartilhamento dos recursos do fundo com os municípios, e do próprio Ministério da Fazenda de então, preocupado com os efeitos dessa ampliação nas contas públicas.

sindicatos, que já na tramitação do Fundef em 1996 se opôs à instituição do piso (Gomes, 2008), com o argumento de que a subvinculação de gastos mínimos na remuneração do magistério produziria o estabelecimento de um piso, o que, na prática, não ocorreu. O programa de governo (PSDB, 2002) apenas cita, genericamente, a adoção de estratégias de "valorização dos docentes" sem menção a um piso.

De qualquer modo, o Fundeb, de modo similar ao Fundef, também produziu a expansão do acesso, agora para outros níveis de ensino. O acesso ao ensino médio continua a se expandir nos governos Lula e Dilma também como resultado da melhoria no fluxo escolar no ensino fundamental, atingindo 57% de frequência líquida em 2015, com taxas de incorporação maiores entre os jovens das regiões Nordeste e Norte[9] em comparação ao Sul e Sudeste. Apesar de ampliado, o ensino médio ainda hoje é marcado por elevados níveis de abandono e repetência escolar e, portanto, de desigualdades de acesso, permanência e finalização dos estudos.

Na educação de crianças de 4 a 5 anos, o avanço é mais nítido. Em 2001, as desigualdades por origem social ainda prevaleciam entre crianças de famílias mais pobres (58% de frequência) e mais ricas (91%)[10] na pré-escola. Essa diferença, de 32 pontos percentuais, cai para 8 pontos em 2015, reduzindo de modo substancial as desigualdades de acesso. Observa-se um crescimento mais intenso do atendimento dessas crianças a partir de 2005, que segue em rota de expansão após a implantação do Fundeb e do programa Pró-infância (em 2007).

A administração Dilma mantém a continuidade das políticas anteriores, mas seu governo se destaca pelo aumento no gasto federal em educação infantil, em especial no apoio às creches, e na adoção de um novo programa nacional de educação profissional. O programa Pró-Infância ganha envergadura orçamentária ao integrar o PAC 2 e fazer parte das ações de superação da pobreza extrema a partir de 2011,[11] priorizando

9 Variação da taxa de escolarização líquida de jovens de 15 a 17 anos no Sudeste em comparação com o Nordeste, respectivamente: 29% a 52% X 11% a 23% (1995-2002); 55% a 61% X 25% a 40% (2003-2010) e 61% a 65% X 42% a 48% (2011 a 2015). Anexo estatístico em Ipea (2016).

10 Dados do Observatório do Plano Nacional de Educação elaborado pelo Todos pela Educação. Refere-se à renda familiar *per capita* dos 25% mais ricos e mais pobres.

11 Programa Brasil Carinhoso, no interior do Plano Brasil sem Miséria.

o atendimento de alunos provenientes de famílias beneficiárias do Programa Bolsa Família. O volume de recursos federais apoiando municípios na construção de escolas de educação infantil aumenta consideravelmente entre 2011 e 2014 (Ipea, 2016). O atendimento de crianças de 0 a 3 anos sai de 14% em 2001 para 30% em 2015, observando-se significativos incrementos a partir de 2007 com o início do Fundeb e do Pró-Infância.[12]

O Programa de Acesso ao Ensino Técnico e Emprego (Pronatec), aprovado em 2011 e com oferta de cursos para a qualificação profissional, surge num momento em que o mercado de trabalho estava aquecido e com uma demanda por trabalhadores qualificados (Cassiolato; Garcia, 2014). Com um público-alvo bastante ampliado, que incluía trabalhadores empregados ou não, continha também ações focalizadas para beneficiários de programas sociais a partir de estratégias de inclusão produtiva. O programa tem um peso significativo nas despesas em educação no governo Dilma (Mendes, 2015) e, como discutido por Boix (1997; 1998), é uma política típica de governos de esquerda, que elevam a participação estatal na formação de capital humano. A educação profissional já havia tido uma alteração de rota logo no início do governo Lula. Em 2004, várias medidas foram tomadas visando a ampliação da política voltada para a educação profissional, tais como: retorno ao ensino médio regular, integração com a educação de jovens e adultos, apoio à expansão da rede pública estadual; e a reorganização, expansão e interiorização da rede federal (Cassiolato; Garcia, 2014), estratégia esta que havia sido abandonada no governo FHC.

Ao final, a combinação de novos programas educacionais no governo Dilma com a herança do legado de transformações anteriores trará efeitos nos gastos federais em educação que, como vimos, começam a pressionar as contas nacionais quando do início da desaceleração econômica, com impactos visíveis a partir de 2014.

Essa expansão do escopo de atuação do governo federal na educação nacional também pode ser observada com a aprovação da EC 59 em 2009, que institui o ensino obrigatório de 4 a 17 anos e eleva as obrigações estatais para com educação básica para um novo patamar. Apesar de não constar dos programas de governos dos candidatos do PT ou PSDB em

12 Dados do Observatório do PNE, Todos pela Educação.

2002, a medida tem implicações significativas, inclusive no gasto federal e subnacional em educação. Além de gerar a imediata obrigatoriedade das redes públicas em aumentar a oferta de pré-escola (municípios) e ensino médio (estados), os programas federais de apoio aos entes subnacionais passam a englobar toda a educação básica, isto é, não mais restritos ao ensino fundamental. De fato, é significativo o aumento dos gastos federais nos programas gerenciados pelo FNDE – alimentação escolar, livro didático, transporte escolar etc. – após a extensão do ensino obrigatório, financiando escolas das redes estaduais e municipais do país.

Ampliar a obrigatoriedade em países, como o Brasil, em que o acesso aos serviços educacionais ainda não é universal é uma política fortemente redistributiva na medida em que os excluídos da escola tendem a ser os segmentos historicamente mais vulneráveis da população, seja pelo viés de renda, cor/raça, urbano/rural ou regional, como observado nos indicadores apresentados anteriormente. Ao estabelecer, assim, uma meta explícita, o direito à educação ganha um novo patamar, rompendo com o "desejo" de uma "progressiva universalização", sem datas, e realizando em sua plenitude o ideário inscrito na CF 1988. A obrigatoriedade de 4 a 17 anos – se aproximando, inclusive, ao padrão adotado nos países desenvolvidos – é uma condição necessária, ainda que não suficiente, para a eliminação das desigualdades de oportunidades educacionais, isto é, aquelas associadas à origem social dos indivíduos.

Além das estratégias de investimento público estatal na formação de capital humano (Boix, 1997) com efeitos na renda (futura) desses indivíduos, essa política afeta um eleitorado prioritário na agenda política do PT. Como apontam Huber e Stephens (2012), em países em que o prêmio educacional é elevado, a expansão do acesso à escola produz efeitos de médio prazo na redução dos níveis de pobreza e desigualdade. No contexto brasileiro, portanto, é possível entender essa escolha, de estender o ensino obrigatório, como parte de uma agenda típica de governos de esquerda que geram efeitos redistributivos.

No setor de ensino superior, há tanto continuidades (expansão por meio de instituições do setor privado) quanto alterações de trajetória (expansão e interiorização das instituições públicas federais). Como discutimos anteriormente, Ansell (2008) propõe que, num sistema de ensino superior elitizado como o brasileiro (18% dos jovens de 18 a 24 anos frequentam ou concluíram uma graduação), as escolhas sobre investimento público de partidos de esquerda e de direita serão diferentes daquelas para a educação básica.

O ensino superior no governo FHC apenas em parte é explicado pelo modelo de Ansell. Por um lado, foi marcado pela expansão do acesso, como previsto pelo modelo, com nova regulamentação para estimular a oferta de ensino superior privado (Nunes, 2004; 2007) e reformulação do crédito estudantil – Fundo de Financiamento do Estudante do Ensino Superior (Fies), porém com regras de sustentabilidade financeira do programa que não tornavam seu acesso universal. Há, efetivamente, crescimento do acesso ao ensino superior ao final do governo FHC, após estagnação na década de 1980 e início de 1990, mas a opção por não adotar políticas que diminuíssem a "renda-dependência" no ingresso beneficiou largamente os segmentos de renda mais alta da população, potenciais eleitores do PSDB, os "próximos da fila" para ingressar em um sistema de ensino ainda fortemente elitizado. Por outro lado, o governo FHC não adotou a expansão do investimento público nas instituições federais de ensino, de acesso ainda elitizado, como esperado no modelo de Ansell, optando por incentivos para a expansão privada. Nesse aspecto, nos parece que a distinção de Boix é mais adequada para explicar a diferença (1997; 1998): a principal clivagem, nesse caso, é a forma de provisão desse serviço, se estatal ou privada. A visão programática liberal do PSDB no campo econômico, ainda que social-democrata com relação às políticas sociais (Roma, 2002), leva o partido a priorizar o ensino fundamental público, estando ausente da agenda do governo FHC a expansão da rede pública federal como meio de ampliação do acesso ao ensino superior. De fato, o programa de Serra (PSDB, 2002) nas eleições presidenciais sugere a continuação dessa estratégia ao citar como meta uma expansão do ensino superior "com qualidade", sem menção à expansão pública federal. No programa de Lula (PT, 2002) aponta-se explicitamente o setor público, ainda que, também, não prometa ser a forma exclusiva de expansão.

Na proposta de Ansell, os governos do PT também não teriam incentivos racionais-eleitorais para aumentar o gasto público em ensino superior, que beneficiaria a classe média alta, num sistema ainda elitizado, exceto se medidas que amenizem a "renda-dependência" do sistema de entrada fossem adotadas. Essa proposição nos parece se aplicar bem aos governos do PT que, de fato, adotam políticas de bolsas de estudos e de ações afirmativas – com critérios de renda, cor/raça/etnia e candidatos oriundos do ensino médio público. Já em 2005, o Programa Universidade para Todos (Prouni) é implantado com bolsas de estudo para cursos em instituições privadas, porém adotando critérios de ação afirmativa para acesso. Como previsto no modelo de Ansell, o Prouni era uma solução que não implicava aumentar a carga tributária a ser financiada pelos mais pobres, pois o principal mecanismo de financiamento desse programa era por meio da isenção fiscal. Mais à frente, em 2012, o Congresso Nacional aprovou a legislação que estende a adoção de políticas afirmativas para toda a rede de ensino superior federal, contribuindo para diminuir a "renda-dependência" no ingresso nesse nível educacional. Estimativas do Ipea (2016) mostram que a adoção de cotas aumentou a taxa de frequência líquida de negros de 18 a 24 anos no ensino superior nos governos Lula e Dilma (4,4% a 12,5% entre 2003 e 2015), em comparação aos governos de FHC (2,0% para 3,8% entre 1995 e 2002), porém sem eliminar as desigualdades de cor ou raça, na medida em que o crescimento de acesso de brancos permaneceu mais elevado em todos os governos. A adoção, por outro lado, de 50% das vagas nas instituições federais de ensino superior com cotas de renda e étnico-raciais a partir de 2012, alterou o perfil do alunado dessas instituições (Andifes, 2017). Entretanto, dada a pequena participação das matrículas federais no total do ensino superior (17% em 2015), seu impacto na diminuição das desigualdades de acesso é limitado.

O Fies, por sua vez, passa por remodelação com relação a juros e regras para amortização a partir de 2010, que ampliam significativamente o potencial de beneficiários dessa política, diminuindo os efeitos da "renda-dependência" para o ingresso no ensino superior. Em 2011, o governo Dilma amplia ainda mais essa linha de crédito para outros tipos de estudantes, como os de ensino profissional, gerando impactos significativos no gasto federal. Em 2014, o Fies consumia quase metade (48%) do total de gastos federais em ensino superior, excetuando gasto com pessoal. Em 2015, o governo Dilma aumenta as taxas de juros com vistas a garantir sua sustentabilidade financeira, já como resposta à crise fiscal do governo.

Há também uma inflexão nos governos do PT no gasto em instituições públicas federais, com especial destaque para o Programa de

Reestruturação e Expansão das Universidades Federais (Reuni) a partir de 2008, a política de expansão e interiorização dos Institutos Federais de Educação e a criação da Universidade Aberta do Brasil (UAB) em 2005, com graduações na modalidade de ensino à distância, elevando substancialmente o potencial de expansão do sistema. A elevação da disponibilidade fiscal do governo, como vimos, viabilizou a estratégia de retomada e expansão das instituições federais de ensino, além da reestruturação das carreiras de professores e funcionários técnico-administrativos, respondendo a uma antiga bandeira de sindicatos, profissionais e intelectuais das universidades públicas brasileiras, eleitorado potencial do PT. Porém, a partir de 2010, observa-se uma progressiva elevação de gastos com o Fies, possivelmente revelador do esgotamento da estratégia de ampliação do acesso por meio de universidades federais. Nesse caso, o modelo de Boix (1997; 1998) também parece explicar bem o caso brasileiro: governos de esquerda optam pela via do gasto público estatal em capital humano como insumo para o crescimento econômico, mas, como prevê Ansell, em sistemas ainda distantes da massificação do acesso, esse gasto não pode se tornar um custo elevado para os eleitores de baixa renda e ainda muito distantes de serem os beneficiários de uma política de expansão pública do ensino superior.

Conclusões

A discussão apresentada até aqui nos permite extrair algumas implicações de nossos achados para o debate atual. Do ponto de vista do impacto da democracia, encontramos para o caso da educação o padrão sugerido por Arretche (2018), isto é, a expansão do acesso à educação no Brasil foi contínua em todos os governos aqui analisados e, portanto, independente da matriz ideológica dos partidos que chegaram ao poder. Observa-se também no campo das continuidades, a estratégia de normatização e coordenação nacional da política educacional, perseguindo o estabelecimento de padrões mínimos nacionais de modo similar ao adotado pelo governo FHC, ainda que se observe maior abrangência do escopo de atuação estatal em diferentes níveis e modalidades de ensino a partir do governo Lula.

Por outro lado, observam-se diferenças entre os governos do PSDB e do PT que são explicadas pela visão normativa do papel do Estado na economia e na sociedade e nos princípios de justiça social que orientam os projetos políticos desses partidos. O desempenho de governos de esquerda no Brasil não difere daquele verificado para os países desenvolvidos: aumento do gasto estatal público e adoção de políticas equalizadoras e redistributivas.

Em suma, a democracia brasileira tem, até o momento, se mostrado eficaz para alterar as condições socioeconômicas da população brasileira, como no caso aqui analisado das políticas educacionais. A realização do ideário de educação como um direito de cidadania universal, assim como pensado pelos constituintes de 1987-1988, não é uma tarefa que se realiza imediatamente, ao contrário, trata-se de um projeto para vários governos e, ainda hoje, em construção. O maior risco em não se reconhecer os efeitos inclusivos e redistributivos das políticas adotadas como resultado da democracia é torná-la dispensável aos olhos da população brasileira. A mensagem que mostramos aqui é clara: a democracia e partidos políticos competindo numa democracia de massas foram os principais fatores explicativos da expansão do acesso à educação no Brasil contemporâneo, inclusive com a diminuição de desigualdades históricas, muitas vezes assumidas como imutáveis.

A despeito de todos os avanços ocorridos até o momento, os desafios para a educação nacional permanecem elevados. Há um universo de alunos ingressando na escola com um novo perfil, advindos de condições socioeconômicas adversas e que demandam um acompanhamento de trajetória escolar apropriado. Há problemas de aprendizagem, notadamente a partir dos anos finais do ensino fundamental, e o abandono e a repetência escolar ainda atingem com especial ênfase os jovens que deveriam estar frequentando o ensino médio ou ensino superior. Por fim, os próprios gastos em educação básica, que mostramos aqui haver crescido substancialmente e em termos reais, num contexto favorável de diminuição da população em idade escolar, permanecem muito abaixo da média de outros países, mesmo em comparação a nossos vizinhos. Nesse debate, diferentes visões de sociedade e do papel do Estado permanecerão em disputa na vigência da democracia.

Referências bibliográficas

ANDIFES. Pesquisa do Perfil Socioeconômico e Cultural dos Estudantes de Graduação nas Instituições Federais de Ensino Superior Brasileiras. Associação Nacional dos Dirigentes das Instituições Federais de Ensino Superior: Fórum Nacional de Pró-Reitores de Assuntos Comunitários e Estudantis. Uberlândia, 2014.

ANSELL, B. W. University Challenges: Explaining Institutional Change in Higher Education. *World Politics*, v.60, n.2, p.189-230, jan. 2008.

ARRETCHE, M. Democracia e redução da desigualdade econômica no Brasil: a inclusão dos *outsiders*. *Revista Brasileira de Ciências Sociais*, v.33, n.95, p.1-22, 2018.

BATISTA, C. Partidos políticos, ideologia e política social na América Latina: 1980-1999. *Dados – Revista de Ciências Sociais*, Rio de Janeiro, v.51, n.3, p.647-86, 2008.

BOIX, C. Political Parties and the Supply Side of the Economy: The Provision of Physical and Human Capital in Advanced Economies, 1960-90. *American Journal of Political Science*, v.41, n.3, p.814-45, 1997.

______. *Political parties, growth and equality: conservative and social democratic economic strategies in the world economy*. Cambridge: Cambridge University Press, 1998.

CASSIOLATO, M. M. M. C.; GARCIA, R. L. Pronatec: múltiplos arranjos e ações para ampliar o acesso à educação profissional. In: GOMIDE, A. A.; PIRES, R. R. L. (eds.). *Capacidades estatais e democracia*: arranjos institucionais de políticas públicas. Brasília: Ipea, 2014.

CASTLES, F. G. What Welfare States Do: a Disaggregated Expenditure Approach. *Journal of Social Policy*, v.38, n.1, p.45-62, jan. 2008.

CASTRO, J. A. Financiamento da educação pública no Brasil: evolução dos gastos. In: OLIVEIRA, R. P.; SANTANA, W. (orgs.). *Educação e federalismo no Brasil*: combater as desigualdades, garantir a diversidade. Brasília: Unesco, 2010.

CASTRO, J. et al. Gasto social federal: prioridade macroeconômica no período 1995-2010. *Nota Técnica*, Brasília, Ipea, n.9, set. 2012.

DRAIBE, S. A política social no período FHC e o sistema de proteção social. *Tempo Social*, São Paulo, v.15, n.2, p.63-101, nov. 2003.

ESPING-ANDERSEN, G. *The Three Worlds of Welfare Capitalism*. Princeton: Princeton University Press, 1990.

GOLDEMBERG, J. O repensar da educação no Brasil. *Estudos Avançados*, São Paulo, v.7, n.18, p.65-137, ago. 1993.

GUARNIERI, F. Comportamento eleitoral e estratégia partidária nas eleições presidenciais no Brasil (2002-2010). *Opinião Pública*, Campinas, v.20, n.2, p.157-77, ago. 2014.

HUBER, E.; STEPHENS, J. D. *Development and Crisis of the Welfare State: parties and policies in Global Markets*. Chicago; Londres: University of Chicago Press, 2001.

______. *Democracy and The Left: social policy and inequality in Latin America*. Chicago; Londres: University of Chicago Press, 2012.

IPEA. *Políticas Sociais: acompanhamento e análise. Vinte anos da Constituição Federal*. Brasília, n.17, v.1-3, 2016.

IVERSEN, T.; STEPHENS, J. D. Partisan Politics, the Welfare State, and Three Worlds of Human Capital Formation. *Comparative Political Studies*, v.41, n.4-5, p.600-37, abr.-maio, 2008.

MARTINS, P. de S. Financiamento da educação e receitas da União: vinculação, desvinculação e revinculação. Câmara dos Deputados, Consultoria Legislativa, jun. 2009.

MENDES, M. A despesa federal em educação: 2004-2014. *Boletim Legislativo*, Senado Federal, n.26, 2015.

NUNES, E. Desafio estratégico da política pública: o ensino superior brasileiro. *Revista de Administração Pública*, Rio de Janeiro, ed. comemorativa, p.103-47, 2007 [1967].

______; CARVALHO, M. M. Ensino superior público e privado no Brasil: expansão, evasão e perfil dos concluintes. *Observatório Universitário*, documento de trabalho n.35, série Educação em Números.

OECD. *Education at a Glance 2015*: OECD Indicators. Paris: OECD publishing, 2015.

OLIVEIRA, R.; SOUZA, S. Z. Introdução. In: OLIVEIRA, R. P. de; SANTANA, W. (orgs.). *Educação e federalismo no Brasil: combater as desigualdades, garantir a diversidade*. Brasília: Unesco, 2010.

PSDB. Programa de governo: *Trabalho e progresso para todos*. Partido Social-Democracia Brasileira, ago. 2002.

PT. Programa de Governo: *Uma escola do tamanho do Brasil*. Partido dos Trabalhadores, 2002.

RIBEIRO, C. A. C. Desigualdade de oportunidades e resultados educacionais no Brasil. *Dados*, Rio de Janeiro, v.54, n.1, p.41-87, 2011.

RODRIGUES, L. M. Partidos, ideologia e composição social. *Revista Brasileira de Ciências Sociais*, São Paulo, v.17, n.48, p.31-47, fev. 2002.

ROMA, C. A institucionalização do PSDB entre 1988 e 1999. *Revista Brasileira de Ciências Sociais*, São Paulo, v.17, n.49, p.71-92, jun. 2002.

VAZQUEZ, D. A. Desequilíbrios regionais no financiamento da educação: a política nacional e equidade do Fundef. *Revista de Sociologia Política*, Curitiba, n.24, jun. 2005, p.149-64.

PARTE III

MUDANÇA POR EMULAÇÃO

9
Transformações, avanços e impasses nas políticas urbanas brasileiras recentes

Eduardo Marques

Este capítulo apresenta a trajetória das políticas urbanas no Brasil recente, considerando sua história e, ao mesmo tempo, focando as principais transformações por que passaram nas últimas décadas. A expressão "políticas urbanas" é ampla e por vezes imprecisa, mas são analisadas aqui aquelas ligadas à edificação do quadro construído das cidades, à sua gestão e à promoção dos serviços e bens que caracterizam o urbano. Tradicionalmente, estas foram analisadas de forma setorial e fragmentada, seguindo os enquadramentos das políticas brasileiras, também desarticulados e por vezes até contraditórios. Desse modo, este capítulo analisa as transformações recentes desse campo de ação estatal integradamente, partindo da tendência corrente das políticas de maior integração, mesmo que de forma incompleta.

Diferentemente das políticas analisadas em outros capítulos, portanto, as políticas urbanas envolvem iniciativas estatais sobre objetos variados e que são desenvolvidas por diferentes burocracias e agências: planejar o território, produzir habitações, combater a precariedade habitacional, fornecer água potável e transportes, remover e dispor adequadamente esgotos sanitários e resíduos sólidos, entre outros. Adicionalmente, estão incluídas aqui tanto atividades de coordenação (tais como planejamento urbano) e regulação (das atividades imobiliárias privadas) quanto de produção de bens (como habitação) e serviços (saneamento, coleta de lixo, transportes etc.). Essas iniciativas são objeto de políticas desenvolvidas por organizações e comunidades profissionais distintas, o que gera fragmentação e baixíssima integração. A isso se soma a questão federativa, dado que grande parte dessas políticas é de atribuição municipal, mas se insere em sistemas nacionais ou sofre a influência de políticas de outros níveis de governo. Em alguns casos, a ausência de coordenação e a presença de lógicas conflitantes geram muitos problemas, como a construção de habitação social em locais sem infraestrutura e transportes públicos, ou a promoção de planejamento exclusivista em cidades com grandes desigualdades e precariedade.

Esse campo de políticas sofreu muitas transformações nos últimos tempos. Historicamente, a grande fragmentação institucional foi acompanhada de ênfase muito forte (embora insuficiente) em políticas de habitação e saneamento, e de forma ainda mais restritiva na produção de novas unidades habitacionais para venda financiada. O volume dessas políticas foi sempre insuficiente, e seu feitio, continuadamente inadequado, resultando em um estoque sempre crescente de precariedade habitacional. Com o retorno da democracia nos 1980, vivemos o declínio dos sistemas nacionais ao mesmo tempo que ocorria intenso ativismo de movimentos sociais urbanos e de gestões locais, gerando importantes inovações de políticas. A partir dos primeiros anos da década de 2000, um novo sistema de políticas federais começou a ser gestado, interagindo com os legados do período militar e com as transformações dos anos 1990. Ao final desse intervalo de tempo, a construção desse sistema passou a encontrar limites, dados os processos políticos que cercavam sua produção.

Essas transformações foram produto combinado de três dimensões: (i) mudança do regime político, que alternou os atores relevantes, seu poder relativo e as regras das disputas políticas; (ii) dinâmicas da comunidade técnica e de ativistas do setor, gerando e advogando novas soluções e formatos institucionais; e (iii) controle do governo federal a partir de 2003 por um partido alinhado com tais políticas e que empoderou a comunidade do setor na introdução da nova agenda. Como veremos, entretanto, esses deslocamentos foram incompletos, em especial pela mobilização gradativa de atores resistentes a tal agenda, inclusive na coalizão governamental. Analisar essa trajetória é o objetivo deste capítulo.

Os argumentos estão organizados aqui em três seções, além desta introdução e da conclusão. Na primeira, exploro sucintamente os legados históricos que forjaram as políticas urbanas no Brasil. A segunda discute as transformações que elas sofreram desde o retorno à democracia, enquanto a terceira acompanha o retorno das políticas federais após 2003. A seção final resume as mudanças recentes e aponta tendências futuras, ainda pouco claras.

Legados históricos nas políticas urbanas

Como sabemos (Bonduki, 1998; Azevedo; Andrade, 1981), as primeiras políticas de habitação se originaram das carteiras habitacionais dos Institutos de Aposentadoria e Pensões (IAP), cuja elegibilidade estava subordinada à lógica da cidadania regulada (Santos, 1979), deixando desassistida a maior parte da população. Adicionalmente, a política produziu quase exclusivamente unidades habitacionais novas para venda financiada em conjuntos habitacionais, inaugurando uma escolha que constrangeu as políticas posteriores de maneira *path dependent*. Como a habitação é um bem de valor muito elevado e de longa duração, depreciado por longo período, programas baseados na venda precisam equacionar o financiamento ao beneficiário final, restringindo fortemente o acesso de quem tem rendimentos irregulares e reduzidos. Em programas de aluguel social (desenvolvidos na Europa na mesma época), diferentemente, a construção também precisa ser financiada, mas o risco financeiro da inadimplência é muito reduzido, tornando elegíveis grupos sociais muito mais pobres. Políticas urbanas como planejamento, abastecimento de água, esgotamento sanitário, coleta de lixo e transportes permaneciam sem regulamentação ou apoio financeiro federais, exceto pelas tímidas políticas de saneamento que os IAPs implantavam em seus próprios conjuntos habitacionais. Em 1945, foi criada a Fundação da Casa Popular (FCP), cujo efeito era, contudo, pequeno e concentrado (Azevedo; Andrade, 1981).

A próxima conjuntura crítica do setor ocorreu mais uma vez em ambiente autoritário, após o golpe militar. Ainda em 1964 foi criado o Banco Nacional de Habitação (BNH), incorporando as agências anteriores. Em 1968 foram criados o Sistema Financeiro de Habitação (SFH) e o Sistema Financeiro de Saneamento (SFS), e, em 1971, o Plano Nacional de Saneamento (Planasa). A partir de 1969 o BNH foi autorizado a usar recursos do Fundo de Garantia por Tempo de Serviço (FGTS) para financiar fundos estaduais, que emprestariam recursos para agências estatais ou metropolitanas de habitação e saneamento (Azevedo; Andrade, 1981; Maricato, 1987).

Ocorreu assim uma importante mudança de escala da política: entre 1967 e 1986 foram produzidas cerca de 2,3 milhões de unidades habitacionais para rendas baixa e média-baixa (Azevedo, 1988) – mas de baixa qualidade, segregadas e cercadas de corrupção nos contratos de construção (Maricato, 1987). Para as áreas precárias, restaram as intensas remoções de favelas, realizadas dos anos 1960 aos 1980. No saneamento, a disponibilidade de água potável aumentou muito, mas pouco se alterou a presença de esgotamento sanitário. A coleta de lixo e a drenagem urbana continuaram com os governos locais, subfinanciados e sem regulação federal (Marques, 2015). O principal (e quase único) produto habitacional continuou a ser a unidade nova construída por empreiteiras para venda financiada nas periferias.

Esse período correspondeu também à primeira expansão nacional do planejamento urbano, com a disseminação de agências e planos municipais e metropolitanos incentivados financeiramente pelo BNH através de agência própria – Serfau (Maricato, 1987). Diversos planos foram produzidos, mas com muito baixa eficácia, em especial pelos interesses imobiliários envolvidos e pelas parcas capacidades técnicas municipais (apesar da existência de ilhas de capacidade técnica, sobretudo nos municípios maiores e nas capitais), sugerindo que a produção de planos sem capacitação local tende a causar poucos efeitos.

Em 1973, criaram-se as regiões metropolitanas, equipadas com agências para o planejamento dos serviços de interesse comum. Essas agências, entretanto, sempre tiveram atuação muito tímida, quando não nula (Souza, 2004), em especial pela competição política com as burocracias e agências setoriais já instaladas nos serviços de infraestrutura (pelo próprio regime militar, contraditoriamente), assim como pela intensidade dos interesses imobiliários.

Também surgiram nesse momento as primeiras políticas federais significativas em trens suburbanos e metrôs, com a criação, em 1975, de novas instituições (EBTU, SNTU e FNDU) a cargo de irrigar empresas estaduais que construiriam sistemas ferroviários metropolitanos através de contratos com empreiteiras. Os resultados foram fracos, embora esse arranjo institucional tenha viabilizado o início da estruturação dos metrôs de São Paulo e do Rio de Janeiro.

A partir do final da década de 1970, as políticas do período militar declinaram, atingidas pelo segundo choque do petróleo e pela explosão da dívida externa, bem como por pressões políticas vindas de baixo, que exigiam abertura política. Como resultado, embora várias dessas instituições ainda vigessem nos 1980, suas políticas minguavam aos poucos, até que, em 1986, o BNH foi extinto. Vale dizer que entre 1960 e 1980 a população urbana passou de 32 milhões para 82 milhões de habitantes, expandindo ainda mais o estoque de precariedade urbana, baixas condições sanitárias e de vida e elevada segregação residencial.

Em toda essa trajetória chama a atenção a fragmentação das políticas por setor, além da concentração das ações na habitação, em especial na construção de unidades novas. Merecem também atenção a fragilidade das políticas de planejamento e a inexistência de ações para a melhoria da precariedade de favelas, cortiços e loteamentos irregulares. Na ausência de planejamento efetivo, de integração setorial e de combate à precariedade, a simples produção de unidades habitacionais pouco impactou nossas cidades.

Habitação e políticas urbanas após o retorno à democracia

O declínio das políticas do regime militar teve efeitos contraditórios nas políticas urbanas. Por um lado, reduziu fortemente os recursos federais para políticas a partir do início dos 1980, criando desafios importantes para as cidades e tornando as condições sociais ainda mais difíceis de enfrentar. Dada a crise econômica e a desagregação dos órgãos federais, a maioria dos analistas esperava o agravamento das condições urbanas ao longo da década de 1980, mas o Censo de 1991 mostrou melhora dos indicadores (Faria, 1992). Esse aparente paradoxo é explicado pelo efeito conjunto de movimentos sociais ativos, retorno da competição eleitoral e inércia das organizações estatais e das comunidades técnicas criadas no período militar.

Com a extinção do BNH em 1986, os setores urbano e habitacional permaneceram quase totalmente dissociados de qualquer instituição federal. A Caixa Econômica Federal (CEF) incorporou as carteiras habitacionais do BNH, mas, por esta ser um banco comercial sem tradição na formulação de políticas urbanas, houve uma forte desmobilização na proposição e regulação de políticas urbanas pela esfera federal. A responsabilidade sobre essas políticas circulou por mais de dez instituições federais entre os anos de 1986 e 1994 (Arretche, 1995a).

A redução dos programas e da regulação federal, entretanto, abriu uma janela para a inovação de políticas locais, agora em um ambiente democrático e com as primeiras eleições estaduais e municipais (nas grandes cidades) em vinte anos. Como resultado, vários governos locais (principalmente municipais) produziram políticas urbanas inovadoras para enfrentar as difíceis condições urbanas e, obviamente, para competir eleitoralmente, em um ambiente de escassos recursos financeiros. Um elemento-chave nesse processo foi a expansão lenta, porém constante, dos partidos políticos de esquerda que ascendiam aos governos locais a partir do final dos 1980. Eleitos com programas redistributivos e contando com a forte presença dos movimentos sociais urbanos em suas coalizões de apoio, essas novas administrações criaram políticas inovadoras que visavam enfrentar a precariedade nessas cidades, e não apenas produzir novas unidades habitacionais. O conjunto dessas inovações inaugurou uma agenda urbana de conteúdos claramente redistributivos, desenhos muito mais criativos e abrangência temática bem mais ampla do que a anterior.

Dessas ações, devem ser citados os programas de urbanização de favelas (Bueno, 2000), a regularização de loteamentos irregulares (Mori,

2000), as iniciativas de aluguel social (Menna Barreto, 2000), os projetos de habitação por mutirão autogestionário controlados por associações comunitárias (Lopes, 2011), entre outras. As inovações nas políticas de planejamento reforçaram essa tendência, como as Zonas de Especial Interesse Social (Zeis), que reservam certas partes da cidade para habitação social ou para urbanização prioritária (Whitaker; Motisuke, 2007). A própria construção de unidades novas foi por vezes reformulada, visando a edificação de conjuntos de menor porte, localização mais central e projetos mais criativos (Bonduki, 1993). As novas instituições de participação social que se disseminaram rapidamente, como os conselhos de políticas públicas e o orçamento participativo, também fizeram parte dessa onda de disseminação local de inovações de políticas e a reforçaram.

Essas políticas foram criadas localmente, aprimoradas em processos de tentativa e erro, e circularam intensamente entre os governos locais ao longo dos anos 1990. Esses fluxos foram impulsionados pela mobilidade de ideias e de técnicos, ativistas defensores de políticas mais distributivas e participativas entre administrações, organizações não governamentais e escritórios de consultoria (principalmente a movimentos). Junto com esses atores circularam saberes técnicos, novas soluções e instrumentos construídos para as novas políticas. Em meados da década de 1990, portanto, o campo já havia sido transformado por políticas alternativas aos tradicionais programas de unidades habitacionais novas para venda financiada nas periferias. Essa onda de inovação atingiu o nível federal apenas nos anos 2000, como veremos a seguir.

Durante a segunda parte da década de 1990, a prioridade do ajuste fiscal das administrações federais do PSDB levou o governo federal a reduzir os investimentos em habitação e saneamento a um nível mínimo. Os raros recursos aplicados se concentraram em cartas de crédito para aquisição de habitação (opção que não alcança as faixas de renda mais baixa), que consumiram cerca de 85% dos recursos nas administrações Cardoso (Bonduki, 2008; Cardoso, 2002). Embora existissem programas como o Habitar Brasil BID e o Prosanear orientados para urbanização de favelas e saneamento em áreas precárias, respectivamente, seus volumes de produção eram muito baixos, consumindo menos de 10% dos investimentos entre 1995 e 1998 (Cardoso, 2002). Ao mesmo tempo (e de forma condizente com a diretriz do ajuste), as agências de habitação e saneamento herdadas do regime militar foram fortemente pressionadas a se reestruturar ou fechar suas portas (Arretche, 1995b).

Vale acrescentar a positiva realização de reformas microeconômicas federais na regulamentação e na redução de riscos e incertezas – de hipotecas, garantias, registro de terras e moradias –, contribuindo para desbloquear a produção de habitação via mercado. Entre essas iniciativas se incluiu a criação do Sistema de Financiamento Imobiliário (SFI), em 1997, para regulamentar o financiamento imobiliário fora do sistema herdado do regime militar e gerenciado pela CEF (o SFH). O conjunto dessas medidas promoveu um retorno da produção habitacional privada a partir de 1996, a princípio lento, mas estável, e explosivo nos anos 2000, quando se combinaram outros fatores nos governos do PT (Dias, 2012).

É fundamental acrescentar que importantes processos demográficos também impactaram o cenário urbano no Brasil no período. O Brasil já vinha experimentando forte declínio nas taxas de fertilidade – a taxa média de fertilidade caiu de 6,2 crianças por mulher, em 1960, para 4,4 em 1980 e 2,4 em 2000. A partir dos 1980, entretanto, a migração também encolheu intensamente – o saldo líquido de migração para cidades foi de 17,4 milhões em 1970-1980, 9,2 milhões em 1980-91 e apenas 6,0 milhões em 2000-2010 (Martine; McGranahan, 2014). Como resultado, diminuíram muito as taxas de crescimento em todas as escalas da rede urbana – enquanto entre 1960-1970 a taxa de crescimento geral havia sido de 4,7% ao ano, nas décadas de 1980-1991 e 2000-2010 ela caiu, respectivamente, para 2,6% e 1,6% (Martine; McGranahan, 2014). Mesmo com esse ritmo mais lento, a população urbana constituía 84,4% da população do país em 2010, sendo 31,9% desse número localizado nas dez maiores áreas metropolitanas.

As condições urbanas mantiveram ou intensificaram a tendência de longo prazo de melhoria no acesso a serviços e políticas (Arretche, 2015), embora permaneçam desigualdades entre grupos sociais e regiões do país (Marques, 2015). Esse quadro geral de melhoria aparentemente também se deu nas áreas mais precárias, ainda que, nesse caso, a evidência não seja tão fácil de interpretar. Para 2000, as estimativas sugerem que o país tinha cerca de 12,4 milhões de pessoas e 3,1 milhões de domicílios em precariedade, o que representava 14,3% da população do país (Marques, 2008). Não há números para todo o país para 2010, mas estima-se que nas quatro regiões metropolitanas do estado de São Paulo a presença de precariedade aumentou de 13,5% para 14,3% entre 2000 e 2010, enquanto somente na região metropolitana de São Paulo ela diminuiu de 15% para 14,5% da população (Marques, 2013). Os indicadores sociais médios das áreas precárias ao longo do tempo também sugerem melhorias.

Uma estimativa diferente se baseia no déficit habitacional, entendido como a quantidade de unidades habitacionais necessárias para substituir as habitações precárias, mas também dotá-las de infraestrutura e resolver os problemas de densidade habitacional elevada, coabitação e comprometimento excessivo da renda com pagamento de aluguel. Considerando os números do déficit, o Brasil precisaria de 5,01 milhões de novas habitações urbanas, em 2014, o que corresponderia a 9% do estoque existente (Fundação João Pinheiro, 2016). O componente mais importante desse déficit estaria associado ao aluguel excessivo (56,2%), seguido de coabitação (32%) e precariedade e densidade elevada (6% cada). Não há uma coincidência necessária entre as duas estimativas, e as unidades a substituir como déficit podem se localizar fora de áreas precárias, e unidades em áreas precárias podem não fazer parte do déficit.

Sumarizando, portanto, com o retorno à democracia assistimos à desmontagem das políticas do regime militar, ao mesmo tempo que as soluções de políticas urbanas eram diversificadas, introduzidas por governos locais de esquerda apoiados em grupos reformistas da comunidade técnica e em movimentos sociais. Simultaneamente, as administrações do PSDB reforçaram a retirada do governo federal do cenário das políticas urbanas. A pressão demográfica sobre as cidades brasileiras se reduz no período.

Os longos anos 2000 – 2003-2017

O primeiro marco do retorno do nível federal às políticas urbanas foi a aprovação, pelo Congresso Nacional, do Estatuto da Cidade em 2001. Essa lei detalhou os artigos da Constituição de 1988 associados à política urbana (art. 182 e 183), definindo e detalhando a chamada "função social da propriedade". A Constituição criou instrumentos significativos contra a especulação da terra – parcelamento e edificação compulsórios, imposto territorial progressivo no tempo e desapropriação por títulos da dívida pública, além da usucapião urbana para terrenos residenciais ocupados sem disputa por mais de cinco anos. Essas disposições deveriam ser aplicadas progressivamente e estar descritas e espacialmente delimitadas nos planos diretores municipais, obrigatórios para cidades com mais de 20 mil habitantes. Antes do Estatuto das Cidades, entretanto, esses dispositivos não podiam ser aplicados, mesmo que incluídos na legislação municipal, pois precisavam ser detalhados em lei federal específica.

O impulso mais importante para o novo ciclo de produção de políticas urbanas, no entanto, veio dois anos depois, com a criação do Ministério das Cidades. Em certo sentido, a própria formação do ministério fez parte do processo, mencionado anteriormente, de disseminação de inovações de políticas, uma vez que os principais indivíduos envolvidos em sua criação faziam parte da rede de técnicos e ativistas que havia circulado anteriormente em nível local, disseminando a nova agenda urbana redistributiva. Evidentemente, a criação da nova instituição também representava uma escolha política e expressava uma clara preferência do governo recém-eleito do PT, próximo da nova agenda urbana e dos movimentos sociais que a promoveram. O ministério começou inteiramente do nada, mas aumentou gradualmente sua estrutura e construiu um aparelho técnico relativamente capacitado em termos de funcionários, procedimentos e recursos de gestão (Klintowitz, 2015), embora pouco insulado politicamente (Rolnik, 2009).

Um novo sistema de políticas urbanas e habitacionais de considerável complexidade foi construído nos anos seguintes, embora com menos integração entre suas secretarias (secretaria executiva, habitação, saneamento, desenvolvimento urbano e mobilidade urbana) e órgãos associados (Denatran e CBTU) do que pretendiam seus promotores (Maricato, 2006). Mesmo com fortes restrições orçamentárias iniciais, a proporção dos gastos federais em habitação de interesse social no total dos gastos em habitação cresceu de 19,5% em 2002 para 57,8% em 2006 (Maricato, 2006) e 72% em 2009 (Naime, 2010), expressando claramente a diretriz redistributiva da política. Com o tempo, essa tendência foi lentamente se consolidando, com o total de empenhos passando de R$ 286 milhões em 2005 para R$ 13,2 bilhões em 2009 e 21,5 bilhões em 2014, em valores correntes (Proni; Faustino, 2016).

A dinâmica política mais ampla da coalizão governamental, entretanto, redirecionou as políticas federais para um caminho distinto das prioridades iniciais ou na direção da construção de uma agenda híbrida, em uma trajetória parcialmente incoerente em termos políticos. Isso foi o produto contraditório do crescimento da capacidade técnica e operacional do ministério e do aumento do controle do seu grupo político sobre o campo das políticas urbanas, com a redução do insulamento do próprio órgão às pressões políticas da coalizão governamental. Na verdade, a permeabilidade do ministério a pressões políticas foi aumentando ao mesmo tempo que se consolidava o controle de seu grupo dirigente sobre as agências relevantes fora de sua alçada direta, em especial a CEF.

No início da primeira gestão Lula, o ministério foi todo controlado por quadros do PT, com Olívio Dutra como ministro, Ermínia Maricato como secretária-executiva e diversos outros técnicos e ativistas pertencentes à rede local de promoção da nova agenda urbana em cargos de chefia. Apesar disso, a CEF, braço financeiro e operacional das políticas desde 1986, permaneceu inicialmente fora do controle do ministério e comandada por técnicos próximos à equipe econômica, então dedicada à estabilização da economia e ao ajuste das contas públicas ocorridos no início da primeira administração Lula.

O desenho das políticas e as decisões de gastos começaram a ser unificados em 2005, quando Jorge Hereda – então secretário nacional de habitação (SNH) – se tornou vice-presidente da CEF (e presidente seis anos mais tarde), ficando Inês Magalhães, sua então chefe de gabinete, como secretária nacional. Naquele mesmo ano, entretanto, a coerência interna do ministério começou a se dissolver, pois o cargo de ministro e a secretaria executiva foram negociados com o Partido Progressista (PP), quando o deputado Severino Cavalcanti foi eleito presidente da Câmara de Deputados. As secretarias nacionais permaneceram ainda sob comando do PT, mas foram gradativamente cedidas a políticos da base de sustentação do governo. Apenas a SNH se manteria sob controle do PT até o final da segunda gestão Dilma, ainda com comando unificado com a CEF.

Assim, embora tenha havido aumento da capacidade técnica e baixo insulamento às pressões políticas (Rolnik, 2009), o elemento político central das políticas federais no período Lula/Dilma foi a extensão do poder do grupo reformista sobre a CEF, ao mesmo tempo que este perdia gradativamente o controle sobre o próprio ministério.

Como resultado, a política habitacional ganhou gradativamente coerência, enquanto as políticas urbanas a perdiam, reproduzindo a fragmentação histórica, apesar da crescente presença do governo federal. Adicionalmente, como veremos mais adiante, os recursos financeiros só chegaram em volume significativo a partir de 2007 (com o Programa de Aceleração do Crescimento – PAC) e 2009 (com o MCMV), mas para desenvolver políticas não completamente alinhadas com as desenhadas originalmente pelo ministério, conformando o que Klintowitz (2015) denominou "dupla agenda".

Retornemos, entretanto, à apresentação do modelo original, organizado nos anos seguintes a 2003 com grande velocidade, embora de forma subfinanciada. Em 2005, foi criado por lei o Sistema Nacional de Habitação de Interesse Social (SNHIS), ligado ao Fundo Nacional de Habitação de Interesse Social (FNHIS), e seu Conselho Gestor (CGFNHIS). De forma mais ampla, o Sistema Financeiro da Habitação (herdado do regime militar) e o Sistema Financeiro Imobiliário (criado em 1997) foram reorganizados no interior do Sistema Nacional de Habitação, subdividido no SNHIS e no Sistema Nacional de Habitação de Mercado (SNHM) (Bonduki; Rossetto; Ghilardi, 2010). Visava-se dar um caráter sistêmico e articulado a toda a produção habitacional, ao mesmo tempo que se reforçava um sistema nacional para a habitação de interesse social que pudesse financiar a produção direta por estados e municípios. Para acessar os recursos, os municípios deviam aderir ao SNHIS, criar planos locais habitacionais de interesse social (PLHIS) e constituir fundos locais de habitação de interesse social com conselhos gestores. Até 2009, 92% dos municípios já haviam aderido ao sistema, embora nem todos tivessem cumprido todas as condicionalidades (Bonduki, Rossetto, Ghilardi, 2010). Entretanto, o pequeno volume de recursos disponibilizados, e logo depois a oferta de recursos com outra lógica e implementação mais rápida pelo programa Minha Casa Minha Vida (MCMV), limitaram o avanço do sistema.

Essa nova arquitetura institucional foi em grande parte associada a mecanismos e arenas participativos, com a realização de cinco Conferências Nacionais das Cidades entre 2003 e 2013, precedidas de ampla mobilização em conferências municipais e estaduais. O principal instrumento de participação passou pela criação do Conselho Nacional das Cidades (ConCidades), com 86 participantes, sendo 49 representantes de organizações da sociedade civil. Além disso, todos os novos fundos setoriais para financiamento de políticas contavam com conselhos representativos (Klintowitz, 2015).

Foi também incentivada a produção de planos diretores (Santos Jr.; Montandon, 2011), mas inseridos em um esforço mais geral de capacitação que incluía a produção dos PLHIS, assim como novas agências com burocracias específicas, participação institucionalizada, fundos e conselhos locais. Um estudo comparando esses instrumentos de habitação e políticas urbanas entre 2004 e 2009 sugeriu baixa capacitação e elevadas desigualdades entre municípios, mas indicou também uma importante expansão dessas capacidades municipais, em grande parte como resposta aos incentivos federais (Arretche, 2012). Os resultados reportados por Antonucci e Samora (2016) vão na mesma direção, indicando que a presença de órgão específico para políticas de habitação nos municípios cresceu de 42% em 2004 para 70% em 2008. A estratégia federal, portanto, teve efeitos positivos, embora as capacidades de produção de políticas ainda continuem baixas em grande parte dos municípios.

Outra frente importante de inovações institucionais disse respeito à construção de instrumentos federais de regulação das políticas urbanas tradicionalmente formuladas e implementadas pelos governos locais. Nessa direção, várias políticas setoriais ganharam planos nacionais nos anos seguintes – habitação e saneamento (PlanHab e PlanSab) em 2007, resíduos sólidos (PNRS) em 2011 e mobilidade urbana (PNMU) em 2012. Esses regulamentos funcionaram como promotores da agenda de políticas urbanas construída localmente na década de 1990, disseminando-a nos municípios e reduzindo as desigualdades territoriais.

Por fim, o que certas vezes é considerada a mais importante transformação do período, os investimentos federais para políticas urbanas retornaram de forma expressiva a partir de 2007. Esses investimentos estiveram ligados principalmente ao PAC e ao MCMV, além dos incentivos à produção de unidades novas via mercado.

O Programa de Aceleração do Crescimento (PAC), em sua vertente urbanização, aportou recursos para áreas precárias em escala inédita. Entre 2007 e 2014 (nas fases 1 e 2), o PAC gastou R$ 29,6 bilhões em programas de urbanização de favelas em 1.072 municípios, sendo 68% dos recursos originários do Orçamento Geral da União (Cardoso; Denaldi, 2018). As intervenções seguiram o modelo de "urbanização integrada" incluindo sistema viário, drenagem, saneamento, estabilização de riscos geotécnicos ou de inundações e às vezes mobilidade. As intervenções alcançaram algumas das maiores favelas do país, como Alemão, Pavão/Pavãozinho/Cantagalo e Rocinha no Rio de Janeiro e Paraisópolis e Heliópolis em São Paulo, impactando entre 19% e 50% dos núcleos precários das principais regiões metropolitanas do país (Cardoso; Denaldi, 2018).

Os resultados das intervenções variaram conforme a capacidade dos governos locais – estaduais ou municipais – responsáveis pelas obras. De uma forma geral, o ritmo muito elevado de contratações no início do programa gerou baixo planejamento, projetos improvisados ou imprecisos custos crescentes, muitas reprogramações e por vezes dificuldades de realocar as famílias removidas (Cardoso; Denaldi, 2018). A ausência de projetos detalhados também abriu espaço para fortes interferências das empreiteiras nas escolhas técnicas realizadas com as obras já em andamento, como no caso dos muito criticados teleféricos, quase todos já abandonados ou subutilizados apenas alguns anos após o término das obras (Cardoso; Denaldi, 2018).

As obras beneficiaram 1.282 comunidades, onde habitavam 2,5 milhões de famílias segundo os números oficiais (Vieira, 2015). Essa cifra pode parecer elevada demais pois representaria 80% dos 3,1 milhões de famílias em precariedade estimados para o país em 2000 (Marques, 2008), sendo muito provável que muitos núcleos aí considerados tenham recebido apenas intervenções parciais. Entretanto, mesmo nesse caso as obras podem ter contribuído substancialmente para a redução da precariedade como uma "camada de urbanização" na linha de entendimento de que programas de urbanização de favelas nunca terminam (Cardoso; Denaldi, 2018). Além disso, a urbanização integrada de favelas caminhou para o centro da agenda federal, ocupada pelas remoções forçadas das décadas de 1960 e 1970 e pelas intervenções pontuais e paliativas dos anos 1980 e 1990. Adicionalmente, o PAC dobrou o ritmo de investimentos federais em saneamento básico, investindo R$ 44,2 bilhões entre 2009 e 2014 contra R$ 22,7 bilhões entre 2003 e 2008 (Proni; Faustino, 2016). Em termos de mobilidade urbana, o PAC investiu R$ 5,4 bilhões em sua primeira fase e R$ 3,8 bilhões na segunda, mas concentrados principalmente nas cidades sede da Copa do Mundo de 2014 (Proni; Faustino, 2016) e com baixa efetividade mesmo nas poucas cidades alcançadas (Rodrigues, 2015).

Os investimentos em produção imobiliária também cresceram muito, tanto via mercado quanto para habitação de interesse social financiada pelo governo federal. No que diz respeito ao mercado privado, se fez sentir cada vez mais a elevação do crédito financeiro para habitação, mobilizado desde as mudanças na regulamentação do mercado promovidas pela administração FHC nos anos 1990, mas agora em nova escala, passando de R$ 2,2 bilhões em 2003 para R$ 56,2 bilhões em 2010. Na mesma direção, o crédito oferecido pelos esquemas financeiros da habitação pública saltou de cerca de R$ 3,8 bilhões em 2005 para R$ 27,5 bilhões em 2010 (Dias, 2012). O uso de recursos do FGTS passou de R$ 2,6 bilhões em 2001 para R$ 20,3 bilhões em 2009 e R$ 58,6 bilhões em 2014 (Proni; Faustino, 2016).

Esses números ainda não incluem os efeitos do principal programa federal iniciado em 2009, o MCMV, orientado para a promoção de habitações novas para três faixas de renda: até 3 salários mínimos; entre 3 e 6 salários mínimos; e entre 6 e 10 salários mínimos, segundo a divisão original do programa.[1] O programa é bastante complexo e envolve na verdade uma série de subprogramas com características distintas. Entretanto, a linha de financiamento mais importante promove a contratação

1 As faixas foram revistas na segunda fase do programa, em 2012, para: inferior a R$ 1.600 (elevada para R$ 1.800 em 2016); entre R$ 1.600 e R$ 3.275; e entre R$ 3.275 e R$ 5.000. Em 2016 foi criada a chamada faixa 1,5 e, em 2017, já no governo Temer, as faixas foram alteradas novamente – até R$ 1.800; entre R$ 1.800 e 2.600; entre 2.600 e R$ 4.000; e entre R$ 4.000 e R$ 9.000. A última elevação do limite superior da política trouxe de volta o *mistargeting* clássico das políticas habitacionais, abrindo as portas do programa ao subsídio às classes médias.

direta de empresas privadas pela CEF, com elevado subsídio ao comprador final, dependendo da faixa em que se enquadra. Trata-se, portanto, de um programa de incentivo à demanda, oferecendo solvabilidade, via subsídios, a uma parcela da população que não fazia parte do mercado, mas necessitava de habitação. Por outro lado, ao permitir a contratação direta entre a CEF e as empresas, o programa deslocou os tradicionais agentes promotores locais da habitação – prefeituras e Cohabs – para um papel menos central (embora não irrelevante, como comentarei a seguir).

Iniciado em 2009, em sua primeira fase ele era menos um programa de habitação e mais uma das medidas anticíclicas para evitar a chegada dos efeitos da crise internacional de 2008 ao Brasil (Krause et al., 2013). Nesse sentido, apesar de bem financiado e bastante inovador em termos institucionais e de formato, o programa era contrário ao espírito do sistema de políticas em formação no nível federal desde 2003, visto que se baseava na promoção de unidades novas de forma desarticulada com as demais políticas urbanas (em especial o planejamento local). Sua segunda fase foi lançada em 2011, com metas até 2014, e a terceira em 2015, com metas até 2018. Alguns dos problemas originais foram resolvidos pela crescente regulamentação da CEF e do ministério (por *layering* institucional, como mostrou Dias (2012)), mas outros ainda persistem. Contudo, o futuro do programa é incerto, considerando o *impeachment* de Dilma e as crises política e financeira que se desenrolam desde 2015, mas algumas tendências parecem prováveis, como comentarei na conclusão.

O MCMV foi gestado entre a Casa Civil e o Ministério da Fazenda, com escassa participação do Ministério das Cidades e da Caixa Econômica Federal, sendo severamente criticado logo após o seu lançamento por alguns dos defensores do sistema de políticas urbanas em construção (Krause et al., 2013). Por um lado, as críticas incluíam dimensões concretas ligadas à qualidade das unidades, à localização dos conjuntos (distantes e sujeitos à segregação residencial) e à infraestrutura disponível (Cardoso; Aragão, 2013; Neto; Krause; Furtado, 2013), velhos conhecidos das políticas federais. Por outro, os principais ataques diziam respeito a duas dimensões estruturantes da nova política: a) uma forte desproporção entre os recursos previstos para cada uma das faixas do programa e a parcela do déficit habitacional naquela faixa, desviando o efeito da política habitacional para cima; e b) a centralidade das empresas privadas em sua implementação, em detrimento dos governos locais (Cardoso; Aragão, 2013; Neto; Moreira; Schussel, 2012). A desproporção entre as faixas foi corrigida ao longo das diversas fases do programa, reduzindo o problema, mas a inédita forma de implementação se manteve.

Em políticas de habitação brasileiras anteriores, o governo federal (por meio do SFH, sob controle do BNH e posteriormente da CEF) emprestava aos governos locais recursos "fundo a fundo", que por sua vez os emprestavam a empresas públicas que contratavam a construção, com companhias privadas, de unidades previamente projetadas por outras empresas privadas, também contratadas. No MCMV, a CEF contratava diretamente empresas em dois formatos diferentes: a) comprando sua produção sem intermediários de agências locais para imóveis de renda muito baixa (faixa 1); b) financiando os compradores finais de projetos produzidos diretamente pelas empresas privadas (nas faixas 2 e 3). As características dos projetos e os preços eram estabelecidos pelo governo federal, mas a construção ficava inteiramente sob responsabilidade e gestão das empresas privadas, o que gerou muitas críticas.

No novo programa, o papel dos governos locais se resumiu a providenciar terra, a ser submetida a CEF pelas empresas nos projetos, além de organizar a fila dos mutuários (na faixa 1). Para os críticos, esse distanciamento do poder público local levaria a uma dissociação entre os projetos e o planejamento local, com possíveis efeitos sobre a localização dos conjuntos e sua integração à cidade. Não obstante, parece-me que essa crítica deve ser analisada com um pouco mais de distanciamento. É certo que no novo sistema os empreendedores não têm incentivo nenhum para incorporar preocupações mais gerais da cidade em seus projetos. Entretanto, também é verdade que o controle tradicional dos municípios e empresas públicas sobre as políticas gerou resultados muito similares aos previstos no momento como consequência da proeminência privada – baixa qualidade das unidades, padrão periférico e segregado.

É fato, entretanto, que o sistema em construção pelo Ministério das Cidades desde 2003 pretendia forçar os governos locais a prover habitação de forma distinta do padrão histórico brasileiro, além de capacitá-los para fazê-lo. Isso foi de alguma forma abortado pelo volume dos incentivos apresentado pelo MCMV aos municípios, que muitas vezes têm abdicado de produzir política urbana e habitacional para apenas aderir ao programa federal, oferecendo terra. Nesse sentido, o programa subverteu a lógica do sistema de políticas urbanas em construção, que visava sobretudo melhorar a produção da cidade e reduzir a precariedade, com foco secundário na própria produção habitacional direta. No modelo em construção, a produção habitacional seria submetida ao planejamento e a uma abordagem integrada dos problemas urbanos, considerando a obrigatoriedade da integração das iniciativas financiadas a planos locais de habitação e a planos diretores.

Para alguns autores, o foco na venda de unidades novas, associado à baixa participação dos governos locais e à ausência de obrigatoriedades com relação aos instrumentos de planejamento local, levou à repetição das experiências anteriores de concentração dos conjuntos habitacionais em periferias urbanas (Neto; Krause; Furtado, 2013; Cardoso; Aragão, 2013). Vale reportar, entretanto, que outros estudos têm demonstrado que ao menos a localização dos conjuntos não é tão periférica quanto sugerem olhares mais superficiais (Marques; Rodrigues, 2015), e que as unidades habitacionais podem mesmo apresentar boa centralidade quando os municípios decidem ter um papel ativo no processo (Lopes, 2014).

Por outro lado, uma inovação positiva de grande importância envolveu a concessão de até 90% dos subsídios para a primeira faixa e até 30% para a segunda, diretamente do orçamento do governo federal, oferecendo solvabilidade à parcela mais pobre da população brasileira para a política habitacional pela primeira vez na história. Esse ponto deve ser destacado, visto que a faixa de 0 a 3 salários mínimos havia sido sempre excluída nos programas federais por não apresentar rendimento suficiente (e estável) para o financiamento da compra de uma habitação. Entre 2009 e setembro de 2015 foram desembolsados cerca de R$ 140 bilhões em subsídios pelo programa (R$ 90 bilhões diretamente do Orçamento Geral da União), sendo R$ 80 bilhões para a faixa 1 (Proni; Faustino, 2016).

Como resultado da rápida implementação e da forte prioridade política do programa, a produção atingiu uma escala muito elevada em um curto período de tempo. Entre 2009 e 2014, foi contratada a construção de 3,8 milhões de unidades habitacionais, sendo que cerca de 2,3 milhões já haviam sido entregues no final de 2014 e o restante ainda estava em construção. Entre as unidades entregues, 1,7 milhões correspondiam à primeira faixa; outros 1,6 milhões, à segunda; e apenas 450 mil, à terceira

(Viera, 2015; Proni; Faustino, 2016). Em termos de investimento, essa produção envolveu R$ 244 bilhões (Vieira, 2015), uma escala recebida positivamente mesmo pelos maiores críticos do plano. Por outro lado, o programa trouxe novamente para o centro da política o produto tradicional das políticas de habitação no país – novas unidades para venda financiada em conjuntos de periferia.

Finalmente, é importante mencionar duas tendências recentes das políticas locais (municipais e estaduais) apenas parcialmente conectadas com as dinâmicas federais. Por um lado, os últimos anos trouxeram a disseminação de várias formas de participação privada na provisão de políticas locais no Brasil. Estas incluem diversos tipos de parcerias público-privadas (PPPs) para provisão de serviços e projetos de renovação urbana, que foram reforçados pela disseminação dos certificados de potencial adicional de construção (Cepac), criados em São Paulo em 2001 (Pagin, 2017) e posteriormente expandidos, em especial no maior projeto urbano brasileiro, o Porto Maravilha no Rio de Janeiro (Saruê, 2016).

Ao mesmo tempo e de forma complementar, entretanto, os governos locais têm desenvolvido ferramentas de controle distributivo do solo urbano (Whitaker; Motisuke, 2007), assim como capacidades crescentes de regulamentação sobre os serviços contratados com empresas privadas em várias áreas políticas (Marques, 2016), tais como transporte de ônibus (Campos, 2016), regulação da incorporação imobiliária privada (Hoyler, 2016) e coleta de lixo (Ralize, 2016). Isso tem envolvido a construção de novas agências e burocracias, bem como sistemas de informação e instrumentos de política. É preciso destacar que, embora essas novas instituições representem uma importante transformação, sua eficácia ainda está por ser testada, assim como seu insulamento dos interesses privados e das mudanças políticas nas gestões locais.

Resumindo tendências e pensando perspectivas

Como vimos, as últimas décadas trouxeram diversificação nas políticas urbanas no Brasil, bem como a construção de capacidades administrativas e técnicas, tanto em nível federal quanto local. Desde os 1990 disseminaram-se experiências locais que descentraram as políticas brasileiras da produção de unidades novas para venda, introduzindo diversas formas de combate à precariedade urbana, assim como novas formas de provisão habitacional. A partir de 2003, em particular, essa agenda reformista foi levada ao governo federal, resultando na criação de novas instituições e políticas, dando ao governo federal um papel importante nas políticas urbanas. Apesar disso, a partir de certo momento a agenda tradicional retornou e se superpôs à nova agenda redistributiva, gerando resultados mistos. Em algumas políticas federais, assim como locais, o setor privado ocupou novos e mais amplos papéis, embora estes fossem cercados por novas ferramentas reguladoras, cuja eficácia ainda está por ser testada.

Tal trajetória envolve ao menos duas dinâmicas distintas a serem explicadas – o surgimento/expansão da nova agenda urbana e as limitações por ela enfrentadas. O surgimento e a expansão da nova agenda são explicados por três elementos interconectados. Primeiramente, o retorno da democracia ocupou um papel evidente, trazendo as eleições de volta para o centro das disputas políticas e emponderando novos atores. Ao mesmo tempo, a comunidade das políticas urbanas produziu e disseminou novas políticas, apoiada em uma rede de técnicos e ativistas que circularam nos governos locais e depois no governo federal. Por fim, a presença de partidos de esquerda (em especial o PT) no poder foi crucial, nos anos 1990, para disseminar a nova agenda de políticas localmente, e a partir de 2003 para a nacionalização dessa agenda.

Por outro lado, os limites enfrentados na implantação da nova agenda foram causados pela conjugação entre mudanças na conjuntura (tendo a crise financeira de 2008 um papel proeminente) e o crescente ativismo de atores defensores de outras agendas, incluindo membros de esquerda das coalizões governamentais de Lula e Dilma, mas externos à comunidade do urbano (localizados na Fazenda e na Casa Civil), assim como membros da direita dessas coalizões e as empresas privadas envolvidas com as políticas do urbano.

A permanência desse cenário é incerta após o *impeachment* da presidenta, a resiliência das crises econômica, fiscal e política subsequentes e a ausência de agenda consistente do governo Temer. Esse governo, aliás, passou completamente em branco pelas políticas urbanas, com exceção da criação de um programa de Cartão Reforma (de consequências praticamente nulas) e do adiamento constante de novos investimentos do MCMV (sempre anunciados, entretanto).

É possível, contudo, especular sobre algumas tendências para o futuro. Seria ilógico prever uma reversão completa dos deslocamentos recentes pelo menos por dois motivos. Primeiro porque a diversificação de políticas recente não foi uma política de governo, mas resultou de um deslocamento na agenda e da disseminação de novas alternativas dentro da comunidade das políticas urbanas. Em segundo lugar, porque programas como o MCMV e as PPPs de serviços locais constituíram poderosos interesses privados e amplas coalizões com claras tendências de dependência da trajetória, que continuarão pressionando por mais políticas desse tipo.

É razoável considerar, portanto, que tanto certa diversificação das políticas urbanas e de habitação quanto o retorno forte da produção habitacional para venda com um papel central de atores privados tendem a continuar no futuro, uma vez que a atual crise seja superada. É claro que a nova agenda é ampla e heterogênea, e dentre suas ações o planejamento e o controle de uso do solo devem declinar por sua dimensão claramente redistributiva, enquanto ações de combate à precariedade urbana tendem a se manter por seu baixo custo relativo e por seu potencial retorno político-eleitoral. Os efeitos contraditórios dessas tendências sobre as cidades brasileiras permanecem como questão aberta para os próximos anos.

Referências bibliográficas

ANTONUCCI, D.; SAMORA, P. R. *A política nacional de habitação e a urbanização de assentamentos precários no Brasil contemporâneo*. Encontro da Associação Nacional de Pesquisa e Pós-Graduação em Arquitetura e Urbanismo. Porto Alegre, 25-29 jul. 2016. Disponível em: <http://www.favelasaopaulomedellin.fau.usp.br/wp-content/uploads/2016/09/Antonucci-Samora_iv-enanparq.pdf>. Acesso em: 30 set. 2019.

ARRETCHE, M. Políticas de desenvolvimento urbano na crise: descentralização ou crise no modelo do BNH?. In: REIS, E.; ALMEIDA, M.; FRY, P. (orgs.). *Pluralismo, espaço social e pesquisa*. São Paulo: Hucitec/Anpocs, 1995a.

______. Política nacional de saneamento: a reforma do sistema na perspectiva das principais entidades do setor. Artigo apresentado no VI Encontro Anpur em Brasília, 1995b.

ARRETCHE, M. Trazendo o conceito de cidadania de volta a propósito das desigualdades territoriais. In: ARRETCHE, M. (ed.). *Trajetórias das desigualdades: como o Brasil mudou nos últimos 50 anos*. São Paulo: Editora Unesp/CEM, 2015.

______ (org.). *Capacidades administrativas dos municípios brasileiros para a política habitacional*. Brasília: MCidades/CEM, 2012.

AZEVEDO, S. Vinte e dois anos de política de habitação popular (1964-86): criação, trajetória e extinção do BNH. *Revista de Administração Pública*, v.22, n.4, 1988.

______; ANDRADE, L. *Habitação e Poder: da fundação da casa popular ao Banco Nacional da Habitação*. Rio de Janeiro: Zahar, 1981.

BAENINGER, R. Crescimento da população da região metropolitana de São Paulo: desconstruindo mitos do século XX. In: KOWARICK, L.; MARQUES, E. (org.). *São Paulo: novos percursos e atores*. São Paulo: Editora 34, 2011.

BONDUKI, N. *Arquitetura e habitação social em São Paulo: 1989-1992*. São Carlos: EESC/USP, 1993.

______. *Origens da habitação social no Brasil: arquitetura moderna, lei do inquilinato e difusão da casa própria*. São Paulo: Estação Liberdade, 1998.

______. Política habitacional e inclusão social no Brasil: revisão histórica e novas perspectivas no governo Lula. *Revista Eletrônica de Arquitetura e Urbanismo*, v.1, n.1, 2008.

______; ROSSETTO, R.; GHILARDI, F. *Política e sistema nacional de habitação, plano nacional de habitação*. Brasília: Ministério das Cidades, 2010.

BUENO, L. *Projeto e favela: metodologia para projetos de urbanização*. São Paulo, 2000. Tese de doutorado, FAU/USP.

CAMPOS, M. O mercado de viagens e as disputas em torno das linhas de ônibus. *Novos Estudos Cebrap*, n.105, 2016.

CARDOSO, A. Política Habitacional no Brasil: balanço e perspectivas. 2002 [mimeo]. Disponível em: <www.observatoriodasmetropoles.ufrj.br/download/>

______; ARAGÃO, T. Do fim do BNH ao Programa Minha Casa Minha Vida: 25 anos da política habitacional no Brasil. In: CARDOSO, A. (org.). *O programa Minha Casa Minha Vida e seus efeitos territoriais*. Rio de Janeiro: Letra Capital, 2013.

______; DENALDI, R. *Urbanização de favelas no Brasil*: um balanço preliminar do PAC. Rio de Janeiro: Letra Capital, 2018.

CUNHA, J. Dinâmica populacional e migração. In: MARQUES, E. (org.) *A metrópole de São Paulo no século XXI: espaços, heterogeneidades e desigualdades*. São Paulo: Unesp/CEM, 2016.

DIAS, E. *Do Plano Real ao Programa Minha Casa, Minha Vida*: negócios, votos e as reformas da habitação. São Paulo, 2012. Dissertação de mestrado, DCP/USP.

FARIA, V. A conjuntura social brasileira: dilemas e perspectivas. *Novos Estudos Cebrap*, n.33, 1992.

FUNDAÇÃO João Pinheiro. *Déficit habitacional no Brasil 2013-2014*. Belo Horizonte: Fundação João Pinheiro, 2016.

HELLER, L. Water and sanitation policies in Brazil: historical inequalities and institutional change. In: ESTEBAN, J.; HELLER, L. (ed.). *Water and Sanitation Services: Public Policy and Management*. Nova York: Earthscan, 2009.

HOYLER, T. Produção habitacional via mercado: quem produz, como e onde?. *Novos Estudos Cebrap*, v.35 (1), n.104, p.15, 2016.

KLINTOWITZ, D. *Entre as reformas urbana e imobiliária: os interesses na política habitacional brasileira nos anos 2000*. São Paulo, 2015. Tese de doutorado, FGV.

KRAUSE, C.; LIMA NETO, V.; BALBIM, R. Minha casa minha vida, nosso crescimento: como fica a política habitacional?. *Revista Brasileira de Estudos Urbanos*, v.15, 2013.

LOPES, F. *A produção do Programa Minha Casa, Minha Vida na região do ABC paulista*. São Bernardo, 2014. Dissertação de mestrado, UFABC.

LOPES, J. *Sobre arquitetos e sem-tetos*. São Paulo, 2011. Tese de livre-docência, IAU/USP.

MARICATO, E. *Política habitacional no regime militar*. Petrópolis, RJ: Vozes, 1987.

______. O Ministério das Cidades e a política nacional de desenvolvimento urbano. *Políticas Sociais – Acompanhamento e Análise*, n.12, 2006.

MARQUES, E. (org.). *Assentamentos precários no Brasil urbano*. Brasília: MCidades/CEM, 2008.

______ (org.). *Diagnóstico de precariedade habitacional na macrometrópole paulista*. São Paulo: Emplasa/CEM, 2013.

______. Condições urbanas. In: ARRETCHE, M. (ed.) *Trajetórias das desigualdades: como o Brasil mudou nos últimos 50 anos*. São Paulo: Editora Unesp/CEM, 2015.

______. De volta aos capitais para melhor entender as políticas urbanas. *Novos Estudos Cebrap*, n.105, p.15, 2016.

______; RODRIGUES, L. A produção pública de habitação. In: MARQUES, E. (org.). *A metrópole de São Paulo no século XXI: espaços heterogeneidades e desigualdades*. São Paulo: Editora Unesp/CEM, 2015.

MARTINE, G.; McGRANAHAN, G. Brazil's negligent urban transition and its legacy of divided cities. In: *Urban Growth in Emerging Economies: Lessons from the Brics*. Londres: Routledge, 2014.

MENNA BARRETO, H. *Habitação no centro de São Paulo: como viabilizar essa ideia? Documento preparatório*. São Paulo: LabHab-Fau/CEF, 2000.

MORI, G. *A luta da AUL de Loteamentos por regularização fundiária e saneamento básico – 1992/1999*. São Paulo, 2000. Dissertação de Mestrado em Serviço Social, PUC-SP.

NAIME, J. A política de habitação social no governo Lula: dinâmicas e perspectivas. Artigo apresentado no seminário Governança Urbana e Desenvolvimento Metropolitano. Natal, 2010.

NETO, P.; MOREIRA, T.; SCHUSSEL, Z. Conceitos divergentes para políticas convergentes. Descompasso entre a Política Nacional de Habitação e o Programa MCMV. *Revista Brasileira de Estudos Urbanos e Regionais*, v.14, n.1, 2012.

PAGIN, S. *Como mudam os instrumentos de política pública? HIS nas operações urbanas consorciadas em São Paulo*. São Paulo, 2017. Dissertação de mestrado, DCP/USP.

PRONI, M.; FAUSTINO, R. Avanços e limites da Política de Desenvolvimento Urbano no Brasil (2001-2014). *Planejamento e Políticas Públicas*, n.46, p.181-216, 2016.

RALIZE, R. A economia política da limpeza urbana em São Paulo. *Novos Estudos Cebrap*, n.105, 2016.

RODRIGUES, J. Mobilidade urbana nos megaeventos esportivos: panorama crítico das ações e projetos para a Copa do Mundo 2014. In: SANTOS JR., O.; GAFFNEY, C.; RIBEIRO, L. (orgs.). *Brasil: os impactos da Copa do Mundo 2014 e das Olimpíadas*. Rio de Janeiro: e-papers, 2015.

ROLNIK, R. Democracia no fio da navalha: limites e possibilidades para a implementação de uma agenda de reforma urbana no Brasil. *Revista Brasileira de Estudos Urbanos*, v.21, n.2, p.30-50, 2009.

SANTOS, W. dos. *Cidadania e justiça*. Rio de Janeiro: Campus, 1979.

SANTOS JR., O.; MONTANDON, D. (orgs.). *Os planos diretores municipais pós-estatuto da cidade: balanço crítico e perspectivas*. Rio de Janeiro: Letra Capital/ IPPUR, 2011.

SARUÊ, B. Grandes projetos urbanos e a governança das cidades: o caso do Porto Maravilha. *Novos Estudos Cebrap*, n.105, p.56, 2016.

SOUZA, C. Regiões metropolitanas: trajetória e influência das escolhas institucionais. In: RIBEIRO, L. (org.). *Metrópoles: entre a coesão e a fragmentação, a cooperação e o conflito*. São Paulo: Fundação Perseu Abramo, 2004. p.61-96.

WHITAKER, J.; MOTISUKE, D. A efetividade da implementação de Zeis no quadro habitacional brasileiro: uma avaliação inicial. In: BUENO, L.; CYMBALISTA, R. (orgs.). *Planos diretores municipais: novos conceitos de planejamento territorial*. São Paulo: Annablume, 2007.

VIEIRA, A. PAC – Urbanização de assentamentos precários. Artigo apresentado no 29th World Congress – International Union of Housing Finance. Rio de Janeiro, 2015.

10
Sistema Único de Assistência Social: ideias, capacidades e institucionalidades

Renata Bichir e Kellen Gutierres

A assistência social é antiquíssima como prática e infante como política pública. Campo tradicionalmente marcado pela atuação de uma miríade de organizações da sociedade civil (OSC), a assistência social entendida como política pública, sob responsabilidade estatal – inclusive pela provisão dos serviços, e não só pela regulamentação –, com parâmetros claramente definidos e construção de institucionalidades próprias, é conquista relativamente recente. Se o reconhecimento formal como política pública, no âmbito do tripé da seguridade social, ocorreu com a Constituição de 1988 e avançou com a Lei Orgânica da Assistência (Loas), de 1993, o processo de estruturação normativa e a disseminação de normas nacionais que estruturam os serviços em todo o país são fruto de reformas, disputas e conquistas ocorridas nos anos 2000, com a construção do Sistema Único da Assistência Social (Suas).

Argumentamos neste capítulo que esse é um caso analiticamente interessante para pensar desafios da estruturação de sistemas nacionais de políticas, tanto em termos institucionais, como em relação a um olhar mais atento para as principais ideias e projetos políticos que ajudaram a moldar esse sistema, a partir da atuação histórica de ativistas e de experiências de gestão que antecederam o Suas. Essa construção é lenta, conflitiva e gradual, e está sujeita a transformações.

A constituição de sistemas nacionais remonta às reformas ocorridas nos anos 1990, que delinearam responsabilidades federativas em diversas políticas sociais (Arretche, 2012; Melo, 2005). Essas reformas ampliaram a capacidade de o governo federal definir macroparâmetros para as políticas sociais implementadas pelos municípios. Nos termos de Arretche (2012), cada vez mais o *policy decision making* concentra-se no governo federal, enquanto o *policy making* está a cargo dos municípios. Em alguns casos – paradigmaticamente na saúde –, desenvolveram-se sistemas baseados em parâmetros nacionais, repasses de recursos federais condicionados à execução de agendas, financiamento fundo a fundo e espaços de participação, negociação federativa e controle social (Arretche, 2012; Franzese; Abrucio, 2013). Esses sistemas definem constrangimentos e incentivos para os níveis subnacionais, o que não significa que todo o jogo começa e termina em Brasília. Não só experiências locais de gestão contribuem para a definição de parâmetros nacionais, como estes são adaptados e eventualmente transformados no nível subnacional, o que ressalta a importância da análise de múltiplos níveis de governança (Gutierres, 2015; Bichir, Brettas; Canato, 2017).

No caso da assistência social, temos um sistema nacional que apresenta similaridades e mesmo emulações oriundas do Sistema Único de Saúde (Franzese; Abrucio, 2013), ao lado de especificidades. A reforma dessa área é tardia em relação àquelas ocorridas na saúde e na educação: desde a redemocratização havia expectativas de transformação de um legado persistente – concepção assistencialista, clientelismo, filantropia, insuficiência de recursos, superposição de ações entre instâncias de governo, centralização financeira e político-administrativa, baixa qualidade do atendimento (Almeida, 1995). Outra especificidade da assistência social é a operação conjunta de serviços continuados e benefícios monetários, tais como o Programa Bolsa Família (PBF) e o Benefício de Prestação Continuada (BPC).[1]

1 Conforme esclarecem Jaccoud, Bichir e Mesquita (2017), esses dois programas surgem fora do campo estrito da assistência social, mas vão sendo progressivamente incorporados a esse

A institucionalização dos pilares do Suas ocorre centralmente nos anos 2000. Com o Suas houve de fato uma redução do espaço para decisões não coordenadas, ainda que não se tenha alcançado um "padrão nacional de execução local das políticas reguladas" (Arretche, 2012), como na saúde. Isso se deve, entre outros motivos, à própria natureza dos serviços socioassistenciais, pouco "programáveis" ou padronizáveis (Costa; Bronzo, 2012), além da complexidade das dimensões de vulnerabilidade de seu público (Jaccoud; Bichir; Mesquita, 2017) e do histórico de baixa institucionalidade pública desse campo. A descentralização político-administrativa, uma das ideias centrais no projeto político do Suas, implicou na definição de parâmetros e diretrizes nacionais – pactuados em instâncias federativas, em um processo decisório menos centralizado do que aquele que se observa, no plano federal, em torno do PBF (Bichir, 2011; 2016) – e na implementação local de serviços, por meio de uma rede composta por equipamentos públicos operados direta e indiretamente, por meio de convênios com entidades privadas sem fins lucrativos.

Aprofundando análises anteriores (Bichir, 2011; 2016; Bichir; Brettas; Canato, 2017; Gutierres, 2015), este capítulo aborda algumas dimensões centrais na consolidação do Suas, considerando legados históricos e transformações institucionais motivadas por atores políticos, em um processo de construção de capacidades estatais. Seguindo já trilhado anteriormente (Bichir, 2016; Gomide, 2016; Jaccoud; Bichir; Mesquita, 2017), defendemos que não é possível dissociar a construção de capacidades técnicas e administrativas das escolhas políticas, do olhar para os atores relevantes e seus projetos.

Argumentamos ainda que compreender a consolidação da política de assistência social implica analisar duas dimensões: 1) as disputas políticas e discursivas em torno da *ideia* de assistência social como *política pública*, que por vezes foi experimentada no nível local antes da construção nacional do Suas; 2) os modos de institucionalização dessa ideia, por meio da consolidação de capacidades estatais e processos de governança das relações entre atores públicos e privados. Esse processo de construção

projeto de construção política, em termos tanto de discurso quanto de algumas estruturas institucionais.

de capacidades tem implicado não somente a provisão estatal direta de serviços – por meio da constituição de uma vasta rede de equipamentos públicos no território nacional –, mas também a *regulação pública* da atuação privada, com definição de novas regras para certificação de OSC e parâmetros nacionais para a provisão dos serviços.

A nosso ver, a dimensão da *regulação* não tem sido adequadamente considerada, em particular devido à construção discursiva da comunidade epistêmica da assistência social, que associa a provisão indireta de serviços, por meio de OSC, ao campo da benemerência e das responsabilidades individuais, em síntese, ao passado que deveria ser superado para dar lugar à assistência como política pública (por exemplo, Stuchi, Paula e Paz, 2012). A própria ideia de "rede socioassistencial" tem sido objeto de disputas ao longo do processo de formulação e implementação do Suas, no qual observa-se a interação de uma miríade de atores, desde ativistas e acadêmicos ligados à comunidade da assistência social (Abers; Serafim; Tatagiba, 2014), com forte relação com movimentos e partidos de esquerda (Gutierres, 2015), bem como a atuação e pressão das OSC – sobretudo as maiores, com participação nas instâncias nacionais da política (Brettas, 2016).

Neste capítulo, buscamos articular processos institucionais de construção de capacidades estatais com o papel de atores e seus *projetos políticos*, entendidos como "os conjuntos de crenças, interesses, concepções de mundo, representações do que deve ser a vida em sociedade, que orientam a ação política dos diferentes sujeitos" (Dagnino; Olivera; Panfichi, 2006, p.38). A abordagem de ideias em políticas públicas (Faria, 2003; Kingdon, 1984; Hass, 1992; Sabatier; Jenkins-Smith, 1999) e de projetos políticos são importantes para entender a construção da assistência social como política pública.

Como mostrou Gutierres (2015), as mudanças operadas nesse campo estão relacionadas à atuação técnica e política de um grupo de ativistas[2] que defendeu em diversas frentes – movimento social, Estado, partido,

2 A denominação "ativistas" será utilizada para identificar o movimento que atuou para a construção do Suas, conforme pesquisa realizada por Gutierres (2015). A denominação é utilizada no feminino por tratar-se de um grupo que reúne, em sua grande maioria, mulheres.

academia, conselhos, fóruns – um projeto de assistência social como política pública. Algumas dessas ideias foram, inclusive, testadas em contextos locais e depois levadas para o plano nacional, ajudando a conformar o Suas. Nesse sentido, o conceito de aprendizagem orientada para as políticas, desenvolvido por Sabatier e Jenkins-Smith (1999), é relevante para a análise, pois implica um processo de longo prazo no qual há permanente alteração de pensamentos e comportamentos dos atores políticos, resultantes da experiência prática apoiada pela evolução do conhecimento técnico/científico do problema em análise. No caso da assistência social, o acúmulo de aprendizagem desde os anos 1990, com a implantação da Loas em municípios onde ativistas atuaram como gestoras, foi aspecto fundamental da formulação da Política Nacional de Assistência Social (PNAS) em 2004, orientando a implantação do Suas.

O capítulo inicia-se com um breve resgate histórico do campo da assistência social. Em seguida, é apresentado o processo de consolidação do Suas, as principais ideias que o sustentam e o seu arranjo institucional. A quarta seção traz as considerações finais, com destaque para os desafios recentes enfrentados pela política.

Legados persistentes e suas transformações

A assistência social no Brasil nasce da relação entre filantropia e Estado, com serviços estatais residuais, destinados a atendimentos emergenciais, realizados por meio de convênios com instituições sociais filantrópicas baseados no princípio da subsidiariedade (Mestriner, 2008). Dois traços decorrem desse arranjo e vão caracterizar a assistência social: o fato de estruturar-se muito mais como um paliativo do que como uma resposta estatal à questão social e a fragilidade institucional dessa área (Mestriner, 2008, p.17), relegada ao lugar do não direito, a partir de ações desorganizadas, descontínuas e segmentadas, calcadas nas ideias de filantropia e caridade (Yazbek, 2008).

A primeira mudança de vulto acontece com a Constituição de 1988, com o reconhecimento da assistência social como política pública no bojo da Seguridade Social, ao lado da saúde e previdência social. Outro marco foi a Loas, em 1993, aprovada após intenso processo de mobilização e negociações entre atores organizados. Sposati (2011) assinala que as mobilizações em defesa da regulamentação da lei, conhecidas como "movimentos pró-Loas",[3] aglutinaram ativistas em torno da causa da assistência social como política pública, marcando a formação do movimento em defesa da assistência social. Esse movimento atuou nos anos subsequentes[4] por meio de fóruns municipais, estaduais e um Fórum Nacional, e também no Partido dos Trabalhadores (PT), por meio do Setorial Nacional de Assistência Social, uma forma de institucionalizar o papel dos movimentos sociais no partido (Gutierres, 2015).

Promulgada em 7 de dezembro de 1993, a Loas definiu como diretriz um sistema descentralizado e participativo de assistência social, com conselhos de assistência social nos três níveis, de caráter deliberativo, paritários e prevendo a realização de conferências. O texto aprovado expressou parte substancial do projeto defendido pelo movimento em defesa da assistência social, ao enfatizar a responsabilidade pública, a participação social e o comando único das ações da assistência social. Vale notar, contudo, que a implantação do projeto de comando único só se concretiza com a implementação do Suas, quando, na forma de sistema, a assistência social ganha institucionalidade e capilaridade, com uma expressiva regulação centralizada no âmbito federativo.

Outro ponto do projeto original defendido pelas ativistas da assistência social, o BPC, tido então como carro-chefe da política de assistência social, foi motivo de dissenso durante o processo de aprovação da Loas,

---

3 Após o veto do presidente Collor ao primeiro texto da Loas, a mobilização em defesa da regulamentação articulou o Conselho Federal de Serviço Social (CFESS), a Associação Brasileira de Ensino e Pesquisa em Serviço Social (ABEPSS) e os conselhos regionais de assistentes sociais, criando uma "Comissão Interlocutora" para participar das negociações junto ao poder público. Desses debates nasce a nova proposta de lei que seria enviada ao legislativo em 1993 (Gutierres, 2015).

4 Durante a regulamentação da Loas foi importante a mobilização de vários setores da sociedade, como ONGs comprometidas com o enfrentamento da pobreza – com destaque para Abong e Ibase –, movimentos de segmentos específicos, como idosos, pessoas com deficiência, meninos e meninas de rua, passando por algumas entidades filantrópicas e parcela do empresariado. Contudo, as assistentes sociais, funcionárias públicas de carreira, gestoras, professoras e pesquisadoras, foram as protagonistas desse movimento (Gutierres, 2015).

devido aos critérios de corte de renda e idade adotados, o que denotava uma disputa em torno da maior ou menor inclusão de beneficiários, e sobre a qual o movimento em defesa da assistência social teve que fazer concessões.

No âmbito do controle social, a Loas previa a formação do Conselho Nacional de Assistência Social (CNAS), que foi instalado em 1994. O legado cartorial foi herdado: o CNAS substituiu o Conselho Nacional de Serviço Social (CNSS) que, extinto em 1993, possuía a função de certificação das entidades privadas de prestação de serviço socioassistencial.[5] As primeiras gestões do CNAS também foram marcadas por embates entre a representação do movimento em defesa da assistência social e o governo Fernando Henrique Cardoso (1995-2002), devido, principalmente, à centralidade do Programa Comunidade Solidária (PCS), uma das principais estratégias para o enfrentamento da pobreza. Diferentemente do projeto preconizado pelas ativistas, de reforço da responsabilidade pública e estatal pela política de assistência, o PCS assentava-se em parcerias com OSC, sem apresentar conexão com a política de assistência social, reforçando paralelismos.

A relação entre ativistas e governo, nos dois mandatos presidenciais de Fernando Henrique, foi marcada por embates em torno da concepção de assistência social a ser implantada, travados especialmente no CNAS. Nesse período, avançou-se na implantação de dispositivos previstos na Loas, como o Fundo Nacional de Assistência Social (FNAS), o BPC, a construção da Norma Operacional Básica (NOB) da Assistência Social, de 1997, e a aprovação da Política Nacional de Assistência Social (PNAS)/1998 pelo CNAS. Entretanto, como mostra Mendosa (2012), a proteção social estava bastante centrada em programas de transferência de renda para famílias pobres, que não cobriam todos os cidadãos que tinham direito à assistência social, além de não promover um ordenamento institucional que conferisse organização nacional e capilaridade territorial.

5 Essa dimensão cartorial representa uma das principais questões de embate para as ativistas, uma vez que a certificação onerava muito o CNAS, atrapalhando seu caráter propriamente político e de controle social, além de recolocar, naquele espaço, práticas clientelistas e de corrupção, como se explicita em 2009, com a Operação Fariseu (Gutierres, 2015).

Nesse processo de avanços e retrocessos em meio à intensa mobilização de ativistas, uma tensão constitutiva do campo permanece, a persistência histórica de práticas filantrópicas. A definição dos contornos e da própria *identidade* setorial dessa política se deu, principalmente, a partir da relação com esse legado a ser superado, sendo este muitas vezes identificado diretamente com a atuação de entidades privadas sem fins lucrativos. Se, por um lado, essa ideia dá coesão à atuação do movimento ativista, por outro lado, Bichir, Brettas e Canato (2017) mostram que ela representa uma simplificação da diversidade de organizações envolvidas nesse campo, algumas defendendo, inclusive, a construção da assistência como política no âmbito do Suas (Brettas, 2016). Retomaremos posteriormente os modos de enquadramento das OSC no âmbito dos normativos do Suas.

O Suas em construção: ideias, atores e arcabouço institucional

O Suas é um caso interessante para abordar as lentes da ação pública (Lascoumes; Le Galès, 2012), as quais destacam as interações entre autoridades públicas e atores sociais na produção de políticas públicas, bem como as perspectivas recentes que vão considerar processos de institucionalização de demandas de movimentos sociais em processos de mútua constituição de capacidades estatais e sociais (Lavalle et al., 2017). Isso porque esse sistema envolve a interação de atores estatais e não estatais representados por instâncias partidárias, da sociedade civil e de governo. Mobilizações políticas, ativismo, formulações técnicas e processos de desenvolvimento de capacidades estatais se entrelaçaram, contribuindo para os redirecionamentos dados à assistência social nos anos 2000.

A eleição de Lula para o executivo federal, em 2003, representou a abertura de um canal de interação com o governo, por meio do qual ativistas do movimento em defesa da assistência social – especialmente aquelas organizadas no Setorial Nacional no PT – empreenderam estratégias para travar disputas internas no partido e no governo, que incluíram principalmente a ocupação de cargos, tanto nas gestões municipais e estaduais, como no nível federal. Essa estratégia tem sido apontada pela literatura como uma das formas de movimentos sociais influenciarem políticas públicas (Dagnino, 2002; Dowbor, 2012; Abers; Serafim; Tatagiba, 2014; Lavalle et al., 2017).

A partir da campanha eleitoral de 2002 e ao longo de disputas travadas no primeiro ano do governo Lula, o movimento em defesa da assistência social disputou política e discursivamente a *ideia de assistência social como política pública de direito* (Gutierres, 2015). Desde o documento preparado pelo Setorial Nacional de Assistência Social para o governo de transição, a tônica era defender a superação do assistencialismo, chamando o partido ao comprometimento com um projeto de assistência social como política de seguridade.

Apesar da abertura de uma janela de oportunidade, Gutierres (2015) mostra que as disputas no governo e no partido eram intensas, e se traduziram, no primeiro ano, no embate entre a concepção defendida pelo movimento em defesa da assistência social e os direcionamentos dados pelo recém-criado Ministério de Assistência e Promoção Social (Maps).[6] Como reação, a convocação da IV Conferência Nacional de Assistência Social, em dezembro de 2003, articulou a Frente Nacional de Prefeitos a pressões que o Setorial fazia internamente no partido e à mobilização da sociedade civil, visando garantir a aprovação de uma política nacional que incorporasse a implementação de um sistema único, tal como preconizado na Loas. A IV Conferência ficou historicamente marcada ao deliberar pela imediata aprovação do Suas, embasada em formulações apresentadas pelo grupo de ativistas em defesa da assistência social.[7]

6 No primeiro ano do governo Lula, a escolha de Benedita da Silva para o Maps marcou um embate entre a concepção defendida internamente, no PT, pelo movimento em defesa da assistência social e os direcionamentos dados pelo ministério, pois a ministra escolhida não fazia parte do grupo de ativistas que compunham o Setorial de Assistência Social. Além disso, durante o ano de 2003, o Maps não avançou na criação de institucionalidades e consolidação da política no nível federal, conforme atestado por avaliação do Ipea (2003).

7 Ativistas no governo lançaram mão de estratégias para fortalecer a proposta de uma política nacional. Um exemplo era a organização de seminários na Coordenadoria de Capacitação, ocupada por uma ativista. Valendo-se da prerrogativa da capacitação, passam a organizar seminários para discutir a política e incluir outros militantes por todo o Brasil, como uma estratégia para, nas palavras da ativista, "construir a institucionalidade do Suas" (Gutierres, 2015).

Na IV Conferência era central a defesa de um modo de fazer política de assistência social que se diferenciasse do legado atribuído à área. No posicionamento de Aldaíza Sposati (2011), observa-se a disputa em torno de um projeto político defendido por essas ativistas, inclusive dentro do governo (Gutierres, 2015). A professora e ativista afirmava que o recém-criado Maps ainda não contemplava a estrutura necessária à política de assistência social:

> para erguer os pilares sustentadores da política pública de assistência social, *é preciso processar a substituição dos materiais frágeis que ainda compõem a casa do Ministério da Assistência Social por pilares de sustentação com argamassa unificadora para todo o território nacional.* A nova casa da menina Loas precisa de pilares de sustentação. (Sposati, 2011, p.77-8, destaques nossos)

O texto segue indicando quais seriam os "pilares sustentadores" da política, que consistiam em 1) pacto federativo da assistência social; 2) sistema único descentralizado e territorializado; 3) serviços permanentes e continuados; e 4) paradigma para a relação de parceria como relação de rede/sistema (Sposati, 2011, p.78-9). Muitos elementos desse projeto político defendido por esse grupo ativista foram posteriormente incorporados no regramento do Suas.

Aspectos centrais da construção do Suas são oriundos de experiências locais de gestão, disputas políticas em torno da regulamentação da Loas, bem como do desenvolvimento de instrumentos e conceitos ao longo da trajetória das ativistas, conferindo legitimidade técnica a esse grupo, que passa a ser reconhecido como uma comunidade de especialistas. A posição e a circulação dessas ativistas na comunidade acadêmica do serviço social, no interior do Setorial Nacional do PT e em experiências municipais de gestão permitiram o acúmulo de capital político e relacional e a construção de capacidades para a operação da política, em um processo de aprendizado no qual há retroalimentação entre ideias e capacidades. Algumas das experiências de gestão, desde finais dos anos 1990, funcionaram como laboratórios no processo de implantação da Loas, que se dava de forma desigual no país.

A partir da extensa pesquisa realizada por Gutierres (2015), destacamos três experiências municipais de gestão que influenciaram posteriormente os rumos do Suas, em diferentes dimensões. As experiências de Porto Alegre e Belo Horizonte remontam à década de 1990, no contexto de implementação da Loas. Já a experiência de São Paulo ocorre a partir de 2002, no contexto da formulação de diretrizes para a implantação do Suas.

Na experiência de Belo Horizonte, ativistas do Fórum Mineiro de Defesa da Assistência Social, como Márcia Pinheiro e Rosilene Rocha, foram convidadas a ocupar cargos de gestão na política de assistência social a partir de 1993, quando Patrus Ananias, do PT, foi eleito prefeito do município. Destaca-se nessa experiência a gestão participativa: representações regionais da política de assistência social eram organizadas por meio de "comissões locais", que tinham como objetivo discutir propostas e demandas nas regionais da cidade e encaminhá-las, posteriormente, para o conselho municipal, recém-implantado no município. Adicionalmente, Núcleos de Apoio à Família (NAF) são implantados como serviço de referência para atendimento dos beneficiários da assistência social, por meio de um modelo bem próximo do que viria a ser o Centro de Referência da Assistência Social (Cras), posteriormente implantado pelo Suas.

Em Porto Alegre, a gestão da assistência social passa por grande mudança a partir de 1997, com a eleição de Olívio Dutra (PT), que convida como secretária da pasta Ana Paula Costa, também ativista do movimento em defesa da assistência social. Essa gestão desenvolve um trabalho participativo de levantamento de demandas da assistência social nos bairros, por meio das Comissões Regionais de Assistência Social, muito próximo do que acontecia em Belo Horizonte. A política é reorganizada no município na forma de um sistema, com rede de proteção básica, os chamados "Módulos da Assistência Social", concebidos como equipamentos de atendimento local, e os Centros Comunitários, concebidos de forma muita próxima ao modelo de atendimento dos Centros de Referência Especializados da Assistência Social (Creas) que serão organizados depois no Suas. A nomenclatura de proteção básica e proteção especial também é incorporada, mantendo muita semelhança com conteúdos presentes, posteriormente, na PNAS/2004.

As experiências de Belo Horizonte e Porto Alegre se tornam referência na medida em que criam mecanismos participativos previstos na Loas como base de gestão, e também porque são pioneiras na experiência de trabalho com núcleos de atendimento de forma territorialmente descentralizada, funcionando como "laboratórios" dos equipamentos que posteriormente se tornariam os Cras, as "portas de entrada" do sistema.

Outra experiência emblemática aconteceu no município de São Paulo, no governo Marta Suplicy (2001-2004), então no PT, quando, no segundo ano do mandato, Aldaíza Sposati assume a pasta da assistência social. Essa gestão trouxe uma profunda mudança na implementação da política na cidade, com destaque para a capacitação e a valorização profissional, a promulgação da Lei de Parcerias como forma de regulamentar as relações entre poder público e entidades e a prioridade dada à população em situação de rua. Aspectos dessa gestão, que é concomitante à eleição de Lula e às discussões em torno da política nacional, articulam-se à experiência nacional e vão influenciar diretamente a formulação da PNAS e do Suas. Destaca-se a proposta de reestruturação da secretaria e dos serviços – reordenação da segmentação por faixas etárias para o atendimento por "seguranças de atendimento",[8] seguranças de acolhida, convívio, provisão e defesa (Marin, 2012, p.96). Essa concepção, já prevista na Loas, passa a compor o texto da PNAS como um dos principais eixos estruturadores da política. A proposta de gestão territorializada da assistência social também influenciou as diretrizes da PNAS. O programa municipal "Fortalecendo a Família", criado para fomentar vínculos familiares e comunitários, e depois rebatizado como Programa de Assistência Social a Famílias (Proasf), inspirou posteriormente, no plano nacional, o Programa de Atendimento Integral à Família (Paif). O *timing* da experiência de gestão em São Paulo, desenvolvida ao mesmo tempo em que se desenvolviam planejamentos nacionais para a assistência social, contribuiu para a oferta de subsídios para a elaboração da política nacional, por meio de seminários e discussões que embasaram a PNAS/2004.

---

8 A questão das "seguranças sociais básicas" foi desenvolvida por Sposati ao longo de sua produção acadêmica como modo de evidenciar a especificidade da assistência social como política pública (Sposati, 2011).

Essas experiências locais, entre outras, serviram para testar a possibilidade de implementação de ideias que conformavam o projeto de construção da assistência como política pública. O próximo passo seria a criação de institucionalidade própria da assistência social no Ministério de Desenvolvimento Social e Combate à Fome (MDS),[9] em 2004. Valendo-se de estratégias empreendidas pelas ativistas em negociações com o partido e o governo (Gutierres, 2015, p.155-7), observa-se o trânsito de militantes para ocupação de cargos na recém-criada Secretaria Nacional de Assistência Social (SNAS). A secretaria passa a contar com ativistas nos cargos de secretária nacional, diretora de gestão do Suas, diretora de benefícios, coordenadora de capacitação, além de assessoria técnica prestada por ativistas que atuavam em prefeituras e universidades em todo o país e a Presidência do CNAS. Essa primeira formação da SNAS ficou conhecida por "ministério mineiro", já que contava com ativistas que haviam trabalhado na gestão da assistência social em Belo Horizonte, no mandato de Patrus Ananias, escolhido como primeiro ministro do MDS.

Do ponto de vista da construção institucional no plano nacional, nos anos 2000 há importantes avanços em termos normativos, de regulamentação e de construção de capacidades estatais. Destacamos a PNAS, em 2004, a Norma Operacional Básica do Suas (NOB-Suas), em 2005 e, mais recentemente, a chamada Lei do Suas (lei 12.345, de 6 de julho de 2011), além do amplo processo de regulação das OSC, incluindo desde mudanças na certificação das entidades até a Tipificação Nacional dos Serviços Socioassistenciais.

A PNAS ressaltou a diretriz de descentralização político-administrativa, bem como a importância da clara divisão de competências e responsabilidades entre os níveis de governo e a diretriz de comando único em cada nível da federação, conforme preconizado pela Loas e pela NOB 1999. A PNAS reforçou ainda princípios de participação social contidos na Loas, bem como a expectativa de descentralização também dos processos

9 Apesar da criação do Maps, em 2003, atender a uma antiga reivindicação do movimento em defesa da assistência social, os relatos das ativistas denotam que o ministério não avançou na construção dessa institucionalidade própria para a área, de modo que a SNAS, no novo ministério formado em 2004, se constituiu como importante estrutura para a implementação do Suas, em consonância com o projeto defendido pelo movimento.

decisórios, e não somente da autoridade sobre a gestão de programas, serviços e benefícios, respeitando a heterogeneidade de situações de vulnerabilidade e as distintas capacidades institucionais dos municípios.

Segundo Sposati (2009), a PNAS consagra uma "descentralização compartilhada", respeitando especificidades regionais e municipais e superando a "prefeiturização", sem compartilhamento de responsabilidades com estados e governo federal. Ao abordar os princípios da PNAS, Couto (2009) denomina de "microrrevolução" o estabelecimento de um pacto federativo com responsabilidade solidária pelo atendimento das necessidades da população.

Adicionalmente, a PNAS estabeleceu parâmetros para a implementação do Suas, definiu os tipos de segurança a serem garantidos pela assistência (acolhida, renda, convivência, autonomia, riscos circunstanciais) e também especificou a organização de equipamentos públicos em todos os municípios, separados de acordo com o nível de complexidade do atendimento, instituindo a proteção básica e a proteção especial – Cras e Creas –, respectivamente. De acordo com dados do Censo Suas 2015,[10] a rede de equipamentos públicos da assistência ganha grande capilaridade nacional: partindo de 4.195 Cras em 2007, em 2015 o total dessas unidades chega a 8.155, sendo que esses equipamentos da atenção básica estão presentes em quase todos os municípios brasileiros (em 98,7% deles). No caso dos Creas, salta-se de 1.200 equipamentos em 2009 para 2.435 em 2015, existindo ao menos um equipamento desses em cada município acima de 20 mil habitantes (Jaccoud; Bichir; Mesquita, 2017).

A NOB-Suas 2005 detalhou a PNAS e consolidou as deliberações da IV Conferência Nacional de Assistência Social, reiterando a universalidade da política e a responsabilidade do Estado. Foram definidas mais claramente as atribuições de cada esfera de governo e os níveis de gestão, além de uma nova sistemática de financiamento, pautada em pisos de proteção social básica e especial e critérios de partilha definidos por indicadores municipais, incluindo o repasse de recursos fundo a fundo. Segundo Palotti e Costa (2011), a definição de critérios objetivos para as

10 Disponíveis em: <aplicacoes.mds.gov.br/sagi/publicacao_eletronica/muse/Censo2015/equipamentos.html>. Acesso em: 22 maio 2018.

transferências federais, por pisos de proteção, e a especificação de parâmetros realizada por meio da NOB-Suas, lograram criar os incentivos para estimular a habilitação dos municípios ao Suas, o que não tinha sido obtido com a PNAS.

No processo de consolidação do Suas foram desenvolvidas arenas institucionais para pactuação federativa, a partir da emulação da estrutura desenvolvida no âmbito do SUS. A Comissão Intergestores Tripartite (CIT) do Suas foi criada como uma instância de negociação e pactuação entre os gestores federal, estaduais e municipais da assistência, nas quais as decisões devem ser tomadas por consenso. Participam da CIT-Suas o Colegiado Nacional de Gestores Municipais da Assistência Social (Congemas), o Fórum Nacional dos Secretários de Estados de Assistência Social (Fonseas) e o MDS. Nessas instâncias, têm sido consolidados importantes instrumentos, os pactos de aprimoramento da gestão do Suas, nos níveis estadual e municipal.

Com o novo sistema de financiamento definido pela PNAS, a partir de pisos de financiamento, critérios de partilha e repasses fundo a fundo pactuados nas instâncias tripartites, superou-se a descontinuidade advinda do antigo modelo de convênios vinculados a programas específicos, fundamentando-se o princípio da continuidade dos serviços socioassistenciais tipificados. Importante esclarecer que nas despesas gerais da União com a assistência social são considerados os serviços, programas, projetos e benefícios, incluindo recursos para ações de transferência de renda, como o BPC e o PBF (Brasil, 2011). Como mostram Peres e Santos (neste volume), a despeito de representar o menor orçamento no conjunto das políticas de seguridade social, nas últimas décadas houve um aumento significativo do próprio patamar de gastos nessa função, de 0,08% do PIB em 1995 para 1,24% em 2016. Esse aumento significativo de recursos é explicado principalmente por benefícios monetários como o BPC e o PBF, que mesmo tendo seus pagamentos operados por outros órgãos – INSS, no caso do BPC e Caixa Econômica Federal, no caso do PBF –, trazem ganhos de visibilidade para a assistência e perspectivas recentes de articulação com o próprio Suas, em particular devido à priorização desses beneficiários no âmbito dos serviços socioassistenciais (Jaccoud; Bichir; Mesquita, 2017).

O papel das OSC vem sendo objeto de crescente regulamentação pela política de assistência social (Brettas, 2016), com avanços em termos de padronização de ofertas e de critérios para certificação de entidades assistenciais. As "entidades e organizações de assistência social" – nos termos utilizados na PNAS – são qualificadas como aquelas que atendem aos seguintes critérios: execução de ações de caráter continuado, permanente e planejado; serviços, programas, projetos e benefícios socioassistenciais ofertados visando a autonomia e garantia de direitos dos usuários; garantia de gratuidade em todos os serviços, programas, projetos e benefícios socioassistenciais; e garantia da existência de processos participativos dos usuários (Resolução CNAS nº 014/2014, art. 6º).[11]

A conformação de uma "rede socioassistencial", formada por equipamentos públicos e entidades privadas conveniadas, foi objeto de disputas. Segundo Brettas (2016), é possível identificar diferentes fases a partir da análise das regulações e regulamentações nacionais:1) a perspectiva estatista, a partir de 2004, com ênfase na ação estatal tanto na regulação como na provisão direta dos serviços, por meio da expansão de equipamentos públicos, com a tentativa, no limite, de alijar as OSC; 2) a concepção de uma "rede socioassistencial privada do Suas", a partir de 2010, com a reação das OSC no sentido de afirmação de seu lugar no sistema e a ampliação da regulação estatal das entidades, diante da percepção da indispensabilidade da oferta indireta dos serviços; 3) por fim, a partir de 2013, aproximadamente, verifica-se um enfraquecimento da ideia de "rede privada" e passa a ter ênfase a concepção de uma única rede socioassistencial, de *finalidade pública*, independentemente da natureza da organização ofertante do serviço.

A definição de parâmetros mínimos para a prestação de serviços, por meio da Tipificação Nacional dos Serviços Socioassistenciais, construída no CNAS em 2009, avançou na consolidação do Suas, visando superar a execução fragmentada e assistencialista dos serviços. Além dessa resolução, desde 2009 o CNAS tem tido um papel mais relevante na

11 As organizações que se enquadram como de "assistência social" podem ser ainda classificadas como de *atendimento*, *assessoramento*, ou *defesa de direitos* (Resolução CNAS no 014/2014, art. 2º).

normatização da atuação dessas entidades, superando sua "função cartorial" de emissão de Certificação de Entidades Beneficentes de Assistência Social (Cebas) (Côrtes, 2015). O processo de construção institucional do Suas é culminado pela promulgação da lei n.12.435/2011, a chamada "Lei do Suas", que após anos em discussão no Congresso atualizou a Loas e consolidou os principais princípios desse sistema.

Mesmo com avanços institucionais no campo da provisão de serviços e benefícios e regulação da provisão de serviços pelas OSC, alguns dilemas são persistentes. Não é simples superar o legado do campo e construir a assistência social como direito e como política pública para além dos normativos, penetrando todos os níveis de estruturação do sistema, mudando valores, projetos e visões sobre os usuários e beneficiários dos serviços e programas. O histórico de filantropia, benemerência e caridade cria obstáculos ao maior protagonismo de atores estatais, e ainda é uma sombra a estimular uma certa visão simplificadora do campo, no que tange aos modos de interação com as OSC.

Dilemas surgem também a partir da visibilidade de programas que ganharam centralidade na agenda social, como o PBF: apesar de ter sido construído em paralelo ao Suas, por outra comunidade de política pública e seus processos decisórios centrais (em Brasília) serem relativamente insulados da comunidade da assistência social, sua operação básica, no nível municipal – desde cadastramento de beneficiários até o acompanhamento de beneficiários em situação de descumprimento de condicionalidades – ocorre por meio das estruturas básicas da assistência social, os Cras, na imensa maioria dos municípios (Bichir, 2016). Conforme reconhecem atores/autores tanto do campo da assistência social (Colin; Pereira; Gonelli, 2013) quanto da transferência de renda (Paiva; Falcão; Bartholo, 2013), foi sendo construída, nos anos recentes, uma articulação progressiva entre PBF, Cadastro Único e Suas, tendo como um dos marcos significativos o Protocolo de Gestão Integrada de Benefícios e Serviços, de 2009, preconizando a priorização dos beneficiários do PBF nos serviços socioassitenciais (Bichir, 2016).

Já no contexto do governo Dilma (2011-2016), houve novos avanços na integração entre a transferência de renda e a assistência social. Discussões conjuntas entre a Secretaria Nacional de Renda de Cidadania

(Senarc), responsável pelo PBF, e a SNAS levaram à criação de novas regras para o controle das condicionalidades,[12] como resultado do processo de amadurecimento institucional do PBF, de estudos de avaliação, aprimoramento de sistemas de informação e de interlocuções entre as áreas. A nova portaria introduziu o acompanhamento socioassistencial das famílias em situação de descumprimento de condicionalidades, reduzindo dimensões punitivas (Bichir, 2016). Ainda nesse governo houve uma importante e ambiciosa iniciativa de integração entre transferência de renda, acesso a serviços públicos e inclusão produtiva, conformada pelo Plano Brasil Sem Miséria (PBSM), instituído em 2011. Nesse plano, a assistência social tinha responsabilidades centrais, seja na "busca ativa" de famílias ainda fora do Cadastro Único, seja nas pactuações do Pronatec/BSM, que visava à qualificação profissional do público de baixa renda (Bichir, 2016; Vieira, 2017).

Em síntese, considerando a lente das capacidades estatais em suas dimensões técnico-administrativa e política, podemos destacar os seguintes avanços na institucionalização desse campo:

a) dimensão técnico-administrativa: criação e funcionamento de instituições próprias da assistência social, o que inclui não somente uma secretaria nacional no âmbito do MDS, mas também o desenvolvimento de espaços institucionais como o CNAS e o FNAS; processo de estruturação da burocracia federal responsável pela área da assistência social e também de estruturação, capacitação e regulamentação da burocracia em nível nacional, incluindo também aumento no número de profissionais envolvidos nos serviços;[13] NOB-RH; estruturação dos mecanismos de cofinanciamento da política de assistência social; processo de regulação e regulamentação do setor, inclusive regulamentação da provisão indireta de serviços; desenvolvimento de uma rede de equipamentos públicos

12 Portaria n.251, de 12 de dezembro de 2012.

13 Passando de 139.549 pessoas lotadas nas unidades públicas municipais de gestão e prestação de serviços em 2005 para 256.858 em 2014, segundo dados da Munic e do Censo Suas (citados por Jaccoud, Bichir e Mesquita [2017, p.46]).

da assistência com *capilaridade* no território; formas de monitoramento e avaliação dos serviços prestados.

b) dimensão política: maior centralidade relativa da agenda da assistência social como *direito e como política pública* ao longo das últimas décadas; processos de articulação política e legislativa para construção do campo da assistência social, em particular em torno da Lei do Suas; formas de articulação entre o campo próprio da assistência social e outras políticas sociais, visando ampliar o campo da proteção social por meio de instrumentos de políticas públicas (com destaque para o Cadastro Único) e negociações e relações entre burocracias sociais; modos de pactuação federativa das agendas da assistência social, em particular na CIT.

Considerações finais: desenvolvimentos e desafios recentes

Neste capítulo procuramos articular um referencial analítico assentado em ideias, projetos políticos e capacidades estatais para compreender a consolidação da assistência como política pública. Mostramos que o processo de aprendizado político construído ao longo das trajetórias das ativistas desse campo, tanto no âmbito de pesquisas acadêmicas quanto por meio de experiências de gestão local antes da implementação do Suas, foi fundamental para as mudanças ocorridas. De forma adicional, a atuação política de ativistas e a formulação de conteúdos coerentes com o projeto defendido lograram a construção de capacidades estatais essenciais para a implementação desse sistema nacional.

A nosso ver, a grande disputa entre projetos políticos não se deu entre os benefícios monetários como o BPC e o PBF e a assistência social, ainda que tenha havido preocupações com a visibilidade da transferência de renda vis-à-vis a centralidade dos serviços socioassistenciais estruturantes do Suas, sem mencionar os efeitos de sobrecarga das estruturas da assistência social com a operação do PBF (Bichir, 2011). Estudos recentes apontam que esses programas ajudam a compor a contribuição da assistência social para o pilar da garantia de renda do sistema de proteção social brasileiro, ao lado de contribuições no campo de serviços para públicos vulneráveis e promoção da equidade (Jaccoud; Bichir; Mesquita, 2017).

O grande ponto de disputa sempre foi, acreditamos, os modos de construção da responsabilidade *pública* pela política de assistência, que por muitas vezes se traduziu como responsabilidade estatal pela *provisão direta* dos serviços, em tensionamento com as OSC. Somente mais recentemente, tanto por meio da correlação de forças entre atores estatais e não estatais em instâncias como o CNAS, das regulações da provisão indireta e dos tipos de serviços, assim como a percepção da diversidade de OSC e indispensabilidade de sua atuação em diversos contextos, constrói-se a ideia de rede socioassistencial única.

A assistência social enfrenta desafios em seu processo de consolidação. No campo dos serviços, mesmo com avanços na normatização nacional, ainda há problemas de implementação referentes à multiplicidade de entendimentos sobre "atendimento integral à família" e também relativos às ambiguidades envolvidas na classificação de famílias como "vulneráveis" (Jaccoud, 2015). Estudos qualitativos demonstram desafios referentes às percepções dos usuários em relação aos serviços prestados, nem sempre percebidos como política pública, em particular no caso da provisão indireta (Vieira, 2017).

Além do desenvolvimento de capacidades estatais próprias da assistência social, há desafios das relações interorganizacionais com outras áreas, conforme discutido por Bichir (2016). No cenário recente, observam-se – não sem tensões – perspectivas de articulação entre essas diferentes dimensões da assistência social e entre essa e outras políticas sociais. Se, por um lado, a implementação do Suas concretiza a demanda por uma política pública organizada no âmbito federativo, com programas e serviços específicos e normatizados em todo território nacional, por outro lado, o campo da assistência social disputa centralidade com outras políticas no cenário mais amplo, especialmente com o PBF (Bichir, 2016).

Diversos autores têm reconhecido a importância da análise articulada do PBF com a política de assistência social (Jaccoud; Hadjab; Chaibub, 2009; Jaccoud, 2013; Vaitsman; Andrade; Farias, 2009; Bichir, 2011; 2016; Lício, 2012; Coutinho, 2013; Fonseca; Fagnani, 2013; Sátyro; Cunha, 2014; Colin; Pereira; Gonelli, 2013). O ponto central, a nosso ver, é destacar que a despeito de tensões e disputas por centralidade, tem havido um processo de retroalimentação entre transferência e assistência social, com utilização de instrumentos de políticas comuns – como o Cadastro Único – e consolidação de capacidades estatais que fortalecem o campo do desenvolvimento social.

Do ponto de vista federativo, o desafio refere-se à participação mais ativa dos estados, coordenando as ações de seus municípios e intermediando a relação hoje bastante direta entre governo federal e municípios. Estudos diversos e dados do Censo Suas indicam um processo de construção de capacidades estatais no nível federal, mas com desigualdades importantes entre os municípios brasileiros, em particular no que tange à implementação dos serviços (Sátyro; Cunha; Campos, 2016), e não somente à presença da institucionalidade básica da política (Cavalcante; Ribeiro, 2012). Como Palotti e Costa (2011) demonstram para o caso mineiro, os estados podem ser essenciais na indução de capacidades municipais na área da assistência social.

Sobre perspectivas de articulação da política de assistência social com outras políticas sociais, como saúde e educação, estimuladas por programas como o PBF, especialmente devido ao processo de acompanhamento de condicionalidades, ver Paiva; Falcão; Bartholo, 2013. Agendas como o PBSM também estimulavam a integração entre os eixos de proteção, por meio do fortalecimento do Cadastro Único como uma ferramenta de integração de ações (Bichir, 2016). Entretanto, no contexto do governo Temer (2016-2018), diversas dessas iniciativas têm encontrado limites, seja no teto imposto aos gastos públicos, seja devido a novas ideias e projetos políticos, os quais sustentam outros entendimentos da política de assistência social e da transferência de renda, reforçando uma perspectiva mais restritiva de proteção social.

As transformações na conjuntura política nacional trouxeram mudanças em prioridades políticas e novos desafios para o campo da assistência social. Se, por um lado, ao final do governo Dilma, a agenda da articulação intersetorial de políticas ganhava fôlego, por outro, o governo Temer reacendeu pautas polêmicas nesse campo – como exemplificado pelo programa Criança Feliz, que resgata, inclusive, o legado do primeiro-damismo tão combatido pelas militantes desse campo. A proposta de reforma da previdência (PEC 287/2016) atingia o BPC em dois aspectos centrais, aumento para a idade mínima de acesso de 65 anos para 70 anos e desvinculação do valor do benefício ao salário mínimo, dimensões que só foram revertidas após pressões contrárias. Adicionalmente, a aprovação do teto de gastos públicos compromete agendas mais ambiciosas no âmbito da seguridade social. Tomando emprestado os termos que Menicucci (2006) utiliza para o problema do subfinanciamento do SUS, trata-se de um projeto político de "inviabilização sistêmica" do Suas.

Referências bibliográficas

ABERS, R.; SERAFIM, L.; TATAGIBA, L. Repertórios de interação Estado-sociedade em um Estado heterogêneo: a experiência na era Lula. *Dados – Revista de Ciências Sociais*, Rio de Janeiro, v.57, n.2, p.325-57, 2014.

ALMEIDA, M. H. T. Federalismo e políticas sociais. *Revista Brasileira de Ciências Sociais*, n.28, p.88-108, jun. 1995.

ARRETCHE, M. T. S. *Democracia, federalismo e centralização no Brasil*. Rio de Janeiro: FGV/Fiocruz, 2012. 232p.

BICHIR, R. M. *Mecanismos federais de coordenação de políticas sociais e capacidades institucionais locais: o caso do Programa Bolsa Família*. Rio de Janeiro, 2011. 278f. Tese (Doutorado em Ciência Política) – Instituto de Estudos Sociais e Políticos, Universidade Estadual do Rio de Janeiro.

______. Novas agendas, novos desafios: reflexões sobre as relações entre transferência de renda e assistência social no Brasil. *Novos Estudos Cebrap*, 2016.

______; BRETTAS, G.; CANATO, P. Multi-level governance in federal contexts: the social assistance policy in the city of São Paulo. *Brazilian Political Science Review*, v.11, n.2, 2017.

BRASIL. Ministério do Desenvolvimento Social e Combate à Fome. *Caderno Suas V: financiamento da assistência social no Brasil*. Brasília: MDS, Secretaria de Avaliação e Gestão da Informação; Secretaria Nacional de Assistência Social, 2011.

BRASIL. Ministério do Desenvolvimento Social e Combate à Fome. *Censo Suas 2014*: análise dos componentes sistêmicos da política nacional de assistência social. Brasília, DF: MDS, Secretaria de Avaliação e Gestão da Informação; Secretaria Nacional de Assistência Social, 2015.

BRETTAS, G. H. *O papel das organizações da sociedade civil na política pública de assistência social no Brasil: dilemas e tensões na provisão de serviços*. São Paulo, 2016. Dissertação (Mestrado em Gestão de Políticas Públicas) – Escola de Artes, Ciências e Humanidades, Universidade de São Paulo.

CAVALCANTE, P.; RIBEIRO, B. O Sistema Único de Assistência Social: resultados da implementação da política nos municípios brasileiros. *Revista de Administração Pública*, Rio de Janeiro, v.46, n.6, p.1459-77, nov.-dez. 2012.

COLIN, D.; PEREIRA, J.; GONELLI, V. Trajetória de construção da gestão integrada do Sistema Único de Assistência Social, do Cadastro Único e do Programa Bolsa Família para a consolidação do modelo brasileiro de proteção social. In: CAMPELLO, T.; NERI, M. C. (orgs.). *Programa Bolsa Família: uma década de inclusão e cidadania*. Brasília: Ipea, 2013.

COSTA, B. L. D.; BRONZO, C. Intersetorialidade no enfrentamento da pobreza: o papel da implementação e da gestão. In: FARIA, C. A. P. (org.). *Implementação de políticas públicas: teoria e prática*. Belo Horizonte: Editora PUC Minas, 2012.

COUTINHO, D. *Capacidades estatais no Programa Bolsa Família*: o desafio de consolidação do Sistema Único de Assistência Social. Rio de Janeiro: Ipea, texto para discussão n.1852, 2013.

COUTO, B. O Sistema Único de Assistência Social: uma nova forma de gestão da assistência social. In: MDS/UNESCO. *Concepção e gestão da proteção social não contributiva no Brasil*. Brasília, 2009.

______; RAICHELIS, R.; SILVA, M.; YAZBEK, M. Implantação, implementação e condições de funcionamento do Suas nos municípios. In: COUTO, B.; YAZBEK, M. C.; SILVA; M. O; RAICHELIS, R. (orgs.). *O Sistema Único de Assistência Social no Brasil: uma realidade em movimento*. São Paulo: Cortez, 2012.

DAGNINO, E.; OLVERA, A. J.; PANFICHI, A. Para uma outra leitura da disputa pela construção democrática na América Latina. In: DAGNINO, E.; OLVERA, A. J.; PANFICHI, (orgs.). *A disputa pela construção democrática na América Latina*. São Paulo: Paz e Terra, 2006.

FARIA, C. Ideias, conhecimento e políticas públicas: um inventário sucinto das principais vertentes analíticas recentes. *Revista Brasileira de Ciências Sociais*, São Paulo, v.18, n.51, p.21-30, 2003.

FONSECA, A.; FAGNANI, E. (orgs.). *Políticas sociais cidadania e desenvolvimento*: economia, distribuição da renda e mercado de trabalho. São Paulo: Fundação Perseu Abramo, 2013.

FRANZESE, C.; ABRUCIO, F. Efeitos recíprocos entre federalismo e políticas públicas no Brasil: os casos dos sistemas de saúde, de assistência social e de educação. In: HOCHMAN, G.; FARIA, C. A. P. *Federalismo e políticas públicas no Brasil*. São Paulo: Fiocruz, 2013.

GOMIDE, A. Capacidades estatais para políticas públicas em países emergentes: (des)vantagens comparativas do Brasil. In: GOMIDE, A. A.; BOSCHI, R. R. (eds.). *Capacidades estatais em países emergentes*: o Brasil em perspectiva comparada. Rio de Janeiro: Ipea, 2016.

GUTIERRES, K. A. *Projetos políticos, trajetórias e estratégias: a política de assistência social entre o partido e o Estado*. Campinas, 2015. Tese (Doutorado em Ciências

Políticas) – Instituto de Filosofia e Ciências Humanas, Universidade de Campinas.

JACCOUD, L. Famílias, território e intersetorialidade na agenda da proteção social brasileira. Caxambu, Encontro da Anpocs, 2015.

______. Igualdade e equidade na agenda da proteção social. In: FONSECA, A.; FAGNANI, E. (orgs.). *Políticas sociais, cidadania e desenvolvimento*: economia, distribuição d renda e mercado de trabalho. São Paulo: Fundação Perseu Abramo, 2013.

______; BICHIR, R.; MESQUITA, A. C. O Suas na proteção social brasileira. Transformações recentes e perspectivas. *Novos Estudos Cebrap*, São Paulo, v.36, n.2, p.37-53, jul. 2017.

JACCOUD, L.; HADJAB, P.; CHAIBUB, J. Assistência social e segurança alimentar: entre novas trajetórias, velhas agendas e recentes desafios (1988-2008). *Políticas sociais: acompanhamento e análise – vinte anos da Constituição Federal*, v.1, n.17, 2009.

KINGDON, J. *Agendas, Alternatives, and Public Policies*. 3.ed. Nova York: Harper Collins, 2003 [1984].

LASCOUMES, P.; LE GALÈS, P. *Sociologia da ação pública*. Trad. George Sarmento. Maceió: Edufal, 2012. 244 p.

LAVALLE; A. G.; CARLOS, E.; DOWBOR, M.; SZWAKO, J. Movimentos sociais, institucionalização e domínios de agência. *Texto para Discussão*, n.19, São Paulo, CEM, 2017.

LICIO, E. *Para além da recentralização*: os caminhos da coordenação federativa do Programa Bolsa Família (2003-2010). Tese (doutorado. Brasília: Instituto de Ciências Humanas, Universidade de Brasília, 2012.

MARIN, T. R. *Entre a caridade e os direitos sociais*: *a política da política de assistência social no município de São Paulo (1989-2012)*. São Paulo, 2012. 14 f. Dissertação (Mestrado em Ciência Política) – Faculdade de Filosofia, Letras e Ciências Humanas, Universidade de São Paulo.

MARQUES, E. Government, Political Actors and Governance in Urban Policies in Brazil and São Paulo: Concepts for a Future Research Agenda. *Brazilian Political Science Review*, v.7, p.8-35, 2013.

MELO, M. A. O sucesso inesperado das reformas de segunda geração: federalismo, reformas constitucionais e política social. *Dados, Revista de Ciências Sociais*, v.48, n.4, 2005, p.845-89.

MENICUCCI, T. M. G. Implementação da reforma sanitária: a formação de uma política. *Saúde e Sociedade*, v.15, n.2, p.72-87, 2006.

MESTRINER, M. L. *O Estado entre a filantropia e a assistência social*. 3.ed. São Paulo: Cortez, 2008.

MENDOSA, D. *Gênese da política de assistência social no governo Lula*. São Paulo, 2012. Tese de Doutorado. Universidade de São Paulo.

PAIVA, L. M.; FALCÃO, T.; BARTHOLD, L. Do Bolsa Família ao Brasil Sem Miséria: um resumo do percurso brasileiro recente na busca da superação da pobreza extrema. In: CAMPELLO, T.; NERI, M. C. (orgs.). *Programa Bolsa Família*: uma década de inclusão e cidadania. Brasília: Ipea, 2013.

PALOTTI, P. L. de M.; COSTA, B. L. D. Relações intergovernamentais e descentralização: uma análise da implementação do Suas em Minas Gerais. *Revista de Sociologia e Política*, Curitiba, v.19, n.39, p.211-35, jun. 2011.

SABATIER, P. The need for better theories. In: SABATIER, P. (ed.). *Theories of the Policy Process*. 2.ed. Boulder: Westview Press, 2007.

______; JENKINS-SMITH, H. The advocacy coalition framework: an assessment. In: SABATIER, P. (ed.). *Theories of the Policy Process*. Boulder: Westview Press, 1999. p.117-66.

SÁTYRO, N. G. D.; CUNHA: E. S. M. The Path of Brazilian Social Assistance Policy post-1988: The Significance of Institutions and Ideas. *Brazilian Political Science Review*, v.8, n.1, p.80-108, 2014.

______; CAMPOS, J. Análise espacial da burocracia da assistência social nos municípios brasileiros: notas para uma reflexão sobre a capacidade de implementação dessa política. *Opinião Pública*, Campinas, v.22, n.2, ago. 2016.

SPOSATI, A. Modelo brasileiro de proteção social não contributiva: concepções fundantes. In: MDS/UNESCO. *Concepção e gestão da proteção social não contributiva no Brasil*. Brasília, 2009.

______. *A menina Loas*. São Paulo: Cortez, 2011.

STUCHI, C. G.; PAULA, R. F. dos S.; PAZ, R. D. O. da (orgs.). *Assistência social e filantropia. Cenários contemporâneos*. São Paulo: Veras, 2012.

VAITSMAN, J.; ANDRADE, G.; FARIAS, L. O. Proteção social no Brasil: o que mudou na assistência social após a constituição de 1988. Ciência & *Saúde Coletiva*, v.14, n.3, p.731-41, 2009.

VIEIRA, P. P. F. *Trabalho e pobreza no Brasil entre narrativas governamentais e experiências individuais*. São Paulo, 2017. Tese (Doutorado em Sociologia) – Faculdade de Filosofia, Letras e Ciências Humanas da Universidade de São Paulo.

YAZBEK, M. C. Assistência social na cidade de São Paulo: a (difícil) construção do direito. *Observatório dos Direitos do Cidadão: acompanhamento e análise das políticas públicas da cidade de São Paulo*. São Paulo: Instituto Pólis/PUC-SP, mar. 2004. 72p.

______; MESTRINER, M. L.; CHIACHIO, N.; RAICHELIS, R.; PAZ, R.; NERY, V. O Sistema Único de Assistência Social em São Paulo e Minas Gerais – desafios e perspectivas de uma realidade em movimento. In: COUTO, B.; YAZBEK, M. C.; SILVA; M. O; RAICHELIS, R. (orgs.). *O Sistema Único de Assistência Social no Brasil: uma realidade em movimento*. São Paulo: Cortez, 2012.

Parte IV

MUDANÇA POR VISIBILIDADE INSTITUCIONAL

11

As assimetrias internacionais e as desigualdades domésticas na política externa de FHC e de Lula

Carlos Aurélio Pimenta de Faria e Dawisson Belém Lopes

Lastreada por uma concepção de "interesse nacional" supostamente acima de partidos e ideologias, a política externa brasileira (PEB) foi formulada, até o final do século XX, de uma maneira tipicamente insulada, o que se explica por uma diversidade de fatores, dentre os quais se destacam: o caráter introvertido do modelo de desenvolvimento substitutivo de importações, prevalecente no país durante a maior parte do século passado, e a centralidade que a corporação diplomática brasileira tem não apenas na gestão da política externa, mas também em sua formulação (Faria, 2012). Nas últimas duas décadas e meia, porém, o que se testemunhou no Brasil foi uma progressiva politização da política exterior, que foi o resultado de distintos processos, sendo os principais: a ampliação do impacto distributivo doméstico da PEB, derivada da mudança no paradigma de inserção internacional do país após o esgotamento do modelo de desenvolvimento substitutivo de importações (Lima, 2000); a diversificação da agenda internacional proporcionada pelo fim da Guerra Fria; a maior visibilidade doméstica da PEB em função de um exercício mais ativo da chamada "diplomacia presidencial", notadamente por Fernando Henrique Cardoso (FHC) (1995-2002) e, principalmente, por Luiz

Inácio Lula da Silva (2003-2010); a clara contraposição entre as propostas de inserção internacional do país advogadas pelo PSDB e pelo PT; e o rompimento do silêncio por parte de graduados membros da corporação diplomática nacional, que expôs ao país um Itamaraty muito menos coeso do que se supunha.

Esse processo de politização da PEB reflete não apenas a falta de acordo, no plano doméstico, acerca de como lidar com a globalização para que ela amplie as oportunidades para o país, mas também acerca da melhor postura do país diante das assimetrias do sistema internacional. Não obstante, como se verá adiante, também as desigualdades domésticas passaram a ter um lugar de destaque nas estratégias internacionais do país, durante as gestões de Lula, o que não tem recebido, por parte dos analistas da política externa do país, a necessária atenção.

Partindo do reconhecimento da ressecuritização da agenda internacional promovida pelos atentados terroristas de 11 de Setembro de 2001, o presente capítulo pretende discutir a cambiante maneira como, nos governos de FHC e de Lula, as diretrizes da política externa brasileira foram articuladas para privilegiar a acomodação do país às novas configurações do sistema internacional ou para disputar a sua reestruturação, no sentido da busca de redução das assimetrias do sistema. O trabalho procura, ainda, compreender como a percepção das desigualdades domésticas, durante o período em questão, informa, ou não, os objetivos da política exterior do país, tanto no plano retórico como na própria definição dos objetivos e instrumentos da sua inserção internacional. Para tanto, o capítulo está dividido em três seções. Na primeira, apresentamos de maneira sintética os principais antecedentes e legados da política externa brasileira desde o regime militar (1964-1985), cabendo notar aqui, de passagem, a grande relevância da redemocratização para a inserção internacional do país, que proporcionou ao Brasil mais legitimidade em seu posicionamento internacional, ainda que não tenha redundado, no plano doméstico, em um amplo desencapsulamento e oxigenação dos processos de produção da PEB. A primeira seção também apresenta, esquematicamente, os padrões de governança no campo da PEB. As seções dois e três são dedicadas, respectivamente, à política externa dos governos FHC e Lula. Nas considerações finais, comparamos brevemente os nossos achados acerca da maneira como a PEB dos dois governos lidou com as assimetrias internacionais e se posicionou sobre as desigualdades domésticas.

Para que o nosso exercício comparativo das distintas gestões ganhe dimensões mais concretas e parâmetros menos pautados pelas narrativas que informam a produção da política externa e que pululam entre os seus analistas, o nosso empreendimento será baseado na exploração das seguintes categorias analíticas:

- Visão do sistema internacional a pautar a PEB;
- O Brasil diante das assimetrias do sistema internacional;
- O lugar das desigualdades domésticas na PEB.

Antecedentes e padrões de governança da Política Externa Brasileira

Os principais antecedentes e legados da política exterior do país, gestados, fundamentalmente, ao longo da segunda metade do século XX, são apresentados de maneira esquemática no Quadro 1, que encurta uma longa história.

Quadro 1: Antecedentes e legados da PEB

Convivência de baixa conflitividade com os vizinhos, em função, entre outros fatores, da precoce resolução dos problemas fronteiriços
Existência de uma significativa infraestrutura normativa e institucional para a cooperação regional
Burocracia diplomática forte e insulada, em que coesão e hierarquia se autoalimentam
Tradição diplomática aclamada nos planos doméstico e internacional e histórico de participação ativa e continuada na institucionalização do sistema internacional
Forte lastro constitucional da PEB (art. 4 da CF 1988)
Diplomacia como principal instrumento da PEB
Agenda nacional e partidos políticos pouco internacionalizados
Sociedade e Estado introvertidos e economia de baixa exposição aos fluxos internacionais
Existência de um variado estoque de modelos de inserção internacional, experimentados ao longo do século passado, dispersos ao longo do *continuum* que tem como polos o americanismo ideológico e o globalismo

Fonte: elaboração própria.

No que diz respeito aos padrões de governança da PEB, note-se, inicialmente, que é necessário pensar a ação internacional de um Estado como derivada da confluência de cambiantes fatores, que têm sua radicação em todos os três níveis de análise, quais sejam: o do sistema internacional, o do Estado e o dos tomadores de decisões. Porém, a política externa é, mais do que qualquer outra coisa, um produto governamental. Isso porque, como ressaltado por Kenneth Waltz (1996), são os fatores domésticos aqueles que usualmente determinam o comportamento internacional dos países. Vale notar, não obstante, a necessidade de se levar em consideração na análise da política externa as distintas maneiras como aqueles que tomam as decisões em nome do Estado interpretam os constrangimentos e oportunidades para o país das variadas conjunturas internacionais.

Apresentamos no Quadro 2, de maneira inevitavelmente breve, o que podemos denominar como os principais padrões de governança da PEB.

Quadro 2: Padrões de governança da PEB

Processos decisórios insulados e de parca interface com a sociedade
Centralidade do Itamaraty na implementação e também, muitas vezes, na formulação da política
Padrão variável de engajamento do presidente na formulação e gestão da política
Legislativo federal pouco empoderado e tipicamente pouco ativo no campo da PE
Política externa de baixo, mas crescente, interesse para os partidos políticos nacionais
Crescente internacionalização dos interesses e da agenda do empresariado nacional
Baixa demanda e mobilização societárias em relação à PEB

Fonte: elaboração própria.

Feita essa apresentação reconhecidamente esquemática dos antecedentes e legados da PEB, bem como de seus padrões de governança, passemos agora para nossa análise do lugar das desigualdades domésticas e das assimetrias internacionais na política externa dos governos FHC e Lula. Antes, porém, podem ser úteis algumas notas telegráficas sobre a caracterização do sistema internacional e sobre suas agendas no período em tela. Como é bem sabido, a queda do Muro de Berlim, em 1989, simboliza o fim da ordem bipolar das décadas de Guerra Fria. Inicia-se então o que muitos entenderam como um período de hegemonia global norte-americana ou como a emergência de uma ordem unipolar. Em razão dos nossos interesses neste trabalho, importa ressaltar que o triunfalismo liberal do pós-1989 implicou também uma significativa pluralização da agenda internacional, anteriormente quase monopolizada pela questão da segurança. Se democracia e livre-comércio se tornam totens e tabus nos anos 1990, essa década também foi conhecida como aquela "das conferências", em função do grande protagonismo da Organização das Nações Unidas no sentido da inserção da problemática social na agenda internacional (Alves, 2001). Enquanto os atentados terroristas do 11 de Setembro marcam a inapelável ressecuritização da agenda internacional, seus desdobramentos posteriores redundaram na gradativa erosão da hegemonia norte-americana e na constituição de um sistema, se não de fato multipolar, pelo menos de "polaridades indefinidas". A questão social, contudo, permanece relevante na agenda internacional, em função não apenas do ativismo das organizações internacionais (basta lembrarmos a enorme importância adquirida pelos Objetivos do Milênio e, depois, pelos Objetivos de Desenvolvimento Sustentável), mas também de países e grupos de países das periferias do capitalismo contemporâneo e da atuação e combatividade de uma miríade de movimentos sociais transnacionais.

FHC, a naturalização das assimetrias internacionais e a socialdemocracia protelada

Diferentemente do que se passava nos anos do regime militar, sob a presidência de FHC (1995-2002) o país voltou a ser interlocutor em arranjos multilaterais, aderiu a importantes regimes normativos e passou a pleitear maiores responsabilidades na gestão conjunta da ordem internacional. O embaixador Fonseca Jr. (1998) entende que na raiz dessa guinada de orientação da PEB está o contexto da Guerra Fria, que havia sido determinante para que o Brasil adotasse, durante o regime militar, um modelo de inserção internacional por ele batizado de "autonomia pela distância". Este consistiu, segundo o autor, em um "não alinhamento específico", que se aproximava das posições do Terceiro Mundo, mantendo, contudo, lealdade a alguns dos principais "valores ocidentais".

O mundo do pós-Guerra Fria teria proporcionado as condições para um novo balizamento da política exterior do Brasil. Com a fragmentação e dispersão das temáticas e em função dos emergentes padrões de alinhamento e coalizões diplomáticas, abre-se "uma nova brecha para os países em desenvolvimento" (Fonseca Jr., 1998, p.365). Segundo FHC, o país pôde, enfim, distanciar-se de uma "predisposição arcaica à não participação e à não submissão às regras de convivência internacional, estratégia que havia sido elaborada com requintes de sofisticação intelectual para nos defendermos dos efeitos da Guerra Fria" (Cardoso, 2006, p.616-7). Cita como exemplos desse novo posicionamento nacional, dito de "autonomia pela participação" (Fonseca Jr., 1998), o ativo engajamento do país nas negociações referentes ao Protocolo de Kyoto, a assinatura tardia do Tratado de Não Proliferação Nuclear e o comprometimento com uma série de tratados internacionais de direitos humanos. Na sua autobiografia política, Cardoso (2006) chegou a admitir abertamente a influência exercida pela concepção de "autonomia pela participação" sobre a sua visão da PEB, tanto como ministro das relações exteriores do governo Itamar Franco (1992-1993) quanto como presidente da república.

Vale chamar a atenção para o sentido que Fonseca Jr. (1998) imprime à noção de autonomia. Trata-se, segundo ele, da faculdade que cada Estado preserva de formular sua norma de conduta nas relações internacionais. Todo Estado deveria, por suposto, ser capaz de pensar e executar a própria estratégia de projeção internacional, sem interferência de outros Estados, desde que em adequação à normatividade vigente entre as nações. Para a diplomacia brasileira, o autor reconheceu como principal recurso à mão, para efeito de projeção internacional do país, a histórica legitimidade para persuadir os demais atores, não com armas, mas com ideias. Tal legitimidade se desdobraria em duas dimensões: uma bilateral (cumprimento dos acordos bilaterais, pacifismo etc.) e outra multilateral (propensão à negociação, compromisso com a ordem). Resumidamente, parafraseando a célebre citação atribuída a San Tiago Dantas, é como se na intangibilidade dos princípios residisse nossa grande arma.

Assim, tanto a volta à institucionalidade democrática quanto a promulgação da Constituição Federal de 1988 são marcos para a inflexão da PEB. Para um governo cioso por coerência entre o que se fazia internamente e o que se pregava internacionalmente, era *imperioso ajustar os termos da inserção internacional do Brasil ao demandado pelo meio ambiente internacional*. Donde, portanto, a adesão, sob a presidência de FHC, aos regimes normativos de não proliferação nuclear e de promoção e proteção de direitos humanos (de resto, mandamentos constitucionais, nos termos explícitos do artigo 4º da Constituição). FHC reconheceu o nexo entre a democratização das sociedades nacionais e a democratização das relações internacionais. A via multilateral, tão incensada nos seus anos de gestão de PEB, representava o caminho "progressista" pelo qual se obteriam "valores universais", como "a preservação da paz e da democracia" em cada país; no que respeita à ordem internacional, buscava-se maior transparência, institucionalização e "democratização crescente dos processos deliberativos nos órgãos internacionais" (Cardoso, 2006, p.602). *O multilateralismo era, por assim dizer, a projeção no nível sistêmico da democracia experimentada internamente*, marcada pelo "aspecto multirracial" e pela "cultura sincrética de nosso povo" (Cardoso, 2006, p.603).

Luiz Felipe Lampreia, primeiro chanceler de FHC, foi explícito na proposição de uma correlação entre a inserção qualificada do Brasil no mundo e a adesão à normatividade do cânone ocidental. Viu na democratização do regime político um "ativo patrimonial" conquistado pelo Estado brasileiro – isto é, um elemento que distinguia os países integrados à rede de relações internacionais modernas de países atrasados ou periféricos; um traço corroborador do progresso do país e um indicador de civilidade e de sofisticação institucional (Lampreia, 1996).

No que talvez possa ser pensado como um balanço da PEB ao final do primeiro mandato de FHC, Lampreia (1998, p.7) é categórico ao afirmar que os "dados básicos de nossa presença internacional neste momento [...] são a democracia e a estabilidade econômica". Ainda que de modo mais reticente, o chanceler também afirma que o país era, "em certa medida, um dos grandes beneficiários da chamada globalização, de sua face mais positiva, embora também tenhamos sofrido com os aspectos adversos do processo" (Lampreia, 1998). A redemocratização do país e a estabilidade econômica proporcionada pelo Plano Real teriam redundado em uma "maior credibilidade externa" do Brasil. Ainda segundo o chanceler, o "objetivo prioritário do Presidente" seria "resgatar as 'hipotecas' que ainda pesavam sobre a credibilidade externa do país" (Lampreia, 1998, p.13). A recorrência dos termos "credibilidade" e "confiabilidade" na retórica oficial sobre a PEB do período denota uma quase obsessão com a questão, em função também, é claro, dos objetivos centrais de atrair para o país o capital internacional e os investimentos externos. Nas precisas palavras de um cacique petista, a PEB sob FHC teve como meta constante "refundar a credibilidade externa sobre a estabilidade interna" (José Genoíno, 1999, apud Vigevani et al., 2003, p.41).

Como salientado por diversos autores, a PEB de FHC era *instrumento de adaptação à globalização*, que era vista simultaneamente como uma força implacável e como uma oportunidade. Sendo o Brasil um país sem "excedente de poder", na célebre expressão de Saraiva Guerreiro, chanceler do último general-presidente do regime militar, resgatada por Fonseca Jr. (1998), a legitimidade do posicionamento do país no sistema internacional seria fundamental para garantir ao Brasil alguma margem de manobra. Constatava-se que o país "não mais teria condições de arcar com os custos de transgressão dos regimes e tampouco capacidade de aspirar à construção da potência" (Alsina Jr., 2003, p.8). Adaptar-se à globalização e aos seus imperativos, incluindo não apenas o saldo das "hipotecas", mas também a continuação do processo de liberalização econômica que ganhou ímpeto no breve governo de Collor de Mello, seria essencial para que o país pudesse se modernizar, rompendo, enfim, com o legado varguista.

Se a inevitabilidade dessa adaptação era sinal de realismo ou de pragmatismo para os seus formuladores, para os críticos ela "significava conformismo com o *mainstream* internacional e o pensamento único" (Silva, 2012, p.22). Para estes últimos, até o comércio exterior teria deixado de "ser instrumento estratégico de desenvolvimento" para se tornar "variável dependente da estabilidade monetária" (Cervo, 2002, p.17) e, posteriormente, assumir a "nova função de prover recursos para os compromissos da dívida" (Cervo, 2002, p.20). Mas, se os críticos detectavam uma "adesão subordinada à globalização neoliberal" (Vizentini, 2005, p.385), para o governo "buscar a convergência e evitar o isolamento" era, ao contrário, o "caminho a seguir para o fortalecimento da própria posição relativa no sistema internacional" (Vigevani et al., 2003, p.36).

Muitos dos analistas, contudo, sinalizam para uma inflexão que teria ocorrido na PEB durante o segundo mandato de FHC (1999-2002), o que teria feito que os seus oito anos da presidência fossem marcados pelo "apogeu e crise da matriz neoliberal de inserção internacional do Brasil" (Silva, 2012, p.20). Isso porque, de uma política pautada por uma percepção predominantemente benévola da globalização como oportunidade, mas que não deixava de ter as suas "incoerências", "distorções" ou "excessos", nos termos de Lampreia (1998), *o discurso oficial (e em alguma medida também a prática governamental) passa a sublinhar, de maneira mais sistemática e contundente, os efeitos deletérios da "globalização assimétrica"*, para reproduzirmos aqui o termo síntese amplamente empregado pelo próprio FHC. No plano concreto, essa inflexão se materializou, por exemplo, na defesa da Taxa Tobin, em uma postura mais crítica em relação à Alca e na iniciativa de integração sul-americana que, posteriormente, já no governo Lula, resultaria na criação da Unasul.

Teriam sido múltiplas as causas dessa inflexão na PEB, quais sejam: a profunda crise que assola o Mercosul, prioridade de FHC em seu primeiro mandato, após a desvalorização do Real no início de 1999; o fracasso da 3ª Conferência Ministerial da OMC em Seattle (dezembro de 1999), que evidenciou a injustiça das normas e o caráter oligárquico dos processos decisórios da organização; e a sequência de crises financeiras que varreu os países ditos "emergentes" a partir de 1997.

Essa inflexão por certo matiza o diagnóstico da PEB de FHC como pautada pela naturalização das assimetrias internacionais, tendo feito também com que alguns analistas entendessem a política externa "ativa e altiva" dos anos Lula não apenas como ruptura em relação ao período que lhe antecedeu, a despeito de sua grande criatividade. Mas se, como vimos, o governo FHC e sua PEB estavam tão preocupados com as "hipotecas" do país, devemos agora nos perguntar acerca do papel que tiveram, se algum, as nossas desigualdades domésticas, ou a nossa "dívida social", nos termos do ex-presidente Sarney, nas estratégias internacionais formuladas e conduzidas pelo líder tucano.

Em abril de 1998, a grande imprensa brasileira celebrava o convite feito pelo primeiro ministro britânico Tony Blair para que FHC participasse, como único representante do "mundo em desenvolvimento", da reunião que estava sendo organizada para discutir a chamada "Terceira Via" ou a "governança progressiva". O encontro reuniria Bill Clinton e algumas poucas lideranças social-democratas europeias para discutir um "caminho intermediário entre o *laissez-faire* econômico, que diz que tudo deve ser deixado ao mercado, e controles estatais fora de moda" (Rossi, 1998). Nesse contexto, não deixa de ser significativo e até mesmo surpreendente que, em editorial, a *Folha de S.Paulo* afirmasse que seria "necessária uma formidável dose de tolerância para classificar de social-democrata a administração FHC" (FSP, 1998).

Ainda assim, persistem as controvérsias acerca de como entender e avaliar a política social e o combate à pobreza e à desigualdade no escopo mais geral das prioridades do governo FHC. Não obstante, para além do plano retórico, *parece haver pouca dúvida acerca da baixíssima permeabilidade da política externa do período a esta agenda*. São esses os argumentos que serão desenvolvidos de maneira sintética nos parágrafos a seguir.

Para Draibe (2003, p.72), a "política social proposta pelo governo FHC foi definida de modo ambicioso e apresentada sob uma armação complexa", sendo os ministérios sociais, exceção feita ao da Previdência Social, "reservados ao PSDB" (Draibe, 2003, p.95). Já Cohn (1999, p.184), por seu turno, mesmo reconhecendo os avanços ocorridos durante o período, ressalta o "traço pouco ousado, talvez mesmo tímido e convencional" das iniciativas do governo FHC na área social.

Contrapostas essas duas visões polares, devemos agora discutir, brevemente, o lugar da questão social doméstica na agenda da política externa do governo FHC. A se julgar apenas pelo elemento discursivo ou retórico da política exterior, que como se sabe é particularmente importante nesse campo da atuação governamental, talvez pudéssemos constatar que a PEB do período mostrou sensibilidade para a questão social do país e que, de alguma maneira, ela teria pautado os objetivos e estratégias da política externa. Vejamos como se posicionaram sobre esse ponto os dois chanceleres de FHC – o primeiro, diplomata de carreira, e o segundo, professor, jurista e operador da PEB, e por isso insuspeitos de, como os políticos profissionais, incorporarem mecânica e obrigatoriamente em seu discurso referências ao passivo social do país.

No seu artigo de balanço da PEB do primeiro mandato, em ampla medida sob a sua responsabilidade, Lampreia escreveu:

> Para o Brasil, onde o desenvolvimento e a mudança, sobretudo de nossa própria realidade social, são os objetivos maiores, é compreensível que desejemos ter no mundo não um papel conservador, e sim uma participação transformadora. (Lampreia, 1998, p.8)
>
> [...]
>
> O Brasil jamais esteve tão próximo de tornar-se um ator realmente central no cenário mundial. É evidente que isto dependerá, em primeiro lugar, de conseguirmos superar os nossos problemas internos, especialmente na área social. (Lampreia, 1998, p.14)

Pouco antes de assumir o comando do Itamaraty pela segunda vez, posição que ocupou de janeiro de 2001 até o final do segundo mandato de FHC, Celso Lafer publicou um artigo no qual discutia os "dilemas e desafios" da PEB. Desse artigo extraímos as seguintes passagens:

> O desafio da nova agenda é o de transformá-la num caminho através do qual, no contexto de uma *globalização assimétrica*, o país amplie o poder de controle sobre seu destino e, com sensibilidade social-democrática, encaminhe o persistente problema da exclusão social. (Lafer, 2000, p.263)
>
> [...]
>
> Com efeito, do ponto de vista do desenvolvimento do espaço nacional e do tema da pobreza, que é um componente da nossa identidade internacional, como um "outro Ocidente", mais pobre, mais problemático, mas não menos Ocidente, na formulação de José Guilherme Merquior, o desafio real que se coloca para o Brasil, no plano mundial, reside nas negociações da agenda financeira e da agenda de comércio exterior. (Lafer, 2000, p.264)

Uma vez que a questão social (mas não explicitamente o problema das desigualdades domésticas) figura de maneira tão proeminente e prioritária no discurso daqueles mais diretamente responsáveis pela PEB do governo FHC, é lícito esperarmos que, também nas iniciativas concretas da política exterior, encontrássemos tal destaque. Este, contudo, definitivamente não é o caso. É certo que no ativismo multilateral daquela "década das conferências" a diplomacia brasileira, por tradição, *ethos* e convicção, continuou jogando em várias posições e contribuindo com a sua expertise e capacidade de negociação nas tratativas levadas adiante em diversas organizações e regimes internacionais, nas várias temáticas em discussão. Não obstante, *fato é que não há evidências claras de que a questão social brasileira tenha, de fato e com destaque, pautado as prioridades e iniciativas concretas da PEB durante os anos FHC*. Pelo que se depreende, então, na relação entre os dois campos parece ter prevalecido aquela velha lógica sequencial que marcou a relação entre o desenvolvimento econômico do país e a demanda por redistribuição: primeiro o bolo teria que crescer... Dito de outra forma, *o impacto da PEB sobre a questão social doméstica seria algo a se realizar apenas após o esperado sucesso das estratégias que estavam sendo implementadas*. Como veremos na próxima seção, nos governos de Lula a aposta foi muito diferente. Isso porque o *status* do Brasil como nação em desenvolvimento e os esforços que passaram a ser feitos no plano doméstico no sentido do combate e superação da pobreza e das desigualdades cumpriram um papel de primeira grandeza na política exterior do país.

Lula da Silva, a democratização das relações internacionais e a instrumentalização extranacional da política social doméstica

Buscando compreender a PEB dos anos Lula e de seu chanceler Celso Amorim, Parola (2007) introduziu a noção de "pragmatismo democrático". Desde o discurso de posse, em 2003, Lula colocou em destaque e estabeleceu como *bandeira de política externa do seu governo* a "democratização das relações internacionais" – ou seja, *a redução de desigualdades substantivas entre os países no plano sistêmico*. Por ser encarada como meta prioritária para as interações entre os Estados, e não somente como regime político doméstico desejável, *a democracia tornou-se ordenadora da diplomacia brasileira, servindo de plataforma para a elaboração de políticas no plano internacional*. Essa mudança na condução da PEB explica-se tentativamente da seguinte maneira: enquanto a democracia foi concebida, ao tempo de FHC, como o destino para o qual todas as nações convergiriam mais cedo ou mais tarde, sob Lula ela se transformou em "argumento propositivo de crítica e reforma da ordem internacional" (Parola, 2007, p.421).

Ao contrário da ótica tucana acerca do sistema internacional, a PEB petista entendia a globalização não como um "dado inescapável da realidade", mas como

> [...] um projeto político talhado pelas grandes potências do Atlântico Norte. Assim, a globalização podia e devia ser resistida e negociada. Segundo a tese dominante à época, ninguém faria isso melhor que grandes países em desenvolvimento como o Brasil, com capacidade de arrancar concessões dos mais poderosos em troca de sua adesão às normas e instituições internacionais. (Spektor, 2016, p.19)

Reconhecidamente, um dos mais importantes formuladores da concepção lulista de política externa foi o secretário-geral do Itamaraty, Samuel Pinheiro Guimarães, para quem o objetivo principal de grandes países periféricos, como o Brasil, deveria ser participar das "estruturas hegemônicas" – isto é, das organizações intergovernamentais multilaterais – de forma "soberana e não subordinada", promovendo uma redução da "vulnerabilidade diante da ação dessas estruturas" (Guimarães, 2007, p.161). De certa maneira, os valores democráticos passaram a servir de alicerce pragmático para o pleito por mudanças nas instituições internacionais e para a defesa do que fosse percebido, em face das contingências, como o interesse nacional. Em poucas palavras: o *mimetismo* dava vez a uma espécie de *consequencialismo reformista*. Tratando do tema após a sua saída do governo, Lula fez comentário que ajuda a iluminar a sua visão acerca da natureza das relações internacionais e do papel das instituições multilaterais no mundo contemporâneo:

> Se você ler o meu discurso de posse, você vai descobrir que estava na minha cabeça a questão do multilateralismo, estava na minha cabeça a questão do fortalecimento da relação Sul-Sul, e estava na minha cabeça ter uma relação prioritária com o continente africano e com a América Latina [...], e

> por isso eu coloquei no meu discurso o compromisso do Brasil com o multilateralismo, com o continente africano e latino-americano – apesar de termos feito uma política muito abrangente e termos pensado em todo mundo. (Lula da Silva, 2013)

A justaposição entre multilateralismo e cooperação Sul-Sul não é fortuita; como tampouco o é a menção à África e à América Latina. Nessa operação discursiva, o ex-presidente descortina o entendimento de que as instituições internacionais deveriam ser postas a serviço da revisão do *status quo* vigente, de modo a resgatar os menos desenvolvidos da condição periférica. A "*democratização das relações internacionais*" é, dentro de tal contexto simbólico, *o outro nome para a bandeira da redução das desigualdades entre as nações*.

As instâncias em que se concentraram essa intensa mobilização discursiva e o ativismo negociador da PEB naqueles anos foram: a Organização Mundial do Comércio (a partir da reunião interministerial de Cancún, em 2003, e da criação do G-20 agrícola, herdeiro do Grupo de Cairns); a Organização das Nações Unidas (vide o insistente pleito pela reforma de seu Conselho de Segurança e o incremento da participação do Brasil nas operações de paz da ONU); a Organização dos Estados Americanos (especialmente nas crises regionais que envolveram a Venezuela, o Equador e a Colômbia); o Mercosul e, a partir de 2008, a Unasul (criada em Brasília e concebida para ser o arrimo institucional da PEB regional).

Note-se que o revisionismo da PEB petista estava lastreado no reconhecimento de que se avolumava a pressão e a demanda mundial por "vozes alternativas", o que havia sido evidenciado, por exemplo, pelos protestos de Seattle de 1999 e pela emergência dos movimentos ditos "altermundialistas" (Spektor, 2016). Cabe ressaltarmos ainda que, ao contrário do revisionismo histriônico de Hugo Chávez, a PEB de Lula foi cautelosa, a despeito dos eventuais arroubos terceiro-mundistas. Spektor sintetiza o ponto com precisão:

> Em vez de denunciar a dívida brasileira com o FMI como ilegítima, pagou-a. Em vez de chocar-se com os desmandos do governo Bush, aproximou-se da Casa Branca como nenhum outro presidente brasileiro. Quando

> Brasília propôs um Conselho de Defesa para a Unasul, o ministro da Defesa do governo do PT não começou seu périplo de consultas pelas capitais sul-americanas, mas por Washington. E, nas apostas mais arriscadas da diplomacia petista – a rodada Doha e a Declaração de Teerã –, Lula tentou uma conciliação com os americanos até o último minuto. (Spektor, 2016, p.20)

Lima (2010, p.9) afirma que, depois de um "um momento em que a política externa foi concebida como função assessora e auxiliar da estabilidade macroeconômica no sentido de reforço à restauração da credibilidade internacional", o governo Lula "restabeleceu a vinculação clássica entre política externa e estratégia de desenvolvimento". O desenvolvimento foi concebido, desde o início, também como desenvolvimento social e como busca de inclusão, o que valia tanto para as políticas domésticas como para a política exterior e para a ambicionada reconfiguração do sistema internacional.

Como já ressaltado, com a "guerra ao terror" capitaneada pelos EUA após o 11 de Setembro, a agenda internacional volta a ter como epicentro a questão da segurança. Não obstante, desde o início de seu primeiro mandato Lula começa a apregoar, de maneira insistente, a necessidade de que a questão da justiça social e da redução da fome, da pobreza e das desigualdades ganhasse mais centralidade na agenda internacional, o que teria implicações tanto para o multilateralismo e para a cooperação internacional de uma maneira geral como para a(s) política(s) doméstica(s) dos Estados. Em seu périplo pelo mundo, isto é, na sua ativíssima diplomacia presidencial, Lula não cansava de repetir frases como: "Se queremos um mundo seguro, temos que lutar por um mundo mais justo, mais equitativo. A paz, o desenvolvimento econômico e a justiça social estão intimamente relacionados. Não haverá paz sem desenvolvimento econômico. E não haverá paz nem desenvolvimento econômico sem justiça social" (discurso na Conferência de Imprensa sobre o Fundo Mundial de Combate à Pobreza, Genebra, 30 de janeiro de 2004).[1] Em um contexto

1 Citado em Faria e Paradis (2013), que é a fonte de todos os outros discursos que aparecem adiante neste capítulo.

internacional de preocupação com as armas de destruição em massa, que levaria à invasão do Iraque em 2003, enfaticamente recriminada por Lula, o presidente brasileiro faria ecoar nos inúmeros fóruns internacionais de que participava que a guerra que interessava ao Brasil era a "guerra contra a fome e a pobreza", posto que a fome podia ser considerada a "mais letal arma de destruição em massa".

Lima e Hirst (2006, p.22) afirmaram que a "inclusão da agenda social como uma questão central dos assuntos internacionais foi uma das primeiras e mais importantes inovações" da PEB sob Lula. As autoras notaram também que "a luta do governo contra a pobreza e a desigualdade de renda no plano doméstico e a sua política externa assertiva e ativa podem ser vistas como os dois lados da mesma moeda" (Lima; Hirst, 2006, p.21).

Em discurso feito em 2007, Amorim evocou o célebre dito de Theodore Roosevelt segundo o qual os Estados não têm amigos, têm interesses. Não obstante, admitiu a possibilidade de haver um equacionamento favorável entre o interesse nacional e a solidariedade, de modo que, no limite, a solidariedade (entendida aqui como a atenção ao interesse do "outro") poderá corresponder ao autointeresse de longo prazo (apud Belém Lopes, 2013). Esse tipo de posicionamento, criticado muitas vezes no país como contrário aos interesses nacionais, como excessivamente benevolente ou como guiado por afinidades ideológicas ou partidárias, particularmente no caso das estreitas relações do Brasil com os demais governantes da chamada "onda rosa" latino-americana, foi definido por Lima (2005) como "autointeresse esclarecido". Essa *postura autodenominada "humanista e solidária" da PEB* manifestou-se concretamente de diversas maneiras, como, por exemplo, na intensificação da cooperação técnica para o desenvolvimento provida pelo país e na prestação de ajuda humanitária para países de menor desenvolvimento (Faria; Paradis, 2013). No caso da política sul-americana do Brasil, ela se justificava também, entre diversos outros motivos, pelo *reconhecimento da enorme assimetria entre o país e os seus vizinhos*.

Assim, a busca pela redução das desigualdades entre as nações não ficou restrita às diversas articulações, de "geometria variável", que buscaram coordenar a atuação sistêmica dos países do chamado Sul global.

Dito de outra maneira, essas preocupações não estiveram circunscritas às desigualdades entre o Norte desenvolvido e o Sul periférico, envolvendo também, em alguma medida, a *busca de redução das assimetrias entre os países do Sul global*. Exemplo disto foi a criação em 2006, no âmbito do Mercosul, do Fundo para a Convergência Estrutural do Mercosul (Focem), que buscava amenizar os impactos da grande assimetria no interior do bloco. Criado em um momento de aguda crise do Mercosul, o fundo, inspirado na experiência europeia, tem o objetivo oficial de "financiar programas para promover a convergência estrutural; desenvolver a competitividade; promover a coesão social, em particular das economias menores e regiões menos desenvolvidas, e apoiar o funcionamento da estrutura institucional e o fortalecimento do processo de integração". Outro exemplo é o premiado Fundo para o Combate à Fome e à Pobreza criado no âmbito do Fórum de Diálogo Ibas (Índia, Brasil e África do Sul), o qual, segundo o então presidente Lula, traduz, "de forma concreta, uma nova proposta de solidariedade internacional. Somos países em desenvolvimento que unem suas forças para ajudar os mais pobres. Provamos que não é preciso ser rico para ser solidário" (discurso proferido na II Cúpula do Fórum Ibas, Johanesburgo, 17 de outubro de 2007).

Intensificando os tradicionais esforços do Itamaraty para que o regime de comércio internacional fosse reformado de modo a reduzir a proteção dada pelos países centrais aos seus produtores agropecuários, e assim favorecer as exportações e o agronegócio brasileiros (bem como as exportações dos demais países periféricos), a PEB petista dá a esse antigo objetivo uma nova ênfase. Isso porque tanto no plano discursivo quanto na articulação com outros países do Sul global destacava-se o caráter injusto dos subsídios praticados pelos países centrais. Tanto Lula como Amorim enfatizaram diversas vezes que "não é possível que as vacas, em alguns países desenvolvidos, recebam mais de 2 dólares em subsídios a cada dia, enquanto metade da população do globo tem que sobreviver com menos do que isso" (Lula, *World Bank Conference on the Fight against Poverty*. Shanghai, 26 maio 2004). Em outro discurso, Lula afirmou que o "montante de recursos gastos com subsídios agrícolas equivale a seis vezes o valor adicional necessário, a cada ano, para viabilizar o cumprimento das Metas do Milênio" (*Celebration of the 60th anniversary of FAO*. Roma, 17 out. 2005). Assim, foi com uma inequívoca pitada de orgulho que Amorim afirmou: "nós conseguimos, pela primeira vez na história da diplomacia comercial, juntar dois objetivos que pareciam antagônicos: a liberalização comercial e a justiça social" (Reunião do Conselho Nacional de Segurança Alimentar. Brasília, 26 out. 2004).

A *prioridade que a PEB do governo Lula confere à agenda social* fica também visível no novo modelo de regionalismo que passa a ser endossado e fomentado pelo Brasil, que tem na Unasul a sua expressão máxima. Na década de 1990 prevaleceu na América Latina (e alhures) o chamado "regionalismo aberto", que privilegiava a ampliação dos intercâmbios comerciais, o que também tinha como objetivo expandir e consolidar a liberalização econômica que se buscava no plano doméstico e que era tida então como imperiosa. Contudo, na esteira da emergência de governos ditos progressistas na América Latina, a partir dos últimos anos do século passado, as iniciativas de cooperação regional passam a privilegiar a integração física e produtiva, englobando também uma por vezes intensa e inovadora agenda social, cultural e identitária (Riggirozzi; Tussie, 2012). Esse novo modelo de regionalismo foi denominado "pós-hegemônico", "pós-liberal" ou "estrutural".

Retornando à questão da diplomacia presidencial, Lula via, como parte das suas atribuições, a tarefa de convencer lideranças, sensibilizar audiências e pautar a agenda internacional, o que fica evidente do exame da sua agenda e da leitura de seus inúmeros discursos. Porém, Lula pôde contar com mais do que um discurso moral, o seu carisma pessoal e sua própria história de vida para sustentar isso que ele denominou, já no discurso de posse de 2003, como a sua "cruzada" (Faria; Paradis, 2013). Posteriormente, ele também apresentaria, de maneira recorrente, como boas práticas a serem emuladas por outros países, as políticas sociais criadas ou aprimoradas durante o seu governo, como o Programa Fome Zero e o Bolsa Família. É por isso que parece lícito pensar que Lula, em sua diplomacia presidencial, não exerceu apenas o papel de *agenda-setter*. Ao trabalhar pela exportação de diversas inovações de políticas públicas desenvolvidas no Brasil, o então presidente exerceu também o papel, nem sempre reconhecido, de empreendedor de políticas (*policy entrepreneur*).

Há várias maneiras de se compreender esse processo que podemos denominar de "instrumentalização extranacional da política social doméstica", o qual, na verdade, abarca também inovações de políticas desenvolvidas pelo país em outras áreas, como na agricultura, por exemplo. A partir da ideia de "poder brando", que seria, segundo a teoria, exercido pela adoção combinada de estratégias de convencimento, de propaganda ou diplomacia pública e de construção de reputação ou *nation branding*. A partir da compreensão dessa forma de ação internacional como compatível com os interesses e recursos de poder ao alcance de uma "potência intermediária". Como oportunidade que se abre em um momento de transição do sistema internacional. Como forma de legitimação doméstica de políticas redistributivas que enfrentam fortes resistências internas. O espaço de que dispomos aqui não nos permite nem explorar melhor esses recursos analíticos nem listar, de maneira sistemática, as inovações que o país procurou exportar (para tanto, ver Faria e Paradis [2013] e Belém Lopes [2014]).

Contudo, antes de finalizarmos a seção, devemos dizer que são diversos, ainda que dispersos, os indicadores do sucesso da PEB de Lula nesse processo de instrumentalização extranacional das inovações brasileiras no campo das políticas públicas. Melhor falarmos de evidências, como, por exemplo: o fato de o Brasil ter se tornado um importante, reconhecido e cobiçado provedor internacional de cooperação para o desenvolvimento; o fato de diversas organizações internacionais, como Banco Mundial, Unicef, PNUD e FAO, apregoarem internacionalmente inovações brasileiras como *best practices* a serem emuladas; o fato de o Brasil ter sido considerado "*the softpower great power*" (Dauvergne; Farias, 2012, p.913); e a sugestão de que, na América Latina, o chamado "modelo de Brasília" estaria, ao final da primeira década do século, substituindo o "modelo de Washington". Tal sugestão foi feita pelo presidente do Centro de Pesquisas do *Inter-American Dialogue*, sendo que o tal "modelo de Brasília" estaria centrado na promoção da estabilidade macroeconômica, na valorização do salário mínimo, na ênfase na inclusão social e na adoção de programas de transferência condicional de renda, aos moldes do Programa Bolsa Família brasileiro (Mello, 2011).

Considerações finais

Finalizando este capítulo, devemos comparar, de modo mais sistemático, os nossos achados acerca da maneira como a PEB dos governos FHC e Lula lidou com as assimetrias internacionais e se posicionou sobre as desigualdades domésticas. A discussão que fizemos nas duas seções anteriores procurou se concentrar, como prometido, na exploração das seguintes categorias analíticas: (1) visão do sistema internacional a pautar a PEB; (2) o Brasil diante das assimetrias do sistema internacional; e (3) o lugar das desigualdades domésticas na PEB. A seguir, as duas administrações serão contrastadas segundo cada uma dessas três categorias analíticas.

No que diz respeito à visão do sistema internacional a pautar a PEB, parece-nos possível: (a) entender as percepções sobre a globalização prevalecentes nos dois governos como diametralmente opostas *ou* (b) entender que, com a inflexão ocorrida no segundo governo de FHC, teria havido alguma convergência. Vejamos: ao compreender a globalização como inexorável, como essencialmente benévola e como prenhe de oportunidades, e o Brasil como um dos seus grandes beneficiários, a PEB de FHC teria naturalizado e aceito as assimetrias do sistema internacional. Por outro lado, a PEB de Lula reconheceu explicitamente, condenou com veemência e trabalhou com o objetivo de democratizar o sistema internacional e de reduzir as suas assimetrias, em parceria preferencial com os demais países do Sul global, a partir do interior das instituições do sistema e cooperando de maneira inovadora em outras arenas. É nesse sentido que é possível pensar a PEB de Lula como revisionista, posto que ela buscou resistir à globalização e negociar os seus termos. Em vez de *norm taker*, o país pleiteava para si um lugar como *rule maker*. A busca de redução das desigualdades entre as nações teve como palco e objeto não apenas as organizações multilaterais globais, mas também as instituições regionais. Miraram-se tanto as desigualdades entre o Norte e Sul como as assimetrias entre os países do Sul. Se a globalização era, em grande medida, um projeto político arquitetado ou promovido pelas potências do Atlântico Norte, a estruturação de um eixo Sul-Sul, liderado pelas “potências emergentes”, seria uma resposta oportuna e uma aposta à altura das ambições brasileiras. Tal compreensão dicotômica das percepções das duas administrações, porém, fica matizada quando se nota a inflexão na PEB ocorrida no segundo mandato de FHC, a partir da qual o caráter assimétrico da globalização passa, como vimos, a ser denunciado e, em alguma medida, combatido.

No que se refere à postura do Brasil diante das assimetrias do sistema internacional, discutimos como a PEB tornou-se instrumento de adaptação à globalização no governo FHC e como o país aderiu a diversos regimes internacionais ou à "normatividade do cânone ocidental". Note-se que alguns desses regimes muito claramente "congelavam" as assimetrias existentes, como é o caso notório do Tratado de Não Proliferação Nuclear. Os formuladores dessa estratégia a entenderam como realista e pragmática e como capaz de evitar o isolamento do país e de fortalecer sua posição no sistema internacional. Para os críticos, tratou-se de conformismo ao *mainstream* ou de "adesão subordinada à globalização neoliberal". Em que medida a inflexão observada no período é fruto do não cumprimento das expectativas originais e/ou de mudanças ocorridas no próprio sistema internacional é algo que não pudemos explorar aqui com mais detalhe.

Por seu turno, o revisionismo *light* da PEB de Lula usou de várias estratégias em sua busca pela redução das assimetrias internacionais e pela diminuição das desigualdades entre os Estados. Argumentamos que esse objetivo foi ordenador da ação diplomática brasileira no período, tendo também guiado o emprego dos demais instrumentos da política externa. O país assumiu com destemor e orgulho a missão que Lula se impôs de promover, a partir de articulações de geometria variável, a reforma do sistema internacional, que faria com que o Brasil pudesse exercer plenamente a sua soberania, atuando de maneira não subordinada. Durante aqueles anos, a diplomacia presidencial e a multiplicação da presença diplomática do país trabalharam para que a agenda internacional fosse mais claramente pautada pelo princípio e pelo objetivo da justiça social. Para os críticos, tratou-se do resgate de uma defasada postura terceiro-mundista, de politização e ideologização indevidas da PEB.

Por fim, resta-nos contrastar o lugar dado às desigualdades domésticas na PEB dos dois governos. Durante os anos FHC, a necessidade percebida de se resgatar a credibilidade internacional do Brasil ancorava-se na tentativa de transformar a redemocratização do país e a sua estabilidade econômica em trunfos. No plano retórico, os formuladores da PE demonstraram sensibilidade à "questão social". Contudo, não encontramos evidências claras de que ela tenha, de fato e com destaque, pautado as prioridades e iniciativas concretas da PEB durante aquele período. Se anteriormente os "problemas internos" do país eram entendidos como obstáculo para a realização de objetivos importantes no cenário externo, o que se viu na PEB de Lula foi a inclusão da agenda social como questão central nos assuntos internacionais. As políticas articuladas no âmbito doméstico para a promoção do desenvolvimento inclusivo e para a redução das desigualdades tornaram-se instrumentos da ação internacional do país. Política externa e política social tornaram-se "os dois lados da mesma moeda". Uma PEB que se queria "humanista e solidária", por estratégia e por convicção, passou a promover sistematicamente a difusão internacional de algumas das inovações de políticas do plano doméstico. Mais do que exportação da política social, contudo, tratava-se de sua efetiva instrumentalização, uma vez que ela alimentava e diferenciava o papel do país como provedor de cooperação para o desenvolvimento, cimentava o eixo Sul-Sul ao atrair novos parceiros para a órbita de influência do Brasil, repaginava a imagem internacional do país, legitimava o pleito pela reforma do sistema internacional e, como *feedback*, legitimava domesticamente políticas e programas de impacto redistributivo.

Se, como vimos, José Genoíno afirmou que a PEB de FHC teve como meta constante "refundar a credibilidade externa sobre a estabilidade interna", parece possível sugerirmos que a PEB de Lula teve como meta constante ampliar a influência externa do país e trabalhar pela redução das assimetrias internacionais a partir da instrumentalização internacional das políticas domésticas voltadas para a promoção do desenvolvimento inclusivo.

Para finalizarmos, vale lembrar que a PEB, após 2010, caracterizou-se, nos anos Dilma, como uma emulação indolente do lulismo diplomático, ao passo que, no governo Temer, o país testemunhou a ressuscitação da matriz neoliberal assimétrica e a repolitização, agora com sinal invertido, da política exterior. Se o governo Bolsonaro radicalizou algumas das inflexões promovidas pela política externa de Temer, como a negligência pelo entorno geográfico do país e o alinhamento aos EUA, sua política exterior talvez seja melhor caracterizada como uma busca de refundação da inserção internacional do Brasil. Isso em função de seu desprezo pelo pragmatismo e pelo multilateralismo, pelo abandono de princípios tradicionais da PEB, como o da não intervenção, e pelo caráter transcendental da nova retórica e dos novos objetivos da PEB.

Referências bibliográficas

ALSINA JR., J. P. S. A síntese imperfeita: articulação entre política externa e política de defesa na era Cardoso. *Revista Brasileira de Política Internacional*, v.46, n.2, p.2-35, 2003.

ALVES, J. A. L. *Relações Internacionais e temas sociais: a década das conferências*. Brasília: Ibri, 2001.

BELÉM LOPES, D. "Eu vi o mundo". O princípio do multilateralismo nas gestões de política externa de Cardoso e de Lula. *Política Externa*, v.22, n.2, p.39-47, 2013.

______. Políticas sociais e potência à brasileira. *Revista Estudos Políticos*, v.5, n.1, p.27-39, 2014.

CARDOSO, F. H. *A arte da política: a história que vivi*. Rio de Janeiro: Civilização Brasileira, 2006.

CERVO, A. L. Relações internacionais do Brasil: um balanço da era Cardoso. *Revista Brasileira de Política Internacional*, v.45, n.1, p.5-35, 2002.

COHN, A. As políticas sociais no governo FHC. *Tempo Social*, v.11, n.2, p.183-97, 1999.

DAUVERGNE, P.; FARIAS, D. B. L. The Rise of Brazil as a Global Development Power. *Third World Quarterly*, v.33, n.5, p.903-17, 2012.

DRAIBE, S. A política social no período FHC e o sistema de proteção social. *Tempo Social*, v.15, n.2, p.63-101, 2003.

FARIA, C. A. P. O Itamaraty e a política externa brasileira: do insulamento à busca de coordenação dos atores governamentais e de cooperação com os agentes societários. *Contexto Internacional*, v.34, n.1, p.311-55, 2012.

FARIA, C. A. P.; PARADIS, C. G. Humanism and solidarity in Brazilian foreign policy under Lula: theory and practice. *Brazilian Political Science Review*, v.7, n.2, p.8-36, 2013.

FOLHA DE S.PAULO (FSP). FHC e a terceira via [editorial da *Folha de S.Paulo*], 8 abr. 1998.

FONSECA JR., G. *A legitimidade e outras questões internacionais*. São Paulo: Paz e Terra, 1998.

GUIMARÃES, S. P. *Desafios brasileiros na era dos gigantes*. Rio de Janeiro: Contraponto, 2007.

LAFER, C. Brasil: dilemas e desafios da política externa. *Estudos Avançados*, v.14, n.38, p.260-7, 2000.

LAMPREIA, L. F. A política externa do governo FHC: continuidade e renovação. *Revista Brasileira de Política Internacional*, v.42, n.2, p.5-17, 1998.

______. O Brasil e o mundo no século XXI: uma visão do Itamaraty. *Política Externa*, v.5, n.3, p.37-49, 1996.

LIMA, M. R. S. Tradição e inovação na política externa brasileira. *Plataforma Democrática*, Working Paper n.3, 2010.

______. Autonomia, não indiferença e pragmatismo: vetores conceituais da política exterior. *Revista Brasileira de Comércio Exterior*, n.83, p.16-20, 2005.

______. Instituições democráticas e política exterior. *Contexto Internacional*, v.22, n.2, p.265-304, 2000.

LIMA, M. R. S.; HIRST, M. Brazil as an intermediate state and regional power: action, choice and responsibilities. *International Affairs*, v.82, n.1, p.21-40, 2006.

LULA DA SILVA, L. I. "Valeu a pena a experiência agressiva na política externa", diz Lula sobre os 10 anos de governo. Transcrição de depoimento ao Instituto Lula, 2013. Disponível em: <www.youtube.com/watch?v=zzaCvwacyIA>.

MELLO, P. C. A cartilha do consenso de Brasília. *Folha de S.Paulo*, 17 jun. 2011.

PAROLA, A. G. L. *A ordem injusta*. Brasília: Funag, 2007.

RIGGIROZZI, P.; TUSSIE, D. (eds.). *The Rise of Post-Hegemonic Regionalism: the Case of Latin America*. Londres: Springer, 2012.

ROSSI, C. Terceira via começa sem FHC. *Folha de S.Paulo*, 18 set. 1998.

SILVA, A. L. R. O Brasil diante da globalização: a política externa do governo Fernando Henrique Cardoso. *Carta Internacional*, v.7, n.1, p.20-34, 2012.

SPEKTOR, M. Por uma nova doutrina de política externa brasileira. In: SPEKTOR, M. (ed.). *10 Desafios da política externa brasileira*. Rio de Janeiro: Cebri-KAS, 2016. p.17-26.

VIGEVANI, T. et al. Política externa no período FHC: a busca de autonomia pela integração. *Tempo Social*, v.15, n.2, p.31-61, 2003.

VIZENTINI, P. F. De FHC a Lula. Uma década de política externa (1995-2005). *Civitas*, v.5, n.2, p.381-97, 2005.

WALTZ, K. International politics is not foreign policy. *Security Studies*, v.6, n.1, p.54-7, 1996.

12

Da luta por direitos à luta para não perdê-los: povos e terras indígenas (TIs) na guerra pela destinação de terras públicas no Brasil pós-Constituição

Henyo T. Barretto Filho e Adriana Ramos

Apresentamos neste capítulo um balanço sintético dos avanços, paralisias e recuos relativos ao reconhecimento dos direitos territoriais indígenas, desde o período da chamada redemocratização, passando pelos efeitos da promulgação da Constituição de 1988, até chegar às quase duas décadas do século XXI – atravessando, portanto, distintos governos.[1] No contexto desta obra coletiva, cujo foco são os encontros e desencontros entre as transformações recentes das políticas públicas no país, tendencialmente mais redistributivas na primeira década e meia deste século, e o enfrentamento das desigualdades, tomamos a luta pelo acesso à terra, no sentido tanto territorial quanto fundiário, como eixo articulador da agenda protagonizada pelos povos indígenas de busca simultânea pelo reconhecimento e pela igualdade.[2] Essa agenda está posta não só por indígenas, mas também quilombolas, comunidades tradicionais e camponeses (em suas expressões específicas), com interface com as questões

---

1 Esperamos evidenciar adiante que, no que se refere a questões indígenas, um horizonte histórico ampliado é fundamental para entender permanências e rupturas.

2 Numa chave comum a outros movimentos sociais: o direito dos diferentes de serem tratados como iguais sem que isso anule suas diferenças.

e políticas agrária e ambiental mais amplas, que não teremos como não abordar aqui – ainda que de modo tangencial.

Tomamos um *parti pris* normativo. Entendemos que a luta pela terra foi o eixo central das graves violações dos direitos humanos perpetradas pelo Estado brasileiro contra os povos indígenas ao longo da história de formação do país. Destarte, a política indigenista brasileira como um todo deveria se concretizar como um esforço integrado de reparação (individual e coletiva), ancorada nos fundamentos da justiça de transição e articulada em um conjunto de eixos, entre os quais: a garantia da demarcação de todas as terras indígenas (TIs) no Brasil como direito originário, com a retomada dos territórios esbulhados; a regeneração das condições desses territórios, muitas vezes devastados por anos de ocupação predatória; e ampla campanha pública de retratação histórica, dirigida à sociedade não indígena, sobre os direitos dos povos indígenas firmados na Constituição (ver Zelic, 2014, p.3). Consideramos que a concretização das treze recomendações do capítulo sobre os povos indígenas do relatório final da Comissão Nacional da Verdade (Brasil, 2014, p.253-4) seria um passo enorme para uma política indigenista estruturada como forma de reparação e mecanismo efetivo para a não repetição das violações cometidas – apontando, desta forma, para a redução de desigualdades históricas nesse âmbito.

Também levamos em conta as muitas e complexas conexões, apontadas por Almeida (2012; 2015), entre as diferenças de poder (a política) e os poderes da diferença (as ontologias) e a imbricação das disputas por territorialidades físicas com a resiliência de metafísicas territorializadas.[3] Não vamos nos embrenhar nesse terreno, mas consideramos que a justiça social na relação com os povos indígenas e com as comunidades tradicionais passa, necessariamente, por nutrir as "reservas da diferença" entre nós, reservas estas que – algumas das quais reconhecidas e previstas em nosso marco legal, e regidas por procedimentos administrativos (tais como as TIs, os territórios quilombolas, as reservas extrativistas, os projetos de assentamento diferenciados) – estão em jogo nas disputas pelo

3 Outro nome, como observa Almeida (2012), para as cosmologias e mitologias ameríndias e afrodescendentes, par a par com nossas cosmologias e mitologias mais conhecidas como ontologias e filosofias.

direito ao reconhecimento da existência de uma pluralidade de mundos da vida e de ciências.

Por fim, mas não menos importante, acompanhamos o próprio movimento indígena e vários analistas no reconhecimento de que, no que concerne aos direitos territoriais indígenas e às práticas administrativas que têm esses povos e suas terras como foco, a grande ruptura paradigmática é verificada pelo processo da Assembleia Nacional Constituinte – no bojo da redemocratização – e os efeitos da promulgação da Constituição Federal de 1988. Não são poucas as lideranças do movimento indígena[4] que ordenam a história contemporânea dos seus direitos em três momentos, relativamente concomitantes com o período pré-Constituição e com tendências observáveis em sucessivos governos: uma primeira época, que se poderia dizer carismática, heroica e voluntarista, de luta para que tais direitos fossem plasmados na Carta Magna; um segundo momento, quiçá mais burocrático, pragmático e profissional, em que o associativismo indígena e o "projetismo" explodem (Albert, 2001; Ramos, 1995), de luta pela implementação de tais direitos no chão – relativamente coincidente com os governos Collor a Lula; e o terceiro e inquietante momento atual, de luta para que não se suprimam tais direitos – que começa a se desenhar ainda no segundo mandato de Lula, com o Programa de Aceleração do Crescimento (PAC) – como tentaremos mostrar por alguns movimentos e indicadores, como o desempenho relativo de cada governo na demarcação de TIs.

Ainda que este capítulo não se organize necessariamente conforme tal tripartição, a tomamos em consideração e valorizamos como uma expressão de conhecimento histórico e sociológico que se forja na luta e organiza a compreensão e mobilização/movimentação de diferentes sujeitos políticos.[5] Isso explica porque talvez fujamos um pouco da ênfase geral

4 Bem como expoentes da sociedade civil organizada que militam em organizações de apoio aos direitos indígenas.

5 Conforme mostraremos a seguir. A propósito, veja-se Martinez-Alier e colegas (2014) para uma sistematização das contribuições do pensamento não acadêmico – mormente o gerado no âmbito da sociedade civil (em organizações de justiça socioambiental) no Brasil e além – para as Ciências Sociais por meio de conceitos como justiça e racismo ambientais, sociodiversidade, socioambientalismo, dívida e pegada ecológicas, justiça climática etc.

do livro nas transformações ocorridas desde a virada dos anos 2000, com foco maior nas políticas redistributivas. Para os direitos territoriais indígenas, como veremos, os anos 1990 são tão importantes quanto a primeira década e meia deste milênio.

Comparando os placares das TIs na longa duração

Em linhas gerais, pode-se dizer que o atual estado de garantia e gozo dos direitos territoriais indígenas no Brasil como um todo resulta de uma história multidimensional de longa duração em que se combinaram, de modos mais ou menos conflitantes, vários processos: (i) as histórias e tradições ecológico-culturais e os processos coevolutivos de variadas escalas que conformaram a diversidade sociocultural nativa nas várias regiões e biomas que hoje o país abarca; (ii) os diferentes momentos da relação entre os povos indígenas e as formações colonial e nacional (imperial e republicana) e os seus correspondentes regimes de administração de povos e territórios indígenas, e a consequente visibilidade diferencial das questões indígenas nesses momentos;[6] e (iii) as distintas formas de luta e resistência indígenas aos dispositivos de dominação e subordinação da sua força de trabalho e dos seus territórios. Se, por um lado, as diferentes formas de relação e de administração dos povos e territórios indígenas afeta(ra)m as condições dos indígenas de atuação própria, por outro, tais povos entenderam e interagiram com os aparatos da administração colonial de modos variados a partir de suas formulações sobre a alteridade. Desse modo, os processos de territorialização dos povos indígenas se configuraram a partir da combinação peculiar e idiossincrática desses

6 Entre os quais se destacam a primeira formação estatal em terras do Brasil, a escravidão indígena, o regime das missões, o Diretório pombalino, a catequese e civilização sob o Brasil Império e a constituição de uma política indigenista laica republicana, de viés positivista e tutelar – do Serviço de Proteção aos Índios e Localização de Trabalhadores Nacionais (SPILTN) à Fundação Nacional do Índio (Funai). Para uma síntese, ver Oliveira e Freire (2006). Temos em mente aqui a formulação de Oliveira (2016) sobre os "regimes específicos de formação de alteridades", que também são "regimes de memória", conceitos-chave que permitem identificar rupturas e continuidades inerentes às diferentes formações coloniais.

múltiplos vetores, com pesos diferentes para cada um destes em diferentes regiões e circunstâncias históricas.

Limitando-nos ao período republicano, em texto anterior (Barretto Filho, 2011), comparamos o placar das terras regularizadas pelo Serviço de Proteção aos Índios (SPI) com a situação formal de reconhecimento jurídico-administrativo das TIs no Brasil hoje. Em quase sessenta anos de história (1910-67), o SPI logrou estabelecer 54 reservas indígenas distribuídas por suas regiões administrativas (28 delas nos estados do Sul, Sudeste e Nordeste, e 13 no Mato Grosso do Sul/MS), perfazendo cerca de 298.595 hectares. Trata-se de um volume insignificante quando comparado ao atual patrimônio territorial formalmente reconhecido, mostrado na Tabela 1, a seguir. Em outras circunstâncias, também apresentamos um mapa no qual se observa a desigualdade regional na distribuição das TIs no país: terras minúsculas e insuficientes concentradas em determinadas regiões e estados – meros pontos no mapa; e terras visíveis à escala no mapa em outras áreas. A maior parte das TIs concentra-se hoje na Amazônia Legal: 98,25% da extensão de todas as TIs do país (conforme os totais da Tabela 1); os demais 1,75% espalham-se pelas regiões Nordeste, Sudeste, Sul e estado do Mato Grosso do Sul.

Tabela 1: Situação das TIs no Brasil e na Amazônia Legal (até 14 fev. 2018)

Situação no Brasil	**nº TIs**	**Extensão (ha)**
Em identificação/Com restrição de uso a não índios(*)	114	1.083.844
Identificada	42	4.324.294
Declarada	74	5.140.683
Reservada/Homologada	483	106.838.520
Total	**713**	**117.387.341**
Situação na Amazônia Legal	**nº TIs**	**Extensão (ha)**
Em identificação/Com restrição de uso a não índios(*)	47	1.083.840
Identificada	12	3.846.597
Declarada	32	4.817.514
Reservada/Homologada	331	105.596.442
Total	**422**	**115.344.393**

Fonte: Instituto Socioambiental.

* A extensão nesse grupo refere-se às TIs em revisão ou às com restrição de uso.

Fica então a pergunta: o que explica (i) o fosso quantitativo entre o placar do SPI ao final dos anos 1960 e a situação de reconhecimento atual, e (ii) a saliente disparidade territorial entre as TIs nas distintas regiões do país? A resposta envolve múltiplas dimensões, mas não estaríamos distantes dela ao dizer que as conquistas territoriais indígenas formalmente reconhecidas pelo Estado brasileiro – tal como resumidas na tabela anterior e detalhadas na Tabela 2, adiante, para os sucessivos governos pós-Constituição – são um fenômeno relativamente recente na história brasileira, que foi:

- plasmado no período republicano, ainda que construído sobre (e em resistência a) dispositivos da administração colonial de terras e populações (aldeamentos missionários, vilas de índios, terras doadas em troca por prestação de serviços, sistemas de uso comum constituídos em áreas marginais às fronteiras econômicas);
- impulsionado pela emergência e luta do moderno movimento indígena a partir de meados dos anos 1970, quando se realizam as primeiras assembleias de lideranças indígenas com apoio do Conselho Indigenista Missionário (Cimi),[7] até o surgimento das primeiras grandes associações indígenas de caráter regional (como o Conselho Indígena de Roraima/CIR, a Federação das Organizações Indígenas do Rio Negro/Foirn e a Coordenação das Organizações Indígenas da Amazônia Brasileira/Coiab) e articulações de caráter nacional (como a União das Nações Indígenas/UNI, o Conselho de Articulação dos Povos e Organizações Indígenas do Brasil/Capoib e, hoje, a Articulação dos Povos Indígenas do Brasil/Apib);
- consequência da mobilização para a Assembleia Nacional Constituinte, que articulou as associações indígenas com organizações da sociedade civil indigenistas, que por sua vez tinham emergido na campanha contra a proposta de legislação de emancipação dos índios

7 Em um ambiente de progressiva democratização da sociedade brasileira, no qual as chamadas lutas transversais (pelos direitos indígenas, da população negra, das mulheres) se apresentaram como horizonte de enfrentamento da ditadura civil-militar, diante do cerceamento das formas clássicas de mobilização de interesses políticos – partidos e sindicatos.

do ministro Mário Andreazza, no final dos anos 1970, configurando um "campo indigenista" não estatal, parte do processo mais amplo que pôs em cheque os padrões tradicionais de relação política hegemônicos em regiões de fronteira ao longo dos anos 1980 – o "tempo dos primeiros encontros" (dos seringueiros, dos atingidos por barragens, dos povos indígenas de Altamira) e dos primeiros tribunais populares (Almeida, 1994);

- posterior à criação da Funai em 1967 e, mais especificamente, à progressiva sistematização do procedimento de demarcação no âmbito de sua práxis administrativa, que se inicia em 1976, sob o influxo da definição jurídica de "terra indígena" plasmada na Lei 6.001/73 ("Estatuto do Índio"),[8] e prossegue, com uma série de transformações significativas que visaram manter o controle político de tal procedimento, até 1996, com o Decreto nº 1.775, ainda em vigor; e
- decorrência da Constituição de 1988, cujos efeitos mais salientes analisamos a seguir.

Efeitos da Constituição de 1988: a inversão do "funil demarcatório" e outros

Dentre os elementos da Constituição de 1988 cujas consequências se fazem sentir até hoje, enfatizamos: o abandono da orientação integracionista (Art. 231), o reconhecimento dos direitos "originários" dos índios às terras que tradicionalmente ocupam (idem), a superação do regime tutelar (Art. 232) e a própria definição de "terra tradicionalmente ocupada" (Art. 231, § 1º), com o inédito reconhecimento da preservação dos recursos ambientais necessários ao bem-estar dos povos indígenas como dimensão imprescindível – o que ajudou a fortalecer articulações entre os movimentos indígena (protagonizado pelos próprios índios) e indigenista (no âmbito da sociedade civil), e o socioambientalismo (Conklin; Graham, 1995).

---

8 Ver Oliveira (1985) para uma apreciação histórica crítica e uma análise de antropologia do direito sobre o Estatuto do Índio, seu conteúdo integracionista e tutelar substantivo, e as razões políticas e institucionais que explicam a sua emergência no contexto da ditadura civil-militar.

Não foi desprezível também o efeito do aporte de recursos e da cooperação técnica internacional, em especial do governo alemão via GIZ (Agência Alemã de Cooperação Internacional), na conjuntura da política internacional em torno do desmatamento da Amazônia (ver Hurrell, 1992). Isso ocorreu no âmbito do Programa Piloto para a Conservação das Florestas Tropicais do Brasil (PP-G7), por meio de dois programas dirigidos para a Amazônia: o Projeto Integrado de Proteção às Populações e Terras Indígenas da Amazônia Legal (PPTAL), baseado na Funai, e o Projeto Demonstrativo dos Povos Indígenas (PDPI), sediado no Ministério do Meio Ambiente.[9] As repercussões destes para a qualificação e a rotinização do procedimento de demarcação das TIs (padrões administrativos mais sistemáticos e refinamento metodológico do procedimento) e para o planejamento da gestão ambiental e territorial das TIs acabaram ultrapassando os limites daquela região focal.

Foi no período posterior à promulgação da Constituição que o "funil demarcatório" paulatinamente se inverteu, em especial na Amazônia. Essa expressão foi cunhada em meados dos anos 1980 para dar conta da situação que então se revelou a partir da primeira experiência de monitoramento autônomo não estatal da situação jurídico-administrativa da TIs no Brasil:[10] o fato de que quase todas as TIs com algum grau de reconhecimento formal (ou seja, minimamente identificadas) e a maior parte da sua superfície encontravam-se, à época, em fases ainda muito preliminares do procedimento demarcatório, sendo raras aquelas que lograram concluí-lo.

9 O PPTAL, na Funai, e o PDPI, no MMA, foram partes do já encerrado PP-G7. O primeiro teve como objetivo manifesto melhorar a qualidade de vida dos povos indígenas e promover a conservação dos recursos naturais por meio da regularização das TIs e medidas de proteção destas (ver <www.funai.gov.br/pptal/index.htm>). O segundo visou apoiar diretamente iniciativas indígenas em três grandes áreas: proteção das TIs; atividades econômicas sustentáveis; e resgate e valorização cultural (ver <www.mma.gov.br/apoio-a-projetos/povos-ind%C3%ADgenas>). Tais programas também inovaram em termos de governança democrática, ao acolher a participação indígena em suas instâncias colegiadas de decisão e contratar gerentes técnicos indígenas para administrar o PDPI. Para uma apreciação crítica de ambos, sob a perspectiva da Antropologia Social, ver Lima (2002) e Wentzel (2004). Para uma análise da "internacionalização" do MMA e da sua composição orçamentária, turbinada por projetos de cooperação internacional, no governo FHC, ver Barretto Filho (2004).

10 O Projeto Estudo sobre Terras Indígenas no Brasil (Peti), fruto de uma parceria entre professores e pesquisadores do Programa de Pós-Graduação em Antropologia Social do Museu Nacional/UFRJ e o Programa Povos Indígenas do Centro Ecumênico de Documentação e Informação (Cedi). Para mais informações, ver Oliveira (1988).

Essa aparente inversão do "funil" constitui uma evidência forte a sustentar a metanarrativa hegemônica que vigorou até recentemente entre distintos atores do movimento indígena e do campo indigenista (inclusive atores estatais e da cooperação internacional), qual seja: a de que depois de décadas de regularização fundiária de TIs no Brasil e da implementação dos referidos projetos na Amazônia (ver nota 9 à p.328), tanto o movimento indígena quanto a Funai estariam entrando no que seria, na Amazônia em especial, uma fase pós-demarcatória com novos desafios – o da proteção das TIs e seus habitantes contra invasores, e o da gestão, no sentido de proteção e uso sustentável dos recursos naturais das TIs pelos e para benefício dos povos indígenas. Em um diapasão mais analítico, Albert já apontava, antes de encerrado o governo FHC, que no

> *contexto de "pós-territorialidade" e de retração do Estado, as sociedades indígenas estão hoje expostas,* além da problemática tradicional da proteção territorial e da conquista da cidadania, *a novos desafios,* que consistem na manutenção de complexas redes sociopolíticas externas, a fim de *garantir acesso a fontes de financiamentos* de programas sociais, sanitários e educativos adaptados à sua realidade cultural e, sobretudo, na viabilização, com o apoio dos mesmos canais, de *um modelo de gestão econômico-ambiental dos seus recursos naturais.* (Albert, 2001, p.199; itálicos nossos)

Tais desafios permaneceram ao longo da primeira década deste milênio.

A aparente inversão do funil demarcatório, contudo, obscurece algumas dimensões importantes. Uma é que as tabelas retratam a situação de reconhecimento formal das TIs e não a sua de destinação de fato. Nada assegura que os povos indígenas gozem mansa e pacificamente das terras que lhes foram reconhecidas. Ao contrário, a quase totalidade delas ainda sofre com pressões, intrusões e invasões de ordens variadas. Outra dimensão se refere às complexas dinâmicas territoriais e identitárias, que expressam novos reconhecimentos e territorialidades. Grupos antes invisíveis como indígenas têm ressignificado as suas ancestralidades e histórias, articulando projetos não assimilacionistas que rompem com as configurações coloniais disciplinadoras. Dessa situação emergem novas demandas de reconhecimento de direitos por povos antes desconsiderados. Por fim, mas igualmente importante, boa parte desse avanço se concentrou na Amazônia. A maior parte do passivo de TIs a identificar está hoje em zonas de colonização antiga, onde o SPI atuou mais fortemente com sua agenda integracionista sedentarizante e onde se concentra a atividade econômica agropecuária e de mineração – ou seja, nas regiões Sul, Sudeste, Nordeste e no Mato Grosso do Sul, onde se situam os mais graves conflitos fundiários e dramas humanitários. Parte da justificativa dos governos Lula e Dilma para a queda no número de TIs reconhecidas em seus governos – como mostra a Tabela 2, a seguir – reside no fato de que, por um lado, tal reconhecimento efetivamente avançou, deixando poucas terras a serem ainda demarcadas; mas, por outro, os governos anteriores teriam contado com aporte de recursos da cooperação internacional para cuidar "do filé" – a demarcação de terras situadas em regiões ainda não muito pressionadas da Amazônia – deixando-lhes como passivo "a carne de pescoço" – o que, como veremos, é apenas parte da explicação.

Tabela 2: Demarcações nos últimos sete governos (abr. 1985 até 11 set. 2017)

	TIs declaradas		TIs homologadas*	
Presidente [período]	nº**	Extensão (ha)**	nº**	Extensão (ha)**
Michel Temer [maio 2016 a set. 2017]	2	1.213.449		
Dilma Rousseff [jan. 2015 a maio 2016]	15	932.665	10	1.243.549
Dilma Rousseff [jan. 2011 a dez. 2014]	11	1.096.007	11	2.025.406
Luiz Inácio Lula da Silva [jan. 2007 a dez. 2010]	51	3.008.845	21	7.726.053
Luiz Inácio Lula da Silva [jan. 2003 a dez. 2006]	30	10.282.816	66	11.059.713
Fernando Henrique Cardoso [jan. 1999 a dez. 2002]	60	9.033.678	31	9.699.936
Fernando Henrique Cardoso [jan. 1995 a dez. 1998]	58	26.922.172	114	31.526.966
Itamar Franco [out. 1992 a dez. 1994]	39	7.241.711	16	5.432.437
Fernando Collor [mar. 1990 a set. 1992]	58	25.794.263	112	26.405.219
José Sarney [abr. 1985 a mar. 1990]	39	9.786.170	67	14.370.486

Fonte: Instituto Socioambiental.

* Inclui sete terras reservadas por decreto: uma no governo Sarney, três no governo Collor, uma no primeiro mandato de Lula e duas no segundo mandato de Lula.

** As colunas "Número [de terras]" e "Extensão" não devem ser somadas, pois várias TIs homologadas em um governo foram redefinidas e novamente homologadas. Por exemplo: a TI Baú, que já havia sido declarada no governo FHC com 1.850.000 ha, foi reduzida para 1.543.460 ha no governo Lula; a TI Raposa Serra do Sol, que já tinha sido declarada em 1998, no governo FHC, foi posteriormente declarada por Lula, com a mesma extensão. Nesses casos, a extensão foi contabilizada duas vezes na tabela, o que impede a simples somatória dos campos.

Fato é que a agenda da demarcação das TIs ainda não está de todo concluída. Como mostra a Tabela 1, cerca de 16% das TIs no país ainda estão "em identificação" e outros quase 6% ainda em fases preliminares de reconhecimento formal. Isso dá mais de $\frac{1}{5}$ do número de TIs, para $\frac{3}{4}$ das quais não se pode estimar ainda sua extensão territorial. Falar em superação da desigualdade, nesse âmbito, é avançar na direção de fechar essa conta.

Crise do indigenismo: dos ensaios de cidadania indígena aos dilemas da "participação"[11]

Após a promulgação da Constituição Federal, no início da década de 1990, houve amplos debates acerca do papel do órgão indigenista oficial a partir do novo marco jurídico, que rompia com a orientação integracionista e tutelar do marco anterior. Em 1991, uma Comissão Especial foi instaurada no Congresso Nacional para rever o Estatuto do Índio a partir do enfoque inovador da Carta de 1988, e o governo Collor realizou, por meio de um conjunto de decretos, uma ampla redefinição das atribuições da Funai. Se a Constituição reconhecia os índios, suas comunidades e associações como sujeitos plenos para acionar a esfera judicial, os decretos de Collor desmontaram a tutela em outra dimensão importante: a quebra do monopólio de uma única instituição estatal para lidar com as múltiplas questões e políticas afetas aos índios e suas terras. Assim sendo, responsabilidades sobre saúde, educação, desenvolvimento rural e meio ambiente foram descentralizadas e passaram a ser exercidas pelos respectivos Ministérios da Saúde, Educação, Desenvolvimento Agrário e Meio Ambiente. São desse período uma abertura maior da Funai a parcerias com ONGs e a incorporação de seus quadros em funções de direção

11 A versão original deste subtítulo ("Crise do indigenismo: ensaios de cidadania indígena entre a participação e a tutela, por fora e por dentro do Estado, em meio à dança das cadeiras na Funai") foi abreviada por razões editoriais. Ela combinava, proposital e evocativamente, títulos de quatro outros textos que trazem dados e os analisam de modo mais detido do que a síntese que oferecemos aqui. São eles: Oliveira (1988) – uma análise de época; Oliveira e Freire (2006); Barretto Filho (2013); Souza Lima (2015); e Silva (2017).

– tudo isso tendo ocorrido com fortes resistências e questionamentos internos à Funai.[12]

Tais medidas foram paulatinamente delineando uma feição relativamente comum de políticas diferenciadas e de reconhecimento, principalmente nas áreas de saúde e educação. Durante o governo FHC, tais políticas foram ganhando contornos administrativos mais precisos e algumas associações indígenas e ONGs passaram a participar ativamente do processo de implementação e controle social dessas políticas públicas. Conquistados os direitos, tratava-se doravante de tentar implementá-los, por meio de políticas moduladas pelas variáveis étnicas e de dispositivos de governança participativa.

A agenda da garantia dos direitos indígenas permaneceu em lugar subalterno nos sucessivos governos (ver Pozzobon, 1999), não importa quão democráticos, populares e inclusivos se apresentassem. Quiçá os indicadores mais evidentes da fragilização e da vulnerabilização progressiva a que tal agenda foi submetida sejam: o já referido ritmo geral oscilante (e, mais recentemente, decrescente) de reconhecimento das TIs nos sucessivos governos democráticos; e a precariedade e instabilidade político-administrativa-institucional-orçamentária crônica da Funai.[13]

Do ponto de vista orçamentário, desde sempre a Funai viveu no limite do seu próprio funcionamento e manutenção, abocanhando em torno de míseros 0,02% do Orçamento Geral da União, cerca de 90% do qual comprometido com os recursos humanos, manutenção do órgão e gastos de Previdência, sobrando muito pouco para as atividades finalistas. Como observam Cardoso e Vecchione (2016, p.7), "uma política pública não funciona somente com estrutura institucional", pois "a disponibilidade

12 O texto de Pozzobon (1999) é definitivo e, por assim dizer, de época sobre o "estado de ineficácia e anomia" crônica da Funai, expressão do "papel secundário reservado à questão indígena pelos poderes constituídos", e a tenacidade do "assistencialismo" de natureza tutelar, vinculado ao "sistema clientelista de troca de favores e mercadorias", que caracterizaria a dinâmica do órgão. Pozzobon foi assessor da presidência da Funai na gestão de menos de sete meses de Márcio Santilli, originário de uma ONG, durante o primeiro mandato de FHC.

13 Conforme os dados e a análise expostos ao final da seção anterior sobre o passivo de demarcação de TIs, o recente declínio pode ser interpretado não só como uma redução das terras ainda passíveis de demarcação, mas também – como apontaremos a seguir – como uma contenção da vontade política de fazê-lo.

de recursos para ações finalísticas, as chamadas atividades-fim, é tão central quanto a própria existência do órgão". Nesse estudo recente, enfocando o impacto da PEC do teto dos gastos públicos no orçamento da Funai nos anos de 2016 e 2017, as autoras traçam um cenário alarmante. Olhando para um período de dez anos de orçamento autorizado, corrigido para valores reais (ver Gráfico 1, a seguir), elas observam que a asfixia orçamentária progressiva do órgão comprometerá a sua própria existência: "mesmo se todo o recurso do órgão fosse gasto com sua estrutura, ainda assim seria insuficiente e incapaz para manter a Funai em funcionamento e com capacidade de cumprir suas funções" (Cardoso; Vecchione, 2016, p.7). Tudo se passa como se a falência da Funai fosse um projeto.

Foram quarenta presidentes ao longo de quase cinquenta anos (1967 a 2017) da existência do órgão, contando os interinos – o que dá cerca de um ano e três meses de exercício para cada. A organização não governamental Instituto Socioambiental chegou a cunhar a expressão "galeria da crise permanente" para se referir à sucessão de presidentes da Funai.[14] Nos oito anos dos dois mandatos de FHC foram nove presidentes. Lula quebrou essa tendência histórica ao ter apenas três presidentes em oito anos, dois dos quais os mais longevos nessa função. Já Dilma retomou o ritmo da "galeria da crise permanente", com cinco presidentes em menos de cinco anos e meio de mandato; ritmo este que Temer acelerou com cinco presidentes em menos de dois anos (até abril de 2018) – alguns dos quais com longos períodos de interinidade.

Se Collor e Itamar pareciam ter encerrado o período das administrações militares ou de políticos, privilegiando funcionários de carreira para a presidência da Funai, FHC oscilou entre estes, indicações abertamente políticas e profissionais com trajetórias no campo indigenista da sociedade civil, ao sabor das oscilações conjunturais e pressões de diferentes setores. Pode-se dizer que Collor usou a política indigenista como instrumento de diplomacia, cujo maior exemplo foi a demarcação da TI Yanomami em área

---

14 A galeria completa e atualizada, com informações circunstanciadas sobre as distintas conjunturas políticas que motivaram indicações, exonerações e interinidades prolongadas, extremamente relevantes para o que apresentamos nesta seção, encontra-se em: <pib.socioambiental.org/pt/c/politicas-indigenistas/orgao-indigenista-oficial/galeria-dos-presidentes-da-funai>.

Gráfico 1: Orçamento autorizado da Funai (2007-2017)

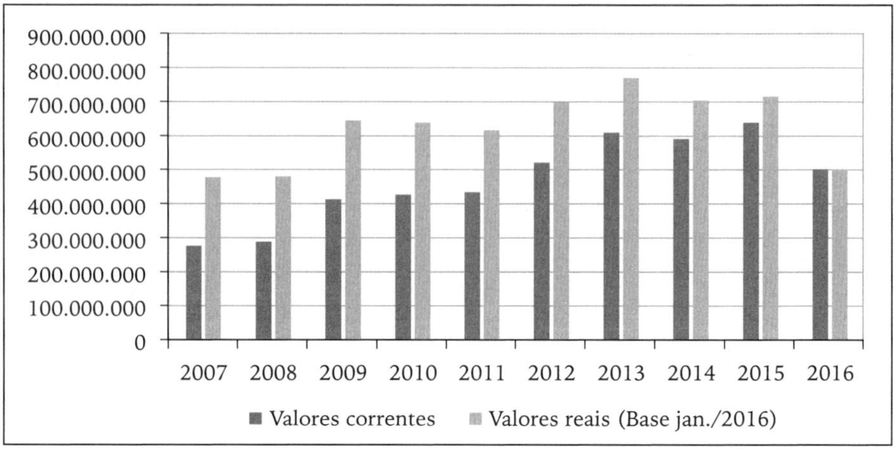

Fonte: Cardoso e Vecchione (2016, p.4).

contínua – contra o projeto de Sarney e do Conselho de Segurança Nacional de demarcação em ilhas – e a dinamitação espetacularizada das pistas de pouso clandestinas usadas pelos garimpeiros naquela TI, às vésperas da realização da Conferência das Nações Unidas sobre Meio Ambiente e Desenvolvimento, em 1992. FHC, por sua vez, deixou como legado o Decreto nº 1.775/96 e a Portaria nº 14/96/MJ – a quinta mudança na sistemática de demarcação de TIs no Brasil em vinte anos (e a mais longeva, posto que ainda em vigor) – e a catastrófica celebração dos "500 anos do Brasil", marcada por violenta repressão ao encontro paralelo promovido pelo movimento indígena e organizações de apoio. São do seu governo também as primeiras experiências de participação de indígenas e suas associações em espaços institucionalizados de governança de programas e projetos governamentais (ver nota 9 à p.328).

No começo de seu mandato, Lula dava a impressão de que alimentaria a "galeria da crise permanente" ao exonerar, em menos de sete meses, o primeiro presidente que havia nomeado para a Funai e que tinha sido o principal artífice do seu programa de governo (*Compromisso com os Povos Indígenas*). Eduardo Almeida atribuiu sua demissão a fortes pressões oriundas de setores anti-indígenas, entre os quais alguns próceres ruralistas. Os dois próximos presidentes da Funai foram antropólogos: o primeiro, Mércio Gomes, que atuou no primeiro mandato, era membro efetivo do diretório fluminense do PPS; e o segundo, Márcio Meira, das hostes do próprio PT, um dos interlocutores das organizações indígenas na equipe de transição do governo Lula, já em 2002. Herdeiro de um indigenismo de ranço tutelar, a gestão de Mércio foi marcada por quase nenhum diálogo com as associações e articulações indígenas regionais e nacionais. A realização de uma Conferência Nacional "de Política Indigenista" foi um dos compromissos de campanha de Lula, que Mércio converteu – numa típica manobra tutelar – em Conferência Nacional "dos Povos Indígenas". Já a gestão de Meira foi responsável por um processo de reestruturação da Funai, que divide opiniões de indígenas, servidores e indigenistas até hoje, pelo modo como foi conduzida, no qual se criaram os Comitês Regionais – instâncias institucionalizadas de participação e controle social da atuação do órgão. Apesar de ter priorizado a participação do movimento indígena, implantando a Comissão Nacional de Política Indigenista (CNPI) – quando a demanda do movimento era por um Conselho –, foi o presidente responsável por decisões controversas no âmbito dos procedimentos de licenciamentos de grandes obras de destaque do PAC – notadamente, a UHE Belo Monte.

Um elemento comum às sucessivas gestões da Funai foi gerir a tensão permanente entre as demandas do movimento indígena por cada vez mais democracia participativa e a disciplinarização dessa mesma mobilização indígena. Cientes da fragilidade estrutural do órgão e das políticas que este coordenava, asfixiado continuamente por interesses antagônicos e tendo acumulado sucessivas experiências de participação em instâncias de controle social e formulação de políticas públicas, o movimento indígena, ao longo de todo esse período, sempre tensionou por dentro e por fora do Estado.

Desde 2005, com o apoio de organizações parceiras da sociedade civil, o movimento indígena protagoniza anualmente o Abril Indígena/Acampamento Terra Livre (ATL), que em 2018 chegou à sua 15ª edição. Essa mobilização nacional dos povos indígenas em defesa de seus direitos e pela sua implementação surgiu na forma de um manifesto e uma estratégia de enfrentamento pensada no âmbito do Fórum em Defesa dos Direitos Indígenas (FDDI), lançados em março de 2005 na Comissão de Direitos Humanos da Câmara dos Deputados. O FDDI foi criado por organizações indígenas e indigenistas de longa tradição no processo de debate e construção de uma política indigenista pública brasileira,[15] preocupadas com a intensificação das ameaças aos direitos indígenas e com os retrocessos visíveis tanto no aumento da violência contra indígenas quanto no acirramento de conflitos, passando pelo cerceamento à implementação dos direitos indígenas por parte de agentes do Estado.

Àquela altura, caminhando para a segunda metade do primeiro mandato de Lula, as entidades integrantes do FDDI criticavam o que consideravam o "descaso e continuísmo" da política indigenista oficial; denunciavam o agravamento do problema da saúde indígena e a demora na homologação da TI Raposa-Serra do Sol; apontavam a incapacidade do governo em estabelecer programas diferenciados que levassem em conta a diversidade étnica do país e o que classificavam como uma "remilitarização" da questão indígena. Na ocasião, contestaram também as explicações dadas pelo governo em resposta ao documento *Estrangeiros em nosso próprio País: Povos Indígenas do Brasil*, divulgado à época pela Anistia Internacional. A política indigenista do governo Lula, com Mércio Gomes à frente da Funai, era considerada "vergonhosa e decepcionante". O referido manifesto e o Abril Indígena também foram apoiados pela Articulação dos Povos e Organizações Indígenas do Nordeste, Minas Gerais e Espírito Santo (Apoinme) e entidades da sociedade civil, como a Conferência Nacional dos Bispos do Brasil (CNBB) e a Sociedade Brasileira para o Progresso da Ciência (SBPC).[16]

Essa estratégia de luta foi também um processo em que se formaram lideranças indígenas. No início, os ATLs eram antecedidos por Seminários de Articulação Nacional do Movimento Indígena. Tivemos a oportunidade de assessorar o IV Seminário, promovido pela Apib em Brasília, em março de 2008. No documento que sistematizou os principais resultados das discussões travadas no IV Seminário, oferecido como subsídio para a programação do Abril Indígena de 2008, pode-se identificar as questões

15 A Confederação das Organizações Indígenas da Amazônia Brasileira (Coiab), o Conselho Indígena de Roraima (CIR), o Conselho Indigenista Missionário (Cimi), a Associação Brasileira de Antropologia (ABA), o Centro de Trabalho Indigenista (CTI), a Comissão Pró-Yanomami (CCPY) e o Instituto Socioambiental (ISA), aos quais depois se juntou o próprio Ministério Público Federal (MPF).

16 Ver <www.brasiloeste.com.br/tag/forum-em-defesa-dos-direitos-indigenas/>.

que interessavam ao movimento: controle social e representação; formação e qualificação das lideranças indígenas; representação indígena no Congresso Nacional e proposta de parlamento indígena; paralisia na tramitação do novo Estatuto dos Povos Indígenas; ações do governo federal para a gestão ambiental em TIs; participação indígena nas discussões internacionais sobre biodiversidade e clima; o próprio Abril Indígena e o ATL como estratégias de luta, bem como o papel da Apib e da articulação do movimento indígena. A preocupação com o orçamento da Funai diante das promessas de reestruturação do órgão – Márcio Meira já era o presidente – também está presente no documento, posto que o orçamento indígena no PPA 2008-2011 foi menor do que no PPA anterior.

À época da realização desse IV Seminário, a CNPI já havia sido criada (em março de 2006), instalada (em abril de 2007) e encontrava-se em pleno funcionamento. O documento a reconhecia como uma das instâncias mais importantes para a participação indígena, mas também apontava os principais gargalos e problemas nessa participação. O movimento indígena logrou com que a CNPI coordenasse os processos de consulta que levaram à elaboração da nova proposta de Estatuto dos Povos Indígenas e da Política Nacional de Gestão Territorial e Ambiental das Terras Indígenas (PNGATI), decretada em junho de 2012, e à convocação e realização da Conferência Nacional de Política Indigenista, em dezembro de 2015, que gerou um conjunto significativo de deliberações.

Política agrária, emergência das comunidades tradicionais e ofensiva ruralista

A postura adotada pelo movimento indígena em 2005 já era um sinal do espaço político que vinham conquistando o agronegócio e os seus representantes no Parlamento – a Frente Parlamentar Agropecuária (FPA), que já vinha propondo um conjunto de medidas legislativas restritivas aos direitos indígenas – e no Executivo – com uma sucessão de representantes do setor no Ministério da Agricultura, Pecuária e Abastecimento (MAPA), desde FHC. Os efeitos dessa ofensiva se fizeram sentir também na destinação de terras para a reforma agrária, que registra um movimento similar ao da demarcação de TIs (compare-se a Tabela 2 com o Gráfico 2, a seguir): uma acentuada queda nas áreas desapropriadas e de projetos de assentamento criados, já no segundo mandato de Lula.

O II Plano Nacional de Reforma Agrária, elaborado no início do primeiro mandato de Lula, trazia a meta de assentar 500 mil famílias em quatro anos, mas segundo os dados do Incra foram assentadas 381,4 mil no primeiro mandato e mais 232,6 mil famílias no segundo. Já o governo Dilma assentou 133,6 mil famílias. Apesar da redução drástica na destinação das terras, o incremento do Programa Nacional de Fortalecimento da Agricultura Familiar (Pronaf), com uma série de linhas de financiamento agrícola, e a criação do Programa de Aquisição de Alimentos (PAA), de compra da produção desse segmento, são considerados avanços importantes do período, capitaneados pelo Ministério do Desenvolvimento Agrário (MDA) – dentro da estrutura bipartida da política agrária instituída por FHC na segunda metade dos anos 1990.

Gráfico 2: Reforma agrária, por governo

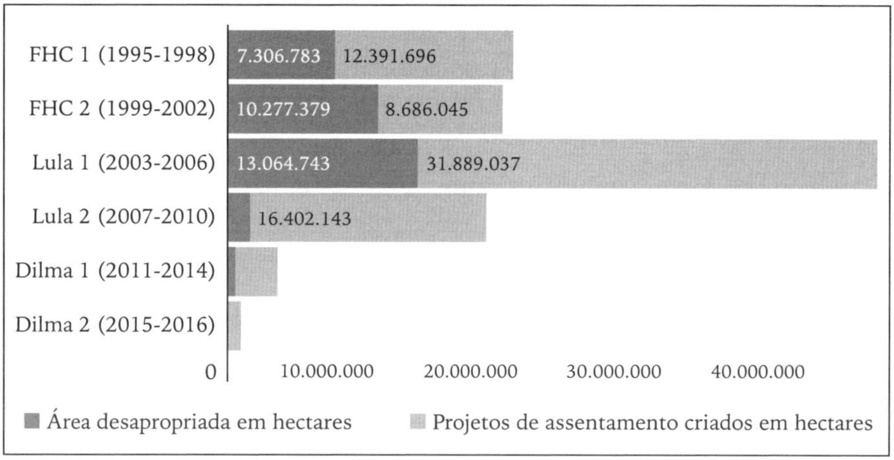

Elaborado pelo Instituto Socioambiental a partir de dados do Incra sobre decretos de desapropriação, de abril de 2016, e sobre a área incorporada a Projetos de Assentamento, de dezembro de 2015. Fonte: Instituto Socioambiental, 2016.

As lutas e conquistas indígenas produziram uma externalidade positiva por meio de sua articulação com outros povos e comunidades tradicionais, que remonta à Aliança dos Povos da Floresta, na segunda metade dos anos 1980. Tais povos e comunidades intensificaram suas lutas para serem reconhecidos e terem o seu espaço no futuro do país. Com Marina Silva ainda à frente do MMA, ela mesma uma seringueira de origem, criou-se a condição política para a formulação participativa de uma política que tivesse esses grupos como foco. Referimo-nos aqui à Política Nacional de Desenvolvimento Sustentável dos Povos e Comunidades Tradicionais (PNPCT) – sintomaticamente sempre precária desde a sua concepção.

Instituída em 2007, por meio do Decreto nº 6.040, a política foi criada para "promover o desenvolvimento sustentável dos povos e comunidades tradicionais, com ênfase no reconhecimento, fortalecimento e garantia dos seus direitos territoriais, sociais, ambientais, econômicos e culturais, com respeito e valorização à sua identidade, suas formas de organização e suas instituições" e é implementada pela Comissão Nacional de Desenvolvimento Sustentável dos Povos e Comunidades Tradicionais (CNPCT), criada em 2006 e que articulou o processo de construção da política. São inegáveis os avanços no reconhecimento e na valorização da identidade dos diferentes grupos que se reconhecem como povos e comunidades tradicionais, e alguns avanços pontuais no reconhecimento de seus territórios, seja por meio das Reservas Extrativistas, seja pela destinação de direito real de uso efetivada pela Secretaria de Patrimônio da União (SPU).

Os sujeitos indígenas, quilombolas e outros "povos e comunidades tradicionais" – categoria simultaneamente identitária, jurídica e política gerada e consolidada a partir da luta dos movimentos sociais entre os governos FHC e Lula – mal puderam, contudo, usufruir dos eventuais avanços em termos das políticas sociais e redistributivas que marcaram o governo Lula. Isso se deu em virtude do que nos parece ser um importante elemento intransitivo das mudanças observadas nesse período: o controle e a restrição ao acesso à terra – ou antes, a não efetivação plena dos direitos territoriais previstos na Constituição. Destacamos nas seções anteriores alguns elementos progressistas no visível avanço da efetivação de tais direitos até o final da primeira década do século XXI, por força seja da incidência política dos próprios movimentos sociais,[17] seja do aporte

17 Desde o já referido "tempo dos primeiros encontros" e dos "primeiros tribunais populares", na segunda metade da década de 1980, passando pelas progressivas abertura e permeabilidade do governo FHC à agenda das políticas de reconhecimento, até a conquista de espaços institucionalizados de participação social, ainda naquele governo.

da cooperação internacional para o desenvolvimento, os direitos humanos, e contra o desmatamento das florestas tropicais, seja de mudanças significativas na administração pública,[18] entre outros.

O contrapelo ao longo desse processo foi o (re)posicionamento da representação política da chamada moderna agricultura comercial, fruto do seu peso econômico e do que se poderia caracterizar como reflexo de certa opção/modalidade de inserção do país como *player* na ordem econômica global – exportador de *commodities* de baixo input tecnológico e altamente demandantes de terras e recursos naturais (solo, água e florestas), numa economia (re)primarizada e desindustrializada. A despeito do adjetivo "moderna", os representantes políticos desse setor seguem a mesma cartilha da concentração fundiária e da exclusão social do passado, tendo definido como estratégias prioritárias a desconstituição de direitos territoriais e o desmonte da legislação ambiental e de direitos trabalhistas no campo, pauta assumida publicamente pela senadora Kátia Abreu ao assumir a presidência da Confederação Nacional da Agricultura (CNA) em 2008 – senadora que veio a ser a titular do MAPA no segundo mandato de Dilma Rousseff.

O principal indicador dessa reação no sentido de restringir e reverter direitos foi a conquista ruralista com a promulgação do "novo" Código "Florestal" em 2012, já no governo Dilma. Liberalizando e flexibilizando as exigências relativas à função ambiental da propriedade – ou seja, "porteira adentro" – com cumplicidade/apoio do governo democrático e popular, esses setores consolidaram seu espaço para "resolver a questão dos índios e quilombolas" – "porteira afora". Isso tem sido feito, desde então, por meio de um conjunto de incidências no Executivo (com a presença de Gleisi Hoffmann na Casa Civil), no Legislativo (por meio da proposição de um conjunto de medidas restritivas de direitos) e no Judiciário (por meio da atuação da própria Advocacia Geral da União) – tendências essas que se consolidaram sob Dilma.

18 Com destaque para o novo papel do MPF após a Constituição Federal, a já referida transferência da Funai para o MJ, a criação da Fundação Palmares sob FHC e a posterior transferência da atribuição de reconhecimento dos territórios quilombolas para o Incra sob Lula.

O respaldo dado pelo Executivo para a alteração do Código Florestal é um dos indicadores do alinhamento com o agronegócio que marcou uma parte da gestão petista.

Arremates

A conjuntura no último ano do governo Temer caracteriza-se, no geral, por um aprofundamento das piores tendências já identificadas, que se expressam: no Judiciário, pelo recurso à tese do "marco temporal" em diferentes instâncias da Justiça; no Legislativo, pela continuidade da tramitação de um conjunto de medidas que ferem os princípios dos direitos originários do povos indígenas e do usufruto exclusivo das TIs, e se propõem a rever o procedimento de demarcação destas; e no Executivo, pela paralisia desses procedimentos, pela proposição de "soluções não ortodoxas" para as reivindicações indígenas de demarcação de terras, pelo fechamento dos canais de participação social (nenhuma reunião do CNPI ao longo de meses), pela asfixia orçamentária da Funai (a que se soma o seu loteamento político-partidário) e pela renovação da orientação integracionista e de um tipo de tutela militar procedente da ideia de gestão militarizada de assuntos e/ou regiões conflitivas, que supostamente afetariam a ordem pública e se contraporiam a interesses econômicos hegemônicos (Oliveira, 2017). A articulação dessas tendências, que, por sua vez, expressam o incontido poder político da FPA, compromete decisivamente o acesso à terra pelos povos indígenas e comunidades tradicionais – eixo e fundamento da reparação como caminho para a superação da desigualdade.

A despeito disso, o protagonismo contínuo do movimento indígena e das organizações da sociedade civil em luta contra a erosão dos direitos, em especial nos governos Lula e Dilma, produziu um legado de formulações e propostas que pode ser reavivado, caso logremos redefinir a atual correlação de forças. Referimo-nos aqui aos resultados dos processos participativos institucionalizados – com todos os seus limites e problemas – conduzidos pela CNPI, que coordenou as consultas que levaram à elaboração da nova proposta de Estatuto dos Povos Indígenas (que mofa no Congresso Nacional), à Conferência Nacional de Política Indigenista (que gerou um conjunto significativo de deliberações)[19] e à PNGATI (cujo plano de implementação aguarda por isso mesmo). Os povos indígenas, portanto, já ofereceram propostas sobre a política indigenista, que se encontram nos documentos conclusivos desses processos. A esses devemos somar as treze recomendações finais do capítulo relativo às violações dos direitos humanos dos povos indígenas do relatório final da CNV. Entendemos que nesse conjunto de formulações sistematizadas, resultantes de processos participativos em que o movimento indígena e sucessivos governos investiram, encontram-se (e retomam-se)[20] os fundamentos de uma política indigenista efetivamente nova, capaz de reduzir desigualdades ao tempo em que valorizam-se as diferenças.

Referências bibliográficas

ALBERT, B. Associações indígenas e desenvolvimento sustentável na Amazônia brasileira. In: INSTITUTO SOCIOAMBIENTAL (ISA). *Povos indígenas no Brasil: 1996/2000*. São Paulo: ISA, 2001. p.197-207.

ALMEIDA, A. W. B. Universalização e localismo: movimentos sociais e crise dos padrões tradicionais de relação política na Amazônia. In: D'INCAO, M. A.; SILVEIRA, I. M. (orgs.). *Amazônia e a crise da modernização*. Belém: Museu Paraense Emílio Goeldi, 1994. p.517-32.

ALMEIDA, M. As ciências sociais e seu compromisso com a verdade e com a justiça. *Mediações*, Londrina, v.20, n.1, p. 260-84, jan.-jun. 2015.

_____. Sociodiversidade e desenvolvimento: considerações entre centro e margem. Comunicação no Simpósio Os Antropólogos e os Dilemas do Desenvolvimento (Sessão 1 – Desenvolvimento e Sociodiversidade), coordenado por Andrea Zhouri (UFMG) e Sônia Magalhães (UFPA) na 28ª Reunião Brasileira de Antropologia, PUC-SP. [mimeo], 2012.

19 A realização da Conferência Nacional de Política Indigenista em fins de 2015, num contexto de paralisação das demarcações, com tudo o que precedeu a sua realização, é, a nosso juízo, uma expressão das tensões internas e ambivalências que caracterizam o período correspondente aos governos Lula e Dilma.

20 Vejam-se os três volumes da série *Bases para uma Nova Política Indigenista*, resultantes do seminário homônimo realizado no Museu Nacional/UFRJ, em dezembro de 2002, às vésperas do início do primeiro governo Lula (ver <http://laced.etc.br/site/seminario/f702.html> e Souza Lima; Barroso-Hoffmann, 2002a, 2002b e 2002c).

BARRETTO FILHO, H. T. A dança das cadeiras na Funai e a luta em torno da destinação das terras públicas no Brasil. *Portal da Agência Carta Maior* [Carta Capital], 11 jun. 2013. Disponível em: <www.cartacapital.com.br/politica/a-danca-das-cadeiras-na-funai-e-a-luta-em-torno-da-destinacao-das-terras-publicas-no-brasil-5537.html>. Acesso em: 5 fev. 2018.

______. Terras Indígenas na Amazônia hoje: fraturas na narrativa hegemônica. In: SAUER, S.; ALMEIDA, W. (orgs.). *Terras e territórios na Amazônia: demandas, desafios e perspectivas*. Brasília: Editora UnB, 2011. p.221-36.

______. Meio ambiente, "*realpolitik*", reforma do Estado e ajuste fiscal. In: ROCHA; BERNARDO, M. (orgs.). *A era FHC e o governo Lula: transição?* Brasília: Instituto de Estudos Socioeconômicos, 2004. p.327-58.

BRASIL. Comissão Nacional da Verdade (CNV). Texto 5 – Violações de direitos humanos dos povos indígenas. *Relatório. Volume II: Textos temáticos*. Brasília: CNV, 2014. p.203-62.

CARDOSO, A.; VECCHIONE, M. Orçamento e direitos indígenas na encruzilhada da PEC 55. *Nota Técnica do Inesc*, n.190, nov. 2016. 17p.

CONKLIN, B. A.; GRAHAM, L. R. The shifting middle ground: Amazonian Indians and eco-politics. *American Anthropologist*, v.97, n.4, p.695-710, 1995.

HURRELL, A. Brazil and the international politics of Amazonian deforestation. In: HURRELL, A.; KINGSBURY, B. (eds.). *The International Politics of the Environment: Actors, Interests and Institutions*. Oxford: Clarendon Press, 1992. p.398-429.

LIMA, L. M. Cooperação e parceria no contexto de um projeto piloto: a experiência do PPTAL. In: SOUZA LIMA, A. C. (org.). *Gestar e gerir: estudos para uma antropologia da administração pública no Brasil*. Rio de Janeiro: Relume Dumará, 2002. p.147-98.

MARTINEZ-ALIER, J. et al. Between activism and science: grassroots concepts for sustainability coined by environmental justice organizations. *Journal of Political Ecology*, n.21, p.19-60, 2014.

OLIVEIRA, J. P. de. *Regime tutelar e gestão militar*. Rio de Janeiro: [mimeo], 2017.

______. *O nascimento do Brasil e outros ensaios: pacificação, regime tutelar e formação de alteridades*. Rio de Janeiro: Contra Capa, 2016.

______ (org.). *Indigenismo e territorialização: poderes, rotinas e saberes coloniais no Brasil contemporâneo*. Rio de Janeiro: Contra Capa, 1998.

______. Contexto e horizonte ideológico: reflexões sobre o Estatuto do Índio. In: SANTOS, S. C. dos et al. (orgs.). *Sociedades indígenas e o direito: uma questão de direitos humanos – ensaios*. Florianópolis: Editora UFSC/CNPq, 1985. p.17-30.

______; FREIRE, C. A. da R. Parte 4 – Ensaios de Cidadania Indígena [1988-2006]. In: *A presença indígena na formação do Brasil*. Brasília: Secadi/MEC; Rio de Janeiro: Laced/Museu Nacional, 2006. Série Via dos Saberes; Coleção Educação para Todos. p.186-204.

OLIVEIRA, R. C. de. *A crise do indigenismo*. Campinas: Unicamp, 1988.

POZZOBON, Jorge. O lumpen-indigenismo do Estado brasileiro. *Journal de la Société des Américanistes*, t.85, p.281-306, 1999.

RAMOS, A. R. O índio hiper-real. *Revista Brasileira de Ciências Sociais*, v.28, n.10, p.5-14, 1995.

REDE de Cooperação Alternativa (RCA). Documento final com recomendações ao Estado brasileiro. Seminário Gestão Territorial e Ambiental das Terras Indígenas. Rio Branco, abr. 2010.

SILVA, F. H. P. *Por dentro e por fora do Estado: estratégias e desafios no processo político de constituição do movimento indígena no Brasil contemporâneo*. Dissertação (Mestrado em Antropologia Social) – PPGAS/UnB. Brasília, 2017.

SOUZA LIMA, A. C. de. Sobre tutela e participação: povos indígenas e formas de governo no Brasil, séculos XX/XXI. *Mana* [impresso], UFRJ, v.21, p.425-57, 2015.

______; BARROSO-HOFFMANN, M. (orgs.). *Etnodesenvolvimento e políticas públicas: bases para uma nova política indigenista*. Rio de Janeiro: Contra Capa, 2002a.

______. *Estado e povos indígenas: bases para uma nova política indigenista*. Rio de Janeiro: Contra Capa, 2002b.

______. *Além da tutela: bases para uma nova política indigenista*. Rio de Janeiro: Contra Capa, 2002c.

______; IGLESIAS, M. M. P.; GARNELO, L.; OLIVEIRA, J. P. de. A administração pública e os povos indígenas. In: ROCHA, D.; BERNARDO, M. (orgs.). *A era FHC e o governo Lula: transição?* Brasília: Instituto de Estudos Socioeconômicos, 2004. p.293-326.

WENTZEL, S. Complementando perspectivas de "fora" e de "dentro": observações antropológicas sobre os projetos voltados para povos indígenas do Programa Piloto (PPG7). *Revista Anthropológicas*, ano 8, v.15, n.2, p.47-84, 2004.

ZELIC, M. *Graves violações contra os povos indígenas e a Comissão Nacional da Verdade*. São Paulo: [mimeo], 2014. 3p.

13
A implementação de uma agenda racial de políticas públicas: a experiência brasileira[1]

Mário Theodoro

Apesar da intensificação observada, desde a década de 1980, no debate público sobre racismo, discriminação e desigualdade racial e do progressivo reconhecimento da necessidade de adoção de políticas públicas para fazer frente àqueles fenômenos, foi apenas a partir de 2003 que se assistiu à consolidação de uma agenda positiva de políticas públicas com essas preocupações. A criação da Secretaria Especial de Políticas de Promoção da Igualdade Racial (Seppir), em 2003, dotou o governo federal de nova institucionalidade e procurou afirmar a questão racial como efetivo campo de intervenção política. Não obstante a evidência, a partir dos anos 1980, da retomada do debate sobre a questão racial tendo como protagonista maior o Movimento Negro, a atuação do Estado na resposta a tais demandas se dera até então associada à criação de organismos de fortalecimento e preservação da cultura, como a Fundação Cultural Palmares, no governo Sarney, ou instâncias de cunho consultivo, caso dos conselhos, notadamente no governo FHC.

1 Agradeço os comentários e sugestões de Marta Arretche, Eduardo Marques, Carlos Aurélio Pimenta de Faria, Luciana Jaccoud e Marta Rangel, que muito contribuíram para o aperfeiçoamento da versão final deste capítulo.

Este capítulo busca assim discutir a implantação da agenda racial de políticas públicas no Brasil, com ênfase no período entre 2003 e 2014, etapa em que efetivamente se consolida a criação desse campo de políticas públicas. Buscar-se-á, assim, recuperar o debate sobre os objetivos e desafios, incluindo a mobilização de recursos, orçamento, estrutura institucional e normativa, além de apresentar os principais resultados.

Com efeito, parece ter havido na recente historiografia social brasileira um hiato com relação à questão racial. Atualmente ainda pouco estudado, o fenômeno do racismo em suas facetas e desdobramentos já fora percebido, outrora, como a chave da explicação das mazelas históricas do Brasil. De fato, já a partir da segunda metade do século XIX o debate racial ganhava dimensão, com destaque para a incorporação pelo Estado do discurso eugênico.

O negro passara a ser visto como o empecilho maior ao progresso. A simples miscigenação entre negros e brancos não traria outro resultado senão a degenerescência do povo. Autores como Sílvio Romero e, mais tarde, Oliveira Viana, Azevedo Amaral, entre outros, preconizaram a necessidade de se proceder a políticas de branqueamento como solução para o país.

> O problema étnico brasileiro – chave de todo o destino da nacionalidade – resume-se na determinação de qual virá a ser o fator da tríplice miscigenação que aqui se opera a que caberá impor a ascendência no resultado definitivo do caldeamento. É claro que somente se tornará possível assegurar a vitória étnica dos elementos representativos das raças e da cultura da Europa se os reforçarmos pelo afluxo contínuo de novos contingentes brancos. (Amaral, 1981, p.137)

Mais tarde, já nos anos 1940, ganha hegemonia a ideologia da democracia racial, cujo inspirador maior é Gilberto Freyre. Nascia assim o estereótipo do Brasil como o paraíso das raças, a nação multirracial sem racismo, ideário que ganha força e é majoritariamente assumido pela academia. Por essa época, a questão racial perde a centralidade nas análises sobre a sociedade brasileira, tendo sido por um longo tempo mitigada.

Mais recentemente, com os ventos da democratização começando a soprar no final dos anos 1970, o tema racial ressurge. Por essa época a sociedade civil começara a se reorganizar em torno da bandeira da Abertura Política, que o então presidente Ernesto Geisel já admitia a realização desde que "lenta, gradual e segura". É nesse contexto que em 1978, nas escadas da Assembleia Legislativa de São Paulo, um ato organizado pelas principais lideranças negras foi o marco de fundação do Movimento Negro Unificado (MNU), célula *mater* do contemporâneo ativismo pela igualdade racial.

É importante salientar que a bandeira da igualdade racial, no entanto, não foi plenamente assumida pelos demais segmentos organizados da sociedade brasileira. Permaneceu quase exclusivamente como tema do Movimento Negro. Sua incorporação ao espectro das lutas sociais não se deu por completo. A temática racial, em verdade, nunca chegou a se constituir em uma questão nacional e não foi considerada prioridade entre as esquerdas, mesmo as mais democráticas, o que não fazia do racismo brasileiro algo menos perverso. As condições socioeconômicas da população negra mantiveram-se proibitivas. Mais afetas às situações de pobreza e de miséria, menos atendidas pelos serviços públicos, as maiores vítimas da violência urbana, dos assassinatos e dos demais tipos de morte violenta, a população negra brasileira permanece majoritária nos lugares sociais menos privilegiados. O espectro de um quadro de desigualdade secular cuja marca mais presente é sua perenidade.

De fato, em uma sociedade extremamente desigual, que convive com o racismo e faz deste um dos sustentáculos da reprodução da hierarquia social e sua naturalização, o debate sobre o racismo, o preconceito e a discriminação racial deveria ganhar centralidade. E esse é o cerne da primeira parte deste trabalho, após esta introdução, que, no intuito de estabelecer um referencial teórico para o presente texto, busca delimitar o conceito de racismo e suas principais vertentes: o preconceito, a discriminação e o racismo institucional.

Na segunda parte, são destacadas as limitações da consolidação das políticas de promoção da igualdade racial no país, e sua aderência aos resultados de alguns indicadores no período de vigência dessas políticas. É fato que se deve ter certo cuidado com os dados relativos à questão racial no Brasil, cuja evolução pode estar associada a alguns fenômenos importantes, dentre os quais o aumento da autodeclaração de pretos e pardos observado na última década, configurando um crescimento relativo extra demográfico dos Negros.

Houve de fato um crescimento do contingente de Negros (pretos ou pardos) acima do que se poderia esperar a partir da trajetória demográfica. Esse incremento, identificado pela PNAD assim como por estudiosos da temática, foi a grande novidade do comportamento populacional a partir da virada do século atual.[2] Tal fenômeno merece ser melhor estudado. Suas implicações em termos da incidência sobre as faixas de renda ou faixas etárias ou mesmo regiões ainda não foram bem delineadas. Neste estudo, está-se considerando que o incremento da autodeclaração do negro, ainda que um fenômeno social importante, se distribui normalmente, ou seja, sem qualquer viés, entre a população negra. Sua incidência se daria igualmente entre os negros de todas as faixas de renda, por exemplo. Essa hipótese, utilizada à falta de uma base mais precisa, sedimenta a análise dos dados realizada na segunda parte do trabalho, com os principais resultados dos dez anos de políticas de igualdade racial, discutindo ainda a aderência dessas políticas às macropolíticas sociais desenvolvidas pelo governo entre 2004 e 2014. Finalmente, na última parte, são apresentadas as considerações finais do capítulo.

Racismo, discriminação e preconceito: delimitando o raio de ação das políticas de promoção da igualdade racial

Parte-se aqui de uma assertiva: a de que a sociedade brasileira convive histórica e estruturalmente com o racismo, que perpassa as relações sociais e inscreve no país uma forma particular de convivência entre desiguais. Como ideologia que diferencia e hierarquiza os indivíduos em função de sua aparência, o racismo molda uma sociedade que se assenta na existência e naturalização da desigualdade e dela faz uma base específica de apoio e funcionamento. Sob a ideologia racista, o fenômeno da pobreza e da miséria e, mais grave, sua persistência, não se impõem como

2 Sobre o assunto, ver *Boletim de Políticas Sociais*, do Ipea, n.20, cap.8.

um problema social. Ao contrário, apresenta-se normalizado, parte da paisagem social. Afinal, em uma sociedade de indivíduos intrinsecamente distintos, o racismo opera, legitima e engessa uma hierarquia social, em uma escala de valores em que se torna aceitável e mesmo justificável que os elementos tidos como superiores devessem alçar posições sociais privilegiadas, enquanto que aos demais, reafirmados ou naturalizados em sua condição de inferioridade, restariam os lugares subalternos.

É esse o pano de fundo que permite ao cenário de extrema iniquidade se instalar no Brasil de forma perene e secular. A desigualdade que se naturaliza no seio da sociedade brasileira forja uma estrutura racialmente hierarquizada sob a égide do racismo. O racismo transforma diversidade em desigualdade. Estruturando-se, ao longo dos séculos, a partir da desigualdade, a sociedade brasileira construiu uma modernidade que se galga, em grande parte, na presença de desigualdades extremas, sociais e raciais, vivenciadas de forma comezinha no cotidiano nacional.

Os exemplos são muitos. O país alcançou a primeira posição mundial na reciclagem de alumínio[3] graças à colaboração das hordas de miseráveis catadores de latas nas cidades, nas ruas, nos guetos, atrás dos blocos de carnaval. De outra parte, no Brasil viabilizou-se a possibilidade de vida profissional para a mulher da classe média não na partilha igualitária do trabalho doméstico, mas na ampla disseminação da figura subalterna da empregada doméstica, categoria profissional composta em sua maior parte por mulheres negras. Em suma, a oferta ilimitada de serviços pessoais os mais diversos por parte de uma camada pobre e majoritariamente negra é parte integrante da vida nacional. Tudo isso compõe um projeto de país que surfa a modernidade sem que esta altere suas estruturas sociais, injustas e desiguais.

Essa convivência de situações sociais estruturalmente dessemelhantes, ainda que não antagônicas, deita raízes, evidentemente, no nosso passado escravista. Sua continuidade desenvolveu uma trajetória particularmente perversa, do ponto de vista da construção da nação. Um país

3 Ver <www1.folha.uol.com.br/seminariosfolha/2016/06/1784363-brasil-e-campeao-mundial-na-reciclagem-de-latas-de-aluminio.shtml>.

desigual e que se mantém praticamente imune a efetivas mudanças sociais que venham a alterar esse quadro.

O filtro que ameniza e mitiga a transformação, o mesmo filtro que naturaliza as iniquidades, tem, portanto, como elemento central o racismo e suas principais desagregações, a discriminação e o preconceito racial. O racismo é uma ideologia que, em linhas gerais, classifica, ordena e hierarquiza indivíduos em função de seu fenótipo, numa escala de valores que tem o modelo branco europeu ariano como o padrão positivo superior e, do outro lado, o modelo negro africano como o padrão inferior. O racismo está presente no cotidiano das relações sociais, funcionando como um filtro social, fortalecendo ou cerceando oportunidades, moldando e reforçando os pilares de acesso e exclusão. E com a operação de clivagens raciais, o racismo alimenta as bases de uma sociedade desigual.

A sociedade racista desenvolve mecanismos diversos – uns mais sutis, outros nem tanto – de restrição, limitação e exclusão social. Sujeita o indivíduo negro a barreiras que limitam ou bloqueiam suas condições de mobilidade social. Associa-os à pobreza e à miséria, banaliza situações graves de constrangimento e violação de direitos que levam à alienação e, no limite, à morte. É o que demonstram os indicadores sobre os assassinatos de jovens negros. Em trajetória crescente essas mortes explicitam não apenas a banalidade da desigualdade, mas a ação não constrangida da violência contra a população negra.[4]

O racismo se desdobra em duas grandes vertentes: a discriminação e o preconceito racial. A discriminação é o racismo em ato. Pode ser um xingamento, uma agressão física, um impedimento de circulação em determinados ambientes tidos como privilegiados, entre outros. A discriminação geralmente é um ato personalizado. Um indivíduo ou um grupo submete outro indivíduo ou grupo a uma situação de constrangimento ou cerceamento. No Brasil, desde a década de 1950, a discriminação é tipificada como ilícito penal. Primeiramente como contravenção, com a Lei Afonso Arinos, de 1951, e mais tarde, nos anos 1980, como crime

4 Os dados do *Atlas da violência*, de 2017, confirmam a tendência de forte crescimento da mortalidade entre os jovens negros por assassinato. Esse aumento, em níveis alarmantes, vem assumindo níveis de países em guerra (Ipea, 2017).

imprescritível e inafiançável (Constituição Federal e Lei Caó, de 1989). Ainda que a legislação atual fale em preconceito racial, ela está direcionada para as práticas de discriminação racial.

O preconceito é um fenômeno menos explícito que, ao contrário da discriminação, não consubstancia ato manifesto. Antes, o preconceito se associa à introjeção pelos indivíduos dos valores racistas que dão sentido a práticas e leituras cotidianas em torno das diferenças raciais. Do preconceito percebem-se mais diretamente os resultados: a não ascensão profissional do indivíduo negro a despeito de suas qualidades profissionais, a escolha recorrente de alunos brancos como representantes de sala etc. Por sua natureza indireta, de ação que se desenvolve de forma subliminar, encoberta, o preconceito atinge grandes dimensões em sua velatura. A ausência de negros em posições de comando nas grandes empresas, a inexistência de negros em postos de destaque no Estado ou na Igreja, são marcas indeléveis do preconceito em sua dimensão maior, também conhecida como racismo institucional. O racismo institucional pode ser identificado como a forma mais sofisticada do preconceito, envolvendo o aparato jurídico-institucional. Atuando no plano macro, o racismo institucional contribui fortemente para a reprodução ampliada da desigualdade no Brasil.

Também é certo que em muito contribui o racismo como ideologia pois, por seu intermédio, naturaliza-se a condição de pobreza e de miséria. A desigualdade é normalizada por uma hierarquia racial, tornando invisíveis situações de iniquidade e mesmo de violações de direitos. Nichos de pobreza, mendicância, populações habitando lixões, são inúmeras as situações que não são identificadas como algo a ser enfrentado. Ao contrário, tudo isso faz parte da paisagem social brasileira. O racismo impede o reconhecimento dos pobres e miseráveis como iguais, sugerindo a existência de categorias distintas de pessoas. Para um grupo a cidadania plena, para outros, "a vida como ela é"... Está criado assim o caldo de cultura para a perpetuação da desigualdade. O racismo e seus desdobramentos têm papel central nesse processo.

Se o enfrentamento da discriminação, que tem amparo legal, é um caso de polícia, o preconceito, sua contraparte mais perversa, é um caso de política: política de ação afirmativa. Inscrito no rol das chamadas políticas de promoção da igualdade racial, esse conjunto de ações tem, no Brasil, existência recente e sua própria consolidação pressupõe o enfrentamento do racismo. Até hoje, uma parcela ainda significativa da população não vê importância ou necessidade de políticas de promoção da igualdade racial. O racismo em sua teia onipresente continua impondo grandes obstáculos à consolidação de uma instância governamental de combate ao próprio racismo. É o que explica, por exemplo, o fato de que, a despeito do país contar com uma substanciosa legislação antirracista, consolidada na Constituição Federal e na Lei Caó, raros são os casos de aplicação da lei, preferindo os juízes de forma unânime, quando não a absolvição, a mitigação da pena com o artifício da condenação por injúria racial. Essa prática perpassa todo o Judiciário, fazendo com que o racismo, a discriminação e o preconceito se perpetuem e mesmo recrudesçam em alguns espaços.[5]

No caso das ações direcionadas ao combate ao preconceito, as chamadas ações afirmativas, trata-se de medidas destinadas a proporcionar oportunidades para segmentos para os quais essas oportunidades não estão disponíveis por força da atuação do preconceito arraigado, além de reverter estereótipos. Há, portanto, um grande conjunto de possibilidades de ações afirmativas. Conforme texto da Seppir,

> Uma ação afirmativa busca oferecer igualdade de oportunidades a todos. As ações afirmativas podem ser de três tipos: com o objetivo de reverter a representação negativa dos negros; para promover igualdade de oportunidades; e para combater o preconceito e o racismo.[6]

Podem assim assumir o escopo de resgate da imagem do Negro – as também chamadas ações valorizativas – garantir o acesso preferencial da população negra a postos de serviço ou de formação profissional ou acadêmica – caso das cotas –, entre outros. No caso brasileiro e no período em questão, destacaram-se a efetivação das cotas nas universidades e, posteriormente, no serviço público, bem como a entrada em vigor de alguns

---

5 Sobre o tema, ver trabalho de Ronaldo L. Sales Jr. (2006), *Raça e justiça: o mito da democracia racial e racismo institucional no fluxo de justiça*.

6 Disponível em: <www.seppir.gov.br/assuntos/o-que-sao-acoes-afirmativas>.

mecanismos legais como as leis nº 10.639/03 e nº 11.645/08, que resgatam a contribuição do Negro e do elemento indígena à cultura e à história nacional, além de programas direcionados para segmentos importantes como os quilombolas e as mulheres negras.

As políticas de ação afirmativa efetivadas no período de 2004 a 2014: limites e perspectivas

Como já enfatizado na parte introdutória deste trabalho, a retomada do debate racial no Brasil, a partir do final da década de 1970, veio suscitar alguns avanços importantes do ponto de vista do enfrentamento ao racismo, ainda que não exatamente no âmbito das chamadas políticas públicas propriamente ditas.

Jaccoud (2009) identifica três gerações de enfrentamento ao racismo no período que perpassa a redemocratização e os primeiros anos de vigência da nova ordem constitucional. Uma primeira, na esteira do processo de democratização, já no início da década de 1980, é caracterizada pelo reaparecimento do debate racial e de sua institucionalização mediante iniciativas dos governos estaduais na construção de conselhos e órgãos de assessoramento com a participação de ativistas negros. É a chamada etapa de consolidação da ideia de participação social, abrindo a questão dos direitos de grupos sociais e minorias, privilegiando questões como as de gênero, dos indígenas e também do Negro. O estado de São Paulo foi pioneiro, sendo o primeiro a montar um Conselho sobre a temática racial, tendo sido seguido por Minas Gerais, Rio Grande do Sul, Bahia, Mato Grosso do Sul e Distrito Federal, além de diversos municípios espalhados pelo país.[7] Ainda nessa etapa, o presidente José Sarney criou a Fundação Cultural Palmares, inaugurando no âmbito do governo federal a temática racial, ainda que, daquela feita, sob uma égide basicamente culturalista.

A segunda geração identificada por Jaccoud (2009) se caracteriza por iniciativas de criminalização e judicialização do racismo, com destaque

7 Sobre o tema, ver Jaccoud e Beghin (2002) e Santos (2010).

para o dispositivo constitucional e sua regulamentação com entrada em vigor da Lei Caó (1989). Esse arcabouço legal endurecia a penalização do crime de racismo, estabelecendo sua imprescritibilidade e sua inafiançabilidade. Em decorrência desse novo quadro institucional, alguns estados e municípios criaram delegacias especializadas no tratamento dos crimes de racismo. Aqui o pioneirismo coube ao Rio de Janeiro, em 1991 (Jaccoud, 2009).

A terceira geração de ações governamentais abre a perspectiva da adoção efetiva de políticas públicas de enfrentamento do racismo. Partindo da identificação do racismo não apenas como um fenômeno cível ou criminal, mas, antes, como uma questão social mais ampla e abrangente, o debate se abre, buscando também resgatar a experiência de outros países. As políticas de ação afirmativa passam a ser vislumbradas como instrumento de ação contra o racismo. Essa etapa é inaugurada na gestão Fernando Henrique Cardoso, culminando com a participação de uma expressiva delegação brasileira na Conferência de Durban, na qual a questão das ações afirmativas seria amplamente discutida e se consolidaria como elemento central do discurso da militância negra no combate ao racismo. Ainda que de forma bastante tímida, o governo FHC implementou algumas iniciativas, com destaque para o Grupo Interministerial (GTI), bem como no âmbito do Ministério da Justiça, do Desenvolvimento Agrário e do Exterior, iniciativas que, no entanto, não lograram consolidação. Mas o reconhecimento do racismo como elemento estruturante da sociedade brasileira por parte do governo e a tentativa de equacionamento de algumas políticas públicas representaram um avanço importante, sedimentando o caminho para a efetivação de um espaço de políticas públicas de enfrentamento específico da questão racial, vivenciado pelo governo Lula nos anos subsequentes.

A criação em 2003, no primeiro governo Lula, da então nominada Seppir representou um marco na consolidação das políticas de promoção da igualdade racial, corporificando os frutos do debate sobre ações afirmativas inaugurado no governo FHC. A adoção de uma agenda de combate às desigualdades baseadas na cor/raça significou a abertura de um novo campo de ação das políticas públicas. Mas essa engenharia de construção de uma institucionalidade específica para tratar da questão racial não se deu sem ressalvas e restrições. Em primeiro lugar, as negociações internas ao então governo em formação, no período anterior à posse, mostraram resistências no âmbito do próprio governo à criação de uma instância em nível ministerial para cuidar da questão racial. Ao contrário de outros ministérios e secretarias, como o caso da Secretaria da Pesca e da Secretaria da Mulher, apresentados pelo Presidente no momento de sua posse, em 1º de janeiro de 2003, a Seppir só foi criada em 21 de março daquele ano.

Esse atraso se deu em grande medida pelas incertezas do núcleo decisor com respeito à importância e ao mérito da criação de uma secretaria com status ministerial para cuidar da temática racial. A equipe responsável pelo projeto de estruturação da Seppir dedicou-se a um trabalho de convencimento sobre a importância da criação da secretaria. A questão que se apresentava era menos sobre a necessidade de se ter uma instância para a questão racial, algo que já havia se consolidado como compromisso do governo com os movimentos sociais, e mais sobre seu status. A equipe coordenada por Matilde Ribeiro, que viria a ser a primeira ministra da Seppir, teve êxito em fazer com que a secretaria obtivesse a estatura de ministério, ainda que estruturada no âmbito da Presidência da República.

A despeito de sua destacada posição institucional, a Seppir nunca logrou se afirmar como instância de poder, capaz de cumprir sua missão de trazer para a máquina governamental a dimensão etnorracial como marco referencial e balizador das políticas públicas em suas diversas interfaces. Os esforços da equipe da Seppir, em conjunto com técnicos do Ipea, concentraram-se, em um primeiro momento, em torno do objetivo de que o PPA 2004-2007 incorporasse a dimensão racial como esteio das políticas setoriais. O principal programa era Gestão da Política de Igualdade Racial, política esta que não se consolidara, muito em função do fato de os indicadores de acompanhamento construídos pela Seppir e pelo Ipea terem sido ignorados pelas instâncias do Planejamento, tornando o programa mero gestor de ações sem metas. Nos PPAs subsequentes, o caráter suplementar e secundário da política de igualdade racial se manteve.

De fato, a situação da Seppir no organograma governamental merece uma apreciação. Foi concebida como uma das secretarias da Presidência da República,[8] com o condão de desenhar políticas e coordenar as ações dos diferentes ministérios no âmbito daquelas políticas. Sem obter, no entanto, o devido apoio institucional, a secretaria nunca conseguiu se impor aos órgãos executivos como uma efetiva instância de gestão e coordenação. A falta de cabedal político, refletido na ausência de apoio explícito por parte da própria Presidência, bem como na reduzida composição e na inexperiência do corpo técnico, fizeram com que, desde sua criação, a Seppir lutasse por sua própria afirmação e pelo seu reconhecimento como interlocutor junto aos ministérios e seus órgãos executivos. Do ponto de vista institucional, a secretaria jamais logrou posicionar-se como um organismo à altura do problema a ser enfrentado: o racismo brasileiro e suas consequências.

Em termos funcionais, a Seppir organizou sua atuação em torno de dois eixos: as políticas de ação afirmativas e as ações de apoio às comunidades quilombolas. No primeiro caso, a interlocução deveria ser feita com a chamada área social, notadamente Ministério do Desenvolvimento Social, Ministério do Trabalho e Emprego, Ministério da Saúde e Ministério da Educação. Do mesmo modo, com a criação do Programa Brasil Quilombola, deveria ocorrer uma articulação direta com o Ministério do Desenvolvimento Agrário e o Incra. De acordo as atribuições da secretaria, deveria haver a introdução da temática racial como elemento balizador e de monitoramento dos programas e ações desses órgãos. No caso do Programa Brasil Quilombola, a maior transparência e priorização da pauta quilombola deveria suscitar um impulso nas ações de reconhecimento e titulação das áreas habitadas por remanescentes dos quilombos.

Com efeito, os grandes programas federais no âmbito social não incorporaram a temática racial como referencial estratégico. A própria condução das macropolíticas de desenvolvimento não levou em conta a importância do enfrentamento do racismo em suas mais diversas formas, e dos mecanismos diretos ou indiretos de discriminação, como corolário de uma política de inclusão e de redução das desigualdades (Theodoro,

8 Além da Seppir, a Presidência da República no governo Lula contava ainda com a Secretaria da Mulher e a Secretaria dos Direitos Humanos.

2006). O Programa Brasil Quilombola não logrou grandes avanços na regularização das terras, em função da forte pressão dos latifundiários, ainda que o número de comunidades quilombolas cuja existência tenha sido reconhecida tenha aumentado significativamente.[9] São cerca de 210 comunidades quilombolas certificadas, isto é, com a posse da terra regularizada, em um universo de comunidades reconhecidas pelo governo que ultrapassa 2.500. Ou seja, menos de 10% de regularizações.[10]

Outro aspecto que contribuiu para a timidez da atuação da Seppir foi a questão orçamentária. Os recursos orçamentários destinados à secretaria sempre estiveram em patamares bastante tímidos. Nos primeiros anos, os montantes giraram em torno de R$ 15 milhões/ano. Com o passar do tempo, e face à maturação dos programas e ações, houve um aumento dos recursos para a questão racial, sendo que parte deles não se destinava diretamente à Seppir, mas aos ministérios finalísticos.

Assim, entre 2009 e 2014, um montante da ordem de R$ 490 milhões foi destinado às políticas de promoção da igualdade racial, sendo que apenas 40% desse total foram efetivamente gastos.[11] Além do reduzido volume, cerca de R$ 100 milhões/ano para toda política de promoção da igualdade racial, verificou-se durante todo o período uma baixa execução, advinda de uma série de fatores, dentre os quais seguramente há dificuldades de ordem administrativa. Além disso, grande parte da demanda das entidades do movimento negro passou a ser atendida diretamente pela Seppir, o que fez com que a secretaria passasse a cuidar mais especificamente da gestão de projetos pontuais, de apoio a determinadas iniciativas, de fornecimento de bolsas ou incentivos a organizações, o que de certo modo desvirtuou o escopo de sua ação.

---

9 O reconhecimento das comunidades quilombolas está a cargo da Fundação Cultural Palmares, órgão ligado ao Ministério da Cultura.

10 De acordo com o Relatório final da Comissão da Verdade sobre a Escravidão Negra no DF e Entorno (2017), "Esses números da Conaq podem estar subestimados. As informações do levantamento do Centro de Cartografia Aplicada e Informação Geográfica da Universidade de Brasília (CIGA/UnB) estimam um universo de cerca de oito mil comunidades quilombolas em todo o país" (p.188).

11 Ver <www.contasabertas.com.br/website/arquivos/7820>.

Como resultado, observou-se que as grandes ações, os principais programas e projetos governamentais não incorporaram a dimensão racial na forma inicialmente preconizada com a criação da Seppir. Desse modo, nota-se que, a despeito dos avanços sociais obtidos no decênio 2004-2014, os números sobre benefícios e melhorias sociais alcançados sugerem que não se tenham sido contemplados, de forma equânime, negros e brancos.

Um exemplo importante são os índices de pobreza. Apesar da benfazeja evolução de redução da pobreza, constata-se que; do contingente de pobres ainda existente, houve um aumento da participação da população negra. O percentual de negros entre os 10% mais pobres subiu de 73,2% em 2004 para 76% em 2014 (IBGE, 2015). Isso significa dizer que houve uma saída da pobreza em um montante proporcionalmente maior de população branca do que de população negra.

As explicações para essa situação podem ser buscadas a partir de duas vertentes. De um lado, o aumento da participação dos negros entre os pobres se daria em função da maior dificuldade de se proporcionar a ascensão socioeconômica da população negra por se tratar justamente do contingente mais pobre entre os pobres. Dito de outro modo, parece sensato, pelo próprio histórico de racismo, supor que a população pobre branca esteja mais concentrada em posições mais próximas aos limites fronteiriços da linha da pobreza, sendo assim mais rápida sua ascensão. Os negros, de sua parte, por se concentrarem em camadas sociais mais pobres, adensam-se em posições mais distantes dessas fronteiras, sendo mais difícil sua passagem para foras dos limites da pobreza.

De outro lado, pode concorrer para esse quadro a incidência do chamado racismo institucional, que faz com que a população negra não tenha a mesma qualidade de atendimento do que a população branca, no caso dos programas de acesso aos serviços e benefícios públicos, bem como das ações de combate à pobreza. A hipótese do racismo institucional, ainda que mereça ser considerada com muito cuidado, não é algo extemporâneo ou inusitado. Alguns estudos realizados na última década têm demonstrado diferenças de tratamento e de acesso a serviços públicos em detrimento das populações negras. São evidentes os casos na saúde e na educação.

Com efeito, na área da saúde pública, dados divulgados pelo governo federal[12] mostram significativa diferença no atendimento de mulheres negras e brancas. Assim, às mulheres negras tem sido destinado menos tempo de atendimento médico do que às mulheres brancas. As mulheres negras correspondem a 60% das vítimas da mortalidade materna no Brasil. No que tange à gravidez e ao parto, somente 27% das negras tiveram acompanhamento pré-natal, contra 46,2% no caso das brancas. As diferenças persistem mesmo quando se trata dos procedimentos de anestesia, tempo de espera e informações pós-parto, como aleitamento materno.[13] Do mesmo modo, no que se refere ao sistema educacional, o racismo institucional se expressa tanto no tratamento desigual dos professores com relação aos alunos brancos e negros, sempre em prejuízo destes últimos, como também no conteúdo do material didático, eivado de mensagens implícita ou explicitamente preconceituosas e racistas.[14]

O mercado de trabalho é outro cenário importante no que diz respeito às questões raciais. Vencida a era explícita da exigência de "boa aparência" presente nas ofertas de emprego até os anos 1980 – e que, na verdade, significava o salvo-conduto para o trabalhador de cor branca – ainda hoje o filtro racial se faz presente. Os números sobre a qualidade de emprego mostravam uma evolução positiva do emprego formal, naquele período, que passou de 45,7% do total da população ocupada em 2004 para 57,7% em 2014, segundo os dados da PNAD (IBGE, 2015). No caso dos trabalhadores brancos, esse percentual subiu no período de 53,0% para 64,7%, enquanto que para os negros a evolução foi ainda mais expressiva, passando de 37,3% para 51,6%. Os diferenciais entre negros e brancos, no entanto, mantêm-se significativos (IBGE, 2015).

Os jovens também vivenciaram mudanças relevantes, com a adoção de políticas de incentivo à educação no nível médio e superior, como o aumento da rede de escolas técnicas, bem como as políticas de incentivo ao acesso ao ensino superior, notadamente via Prouni e Fies.[15] Houve uma

---

12 "SUS sem Racismo", página no facebook. Disponível em: <facebook.com/SUSnasRedes>.

13 Sobre o assunto, ver Goes e Nascimento (2013) e Arraes (2014).

14 Para maior aprofundamento, ver Munanga (2005).

15 O Programa Universidade para Todos (Prouni), do Ministério da Educação, oferece bolsas de estudo integrais ou parciais para estudantes de baixa renda. Já o Fundo de Financiamento

maior oferta de oportunidades de estudo em geral tanto em nível médio como no superior. Adicione-se a isso a contribuição das políticas de cotas para negros adotadas por um grande número de universidades e demais instituições de ensino superior a partir da primeira metade da década passada. A taxa de conclusão do ensino médio (proporção de pessoas de 20 a 22 anos de idade que concluíram o ensino médio) aumentou de 45,5% em 2004 para 60,8% em 2014. Quando da comparação entre negros e brancos, observamos que, em 2014, 71,7% de jovens brancos concluíram o ensino médio contra 52,6% no caso dos jovens negros (IBGE, 2015). Do mesmo modo, a proporção de estudantes de 18 a 24 anos que cursavam o ensino superior passou de 32,9% em 2004 para 58,5% em 2014. Do total de estudantes negros de 18 a 24 anos, 45,5% cursavam o ensino superior em 2014, contra 16,7% em 2004. Já no caso dos estudantes brancos nessa mesma faixa etária, essa proporção passou de 47,2% em 2004 para 71,4% em 2014. Pode-se observar que o percentual de negros no ensino superior em 2014 mantinha-se em um patamar menor do que o percentual de brancos no ensino superior dez anos antes (IBGE, 2015).

No caso específico do emprego doméstico, o Brasil contava ao final de 2014 com cerca de sete milhões de trabalhadores, em sua grande maioria mulheres, sendo que, destas, cerca de $\frac{2}{3}$ eram negras. O emprego doméstico, além de majoritariamente composto por mulheres negras, tem apresentado um aumento na participação das negras entre 2004 a 2014. Nesse período, houve uma queda de 18,1% no tamanho relativo do emprego doméstico feminino, ou seja, no percentual de absorção de mulheres trabalhadoras, caindo de 17,1% para 14% da força de trabalho feminina brasileira. São números ainda eloquentes. Mas essa redução foi mais acentuada entre as mulheres brancas, que já eram minoritárias, passando de 13,5% para 10,1%, em decréscimo de 25,2% no período, ao passo que, no caso das mulheres negras, a queda foi de 17,7% (passando de 21,5% para 17,7%). Houve, assim, um enegrecimento do emprego doméstico, que continua a ser o repositório de uma parcela significativa

Estudantil (Fies) é um programa, também do Ministério da Educação, que financia a graduação na educação superior de estudantes matriculados em instituições particulares.

das negras no mercado de trabalho brasileiro. Segundo dados apresentados em trabalho do Ipea em parceria com a ONU Mulheres, o Brasil é o país com maior contingente de indivíduos empregados domésticos, situação resultante da ainda significativa concentração de renda.[16]

Mas é importante registrar os avanços institucionais decorrentes da adoção de uma nova legislação a partir de 2015, que concedeu à categoria alguns direitos já previstos na CLT para outras profissões. Não é exagero pensar-se que, com a nova legislação que regula o trabalho doméstico, deveria haver um incremento ainda maior na cobertura previdenciária, situação que deve sofrer reversão com as alterações da legislação trabalhista levadas a cabo pelo governo Temer.

De todo modo, mudanças qualitativas importantes ocorreram entre 2004 e 2014 com relação ao trabalho doméstico. Primeiro, observou-se um processo de envelhecimento do contingente, em função de alguns fatores. O aumento generalizado da taxa de escolaridade, notadamente em conjugação com o maior leque de oportunidades de emprego para os mais jovens, afetou diretamente o emprego doméstico, fazendo com que as jovens buscassem novas profissões. Pesquisa do Dieese para a Região Metropolitana de São Paulo mostrou que, somente entre 2007 e 2008, o percentual de mulheres na faixa etária entre 18 e 24 anos que trabalhava como doméstica caiu de 8,8% para 7,2%. Outro dado interessante dessa pesquisa apontou queda no percentual de mulheres filhas de domésticas que se tornaram domésticas, que se reduziu de 9,1% para 7,2% no mesmo período. Essas melhorias, em grande parte por causa das condições econômicas vivenciadas até 2014, podem ter sofrido reversão devido ao processo recessivo e às medidas adotadas pelo governo Temer, notadamente no que tange às alterações na legislação trabalhista.

Em resumo, o emprego doméstico mantém-se como um grande termômetro das condições de desigualdade no mercado de trabalho. Como já enfatizado, sociedades desiguais têm maior propensão à incidência de serviços pessoais. A trajetória de redução dos níveis de desigualdade inscrita no decênio 2004-2014, ainda que em proporções limitadas, afetou

16 *Retrato das desigualdades de gênero e raça – 1995 a 2015*, publicado por Ipea e ONU Mulheres em 2017.

o perfil do emprego doméstico, delineando uma tendência de redução do total de trabalhadoras, bem como sua profissionalização e formalização. Mas do mesmo modo como tem ocorrido em outras áreas, os maiores ganhos foram absorvidos pelas trabalhadoras brancas, cujo maior contingente safou-se das ainda mais precárias condições de trabalho, seja pela saída do emprego doméstico, seja pelo maior acesso à formalização e à melhoria da renda.[17] Tudo isso, no entanto, pode ser revertido com a reforma trabalhista aprovada sob Temer.

De modo geral, os resultados confirmam os significativos avanços sociais vivenciados pelo país entre 2004 e 2014. Houve forte redução da pobreza, avanços na formalização do trabalho, incremento nos níveis de escolaridade, melhorias na qualidade de vida em geral, com aumento da expectativa de vida da população, bem como da cobertura de infraestrutura e saneamento (IBGE, 2015). Entretanto, na comparação entre negros e brancos, os índices permanecem extremamente desiguais. A despeito das conquistas, negros e brancos mantiveram ainda uma grande distância entre si. Uma informação que traduz de forma concreta essa realidade é dada pela comparação entre as evoluções da renda domiciliar per capita média dos chefes de família negros e brancos, conforme mostrado no Gráfico 1 (p.365).

Pode-se observar um comportamento ascendente da renda no período para os dois grupos. Entretanto, as linhas não se aproximam, configurando trajetórias paralelas, quando não em distanciamento, cujo significado maior é a preservação da desigualdade, que, no caso brasileiro, significa não apenas disparidades nos salários e outros rendimentos, mas que se verifica também no acesso à terra, ao mercado de trabalho, à educação, à saúde e aos serviços urbanos em geral. Em outras palavras, o quadro socioeconômico historicamente construído em nosso país se molda na existência de disparidades sociais que fazem com que, lado a lado, convivam grupos de alta e média renda, assistido por políticas públicas e pelo chamado Estado de direito, e populações sem pleno acesso aos serviços públicos básicos de educação, saúde, saneamento, segurança pública e equipamentos urbanos, além dos baixos rendimentos.

---

17 Sobre o tema, ver Ipea (2016).

Gráfico 1: Renda domiciliar per capita média segundo cor/raça dos chefes de família. Brasil – 2004-2014

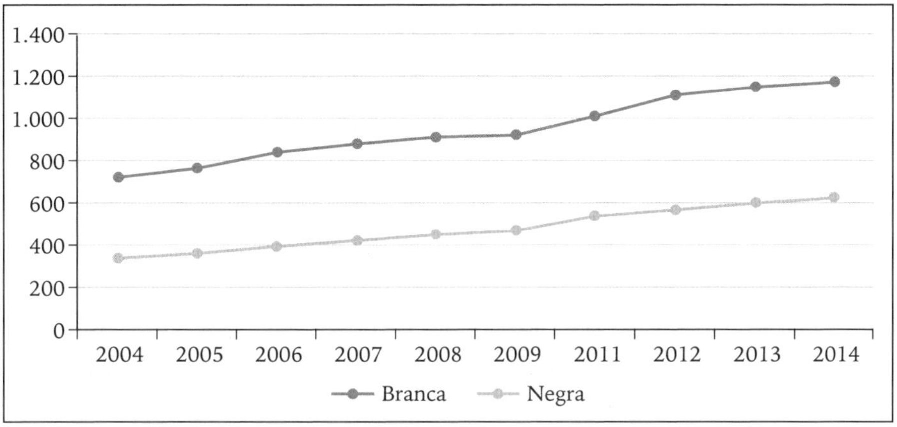

Fonte: SIS – PNAD/IBGE.

Como foi aqui sobejamente enfatizado, no caso brasileiro a associação entre a desigualdade social e a clivagem racial aparece alicerçada nos dados apresentados, e que espelham uma história de racismo e exclusão da população negra. A existência do racismo como ideologia dominante molda um cenário de naturalização da desigualdade e de imobilismo institucional. A desigualdade naturalizada vem assim justificar sua própria perenidade. Esse tem sido um estigma que o país carrega há séculos e com que se convive até com grande resignação. O Brasil, que no século passado apresentou taxas de crescimento das mais expressivas, não logrou, como outros países, reverter o quadro de pobreza e desigualdade. Essa renitência da pobreza em meio à abundância deu-se pela influência direta do racismo.

De fato, a despeito de todos os esforços, o Estado não foi capaz de perceber a centralidade da questão racial e sua importância para a consolidação de uma nação democrática, diversa e plural. Ainda assim, muitos avanços foram obtidos. Nesse período de mais de uma década, foram criados alguns programas importantes como o Programa Brasil Quilombola, que objetiva proporcionar posse da terra e a construção de infraestrutura para as comunidades remanescentes de quilombos. Também o Programa Saúde da População Negra, cujo escopo era a atenção especial aos afrodescendentes, notadamente no que tange às doenças que mais atingem esse grupo, caso da hipertensão arterial e anemia falciforme.

Outras ações foram implantadas nesse período, como o caso das políticas de cotas adotadas de forma independente por diversas universidades e que proporcionaram a abertura de milhares de vagas para estudantes negros. Em 2012, foi aprovada a lei nº 12.711, que estabeleceu o regime de cotas sociais e raciais nas universidades públicas, bem como nas escolas técnicas, em âmbito federal. Segundo dados da Seppir, entre 2013 e 2015 foram criadas 150 mil vagas para negros cotistas nas universidades federais.[18]

Há que se ressaltar também a existência de uma certa miopia por parte do governo e do próprio parlamento com relação ao fenômeno do racismo, expresso sobretudo na confusão entre racismo e pobreza, o que fez com que a política de cotas transformada em lei, notadamente no caso da lei nº 12.711, priorizasse o estudante pobre, em uma clara e recorrente confusão entre o problema da pobreza cujos instrumentos de enfrentamento são outros e o problema do racismo. O embate levado a cabo no Brasil sobre a oportunidade das cotas raciais, levado até as instâncias do STF, suscitou da parte de seus detratores o argumento de que o branco pobre estaria sendo olvidado, com a priorização dos negros. Em uma clara alusão a uma discriminação às avessas ou a um processo de "racialização" da política pública, o discurso contrário às cotas suscitou um posicionamento do governo e da classe política no sentido de associar as chamadas cotas sociais às cotas raciais, em um evidente desvirtuamento da ideia original de combate ao racismo. As cotas sociais privilegiaram estudantes de baixa renda e que cursam escolas públicas, fazendo com que o espírito original das cotas enquanto ações afirmativas fosse alterado e sua função precípua de combate ao racismo, notadamente ao preconceito racial, mitigada.

No plano legal, um dos destaques foi a entrada em vigor da lei nº 10.639, de 2003, que tornou obrigatório nas escolas de ensino fundamental e médio o ensino da história da África e da cultura afro-brasileira. Outro marco foi a aprovação do Estatuto da Igualdade Racial, em 2010,

---

18 Disponível em: < www.seppir.gov.br/central-de-conteudos/noticias/2016/03-marco/em-3-anos-150-mil-negros-ingressaram-em-universidades-por-meio-de-cotas>.

após quase uma década de tramitação no Congresso Nacional. O estatuto consolidou os dispositivos infraconstitucionais direcionados para as políticas de igualdade racial, bem como estabeleceu um leque de obrigações aos ministérios setoriais em termos de ações e programas.

Em 2012, o governo federal adotou o sistema de cotas nos concursos públicos, o que deverá ter efeitos importantes no futuro, sobretudo porque essa iniciativa foi também adotada por diversos estados e municípios. A lamentar, entretanto, a drástica redução dos concursos públicos pelo governo federal em função da crise econômica, iniciativa que deve ser adotada também pelos estados e municípios, o que fará com que o ingresso dos negros no serviço público seja mitigado, pelo menos nos próximos anos.

Na prática, no entanto, as políticas de promoção da igualdade racial não surtiram efeitos mais visíveis. A lei nº 10.639 não foi ainda completamente implementada. Grande parte da rede escolar ainda não implantou no currículo os tópicos sobre a história da África e sobre a cultura de raiz africana.

É certo que no caso das cotas, houve uma maior visibilidade do alunato negro nas universidades públicas, bem como nas escolas técnicas. Mas a proporção de estudantes negros mantém-se bem abaixo do percentual referente à população branca, como já apresentado anteriormente.

A partir da vigência do segundo governo Dilma, identifica-se um significativo arrefecimento das ações governamentais no âmbito da questão racial. A transformação da Seppir em uma das subdivisões do então criado Ministério das Mulheres, da Igualdade Racial e dos Direitos Humanos representou um retrocesso denunciado por grande parcela do Movimento Negro. Mais tarde, com a ascensão de Michel Temer, a questão racial foi ainda mais obliterada.

A atual Seppir, parte integrante do Ministério dos Direitos Humanos, teve drástica redução de seu corpo técnico. A partir de 2016, importantes cargos deixaram de ser preenchidos, como o caso do Secretário Adjunto, do Diretor do Departamento de Igualdade Racial, do Coordenador Geral de Políticas para as Comunidades Quilombolas e do Coordenador Geral de Políticas para Povos e Comunidades Tradicionais de Matriz Africana, Terreiros e para Povos Ciganos. Um quadro de inação que impossibilita qualquer análise acerca dos rumos e tendências na gestão Temer. A única observação que merece ser feita é sobre o esvaziamento da temática racial.

Considerações finais

A recente experiência brasileira de implementação de um conjunto de ações, políticas e programas direcionados ao enfrentamento da questão racial teve seu apogeu durante o governo Lula, bem como no primeiro governo Dilma. Importante assinalar que a pauta racial passa a ser incorporada na agenda governamental a partir das demandas do Movimento Negro durante o período de redemocratização, ainda na primeira metade dos anos 1980. Ofuscado durante décadas, o debate racial readquiria importância. A negação do mito da democracia racial e a denúncia do racismo empunhada pela militância negra suscitaram a resposta dos governantes recém-eleitos.

As ações governamentais inicialmente se galgaram no estabelecimento de instâncias participativas como conselhos; e, na sequência, passaram a se direcionar para a questão da violência associada ao racismo (com a criação de delegacias especializadas e com a entrada em vigor da Lei Caó). Por fim, forja-se a ideia de atuação do Estado a partir da abertura de um novo campo de políticas públicas, voltada para a questão racial. O debate sobre o racismo e suas sequelas sociais, inaugurado no governo FHC, ganha concretude no governo Lula com a criação da Seppir.

A secretaria, no entanto, a despeito da importância simbólica de sua criação, não logrou afirmar-se como instância responsável pela implantação de uma política nacional de promoção da igualdade racial, e também pela introdução da temática racial como elemento balizador das políticas setoriais a cargo dos diferentes ministérios, notadamente da área social. Limitações de ordem política, administrativa e técnica fizeram com que a Seppir jamais conseguisse se consolidar de forma efetiva como instância de governo responsável pela política de promoção da igualdade racial. Seus programas mais importantes, como o Brasil Quilombola e o Programa Nacional de Ações Afirmativas, não tiveram a dimensão nem a acuidade necessárias para o enfrentamento do problema em nível nacional. Apesar da Seppir, os grandes avanços da política de combate ao racismo no Brasil se deram não exatamente nas ações governamentais, mas no plano legal, pela legislação das cotas nas universidades (lei nº 12.711/12), ainda que posteriormente mitigada pela adoção da cota racial e social, e no serviço público (lei nº 12.990/14), esta última de autoria do próprio governo.

Em síntese, os avanços sociais obtidos no período 2003-2014 foram extraordinários, mas, do ponto de vista racial, as mudanças não se consolidaram da mesma forma. Os negros continuam a se posicionar entre os mais pobres, tendo inclusive aumentado sua participação nesse agrupamento.

De fato, a consolidação de um arcabouço de políticas de promoção da igualdade racial no Brasil não é algo simples. O país da desigualdade extrema tem no racismo e em seus principais desdobramentos, a discriminação e o preconceito, uma espécie de *modus vivendi*. A sociedade brasileira convive secularmente com a desigualdade que está largamente assentada na existência do racismo.

As mudanças são necessárias, mas nem sempre de fácil implementação. Intentou-se aqui mostrar a necessidade de que se dê a real importância às políticas de ação afirmativa como complemento indispensável das políticas sociais clássicas e mesmo aquelas direcionadas ao combate à pobreza e à miséria. O racismo é um velho conhecido. Ele atua segregando espaços e restringindo oportunidades para a população negra, e está presente nas relações sociais e na própria estrutura institucional. É, ao mesmo tempo, foco de ação e obstáculo a ser transposto.

A sociedade racista molda instituições racistas. O racismo institucional é a forma mais acabada de mecanismo de exclusão e de negação da igualdade. Em um projeto de sociedade democrática e pluralista, o Estado deve ser o motor das mudanças. E essas mudanças, no caso brasileiro, só ocorrerão na medida em que as políticas de promoção da igualdade racial, inscritas nas ações afirmativas, sejam utilizadas de forma efetiva e associadas ao conjunto das ações governamentais de cunho universalista, sem o qual o Brasil continuará a reproduzir desigualdades, ainda que em patamares menores de pobreza e miséria.

Referências bibliográficas

AMARAL, A. *Estado autoritário e realidade nacional*. Coleção Pensamento Político Republicano, v.11, Brasília: UnB, 1981.

ARRAES, J. Mulher negra e saúde: "a invisibilidade adoece e mata!". *Revista Fórum Semanal*, dez. 2014. Disponível em: <revistaforum.com.br/digital/176/mulher-negra-e-saude-invisibilidade-adoece-e-mata/>.

BENTO, M. A. Racismo no trabalho: o movimento sindical e o Estado. In: GUIMARÃES, A. S. A.; HUNTLEY, L. *Tirando a máscara: ensaios sobre o racismo no Brasil*. São Paulo: Paz e Terra, 2000.

BRITES, J.; PICANÇO, F. O emprego doméstico no Brasil em números, tensões e contradições: alguns achados de pesquisas. *Revista Latino-Americana de Estudos do Trabalho*, ano 19, n.31, 2014, p.131-158.

CEBELA/FLACSO. *O mapa da violência*. Rio de Janeiro, 2012 e 2013.

COMISSÃO da Verdade sobre a Escravidão Negra no DF e Entorno. *Relatório final*. Brasília: Sindicato dos Bancários, 2017.

FONTOURA, N.; REZENDE. M.T.; MOSTAFA, J.; LOBATO, A. L. *Retrato das desigualdades de gênero e raça – 1995 a 2015*. Brasília: Ipea/ONU Mulheres, 2017.

FREYRE, G. *Casa-grande e senzala: formação da família brasileira sob o regime da economia patriarcal*. 51.ed. São Paulo: Global, 2006.

FULGÊNCIO, R. F. O paradigma racista da política de imigração brasileira e os debates sobre a "Questão Chinesa" nos primeiros anos da República. *Revista de Informação Legislativa*, ano 51, n.202, p.203-17, abr.-jun. 2014.

GOES, E.; NASCIMENTO, E. Mulheres negras e brancas e os níveis de acesso aos serviços preventivos de saúde: uma análise sobre as desigualdades. *Saúde em Debate*, Rio de Janeiro, v.37, n.99, 2013.

GUIMARÃES, A.S.A. Manoel Querino e a formação do "pensamento negro" no Brasil, entre 1890 e 1920. Comunicação preparada para o painel Nação, anti-racismo e processos de etnicização no mundo lusófono. VIII Congresso Luso-afro-brasileiro, Coimbra, set. 2004.

HOFBAUER, A. *Uma história de branqueamento ou o negro em questão*. São Paulo: Editora Unesp, 2006.

IBGE – PNAD. *Síntese de Indicadores Sociais 2004 – 2014*. Rio de Janeiro: IBGE, 2015.

IOTTI, L. H. A política imigratória brasileira e sua legislação: 1822-1914. Anais do X Encontro Estadual de História, Santa Maria-RS, 26 a 30 jun. 2010.

IPEA. *Boletim de Políticas Sociais*, n.20, Brasília, Ipea, 2012.

______. Mulheres e trabalho: breve análise do período 2004-2014. *Nota Técnica*, n.24, Brasília, Ipea, mar. 2016.

______. *Atlas da violência 2017*. Rio de Janeiro, Ipea/Fórum Brasileiro de Segurança Pública, 2017.

JACCOUD, L. (org.) *A construção de uma política de promoção da igualdade racial: uma análise dos últimos 20 anos*. Brasília: Ipea, 2009.

JACCOUD, L.; BEGHIN, N. *Desigualdades raciais no Brasil: um balanço da intervenção governamental*. Brasília: Ipea, 2002.

KERN, G. da S. Racialismo, eugenia e educação nas primeiras décadas do século XX. Anais da 36ª Reunião Nacional da ANPEd – 29 set.-2 out. 2013, Goiânia/GO.

MAIO, M. O Projeto Unesco: ciências sociais e o "credo racial brasileiro". *Revista USP*, São Paulo, n.46, jun.-ago. 2000.

MUNANGA, K. (org.). *Superando o racismo na escola*. 2.ed. rev. Brasília: Ministério da Educação, Secretaria de Educação Continuada, Alfabetização e Diversidade, 2005.

OLIVEIRA JR., A.; LIMA V.C.A. Violência letal no Brasil e vitimização da população negra: qual tem sido o papel das polícias e do Estado?. In: SILVA, T. D.; GOES, F. L. (orgs.). *Igualdade racial no Brasil: reflexões no Ano Internacional dos Afrodescendentes*. Brasília: Ipea, 2013.

QUERINO, M. O colono preto como fator da civilização brasileira. *Afro-Ásia*, n.13, p.143-58, 1980.

ROSEMBERG, F. *Literatura infantil e ideologia*. São Paulo: Global, 1985.

SALES JR., R. L. *Raça e justiça: o mito da democracia racial e racismo institucional no fluxo de justiça*. Recife, 2006. Tese (Doutorado), UFPE.

SANTOS, I. A. *O movimento negro e o Estado (1983-1987)*. 2.ed. São Paulo: Cone, 2010.

SILVA, A. C. da. *A discriminação do negro no livro didático*. Salvador: Ceao/UFBA, 1995.

SILVA, Silvio José Albuquerque e. *Combate ao racismo*. Brasília: Fundação Alexandre de Gusmão, 2008.

SKIDMORE, T. *Preto no branco: raça e nacionalidade no pensamento brasileiro (1870 – 1930)*. São Paulo: Companhia das Letras, 1976.

SUS/MS. *SUS sem Racismo* [página no *Facebook*]. Disponível em: <facebook.com/SUSnasRedes>.

THEODORO, M. Texto sobre o orçamento da Seppir em 2005. [mimeo], 2006.

______. *As políticas públicas e a desigualdade racial no Brasil – 120 anos após a Abolição*. Brasília: Ipea, 2008.

______. As mudanças sociais recentes e a questão racial. Brasília, [mimeo], out. 2013.

______. Relações raciais, racismo e políticas públicas no Brasil contemporâneo. *Revista de Estudos e Pesquisas sobre as Américas*, Brasília, UnB, v.8, n.1, 2014.

______. Dez anos de políticas de promoção da igualdade racial: um breve balanço à luz dos dados do IBGE. Brasília, [mimeo], 2015.

VIANA, O. *Populações meridionais do Brasil*. Brasília: Senado Federal, 2005. Coleção Edições do Senado Federal, v.27.

Parte V

A AGENDA PETISTA: PARTICIPAÇÃO E KEYNESIANISMO

14
Participação no século XXI: o embate entre projetos políticos nas instituições participativas federais[1]

Rebecca N. Abers e Debora Rezende de Almeida

A ampla coalizão político-partidária que levou Luiz Inácio Lula da Silva, do Partido dos Trabalhadores (PT), à presidência da República em 2003 apontava para um quadro de profundas transformações nas relações entre Estado e sociedade. No campo da participação social, os avanços foram notáveis com a ampliação, diversificação e fortalecimento dos conselhos e conferências nacionais. No entanto, distintos tipos de interação socioestatal operavam no interior de cada política pública (Pires; Vaz, 2012), assim como era diferenciada a capacidade de influência dos atores sociais por meio das instituições participativas.

Neste capítulo, mobilizamos o conceito de projetos políticos, desenvolvido por Dagnino, Olvera e Panfichi (2006), para explorar a variação na participação social – entendida especialmente em termos da capacidade de a sociedade civil influenciar a agenda e as decisões políticas – entre setores de política pública nos governos Lula e Dilma. Para a literatura de políticas públicas, políticas são construídas por meio de redes de atores dentro e fora do Estado, organizadas em torno de crenças compartilhadas

1 Este artigo teve apoio financeiro do CNPq, Edital Universal, n.426882/2016-4.

sobre problemas, objetivos e desenhos (Heclo, 1978; Haas, 1992; Sabatier, 1988). Sem dialogar explicitamente com essa literatura, Dagnino e seus coautores propõem algo análogo: o processo político resulta de lutas entre grupos de atores que defendem diferentes projetos políticos, a saber, conjuntos de crenças, interesses e concepções de mundo, que orientam sua ação política. Para esses autores, a disputa entre dois projetos dominaria a agenda da participação social no Brasil: o projeto "democrático-participativo" e o projeto "neoliberal". Tendo em vista que o PT se destacou nos anos 1990 como defensor do primeiro projeto, esperava-se que sua ascensão ao governo federal fortalecesse o projeto democrático-participativo. Argumentamos que, embora o neoliberalismo tenha desafiado a agenda participativa no governo federal petista, a análise dos processos participativos no período requer a incorporação de outros dois projetos políticos: o desenvolvimentista e o conservador-autoritário.

Neste capítulo, examinamos como as políticas participativas foram afetadas pelo embate desses projetos em diferentes políticas públicas setoriais. O objetivo é analisar a extensão em que os mecanismos participativos foram incorporados a diferentes políticas setoriais e apontar alguns limites e potencialidades no que tange ao atendimento das demandas dos movimentos sociais de cada área. Serão analisados: 1) a política da saúde, que incorpora instituições participativas (IPs) na produção de normas e controle dos recursos, especialmente no Conselho Nacional de Saúde (CNS) e na Conferência Nacional de Saúde; 2) arranjos participativos em políticas transversais e de direitos, responsáveis pela promoção de políticas e programas, notadamente o Conselho e a Conferência Nacional dos Direitos da Mulher; e 3) arranjos participativos na área de infraestrutura, como as audiências públicas no licenciamento ambiental de grandes obras e os comitês de bacia hidrográfica. Busca-se perceber como o entrelaçamento de projetos políticos defendidos por grupos de atores em cada área afetou as dinâmicas de participação, destacando as suas variações ao longo dos mandatos petistas. O capítulo se baseia em ampla análise da literatura sobre a participação e as políticas públicas nas respectivas áreas, bem como em pesquisas qualitativas realizadas pelas autoras. Incorpora, nesse sentido, análise de conteúdo de atas de reuniões e relatórios, e também entrevistas semiestruturadas com atores envolvidos nas experiências participativas realizadas no âmbito de diferentes projetos de pesquisa.

O trabalho segue em quatro seções, além da conclusão. Na primeira, tecemos conexões entre a literatura de políticas públicas e a discussão de projetos políticos, e apresentamos as principais características dos projetos políticos em destaque. As próximas três seções examinam, respectivamente, as políticas de saúde, os direitos para mulheres e a infraestrutura. Ao longo do texto, desenvolvemos três argumentos. Primeiro, houve uma transição gradual em relação a quais projetos concorriam com o democrático-participativo, do neoliberal, depois desenvolvimentista, e mais recentemente, o conservador-autoritário. Segundo, os projetos políticos que desafiam o projeto democrático-participativo têm pesos distintos nas áreas: na política participativa da saúde destaca-se a agenda neoliberal, nos direitos para mulheres prepondera a influência do projeto conservador-autoritário, e na infraestrutura prevalece o projeto desenvolvimentista. Essas distinções impactam na dinâmica participativa de cada área, em termos de inserção institucional dos atores sociais, formas de interação com o Estado e capacidade de influência.

Terceiro, em todos os casos, ao longo do período, ocorre uma desconexão no interior do projeto participativo-democrático originário. Um dos princípios fundadores do PT, organização central na articulação inicial do projeto, é a crítica ao socialismo ortodoxo e à social-democracia, projetos que priorizavam a redistribuição econômica em detrimento do aprofundamento da democracia. No "modo petista de governar" estava a articulação entre duas ideias, participação popular e inversão de prioridades. Após 2003, no entanto, mostramos uma hipertrofia relativa da dimensão participativa em relação à agenda distributiva, o que minou a base do projeto democrático-participativo original.

Projetos políticos, ideias e o estudo da participação

Uma proposta central de boa parte da literatura de políticas públicas é que ideias influenciam políticas por meio de agrupamentos de atores que as defendem, entendidos como "*issue networks*" (Heclo, 1978), "comunidades de políticas" (Miller; Demir, 2007, p.141), "comunidades epistêmicas" (Haas, 1992), "coalizões de defesa" (Sabatier, 1988, Sabatier;

Jenkins-Smith, 1993), entre outros conceitos. A conformação específica de uma política pública resulta das disputas técnicas e políticas entre redes de atores dentro e fora do Estado que defendem perspectivas compatíveis com suas crenças mais profundas (Sabatier, 1988), ou paradigmas (Hall, 1993). Em um sistema de presidencialismo de coalizão, não é de surpreender que essas disputas se exacerbem no interior do Executivo, onde convivem atores que defendem paradigmas distintos.

Neste capítulo, exploramos o efeito dessas dinâmicas sobre a participação social a partir do conceito de projeto político, desenvolvido por Dagnino (2004) e Dagnino, Olvera e Panfichi (2006). Projetos políticos são "conjuntos de crenças, interesses, concepções de mundo, representações do que deve ser a vida em sociedade, que orientam a ação política dos diferentes sujeitos" (Dagnino; Olvera; Panfichi, 2006, p.38). Atores estatais e não estatais muitas vezes se aliam em defesa de projetos comuns. Assim como os "paradigmas" de Hall (1993), o conceito se refere não somente a conteúdos, mas às próprias regras de debate. Quando entram em conflito, são as lutas políticas que definem o resultado. É importante destacar que um projeto é um conjunto de ideias gerais defendidas pelos atores, sempre de maneira não homogênea, já que os membros de uma coalizão de atores podem ter interpretações diversas e ideias específicas acerca de determinado tema. Algumas dimensões podem também ser compartilhadas entre diferentes projetos políticos, embora com visões distintas a respeito de sua operacionalidade. O trabalho desses autores impactou a literatura brasileira sobre participação ao argumentar que dois projetos pareciam valorizar a sociedade civil e a participação nas políticas públicas: o projeto democrático-participativo e o projeto neoliberal, que defendem dimensões semelhantes, como ideias de cidadania e participação. Enquanto o primeiro objetiva a promoção da cidadania e democratização do Estado, via a participação da sociedade na defesa de direitos, o segundo requer um Estado mínimo, uma noção de cidadania que enxerga o cidadão como usuário e uma concepção de participação centrada na corresponsabilidade entre Estado e sociedade na produção de políticas públicas. A sobreposição entre essas dimensões configuraria, para os autores, uma "confluência perversa".

Dagnino, Olvera e Panfichi (2006) também ressaltam a heterogeneidade de atores que defendem os projetos, não cabendo uma visão homogênea da sociedade civil como virtuosa, portadora do projeto democrático, e do Estado como a fonte de todos os males ou do projeto neoliberal. Projetos políticos são um conjunto de crenças que são agrupadas no processo político por atores concretos. Neste capítulo, analisaremos as políticas destacando as suas distinções no que diz respeito às dimensões da participação e do papel do Estado na distribuição de bens e serviços.

Ao observar a evolução da participação em nível federal entre 2003 e 2016, nos apropriamos da proposta de Dagnino e colegas. No entanto, propomos dois ajustes na análise. Primeiro, argumentamos que no período após a publicação das obras de Dagnino e seus colaboradores (Dagnino; Olvera; Panfichi, 2006), se tornou claro que os projetos democrático-participativo e neoliberal conviviam com dois outros projetos: o desenvolvimentista (agora rebatizado, "neodesenvolvimentismo") e o autoritário-conservador. Dagnino (2016) também argumenta que o neodesenvolvimentismo influenciou os governos de esquerda a partir dos anos 2000, porém o situa como projeto alternativo e em substituição ao neoliberalismo, enquanto nós enfatizamos a convivência entre eles no interior do governo petista.

Segundo, entendemos que para examinar a relação entre ideias e políticas participativas, é necessário realizar dois tipos de análise. Precisamos explorar como diferentes setores de política pública são influenciados pela disputa entre projetos ao mesmo tempo que examinamos como essas disputas afetam a participação. Assim, poderemos demonstrar que a participação institucionalizada no período Lula/Dilma não é um legado apenas da tradição participativa do PT, ou mesmo dos seus limites (Teixeira, 2013), mas também da interação entre essa tradição e outros paradigmas presentes no interior de um governo heterogêneo, sustentado por uma vasta e nada homogênea coalizão.

Quatro projetos

O projeto democrático-participativo tem suas origens na afirmação por um conjunto de atores de esquerda de que o combate à desigualdade exigia o aprofundamento da democracia. Carregado de um significado emancipatório, ideais presentes principalmente nos setores progressistas da Igreja Católica, núcleos do PT e conselhos populares (Teixeira, 2013), o projeto denunciava o ideário "*top-down*" dominante não somente no autoritarismo, mas no socialismo e na social-democracia (Weffort, 1984). No PT, essa perspectiva se concretizou nos anos 1980 com a articulação de duas metas inseparáveis: a participação e a "inversão de prioridades" em favor dos mais pobres (Bittar, 1992; Bezerra, 2014).

Os sentidos da participação se alteram ao longo dos anos entre os atores políticos defensores desse projeto dentro e fora do partido, a partir de crescente envolvimento desses atores com partidos políticos, governos e espaços de participação. De sinônimo de desenvolvimento de uma consciência crítica e de protestos nas ruas, a participação paulatinamente passou a ser vista como meio de organizar a população para participar de programas e projetos sociais (Gohn, 2005; Tatagiba, 2005). Ganha força a "participação como deliberação" em arenas criadas pelo Estado: conselhos, conferências, orçamentos participativos (Teixeira, 2013). Quando no governo federal, o PT amplia essas formas de participação, conferências e conselhos, no âmbito nacional, ao mesmo tempo que as transforma em "escuta", contraria frontalmente as expectativas de alguns movimentos sociais de radicalização e aprofundamento da democracia (Teixeira, 2013). O embate entre a proposta democrático-participativa e os projetos liberal, desenvolvimentista e conservador é também parte da explicação para a mudança de sentidos da participação, como se verá na análise das políticas.

O projeto neoliberal tem origens nas reformas pró-mercado que se espalharam pelo mundo nos anos 1970 e 1980. Para Dagnino (2004), o projeto encontra sua essência na redução do Estado como garantidor de direitos. O combate ao estatismo era marcado pela denúncia ao intervencionismo nas relações mercantis públicas e na transferência de bens públicos e serviços sociais, reorientando o padrão de redistribuição baseado na universalidade para o tratamento compensatório e focalizado das políticas (Sallum Jr.; Goulart, 2016; Ivo, 2004). Para Dagnino, Olvera e Panfichi (2006), a cidadania se reduz no projeto neoliberal à conquista individual, e o tratamento da pobreza adota uma perspectiva também privatista e individualista baseada na caridade e assistência. O engajamento da sociedade é valorizado na medida em que permite a desresponsabilização do Estado

(Bresser Pereira; Grau, 1999). A adoção de políticas neoliberais, principalmente no campo econômico, se manterá nos governos petistas, por exemplo, por meio da continuidade de uma política monetária conservadora.

O terceiro projeto, o desenvolvimentismo, surgiu de uma síntese do keynesianismo econômico e de teorias estruturalistas de economistas latino-americanos (Bresser Pereira, 2006). Menos focado no bem-estar social que o seu análogo europeu (que podemos chamar de projeto social-democrata), o foco era usar o Estado para retirar o país da posição de dependência no sistema capitalista. A "estratégia desenvolvimentista" era definida como "a proteção à indústria nacional nascente e a promoção de poupança forçada por meio do Estado" (Bresser Pereira, 2006, p.6). Funcionários bem pagos e ultracompetentes liderariam a coordenação econômica em "ilhas de excelência" tecnocrática, o que representava um insulamento tanto dos "políticos" quanto da sociedade (Sikkink, 1991; Geddes, 1994; Evans, 1995).

O chamado "neodesenvolvimentismo" que surge nos governos federais petistas abandonaria a contradição entre Estado forte e mercado e a ênfase protecionista (Bresser Pereira, 2006, p.14). Para alguns autores, seria não apenas mais "liberal", mas também mais participativo e inclusivo que o desenvolvimentismo antigo. No neodesenvolvimentismo, haveria mais interação entre Estado e atores sociais, uma preocupação com desenvolvimento humano e não apenas empresarial e uma noção do Estado dotado de "capacidades políticas" e não somente capacidades técnicas (Pires; Gomide, 2014; Boschi; Gaitán, 2008; Herrlein Júnior, 2011). Isso poderia ser entendido como uma aproximação nos governos do PT entre o projeto desenvolvimentista e o democrático-participativo. Dagnino (2016) nota, no entanto, que embora tenha avançado na dimensão distributiva e na defesa do Estado forte, o neodesenvolvimentismo carece de ênfase na participação da sociedade civil, o que será confirmado pela análise a seguir. Por isso, seria melhor entendê-lo como uma aproximação ao projeto social-democrata, criticado pelos proponentes originais do projeto democrático-participativo por suas tendências "*top-down*" de pensar a inclusão.

Por fim, o projeto conservador-autoritário é definido como um conjunto de crenças políticas e sociais que valorizam a ordem e a tradição.

O conservadorismo seria, nas palavras de Huntington (1957), uma "ideologia posicional" que se define pela contraposição às investidas de mudança (apud Kaysel, 2015). Dagnino, Olvera e Panfichi (2006) definem um projeto autoritário composto de um componente político (crítica às instituições democráticas) e outro, social (práticas sociais hierárquicas). Enquanto o primeiro parecia ser superado, o segundo mostrava sinais de que poderia retornar.[2] De um lado, o avanço do campo autoritário-conservador durante os governos Lula e Dilma é notado no crescimento de partidos da chamada "nova direita" (Bolognesi; Codato, 2016) e na emergência de um setor da classe média insatisfeito com os efeitos de políticas distributivas e afirmativas que mudam o *status quo* (Cavalcante, 2015). Em ambos os setores, atores políticos defenderão políticas sociais para a igualdade de oportunidade, mas sob a liberdade do mercado, se aproximando do projeto neoliberal.[3] De outro lado, percebe-se a influência crescente de bancadas conservadoras no Congresso Nacional, com visões paradoxais a respeito da intervenção estatal: contra a ação do Estado na defesa dos direitos de minorias e a favor de sua intervenção para manutenção dos preceitos morais tradicionais da família (Kaysel, 2015; Faganello, 2015; Machado, 2012). Embora o conjunto de atores que sustentam projetos conservadores-autoritários nem sempre convirjam na defesa das mesmas posições econômicas e morais, pode-se dizer que há um mútuo reforço entre essas ideias do ponto de vista de uma negação à mudança e à democratização dos direitos.

Os quatro projetos mencionados devem ser tratados como um conjunto de crenças agrupadas no processo político por atores concretos que afetam a participação social. Além disso, vertentes de cada projeto são contaminadas por outros. O entrelaçamento desses projetos na prática participativa de diferentes políticas públicas é justamente o objeto deste estudo.

2 Embora a crítica recente às instituições democráticas seja crescente, colocando em questão este diagnóstico dos autores de superação do projeto autoritário no campo político, pode-se afirmar que durante os governos petistas tratava-se principalmente da resistência às mudanças nas hierarquias sociais.

3 O conservadorismo não se alia necessariamente com o livre mercado, como no caso dos conservadores dos países nórdicos europeus que sustentam o Estado de bem-estar.

Experiências participativas, projetos políticos e a política de saúde

As experiências participativas na área de saúde são o embrião do modelo de participação no Brasil (Avritzer, 2009). O Conselho Nacional de Saúde existe desde 1937 e as primeiras conferências de saúde se realizaram na década de 1940. Com o processo de redemocratização, a organização do Movimento Sanitarista e a realização da histórica 8ª Conferência Nacional de Saúde, em 1986, os movimentos organizados ganharam força nessas arenas históricas. A lei nº 8.080/90, que dispõe sobre a organização do Sistema Único de Saúde (SUS), e a lei nº 8.142/90 redefinem o papel das Conferências e instituem os conselhos de saúde nos três níveis da Federação como instâncias de controle social (Lima et al., 2005).

A mobilização do Movimento Sanitário e a estratégia de indução federal na implantação do SUS (Arretche, 2002) levaram à intensa incorporação de mecanismos de participação no setor. Em 2013, existiam conselhos de saúde na totalidade dos municípios brasileiros e aproximadamente 100 mil conselheiros de saúde, titulares e suplentes (Costa; Vieira, 2013). São compostos por 50% de representantes de usuários, 25% de trabalhadores e o restante dividido entre gestores e prestadores privados. Com caráter deliberativo, são responsáveis pela aprovação do Plano de Saúde, que deve ser considerado pelo Legislativo na aprovação do orçamento. As conferências de saúde são processos escalonados e institucionalizados que começam no nível distrital até o nacional, ocorrem a cada quatro anos e definem as diretrizes da política pública (Romão; Gurza Lavalle; Zaremberg, 2017).

Côrtes e colegas (2009) mostram que ao mesmo tempo que o Conselho Nacional de Saúde ganha relevância a partir de 1990, as comissões intergestores bipartites (CIBs) e tripartites (CITs), criadas em 1993 para assegurar a articulação federativa no campo da saúde, passam a ser arenas decisórias centrais, solapando a capacidade decisória do Conselho. Mais recentemente, a comunidade de política em torno da defesa do SUS se fortaleceu no conselho, com um aumento da representação de entidades sociais e diminuição do número de entidades do mercado. Em 2018, eram 48 titulares, cada um com 2 suplentes. Os trabalhadores passaram de 4, em 1990, para 12 assentos, em 2006. Essa reorientação reflete também uma mudança no interior do Movimento Sanitário em que os interesses das categorias de profissionais e trabalhadores da saúde, não médicos, ganham proeminência. Desde 2006, a composição dos usuários também se ampliou (24 titulares), passando a incluir assentos para entidades étnico-raciais, de gênero, LGBT e portadores de patologias ou deficiências. Um Fórum de Usuários e outro de Trabalhadores se reúnem um dia antes de cada reunião para avaliar a pauta e tomada de posições pelos segmentos. Esse fortalecimento se reflete nas reuniões, quando trabalhadores e usuários protagonizam os debates (Silva et al., 2009).

Não obstante o fortalecimento interno do CNS, a partir de 2003 é crescente a tensão entre as dimensões redistributiva e participativa do projeto democrático-participativo que compete com outros projetos e coalizões de atores. As expectativas com a realização da 12ª Conferência Nacional em 2004 e diversas cartas e documentos lançados por entidades ligadas ao movimento, como a Associação Brasileira de Pós-graduação em Saúde Coletiva (Abrasco) e o Centro Brasileiro de Estudos de Saúde (Cebes), eram de aprofundamento e retomada da reforma sanitária e implementação dos princípios do SUS (Paim, 2008). Contudo, a relação dos governos petistas de apoio ao projeto participativo no nível federal foi ambígua. Muitos dos ativistas do movimento sanitário compuseram os quadros do Ministério da Saúde, incluindo Sérgio Arouca, líder histórico da geração sanitarista, mas houve mudanças constantes de ministros, algumas vezes mais com perfil político que com compromisso com a reforma. A saúde se manteve fortemente participativa, pela força histórica da comunidade de política e pela institucionalização dos conselhos. No entanto, a influência dos movimentos nas questões macro da saúde foi minimizada, tanto pelos limites do financiamento, quanto pelo fato de o governo federal centrar seus esforços redistributivos fora da área de saúde. De um lado, a agenda neoliberal de ajuste econômico manteve o problema do subfinanciamento da saúde, dificultando propostas de ampliação da política e de aprofundamento do SUS. Esses limites orçamentários e a histórica tensão de um sistema de saúde misto – público e privado, cuja lógica privatizante é uma grande adversária dos princípios do SUS (Menicucci, 2007) – levaram os conselheiros à constante disputa pela distribuição dos recursos existentes (Cohn, 2005). O governo Lula não colocou na agenda os problemas estruturais do sistema de saúde, apesar dos avanços nos condicionantes da saúde, e em Dilma o subfinanciamento não se altera, acenando inclusive para outros benefícios ao setor privado (Menicucci, 2011; Soares; Santos, 2014). De outro lado, priorizou-se a redistribuição via programas de transferência de renda, que passaram ao largo do controle social e foram geridos por técnicos altamente qualificados (Sátyro; Cunha, 2014). Houve também uma associação entre desenvolvimento e saúde, cujo exemplo é o PAC da Saúde, que conecta a saúde à geração de emprego, renda e produção, além dos avanços em programas e projetos específicos de saúde[4] (Teixeira; Paim, 2005; Menicucci, 2011). Ao mesmo tempo que essas políticas atendiam aos grupos representantes de minorias, fortalecidos no Conselho, elas sinalizavam as dificuldades de a participação pautar os problemas nevrálgicos da política, centrando esforços especialmente nos programas e temas relativos ao controle social (Silva et al., 2009).

As conferências, que se multiplicaram no período petista para subáreas da saúde que conectam uma ampla comunidade de política com o Conselho Nacional, também se tornaram espaços de embate entre o projeto democrático-participativo e o neoliberal. A defesa geral do SUS que prevalece nas conferências e a pluralidade de participantes levam a um agonismo mais acentuado do que no Conselho, sob a forma de rejeição da presença crescente do setor privado. A força do projeto neoliberal no sistema dual público-privado aparece em uma das propostas polêmicas da 13ª Conferência Nacional de Saúde, realizada em 2007, que buscava implantar um modelo – amplamente rejeitado – de fundação estatal de direito privado em hospitais públicos. Tanto a 14ª quanto a 15ª Conferências acentuaram esse debate pela adoção de diretrizes que defendiam um SUS 100% público e estatal como direito social do cidadão.

Ao mesmo tempo, o projeto social-conservador se tornou cada vez mais presente. Na Conferência de 2007, o tema do aborto como questão de saúde pública aparecerá no relatório final em três resoluções e uma

4 Por exemplo, Programa de Saúde da Família (PSF), controle de endemias, recursos para medicamentos, atendimentos a grupos com necessidade de atenção especial.

moção, que tratavam de casos já previstos na legislação atual e da "assistência integral à mulher pré-gestacional" (Resolução n. 175, do Eixo II). Mas foi rejeitada a Resolução n.37, do Eixo I do Relatório Consolidado que propunha "Assegurar os direitos sexuais e reprodutivos, respeitar a autonomia das mulheres sobre seu corpo, reconhecendo-o como problema de saúde pública, e discutir sua descriminalização [sic] por meio de projeto de lei" (Brasil, 2009, p.44). Uma moção aprovada repudiava o Projeto de Lei (PL nº 1.135/91) que legaliza o aborto até o nonagésimo dia de gravidez.

Os governos petistas teriam também contribuído, na avaliação dos conselheiros nacionais, para a desmobilização do movimento defensor do SUS. Apesar de as entidades sociais se tornarem fortes internamente ao Conselho e também na defesa de suas posições nas Conferências, a capacidade de influência da sociedade civil esteve fortemente atrelada às relações de parceria que conseguiam estabelecer com os gestores federais. A impressão dos entrevistados[5] e de Costa e Vieira (2013) é que ocorreu um paulatino "encastelamento dos movimentos" nos espaços institucionalizados, os quais perderam contato com os Poderes Legislativo e Judiciário e com a sociedade em geral, tornando a participação social em saúde um fim em si mesma. Em tempos de crise política, o Conselho agora se volta para a variação dos seus repertórios, incluindo ações diretas e interação com o Legislativo e o Judiciário (Almeida, 2018).

Experiências participativas, projetos políticos e a política de direitos para mulheres

O governo Lula fortaleceu e reestruturou o Conselho Nacional dos Direitos da Mulher (CNDM) e criou conferências nacionais de Políticas

---

5 Entrevistas realizadas no âmbito dos projetos "*(New) Representative Claims: a global view, Germany, France, India, China, Brazil*" e Projeto Universal/CNPQ "Representação democrática e sociedade civil: entre a *accountability* e a responsividade". Até o momento foram realizadas quinze entrevistas semiestruturadas com representantes de usuários e trabalhadores na atual gestão do CNS e nove entrevistas com representantes do Conselho Nacional dos Direitos da Mulher.

para Mulheres (CNPMs), além da Secretaria Especial de Políticas para Mulheres (SPM), em 2003, com status de Ministério. O CNDM foi criado em 1985,[6] antes mesmo da Constituinte, como um órgão consultivo do Ministério da Justiça, e foi um importante espaço de expressão das demandas de gênero e de construção de parcerias para influenciar a Constituinte (Schumaher, 2007; Pinheiro, 2015). Até 1990, possuía autonomia administrativa e financeira e um corpo de 104 funcionários. Entre 1990 e 2000, perdeu forças, ficando inclusive sem funcionar em alguns momentos.

Nos anos 2000, devido à influência da primeira-dama Ruth Cardoso e de algumas conferências internacionais relativas aos direitos das mulheres, o Conselho começou a retomar seu espaço político. Em 2003, com a criação da SPM, foi reformulado, tendo como base o desenho institucional adotado na maioria dos conselhos brasileiros, com participação maior de representantes da sociedade civil (60% dos assentos), eleitos entre seus pares. Desde então, a ministra da SPM é sua presidente. O CNDM tornou-se órgão consultivo, retomando o caráter deliberativo apenas em 2008. É composto por 21 representantes da sociedade civil, três mulheres com notório saber – indicadas pela Ministra e movimentos sociais – e dezesseis gestores.

Diferentemente da área de saúde, o CNDM não controla um fundo específico para as políticas das mulheres, dependendo da SPM e de suas articulações com outros órgãos de governo, que não necessariamente compartilham da mesma visão. Enquanto o CNS se reúne mensalmente, por três dias, o CNDM se reúne, no mínimo, quatro vezes por ano. A área também carece da organização sistêmica da participação que existe na saúde: apenas 15% dos municípios, aproximadamente, têm conselhos de direitos da mulher. Romão, Gurza Lavalle e Zaremberg (2017) argumentam que a comunidade de política do CNDM é na verdade uma "*proto*-comunidade de política". Sem capacidade de produzir a política pública, se assemelha mais a um coletivo de atores que exerce pressão sobre o desenho da política, além de ocupar posições discretas dentro do Estado.

6 Os primeiros conselhos dos direitos da mulher foram criados nos estados de Minas Gerais e São Paulo em 1983.

O desenho institucional do CNDM o atrelava à agenda do Executivo. Até 2008, não havia uma mesa diretora paritária, com a composição de outros membros do CNDM, que pudesse acompanhar a presidente, ministra da pasta, na produção de uma pauta, de maneira a diversificar os temas e a influência dos atores na deliberação do Conselho. A capacidade propositiva continuou baixa e as posições das conselheiras não se traduziam em obrigatoriedade do governo (Araujo, 2014). O CNDM seria um espaço de parceria e sororidade[7] e não de conflito exacerbado com o governo (Almeida, 2018), até mesmo pela dificuldade de fazer avançar a agenda de gênero[8] com o crescimento do projeto conservador.

As Conferências Nacionais de Políticas para Mulheres (CNPM) são outra inovação petista. São consideradas, por Romão, Gurza Lavalle e Zaremberg (2017), "conferências de mobilização", devido à ausência de um quadro legal unificado, de fundos orçamentários específicos e de uma política federalizada, o que, assim como os conselhos na área, as fazem dependentes de uma contínua reafirmação. Até o momento foram realizadas quatro conferências nacionais de políticas para mulheres: em 2004, 2007, 2011 e 2016. Diferentemente da área da saúde, que realiza conferências em todos os municípios brasileiros, conferências regionais foram realizadas em municípios sedes e nas capitais. Em 2016, além das etapas regionais e estaduais, a CNPM incluiu consultas específicas a indígenas, quilombolas, mulheres de terreiros, transexuais, ciganas e mulheres com deficiência, que se reuniram em Brasília em diferentes momentos a partir de novembro de 2015. A realização de uma conferência livre de mulheres transexuais elegeu sete representantes para a etapa nacional. Buscando ampliar a transversalidade, diferentes ministérios realizaram conferências livres sobre o tema.

As conferências das mulheres preservam uma dimensão mais deliberativa e conflitiva do que o CNDM. Incorporam uma pluralidade maior de atores da sociedade civil, a partir da adoção de critérios de representação

---

7 O conceito de sororidade está presente no feminismo para definir a postura do movimento em relação à igualdade de gênero, marcada por uma aliança entre mulheres baseada na empatia e no companheirismo.

8 Neste capítulo, quando se trata de uma agenda de gênero, refere-se especificamente às demandas de políticas para mulheres.

que não se atrelam apenas a uma divisão territorial, como sempre ocorreu na Saúde[9] (Ramos; Faria, 2013). Seriam espaços mais amplos, menos constrangidos pelas pautas da SPM, em que se produz o Plano Nacional de Políticas para Mulheres,[10] estabelecendo pactos entre SPM, CNDM e diversos órgãos do Executivo. Alguns temas polêmicos que dificilmente teriam espaço no Conselho e no interior do governo, como a descriminalização do aborto, foram propostos pelos movimentos feministas nas conferências, sendo inclusive votada a descriminalização em 2011 para entrar no seu relatório final. De acordo com Petinelli (2017), 60,5% das 131 recomendações da 1ª Conferência Nacional passíveis de serem incorporadas no Plano Nacional acabaram sendo incluídas parcial ou integralmente no Plano. No entanto, a baixa institucionalização da política pública no interior do Estado e a pressão de grupos contrários à agenda feminista constrangeram a implementação das recomendações. As conferências se tornam espaços de expressão de conflitos não resolvidos na relação Estado-sociedade.

O caso das Políticas para Mulheres reflete uma tensão interna no projeto democrático-participativo, no que tange à sua "desradicalização" e perda de distância crítica dos atores políticos, quando partidos e movimentos se encontram dentro de um arranjo governamental (Tatagiba, 2010). Contribuiu para isso a presença de "aliadas dos movimentos" na SPM, a qual ao mesmo tempo carecia de recursos e institucionalização para fazer avançar uma agenda mais ampla de direitos das mulheres (Almeida, 2018). Várias conselheiras do CNDM entrevistadas reforçam também a tensão entre a dimensão redistributiva e a participativa nos governos Lula e Dilma. Embora as conselheiras identifiquem menor proximidade entre Dilma e movimentos sociais em relação ao seu antecessor, houve ganhos nos diferentes governos relativos à inclusão de mulheres nas políticas sociais, por exemplo, quando foram reconhecidas como chefes de família. Mas não era pela via da participação que as políticas de desigualdade se estabeleciam no governo petista, tampouco pela radicalização da pauta

9 A partir da 15ª Conferência Nacional de Saúde, em 2015, o CNS repensou os critérios e incluiu a preocupação com a representação de minorias.

10 Os planos foram formulados até a 3ª Conferência. Em razão das mudanças políticas, a SPM não dispunha de Relatório Final da 4ª Conferência Nacional no momento desta pesquisa.

de gênero, mas pela agenda desenvolvimentista atrelada principalmente ao problema da pobreza.

A capacidade de os movimentos sociais influenciarem nas decisões foi diminuída principalmente pelo crescimento do projeto conservador-autoritário. A pauta dos direitos sexuais e reprodutivos, citada nas entrevistas, é considerada a grande perda do movimento, em função da resposta de Lula, porém mais de Dilma, ao movimento conservador encabeçado pelas igrejas e suas bancadas no Congresso Nacional, além das visões distintas sobre a não intervenção do Estado em prol de direitos presentes crescentemente na expansão de movimentos de direita (Almeida, 2018). Uma pesquisa nos convênios realizados pela SPM mostra que a atuação central da Secretaria ocorreu, principalmente, no campo do combate à violência contra as mulheres, incorporando a preocupação com o acesso ao mercado de trabalho e políticas no campo da saúde, áreas consideradas mais consensuais em diferentes segmentos (Pinheiro, 2015).

Instituições participativas e projetos políticos no campo da infraestrutura

Os governos petistas investiram muito mais no fortalecimento de instituições participativas nas áreas sociais e de direitos do que na área econômica. Antes do PT chegar ao governo federal, dois tipos de instituições participativas que colocavam a infraestrutura em pauta já funcionavam no Brasil: os comitês de bacia hidrográfica e as audiências públicas do licenciamento ambiental. Diferentemente de outras áreas, no entanto, esses mecanismos não passaram por processos de empoderamento significativos a partir dos governos petistas. Pelo contrário, com o ressurgimento do projeto desenvolvimentista, a fragilidade desses mecanismos se tornou ainda mais clara.

Parte do problema é que essas instituições participativas estão fora do campo decisório da infraestrutura propriamente dita, fazendo parte do sistema de regulação ambiental. Existem dois conselhos nacionais ligados à área ambiental, o Conselho Nacional de Meio Ambiente (Conama) e o Conselho Nacional de Recursos Hídricos (CNRH). O primeiro foi criado pela Política Nacional de Meio Ambiente em 1981 (Lei nº 6.938), sendo um dos primeiros conselhos nacionais a incluir a participação da sociedade civil. Essa lei também criou o licenciamento ambiental, que foi regulamentado pelo Conama em 1986 (Conama 001/86), exigindo que obras com impacto ambiental fossem licenciadas pelo Estado. O CNRH somente veio a ser criado em 1998, após a passagem da Política Nacional de Recursos Hídricos (PRNH) em 1997.

Os comitês de bacia, criados por leis estaduais e federal, reúnem representantes do poder público; de "usuários" de água como empresas de saneamento, de energia, indústrias, empresas de mineração, fazendas, entre outros; e da sociedade civil. Durante o período petista, vários comitês de bacia interestaduais foram criados, mas o processo perdeu ritmo no governo Dilma. Em 2018 existem apenas oito comitês interestaduais, seis dos quais foram criados no período Lula, e dois sob o governo Fernando Henrique Cardoso. Comitês potencialmente influenciam as decisões sobre infraestrutura de duas maneiras. Primeiro, aprovam planos de gestão de recursos hídricos, indicando quais obras deveriam ser construídas. Segundo, a legislação criou um novo mecanismo de financiamento de infraestrutura hídrica: a cobrança pelo uso da água bruta. Na maioria dos estados, os comitês definem os preços e o destino dos recursos levantados.

A sociedade também participa do processo de licenciamento ambiental de obras de infraestrutura, realizado pelo Ibama e pelos órgãos ambientais subnacionais, dependendo da natureza do empreendimento. O Ibama emite três autorizações: a licença prévia, que define as ações que deveriam ser realizadas antes do início das obras; a licença de instalação, que autoriza o início das obras; e a licença de operação, que aprova o funcionamento. O parecer que autoriza a licença prévia é baseado em um estudo de impacto ambiental preparado pelo empreendedor. O Ibama então define um conjunto de ações para mitigar ou compensar tais impactos. Antes de realizar o parecer da licença prévia, podem ocorrer audiências públicas nas comunidades afetadas pelas obras.

Durante os governos Lula e Dilma, tornou-se mais comum a realização de audiências públicas de licenciamento ambiental. O licenciamento também se tornou mais transparente, com a publicação de documentos *on-line*, incluindo as atas das audiências. No entanto, esse mecanismo participativo ainda se mostra extremamente frágil. A participação se resume a eventos de aproximadamente três horas em que o empreendedor apresenta um Relatório de Impacto Ambiental e o público apresenta "questionamentos", que são respondidos pelo empreendedor (Abers, 2016). Demasiadamente pontual e sem debate, o processo se torna um "jogo de cena"[11] (Zhouri, 2008) com pouco impacto no processo decisório. Resta apenas um relato normalmente muito superficial das audiências no interior do volumoso parecer que antecede a licença prévia (Abers, 2016).

No que tange aos projetos políticos, percebe-se que o projeto liberal estava claramente presente na concepção dos comitês de bacia. A crise fiscal dos anos 1980 e 1990 afetou a viabilidade da intervenção estatal em infraestrutura. A saída era responsabilizar o mercado pela produção de infraestrutura. O projeto liberal assim encontrava espaço na área de infraestrutura, em parte por causa da falta de recursos financeiros. Organismos multilaterais cada vez mais centrais no financiamento de obras cobravam a "recuperação de custos" através de parcerias público-privadas (PPPs), pedágios, tarifas etc. A cobrança pelo uso da água pretendia, na sua essência, envolver as empresas no financiamento das obras. No entanto, como mecanismo de levantar recursos, a cobrança fracassou, já que as empresas recusavam a pagar preços suficientemente altos (Abers; Keck, 2013).

Durante os governos Lula e Dilma, cresceu cada vez mais o investimento estatal em obras, influenciado pelas ideias desenvolvimentistas. Tornava-se claro que, além de controlar um recurso pífio, os comitês não tinham força nem de vetar obras nem de obrigar que governos as implementassem. Ao mesmo tempo, o licenciamento ambiental cresceu como instituição regulatória, capaz de aumentar os custos de obras com medidas compensatórias, e se tornava alvo crescente de críticas de todos os lados. Empreendedores reclamam da sua morosidade e exigências; movimentos sociais reclamam que não têm real participação (Pereira, 2014).

No caso dos comitês de bacia, um momento de embate claro entre o projeto desenvolvimentista do período petista e o projeto democrático-participativo ocorreu em torno da transposição do rio São Francisco. A decisão fortemente contrária do comitê do rio São Francisco foi revertida

11 Ver também Rothman (2008).

pelo governo federal, maioria no Conselho Nacional de Recursos Hídricos (Medeiros, 2007; Abers; Keck, 2013, p.161-2). Assim, ficou claro que a lei de águas não dotava o comitê de força suficiente para tomar decisões sobre a infraestrutura hídrica. De maneira similar, as audiências públicas tiveram pouco efeito no caso da hidrelétrica de Belo Monte, apesar da enorme mobilização da sociedade contra aquela obra (Pereira, 2014).

No início do governo Lula, houve iniciativas de promover maior participação no processo decisório sobre infraestrutura. A pavimentação da parte paraense da rodovia BR-163 (Cuiabá-Santarém) seria a primeira tentativa de implementar uma abordagem que buscava compatibilizar o projeto desenvolvimentista com o participativo-democrático. A sociedade civil nacional e comunidades locais participaram intensamente na produção de um documento definindo ações que seriam necessárias para que a obra tivesse impactos positivos na região. As ideias apresentadas claramente influenciaram o desenho do Plano BR-163 Sustentável aprovado em 2005 (Oliveira, 2010; Abers; Oliveira; Pereira, 2017). Infelizmente, esse plano foi esquecido no tempo. A partir de 2009, a rodovia foi paulatinamente pavimentada, sem levá-lo em conta.

Uma lição da BR-163 é que na ausência de mecanismos institucionais bem estruturados para assegurar que a participação ocorra, não existe garantia que a sociedade civil terá influência sobre decisões de infraestrutura. A participação política depende da mobilização da sociedade. Na prática, no entanto, pesquisas mostram que a mobilização da sociedade em torno de obras é relativamente rara. Em apenas 30% das mais de trezentas obras energéticas estudadas por Hochstetler e Tranjan (2016) ocorreu qualquer tipo de oposição organizada.[12]

Outra lição é que o conflito não é apenas entre governo e sociedade, mas também ocorre no interior do governo. Defensores da participação tinham aliados importantes dentro do Estado. No caso de Belo Monte, técnicos do Ibama chegaram a escrever uma carta pública denunciando a pressão política que pedia a liberação da obra sem análise adequada (Pereira, 2014). Ao mesmo tempo, outros órgãos pressionavam contra qualquer iniciativa que pudesse atrasar a obra ou torná-la mais cara. Com

12 O fenômeno é internacional, como bem demonstrado por McAdam e colegas (2010).

a intensificação da agenda desenvolvimentista de Dilma, o compromisso com a participação da sociedade definhou e o foco nas obras se tornou cada vez mais intenso.

Conclusões

O presente texto buscou mostrar como o entrelaçamento entre diversos projetos políticos afetou, em geral negativamente, a construção de instituições participativas fortes nos governos Lula e Dilma. Ao longo do período em questão, houve uma transição gradual em relação a quais projetos concorriam com o democrático-participativo. No início do governo Lula, o principal adversário era o projeto liberal. Em um segundo momento, a nova situação fiscal possibilitaria maior intervenção estatal. Assim, o principal adversário do projeto participativo passa a ser o desenvolvimentista, sem que necessariamente a orientação neoliberal tenha sido em algum momento vencida. A partir do primeiro governo Dilma, com a necessidade de ampliar a coalizão política para garantir a governabilidade, uma terceira fase começa, em que o projeto conservador-autoritário ganha força, ameaçando especialmente os direitos reprodutivos, tema importante tanto na área de saúde quanto da mulher.

A análise setorial revelou o impacto diferenciado dessa dinâmica tanto em função da configuração de interesses que compõe cada campo de política pública, quanto em função do nível de institucionalização da participação social. A participação se encontra mais institucionalizada na saúde em relação às outras áreas. No entanto, o movimento pelo SUS sempre encontrou no setor privado um forte adversário (Menicucci, 2007). Não há evidências de que essa tensão tenha diminuído durante os governos Lula e Dilma. Assim, a participação na saúde é forte – no que tange à capacidade de mobilização da comunidade de política, influência nos programas e projetos – e fraca – em relação à capacidade de orientar a política pública nas suas questões mais estruturantes. Essas características também foram reforçadas pelo lugar central que as políticas redistributivas tiveram nos governos Lula e Dilma, pelo crescente papel das comissões intergestores na estruturação federativa da política (conforme demonstrado no capítulo de Telma Menicucci neste volume) e pela força do projeto liberalizante e privatizante da saúde.

O campo de política da mulher foi praticamente monopolizado por movimentos defensores do projeto participativo-democrático. Dominado por feministas, o CNDM se tornou uma arena de afirmação, de "sororidade" e de parceria com a SPM. Mas essa harmonia não resultou em um espaço participativo politicamente forte, já que sua tarefa foi principalmente influenciar as ações de outros componentes do Estado, dominados por outros projetos. Nesse sentido, tiveram um papel central de colocar na agenda política de diferentes áreas governamentais o problema dos direitos da mulher, além de impulsionar a tematização das questões de gênero na sociedade em geral. Ao longo do período examinado, a política da mulher é a que mais foi ameaçada pelo projeto conservador-autoritário, especialmente com o ataque crescente contra os direitos reprodutivos e contra a própria ideia de direitos de gênero. As conferências nacionais, nesse sentido, foram importantes espaços de contestação e manutenção das críticas aos governos Lula e Dilma, afirmando paradigmas que não encontram espaço no Conselho. Mas a fragilidade institucional da política de direitos da mulher não permitiu que essas ideias florescessem.

Nos anos 1990, as políticas de infraestrutura foram influenciadas pela onda neoliberal, principalmente pela retração do investimento estatal. O projeto liberalizante de reforma da gestão de água foi "contaminado" pelo projeto participativo, de tal forma que os comitês de bacia ganharam uma estrutura semelhante aos conselhos de saúde. Nos anos 2000, com o fracasso do modelo liberal de financiamento de obras e com o crescimento de investimentos estatais, a participação ocorreu cada vez mais nas margens do processo decisório das obras. Sem um movimento social forte e sem uma institucionalidade eficaz, os comitês tiveram pouca influência. Outros atores do movimento ambiental buscaram bloquear obras através do licenciamento ambiental, mas esse procedimento também incorporou a participação apenas de maneira precária.

Projetos políticos não são apenas conjuntos de ideias, mas também agrupamentos de atores e interesses, com um impacto direto na participação. Na saúde, o embate entre prestadores de serviços privados e defensores do sistema público ocorre no interior da política, desde a sua criação como política pública. Atores sociais e estatais construíram uma parceria em defesa do sistema público, porém com limites para pautar os termos da relação público-privado. Na área da mulher e de infraestrutura, temos algo diferente: os atores estatais com laços próximos aos movimentos sociais estão em instituições diferentes daquelas cujas decisões buscam influenciar. As políticas propostas em defesa dos direitos das mulheres seriam implementadas por órgãos da área de segurança pública, saúde etc. No caso da infraestrutura, os atores sociais encontram espaço para a participação apenas no campo ambiental, que tenta regular as ações de outras instituições. Em ambos os casos – de parceria ou de regulação – a relação é desigual: as instituições que são mais permeáveis à sociedade civil e à participação são mais fracas no interior do governo federal (Abers; Oliveira; Pereira, 2017).

Em todos os casos, o projeto democrático-participativo esteve em posição frágil em relação a atores governamentais e privados que falavam em nome do desenvolvimento e do mercado. Mesmo o apoio governamental teve que ser constantemente revisto diante do avanço conservador-autoritário no campo dos direitos de minorias e da apropriação seletiva pelos atores do mercado desse mesmo discurso, sob uma lógica supostamente liberal de redução do Estado que garante também a conservação das hierarquias sociais.

Por fim, as narrativas apresentadas neste capítulo demonstram uma evolução problemática no interior do projeto democrático-participativo. Nas suas origens, nos anos 1970 e 1980, esse projeto surgiu como crítica não somente ao regime autoritário, mas ao autoritarismo da esquerda tradicional. O resultado foi um casamento entre a radicalização da democracia participativa e a promoção da igualdade socioeconômica, vistas como inseparáveis. Na conquista do governo federal pelo PT, é consenso que as políticas sociais avançaram em face da pressão do projeto neoliberal. Mas a outra parte da díade, a participação, não caminhou *pari-passu* com a dimensão redistributiva. Sem desconsiderar os avanços no campo da participação social no Brasil nos catorze anos de governo petista, a adoção de medidas de inclusão a partir de uma tímida adesão à democracia participativa, além da manutenção dos princípios macroeconômicos e tributários, parece que cobrará nos próximos anos um alto preço tanto para a sociedade civil quanto para o partido político outrora no poder. O cenário que se vislumbra para o futuro é de um entrelaçamento de projetos políticos mais sombrio, pois a participação, sempre presente mesmo que de maneira coadjuvante, sai do horizonte das elites políticas e entra em cena a combinação entre os projetos conservador-autoritário e neoliberal.

Referências bibliográficas

ABERS, R. N. Conflitos, mobilizações e participação institucionalizada: a relação entre a sociedade civil e a construção de grandes obras de infraestrutura. *Textos para Discussão*, n.2231, Ipea, 2016.

______.; KECK, M. E. *Practical Authority: Agency and Institutional Change in Brazilian Water Politics*. Nova York, Oxford: Oxford University Press, 2013.

______.; OLIVEIRA, M. S.; PEREIRA, A. K. Inclusive Development and the Asymmetric State: Big Projects and Local Communities in the Brazilian Amazon. *The Journal of Development Studies*, v.53, n.6, p.857-72, 2017.

ALMEIDA, D. R. Where does participation go? Resistances and changes in repertoires of interaction inside and beyond the National Councils. In: *XXXVI Congresso Internacional da Associação de Estudos Latino-Americanos*, Barcelona, Espanha, 2018.

ARAUJO, M. G. M. *Feminismo e o Estado: relações possíveis a partir do Conselho Nacional dos Direitos da Mulher*. Brasília, 2014. Dissertação (Mestrado em Ciência Política), Universidade de Brasília.

ARRETCHE, M. Federalismo e relações intergovernamentais no Brasil: a reforma dos programas sociais. *Revista Dados*, v.45, n.3, p.431-58, 2002.

______. Mitos da descentralização: mais democracia e eficiência nas políticas públicas?. *Revista Brasileira de Ciências Sociais*, v.31, n.44-66, ano 11, jun. 1996.

AVRITZER, L. *Participatory Institutions in Democratic Brazil*. Washington, D.C.; Baltimore: Woodrow Wilson Center; Johns Hopkins University, 2009.

BEZERRA, C. de P. *Do poder popular ao modo petista de governar: mudanças no significado da participação para o Partido dos Trabalhadores*. São Paulo, 2014. Dissertação (Mestrado em Ciência Política), Universidade de São Paulo.

BITTAR, J. *O modo petista de governar*. São Paulo: Cadernos de Teoria e Debate, 1992.

BOLOGNESI, B.; CODATO, A. Is there a new right coming up in Brazil? Transformations of recruitment patterns in the national political representation. In: *VIII Congresso Associação Portuguesa de Ciência Política*, Universidade de Lisboa, 2016.

BOSCHI, R.; GAITÁN, F. Intervencionismo estatal e políticas de desenvolvimento na América Latina. *Caderno CRH*, v.21, n.53, p.305-22, 2008.

BRASIL. Decreto nº 8.388, de 7 de janeiro de 2015. DOU, p.5. 2015.

______. Lei nº 13.266, de 5 de abril de 2015. DOU, p.1. 2016.

BRESSER-PEREIRA, L. C. O Novo Desenvolvimentismo e a ortodoxia convencional. *São Paulo em Perspectiva*, v.20, n.3, p.5-24, 2006.

______; GRAU, N. C. *O público não estatal na reforma do Estado*. Rio de Janeiro: FGV, 1999.

CAVALCANTE, S. Classe média e conservadorismo liberal. In: VELASCO E CRUZ, S. et al. *Direita, volver! O retorno da direita e o ciclo político brasileiro*. São Paulo: Fundação Perseu Abramo, 2015. p.177-96.

COHN, A. O SUS e o direito à saúde: universalização e focalização nas políticas de saúde. In: LIMA, N. et al. (orgs.). *Saúde e democracia: história e perspectivas do SUS*. Rio de Janeiro: Fiocruz, 2005. p.394-5.

CÔRTES, S. (org.). *Participação e saúde no Brasil*. Rio de Janeiro: Fiocruz, 2009.

COSTA, A. M.; VIEIRA, N. Participação e controle social na saúde. In: FIOCRUZ. *A saúde no Brasil em 2030: prospecção estratégica do sistema de saúde brasileiro: organização e gestão do sistema de saúde* [on-line]. Rio de Janeiro: Fiocruz/Ipea/Ministério da Saúde/Secretaria de Assuntos Estratégicos da Presidência da República, 2013. v.3, p.237-71.

DAGNINO, E. Sociedade civil, participação e cidadania: de que estamos falando?. In: MATO, D. (coord.). *Políticas de ciudadanía y sociedad civil en tiempos de globalización*. Caracas: Faces, Universidad Central de Venezuela, 2004. p.95-110.

______. State-society relations and the dilemmas of the New Developmentalist State. *IDS Bulletin*, v.47, n.2, p.57-168, 2016.

______; OLVERA, A.; PANFICHI, A. *La disputa por la construcción democrática en América Latina*. México: Fondo de Cultura Económica, Ciesas, 2006.

EVANS, P. *Embedded Autonomy*. Princeton: Princeton University Press, 1995.

______. Development as Institutional Change: The Pitfalls of Monocropping and the Potentials of Deliberation. *Studies in Comparative International Development*, v.38, n.4, p.30-52, 2004.

FAGANELLO, M. A. Bancada da bala: uma onda na maré conservadora. In: VELASCO E CRUZ, S. et al. *Direita, volver! O retorno da direita e o ciclo político brasileiro*. São Paulo: Fundação Perseu Abramo, 2015. p.145-62.

GEDDES, B. *Politician's Dilemma: Building State Capacity in Latin America*. Berkeley: University of California Press, 1994.

GOHN, M. da G. *O protagonismo da sociedade civil: movimentos sociais, ONGs e redes solidárias*. São Paulo: Cortez, 2005. Coleção Questões da Nossa Época, v.123.

HAAS, P. M. Introduction: Epistemic Communities and International Policy Coordination. *International Organization*, v.46, n.1, p.1-35, 1992.

HALL, P. A. Policy Paradigms, Social Learning, and the State: The Case of Economic Policymaking in Britain. *Comparative Politics*, v.25, n.3, p.275-96, 1993.

HECLO, H. Issue Networks and the Executive Establishment. In: KING, A. (org.). *The New American Political System*. Washington, D.C.: American Enterprise Institute, 1978. p.87-124.

HERRLEIN JÚNIOR, R. Estado democrático e desenvolvimento no Brasil contemporâneo: um ensaio de economia política. *Texto para Discussão*, n. 1, Decon, Porto Alegre, FCE-UFRGS, 2011.

HOCHSTETLER, K.; TRANJAN, R. Environment and Consultation in the Brazilian Democratic Developmental State. *Comparative Politics*, v.48, n.4, p.497-516, 2016.

IVO, A. B. L. A reconversão do social: dilemas de redistribuição no tratamento focalizado. *São Paulo em Perpectiva*, v.18, n.2, p.57-67, 2004.

KAYSEL, A. Regressando ao Regresso: elementos para uma genealogia das direitas brasileiras. In: VELASCO E CRUZ, Sebastião et al. *Direita, volver! O retorno da direita e o ciclo político brasileiro*. São Paulo: Fundação Perseu Abramo, 2015. p.49-74.

LIMA, N. T. et al. (orgs.). *Saúde e democracia: história e perspectivas do SUS*. Rio de Janeiro: Fiocruz, 2005.

MACHADO, M. das D. C. Religião, cultura e política. *Religião e Sociedade*, v.32, n.2, p.29-56, 2012.

MENICUCCI, T. *Público e privado na política de assistência à saúde no Brasil: atores, processos e trajetórias*. Rio de Janeiro: Fiocruz, 2007.

______. A política de saúde no governo Lula. *Saúde e Sociedade*, v.20, n.2, p.522-32, 2011.

MILLER, H. T.; DEMIR. T. Policy Communities. In: FISCHER, F.; MILLER, G. J.; SIDNEY, M. S. (eds.). *Handbook of Public Policy Analysis: Theory, Politics and Methods*. Boca Raton, Londres, Nova York: CRC Press Taylor and Francis, 2007. p.137-48.

OLIVEIRA, M. S. *Autonomias relativas: Estado e sociedade civil no eixo de influência da rodovia BR-163*. Brasília, 2010. Dissertação (Mestrado em Ciências Sociais), Universidade de Brasília.

PEREIRA, A. K. *A construção de capacidade estatal por redes transversais: o caso de Belo Monte*. Brasília, 2014. Tese (Doutorado em Ciência Política), Universidade de Brasília.

PETINELLI, V. A quem servem as conferências de políticas públicas? Desenho institucional e atores beneficiados. *Opinião Pública*, v.23, n.3, p.612-46, 2017.

PINHEIRO, M. B. *Sobre a relação entre os movimentos feministas e o Estado no Brasil (2003-2014)*. Belo Horizonte, 2015. Tese (Doutorado em Ciência Política), Universidade Federal de Minas Gerais.

PIRES, R. R. C.; GOMIDE, A. de A. Burocracia, democracia e políticas públicas: arranjos institucionais de políticas de desenvolvimento. *Texto para Discussão*, n.1940, 2014.

______; VAZ, A. Participação social como método de governo? Um mapeamento das "interfaces socioestatais" nos programas federais. *Texto para Discussão*, n.1707, Ipea, 2012.

RAMOS, A.; FARIA, C. F. Las Conferencias de Políticas Públicas en Brasil: hacia un sistema integrado de participación y deliberación a nível nacional. *Revista Española de Ciencia Política*, n.32, p.43-63, 2013.

ROMÃO, W. de M.; GURZA LAVALLE, A.; ZAREMBERG, G. Political intermediation and public policy in Brazil: councils and conferences in the policy spheres of health and women's right. In: ZAREMBER, G., et al. *Intermediation and Representation in Latin America: Actors and Roles beyond Elections*. Nova York: Palgrave Macmillan, 2017. p.31-52.

ROTHMAN, F. D. (ed.). *Vidas alagada: conflitos socioambientais, licenciamento e barragens*. Viçosa: Editora UFV, 2008.

SABATIER, P. A. An Advocacy Coalition Framework of Policy Change and the Role of Policy-Oriented Learning Therein. *Policy Sciences*, v.21, n.2, p.129-68, 1988.

______; JENKINS-SMITH, H. C. (eds.). *Policy Change and Learning : An Advocacy Coalition Approach*. Boulder: Westview Press, 1993.

SALLUM JR., B.; GOULART, J. O. O Estado brasileiro contemporâneo: liberalização econômica, política e sociedade nos governos FHC e Lula. *Revista de Sociologia e Política*, v.24, n.60, p.115-35, 2016.

SÁTYRO, N. G. D.; CUNHA, E. S. M. The Path of Brazilian Social Assistance Policy Post-1988: The Significance of Institutions and Ideas. *Brazilian Political Science Review*, v.8, n.1, p.80-108, 2014.

SCHUMAHER, M. A. CNDM, uma visão histórica. Conselho Nacional dos Direitos da Mulher. *Secretaria Especial de Políticas para as Mulheres*. Brasília, 2007. Disponível em: <www.articulacaodemulheres.org.br/amb/adm/uploads/anexos/CNDM%20-%20Historia%20resumida%20ate%202007.doc>. Acesso em: 15 jul. 2017.

SIKKINK, K. *Ideas and Institutions: Developmentalism in Argentina and Brazil*. Ithaca: Cornell University Press, 1991.

SILVA, M. K. et al. A dinâmica das relações sociais no Conselho Nacional de Saúde. In: CÔRTES, S.(org.). *Participação e saúde no Brasil*. Rio de Janeiro: Fiocruz, 2009. p.73-110.

SOARES, A.; SANTOS, N. Financiamento do Sistema Único de Saúde nos governos FHC, Lula e Dilma. *Saúde em Debate*, v.38, n.100, p.18-25, 2014.

SOUZA, J. *A tolice da inteligência brasileira*. Rio de Janeiro: Casa da Palavra, 2015.

SPM (Secretaria de Políticas para Mulheres). Legados da 4ª Conferência Nacional de Políticas para Mulheres em Imagens. Disponível em: <issuu.com/4cnpm/docs/legados_spm_>. Acesso em: 26 jul. 2017.

TATAGIBA, L. O novo estatuto da participação no contexto do Estado pós-ajuste [paper]. In: XXIX Encontro Anual da Associação Nacional de Pós-Graduação e Pesquisa em Ciências Sociais. Caxambu, 2005. *Anais*... Caxambu: Anpocs, 2005.

______. Desafios da relação entre movimentos sociais e instituições políticas: o caso do movimento de moradia da cidade de São Paulo – primeiras reflexões. *Revista Colombia Internacional*, n.71, p.63-83, 2010.

______; TRINDADE, T.; TEIXEIRA, A. C. Protestos à direita no Brasil (2007-2015). In: VELASCO E CRUZ, S. et al. *Direita, volver! O retorno da direita e o ciclo político brasileiro*. São Paulo: Fundação Perseu Abramo, 2015. p.197-212.

TEIXEIRA, A. C. *Para além do voto: uma narrativa sobre a democracia participativa no Brasil (1975-2010)*. Campinas, SP, 2013. Tese (Doutorado em Ciências Sociais), Universidade Estadual de Campinas.

TEIXEIRA, C. F.; PAIM, J. A política de saúde no governo Lula e a dialética do menos pior. *Saúde em Debate*, Rio de Janeiro, v.29, n.71, p.268-83, set.-dez. 2005.

WEFFORT, F. *Por que democracia?* São Paulo: Brasiliense, 1984.

YEE, A. S. The Causal Effects of Ideas on Policies. *International Organization*, v.50, n.1, p.69-108, 1996.

ZHOURI, A. Justiça ambiental, diversidade cultural e *accountability*: desafios para a governança ambiental. *Revista Brasileira de Ciências Sociais*, v.23, n.68, p.97-107, 2008.

15
As políticas de desenvolvimento e seus limites: uma síntese institucional

Edney Cielici Dias

O tema desenvolvimento é cercado de controvérsia sobre como alcançá-lo. O debate teórico trata de posições mais ou menos ativas do Estado na promoção de políticas públicas de crescimento econômico e avanço social. Este capítulo tem como objetivo analisar a recente experiência brasileira numa perspectiva institucional.[1]

O arranjo macroeconômico após o Plano Real consolidou a estabilização de preços fundamentada na taxa de câmbio apreciada e nos juros altos, fato este que estabelece limitações de alcance às políticas de fomento à produção. O impulso desenvolvimentista do período 2003-2014 esteve contido nessa moldura, caracterizando-se por uma ação distributiva/social dentro dessa macrorrestrição. As políticas de distribuição de renda, como o Bolsa Família e a valorização do salário-mínimo, foram centrais na estratégia de crescimento econômico e avanço social.

Consideram-se aqui dois elementos de natureza institucional: (i) a mencionada configuração macroeconômica e (ii) as condições de

1 Registro meus agradecimentos ao economista José Antônio Pereira de Souza, do BNDES, pelas sugestões e referências, bem como aos organizadores deste volume.

intervenção adequada do Estado na promoção da produção nacional. Ao analisar estas últimas, foram considerados dois tipos de incentivo: (a) de *caráter condicionado*, isto é, sujeito à avaliação de projeto e/ou contrapartida clara do setor privado, como no caso das operações diretas do Banco Nacional de Desenvolvimento Econômico e Social (BNDES); ou (b) de caráter *não condicionado*, sem submissão de projetos, como as operações indiretas do BNDES e as isenções fiscais, concedidas por critérios gerais de política.

O BNDES é o principal agente de investimento do governo federal, responsável pela implementação da política industrial e, portanto, da estratégia de desenvolvimento produtivo. Empiricamente, foram considerados indicadores econômicos do período, operações de crédito do banco e entrevistas com personagens-chave da burocracia estatal e do setor privado, de forma a caracterizar as estratégias perseguidas.

Este capítulo está organizado em mais cinco partes além desta apresentação. A próxima seção trata do debate teórico institucional. A trajetória de crescimento brasileiro no pós-Segunda Guerra Mundial até o fim do século XX é discutida na terceira parte. A quarta seção trata da política de desenvolvimento nas administrações petistas. A seção seguinte considera os desafios e prioridades do BNDES no período. A seção final sumariza a análise.

Visões do desenvolvimento

Esta seção trata do debate institucional sobre o desenvolvimento. Propõe-se a contraposição de duas perspectivas: a *institucional-liberal* e a *institucional-desenvolvimentista*. Esses dois rótulos designam, ao mesmo tempo, grupos teóricos influentes e *paradigmas* de políticas públicas (Hall, 1993).

O conceito de desenvolvimento expressa o avanço quantitativo e qualitativo da capacidade produtiva e de inserção qualificada nos mercados mundiais. Mais precisamente, *é um processo histórico de acumulação de capital com incorporação de conhecimento técnico e aumento da qualidade de vida da população* (Furtado, 1961). As perspectivas teóricas consideradas pressupõem que determinados arranjos das instituições favorecem o desenvolvimento.

A ação do Estado como promotor mais direto do desenvolvimento ganhou relevo após a crise mundial de 1929 e, em especial ao fim da Segunda Guerra Mundial. Os anos 1970 marcaram a inflexão da bonança financeira do pós-guerra. As perspectivas de crescimento dos países em desenvolvimento se estreitaram após as crises do petróleo e da dívida externa (Hirschman, 1981; Zysman, 1983; Fishlow, 2004).

O receituário predominante a partir do Consenso de Washington, consolidado nos anos 1980, é baseado na revisão da teoria econômica neoclássica pela chamada corrente *New Institutional Economics* (NIE), para a qual instituições padrão, de inspiração anglo-americana, seriam responsáveis pelo desenvolvimento econômico ao garantir a propriedade e o bom funcionamento dos mercados, em uma ação estatal mínima. A corrente tem como referências destacadas as obras de Willianson (1975) e North (1981, 1990, 1993, 1999).[2] Essa abordagem e suas variantes são aqui caracterizadas de grupo *institucional-liberal*. A NIE recebeu crítica em seus fundamentos simplificadores e de caráter marcadamente doutrinário (Granovetter, 1985; Przeworski, 2005; Harriss, 2003; Chang; Evans, 2005).

Um segundo grupo de teorias complementares é aqui designado de *institucional-desenvolvimentista*. Essas abordagens enxergam o Estado como agente histórico do desenvolvimento, em uma perspectiva mais ativa. O grupo tem um posicionamento intelectual compatível com as teorias desenvolvimentistas predominantes do pós-guerra e raízes em abordagens histórico-institucionais clássicas, como as de Polanyi (2006), Gerschenkron (1962) e Shonfield (1969). A visão institucional-desenvolvimentista ressalta o papel virtuoso de arranjos institucionais que favoreçam o enraizamento do conhecimento e que aprofundem as vantagens comparativas nacionais (Sabel e Reddy, 2006; Sabel, 2007; Chang e Evans, 2005).

Segundo Hirschman (1958), o impulso do desenvolvimento requer mudanças relativamente modestas no campo institucional, mas sua manutenção no tempo é dependente de instituições sólidas. Assim, é necessário distinguir o *estímulo* ao crescimento de sua *manutenção* no tempo (Rodrik, 2008). A corrente teórica do novo desenvolvimentismo (Bresser-Pereira, 2014; Bresser-Pereira; Oreiro; Marconi, 2016) ressalta o papel de uma

2 A propósito das correntes neoclássicas e das relações com a NIE, ver Gonçalves (2013).

política macroeconômica ativa, ajustando o câmbio em direção à competitividade industrial.

Outro ramo do campo institucional-desenvolvimentista enfatiza a importância do Estado capacitado, munido de recursos materiais e humanos para implantação de políticas estruturantes, com a política industrial (Evans, 1993). O esforço desenvolvimentista é factível em países que disponham de uma estrutura burocrática isolada, como se verificou em experiências bem-sucedidas na Ásia (Johnson, 1982; Woo-Cumings, 1999). Para Schneider (1999; 2014), a limitação dos Estados desenvolvimentistas latino-americanos está fortemente relacionada aos limites da burocracia, com nomeações por indicação política, sem a mesma autonomia e capacitação dos casos asiáticos.

Os projetos de desenvolvimento implicam necessariamente objetivos e comprometimentos de longo prazo. As democracias possuem eleições periódicas e alternância de programas, o que resulta em descontinuidades de políticas. Seriam, então, objetivos de longo prazo incompatíveis com a alternância eleitoral? Conforme Hacker e Pierson (2012 e 2016), coalizões estáveis em prol de políticas públicas possibilitam a continuidade de projetos para além dos ciclos eleitorais, o que permite problematizar a questão da perspectiva de governos democraticamente eleitos. As coalizões de políticas públicas e os arranjos institucionais delas decorrentes seriam, assim, capazes de dar continuidade ao projeto desenvolvimentista.

Em resumo, a abordagem institucional-desenvolvimentista, a despeito de se caracterizar como corpos teóricos dispersos, oferece ferramentas complementares mais adequadas na análise das políticas, seja por sua abordagem institucional mais rigorosa, seja por se basear na observação de experiências históricas concretas. Essas abordagens implicam um papel mais ativo do Estado em comparação com o paradigma institucional-liberal.

As políticas de inspiração no paradigma liberal tiveram influência no período Collor-FHC (1989-2002)[3]. O período Lula-Dilma, de maior *ativismo* estatal, representa uma ruptura do paradigma vigente no período Collor-FHC, visando estímulos específicos, mas não necessariamente

3 Com interregno na gestão Itamar Franco (1992-1995), que teve traços nacionalistas.

seguindo os ensinamentos da teoria. Foram, ao fim e ao cabo, políticas estabelecidas dentro da moldura institucional, com limites que devem ser bem compreendidos.

Industrialização e a coalizão durável juros-câmbio

O Brasil se encontra em ritmo lento de crescimento econômico desde os anos 1980. Antes disso, no entanto, apresentou ímpeto notável. No período democrático 1947-1963, a renda per capita brasileira cresceu à média de 4,3% ao ano, o que significava uma expectativa de dobrar a renda em 17 anos. Esse crescimento foi de 3,6% ao ano no período militar (1964-1984), com a expectativa de dobrar a renda em 20 anos.

O Estado desenvolvimentista fundado por Vargas perdeu força após as crises econômicas das décadas de 1970 e 1980 (Evans, 1993; Baer, 2009; Fishlow, 2011). As reformas econômicas dos anos 1990 visaram organizar a economia e constituir um Estado financeiramente solvente, o que envolvia o roteiro estabilização, ajustamento estrutural e privatização (Przeworski, 1994).

A perspectiva de dobrar a renda *per capita* tornou-se distante com os primeiros governos civis: com Sarney, saltou para 30 anos (crescimento de 2,4% ao ano); com Collor-Itamar Franco, jamais dobraria, pois a evolução da renda *per capita* foi negativa (-0,3% a.a.); no primeiro mandato de FHC, demandaria 69 anos (1,0% a.a.); no segundo período do tucano, 83 anos (0,8% a.a.).

A transformação estrutural da produção do país até os anos 1980 foi a de queda da participação da agricultura em relação à indústria, com efeitos no aumento da produtividade e no crescimento urbano. No período de predominância do paradigma liberal, isto é, nos governos Collor e FHC, houve forte diminuição da indústria no PIB – verificou-se discreta recuperação em no segundo mandato de FHC e no primeiro de Lula, mas a tendência de queda foi retomada em no segundo mandato de Lula e se aprofundou no primeiro mandato de Dilma.

A diminuição da indústria está relacionada à queda da produtividade: um trabalhador industrial produz bens de alto valor agregado: máquinas, bens de consumo durável. Se, ao perder emprego, ele se torna mecânico ou cabeleireiro, seu produto por hora se reduz drasticamente. Apenas os serviços qualificados – por exemplo, consultoria administrativa e tecnologia da informação – agregam alto valor, mas respondem por uma parte pequena do emprego.

Com o Plano Real, consolidou-se um quadro macroeconômico vigente até os dias atuais. A referência do período FHC foi o institucional-liberalismo, mas matizado, premido por injunções de curto prazo (Pinheiro; Bonelli; Schneider, 2004; Costa; Melo; Araújo, 2016). Considerando a versão mais marcadamente liberal da tecnocracia tucana, Prates, Cintra e Freitas (2000) apontam a visão dentro do governo FHC de que a estabilização de preços por si só garantiria a retomada do crescimento. A correção das distorções econômicas possibilitaria, nessa visão, o desenvolvimento sem os alegados vícios de inflação e de proteção ao mercado interno. O crescimento econômico se daria pela participação do capital estrangeiro, tanto em novos investimentos como na compra de negócios existentes, com maior intensidade tecnológica e integração mundial – assim, os planos de desenvolvimento não seriam mais necessários. No mesmo governo, no entanto, havia expoentes de opinião diversa. Em contraste com a corrente liberal radical, a corrente moderada no grupo tucano entendia que esse processo de estabilização/abertura financeira não seria indolor e por isso seria preciso utilizar políticas industriais seletivas. A posição menos radical prevaleceu, seguindo-se, dessa maneira, uma agenda liberal mais moderada.

Após o Plano Real, a economia passou a operar (i) com baixa inflação, (ii) com um sistema financeiro reestruturado e (iii) com abertura ao capital estrangeiro. Este último fator é um elemento contextual importante. O mercado financeiro brasileiro tornou-se totalmente aberto à entrada dos investidores estrangeiros (Freitas; Prates, 2001) e a riqueza de brasileiros tornou-se livre de fronteiras, implicando volatilidades e fragilidades. Configurou-se no Brasil pós-Real um sistema cuja poupança financeira é canalizada primordialmente para o financiamento da dívida pública. A fonte de crédito de longo prazo para as empresas então se concentrou no BNDES, por meio da Taxa de Juros de Longo Prazo (TJLP), mais baixa que as altas taxas de mercado, inviáveis para propósitos de investimento.

Delfim Netto (2017) explica as condições do *trilema* macroeconômico atual, em que não se pode ter simultaneamente: (i) *política monetária independente*, necessária para o controle macroeconômico; (ii) *taxa de câmbio fixa*, conveniente para o comércio internacional; (iii) *livre movimento de capitais*, fonte de especulação e instabilidades. Uma dessas três condições deve ser sacrificada para o bom funcionamento da economia. A história recente do Brasil mostra (i) a política monetária austera – isto é, juros altos; (ii) o livre movimento de capitais; e (iii) o câmbio como variável não controlada, sujeita a movimentos de apreciação da moeda nacional pela entrada e saída de capitais. Os juros altos, nessa configuração, têm sido a regra, o que evoca a proposição de estabilização incompleta, ou seja, preços controlados, mas a um custo alto do dinheiro (Coutinho; Borges, 2007).

As elevadas taxas de juros remuneram o setor financeiro e as pessoas físicas e jurídicas não financeiras que possuam aplicações. A TJLP possibilitava que as empresas, especialmente as grandes, por possuírem acesso ao BNDES, operassem com juros mais baixos. O câmbio valorizado aumenta o poder aquisitivo de todas as classes sociais, por manter a inflação sob controle e propiciar acesso a bens importados. Trata-se de uma estrutura de incentivos poderosa, a aglutinar governo, mercado financeiro, classe média poupadora e população em geral em favor dos juros altos e do câmbio apreciado.

Essa configuração macroeconômica compromete, no entanto, o desempenho exportador e industrial, o que limita as políticas de fomento ao investimento e à produção. Consolidou-se, portanto, um mecanismo desfavorável a medidas desenvolvimentistas, que envolvem justamente taxas de juros baixas e câmbio competitivo. De fato, essa situação se caracteriza como uma *coalizão durável de política pública*, dada sua persistência no tempo. As coalizões por políticas contrárias a esse *status quo* encontram resistências fortes na sociedade.

A quebra de paradigma nas gestões petistas

Esta seção trata da estratégia geral de estímulo à produção no período petista. O partido subiu ao poder com a proposição de retomada do crescimento econômico, em uma lógica socialdemocrata tal como formulado por Przeworski (1991; Dias, 2012; 2015).

O partido havia se consolidado como força eleitoral desde os anos 1980, mas sempre como segundo colocado nos pleitos presidenciais. Para superar essa condição, fazia-se necessário um programa que não fosse hostil ao capital (Singer, 2010; Samuels, 2004). Ao fazer alianças, resolveu-se o dilema eleitoral, no qual o partido de base operária ascende ao poder com acordos com partidos conservadores. Uma vez no poder, cumpre gerar empregos, renda e receita tributária, elementos essenciais para uma base eleitoral formada em sua origem por trabalhadores e acrescida, ao longo de seus mandatos, de amplos segmentos favorecidos por programas sociais (Singer, 2009). Passa a ser necessária então a aliança com o capital e, seguindo o modelo, o governo se coloca então como garantidor do capitalismo em seu processo de acumulação (Przeworski, 1991). Dessa lógica, nasce a experiência de ativismo estatal no período.

O termo ativismo expressa uma posição mais temporal do que propriamente institucional, ou seja, um uso específico do instrumental institucional por um dado governo e não uma estratégia de Estado, em uma concertação de políticas para além dos ciclos eleitorais. As contradições do modelo seguido se encontram em um contexto institucional ambíguo, de protagonismo do Executivo, mas sem formalização de coalizões dos atores para objetivos de prazo mais longo, as coalizões de política pública de desenvolvimento, conforme Hacker e Pierson (2012; 2016).

Diversos trabalhos analisaram o modelo seguido pelas gestões petistas, com ênfase em políticas sociais, combate à desigualdade de renda e retomada do ativismo estatal (Boschi, 2010, 2011; Coutinho; Schapiro, 2013; Trubek; Coutinho; Schapiro, 2013). O modelo de desenvolvimento por elas adotado, de forma implícita ou explícita, baseava-se em três características (Bielschowsky, 2013):

(i) A ampliação do mercado interno de consumo de massa por meio da distribuição da renda, consolidando uma estrutura produtiva capaz de realizar localmente boa parte da produção;
(ii) O impulso ao crescimento baseado na demanda nacional e mundial por seus abundantes recursos naturais – fator ampliado pela exploração petrolífera do pré-sal;

(iii) Confiança nas perspectivas favoráveis quanto à demanda estatal e privada por investimentos em infraestrutura e habitação.

As gestões de Lula representaram um período de crescimento para a economia brasileira como não se verificava desde o regime militar. Cabe aqui detalhar de forma periodizada os principais desafios econômicos e os eixos das políticas de promoção do desenvolvimento de cada período presidencial, assim considerados: o primeiro mandato de Lula (Lula 1), o início do segundo mandato de Lula antes da crise financeira mundial (Lula 2 ac), o segundo mandato de Lula após crise (Lula 2 crise) e o primeiro mandato de Dilma Rousseff (Dilma 1).

Lula 1 (2003-2006) – Contenção e busca de alternativas

A ideia de uma posição ativa do Estado na promoção do crescimento econômico como resposta aos anseios frustrados de prosperidade dos anos precedentes é clara nos dois programas de governo de Lula. No primeiro mandato, a administração teve que agir de forma contida com relação aos gastos públicos, produzindo superávits em resposta à dívida pública ascendente no governo FHC, de 76% do PIB em 2002, segundo o FMI, e as pressões inflacionárias (IPCA 9,3% ao ano. em 2003). O PIB se expandiu a uma média de 3,49% ao ano e o PIB per capita, a 2,21%, o que significou a perspectiva de dobrar a renda em 32 anos. O câmbio depreciado ampliava a margem de ajuste para o governo (Bresser-Pereira, 2014), facilitando a competividade dos produtos brasileiros. Ocorreu a queda gradual do desemprego paralelamente às políticas de renda. Em termos de distribuição, a massa salarial cresceu de 36,6% do PIB em 2003 para 38,2% em 2006 (Prates; Fritz; De Paula, 2017).

Os resultados positivos a despeito das restrições refletem um posicionamento ativo de fomento nas frentes que eram possíveis. Medidas de melhoria do ambiente de negócios representaram sinalizações positivas ao setor privado (Palocci, 2010). A regulamentação do setor imobiliário, com a lei nº 10.931, de 2004, deu impulso ao segmento, com o aumento das operações de crédito e da produção da indústria da construção civil. Essa quebra de paradigma em relação ao governo antecessor se reflete na elaboração de política industrial, o que não havia ocorrido no período tucano (Cano; da Silva, 2010). A Política Industrial, Tecnológica e de Comércio Exterior (PITCE) foi lançada em 2004 e, na avaliação de Kupfer (2013), o seu principal legado foi o fortalecimento da base institucional da política industrial e tecnológica, agregando os atores nela interessados.

Lula 2 ac (2007-2008) – política agressiva de investimentos

No segundo mandato, o governo parte para uma estratégia agressiva de investimentos, algo inédito no período democrático, com o Programa de Aceleração do Crescimento (PAC), aglutinador de projetos estratégicos em infraestrutura, visando amplamente os transportes, a energia, o saneamento e a urbanização de favelas.

As condições macroeconômicas para o programa eram favoráveis, com a inflação contida e a dívida descendente – IPCA de 3,1% a.a. e dívida de 65% do PIB, segundo o FMI, em 2006. O ambiente no país era de confiança, com equilíbrio econômico, boas perspectivas externas, produção recorde no ramo imobiliário. O Brasil recebeu seu grau de investimento em 2008.

Nesse contexto, foi lançada no início de 2008 a segunda versão da política industrial, a *Política de Desenvolvimento Produtivo* (PDP), que visava alavancar o investimento no contexto favorável em que o país se encontrava. Definiram-se ações abrangendo 25 setores candidatos a se consolidarem como líderes mundiais. A iniciativa e a formatação da política receberam avaliação positiva do setor empresarial como um avanço em relação à PICTE, com críticas específicas (Iedi, 2008). A crise mundial, meses depois do lançamento da PDP, minou grande parte dos propósitos da iniciativa, que então ganhou contornos de política anticíclica (Kupfer, 2013).

Lula 2 crise (2008-2010) – política anticíclica

A resposta do governo à crise financeira mundial em 2008 foi rápida, principalmente por meio da ação dos bancos públicos. Diversas medidas anticíclicas foram tomadas, entre elas a criação do Programa Minha Casa, Minha Vida, de atendimento à habitação de interesse social. O BNDES passou a ser capitalizado pelo Tesouro, uma vez que o FAT, seu fundo tradicional, não era suficiente para os investimentos – esses aportes somaram R$ 418 bilhões de 2009 a 2014.

Após uma leve recessão em 2009, a economia brasileira cresceu 7,5% em 2010. As medidas anticíclicas foram bem recebidas pelos agentes econômicos e colocaram o Brasil em destaque mundial. O segundo mandato de Lula se encerrou com um crescimento médio anual de 4,6% do PIB e de 3,4% de PIB per capita – percentual próximo à média do período militar –, com o IPCA em 5,9% e dívida interna em 62% do PIB em 2010.

Dilma 1 (2011-2014) – emprego, confronto e sinalizações confusas

Junto com o governo Lula, encerrou-se um ciclo de investimentos na economia brasileira. Um pouco mais adiante, em 2012, o cenário favorável de preços das *commodities* se desfez, introduzindo maiores dificuldades à gestão de Dilma Rousseff, uma presidente de estilo diverso de seu antecessor – centralizadora e impositiva. Ela imprimiu um padrão de política econômica de confronto, criando insatisfação no mercado financeiro e entre o empresariado (Dweck; Teixeira, 2017; Prates; Fritz; De Paula, 2017).[4] Entre as medidas polêmicas, somam-se o corte unilateral dos juros, as regulações de controle de entrada de capitais, represamento de preços das estatais e as desonerações, estas últimas entendidas como políticas de redução do custo Brasil para fomento da produção.

O desempenho econômico do período foi contrastante com os do antecessor, sendo registrada evolução média anual de 2,1% do PIB e de 1,2% do PIB per capita, o que elevou expectativa de dobrar a renda para 61 anos. A despeito do menor crescimento, a massa salarial evoluiu de 41,8% do PIB em 2010 para 45,1% do PIB em 2013, tendo a taxa de desemprego alcançado o menor percentual do período petista em 2014, com 5% (Prates; Fritz, De Paula, 2017).

Em 2011, foi lançada uma nova versão de política industrial, o Plano Brasil Maior, originalmente voltado à criação de competências e ao adensamento produtivo e tecnológico das cadeias de valor. Essa versão de política

4 O estilo de governar da presidente Dilma Rousseff foi criticado amplamente – sobre o tema, ver Safatle, Borges e Oliveira (2016).

foi recebida com uma avaliação técnica desfavorável em diversos aspectos pelo setor empresarial (Iedi, 2011). Paralelamente, o governo Dilma manteve créditos altamente subsidiados no Programa de Sustentação do Investimento (PSI), operacionalizado pelo BNDES, e uma forte política de desoneração, o que agravou o quadro fiscal. Medidas de fomento com o objetivo de reduzir o custo Brasil e fomentar a produção se revelaram custosas e pouco efetivas, como o caso das desonerações (Gobetti, 2015; Prates; Fritz; De Paula, 2017). Segundo levantamento de auditores da Receita Federal, foram editadas, de 2011 a 2015, ao menos 40 medidas provisórias para desoneração de diversos setores, cujo volume total ultrapassou os R$ 284 bilhões, sem que se tenha exigido contrapartidas para a concessão dos benefícios fiscais (*Blog do Fernando Rodrigues*, 2015). Lula criticou essas desonerações (*Folha de S.Paulo*, 2016), seguido da autocrítica da própria presidente Dilma, que se arrependeu delas (*Veja*, 2017).

Mandatos petistas comparados

Os juros altos e o câmbio elevado, com flutuação sempre em patamares elevados durante todo o período, tiveram impacto na produção industrial brasileira (Bresser-Pereira, 2014; Prates; Fritz, De Paula, 2017). O crescimento econômico impulsionado pelas *commodities* nos anos 2000 se refletiu nos baixos indicadores de complexidade econômica – com relação a esse item, o país teve destacada queda na indústria de transformação, de 17,9%, em 2004, para 10,9%, em 2014 (Depecon-Fiesp, 2015, p.12). Em 2014, a pauta de exportação brasileira teve como principais itens minério de ferro, soja, petróleo bruto, açúcar e carne de aves. Dessa forma, o Brasil ficou na 32ª posição no ranking de complexidade econômica e no 23º lugar entre os países exportadores, com baixo saldo comercial, de acordo com o *Observatory of Economic Complexity*.

A síntese dos mandatos dos presidentes petistas encontra-se no Quadro 1. Verifica-se que as gestões petistas mantiveram sempre uma atitude favorável a políticas de fomento à produção, com intensidade moderada em Lula 1 pelas limitações macroeconômicas e fiscais. Em Lula 2, parte-se para um perfil agressivo de fomento com o PAC, tornando-se muito agressivo com as políticas anticíclicas. Em ambos os casos, o mercado recebeu positivamente as sinalizações do governo, seja pela oportunidade, seja pelo próprio estilo voltado à negociação e de incentivo às instâncias regulares de representação de interesses, ainda que informais.

Quadro 1: Síntese da periodização dos presidentes petistas

Períodos	Atitude pró-políticas de crescimento	Intensidade do fomento	Sinalização ao setor	Fatores externos
Lula 1	Ativa	Moderado	Positiva	Favorável
Lula 2 ac	Ativa	Agressivo	Positiva	Favorável
Lula 2 crise	Ativa	Muito agressivo	Positiva	Desfavorável
Dilma 1	Ativa	Muito agressivo	Negativa	Desfavorável

Dilma 1 manteve a alta intensidade de fomento, mas em um contexto diverso de sinalizações de política, com atitudes unilaterais e de confronto. Suas medidas de fomento se revelaram custosas e pouco efetivas, marcadamente as desonerações e o PSI. A situação externa desfavorável a partir de 2012, com a queda dos preços das *commodities*, completou o agravamento do quadro, o que desembocaria em uma situação aberta de crise econômica e política.

O ativismo e seus limites[5]

Esta seção qualifica a estratégia de desenvolvimento tendo como foco os principais vetores de atuação do BNDES. Os tópicos a seguir caracterizam a estratégia de desenvolvimento no período.

Prioridade: aumentar o patamar do investimento

O volume de desembolsos do BNDES teve recuperação crescente após o Plano Real, o que se manteve no primeiro mandato de Lula. A administração petista retomou gradativamente o papel do Estado na promoção do investimento, acelerando esse processo a partir de 2007 com o PAC

5 Esta seção se baseia em minha tese de doutorado sobre a trajetória dos bancos nacionais de desenvolvimento (Dias, 2017, cap.6).

e a PDP. Esta última preconizava uma atuação forte do BNDES, com a duplicação de seu volume de empréstimos em três anos (Fishlow, 2011).

A crise financeira de 2008 trouxe a expansão via BNDES como um dos carros-chefes da política anticíclica e, a partir daí, ocorreu grande crescimento dos indicadores de ativos e carteira de crédito, conforme o Gráfico 1.

O papel crescente da instituição esteve relacionado aos desafios e oportunidades das estratégias de fomento. A gestão petista começou com o economista Carlos Lessa à frente do BNDES (2003-2004), mas o alinhamento da instituição com os objetivos da nova administração ocorreu quando Guido Mantega (2004-2006) assumiu o banco e levou com ele o também economista Demian Fiocca, que o sucedeu (2006-2007). Identificava-se à época um forte ciclo de desenvolvimento e o BNDES adotou então um perfil mais ativo. No período Mantega-Fiocca, focalizou a viabilização de grandes projetos e a revisão das condições de crédito.

Gráfico 1: Ativos,* carteira de crédito** e desembolsos do BNDES em % do PIB (2003-2014)

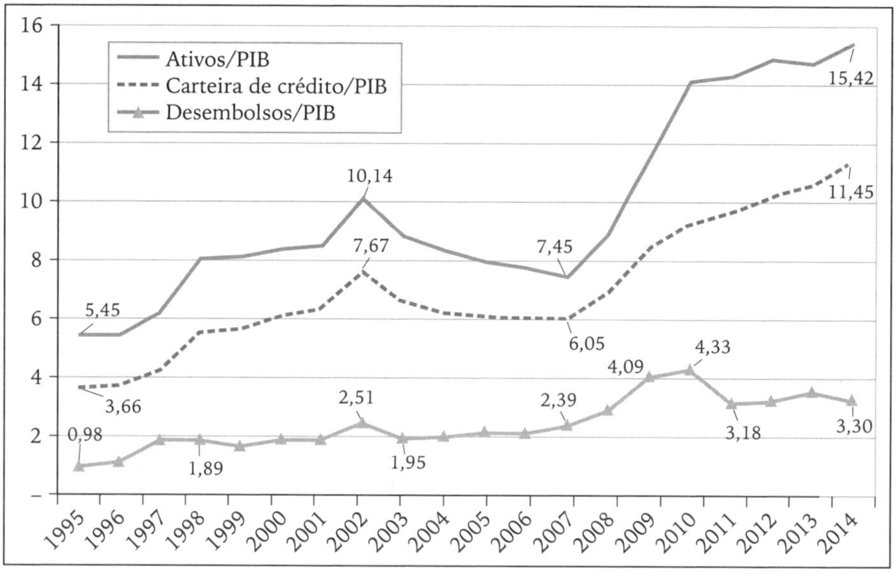

Fonte: BNDES e FMI.

* Os dados se referem ao Total de Ativos do banco obtidos nos Balanços Patrimoniais do BNDES.

** Os dados se referem ao somatório das operações de crédito e relações interfinanceiras dos ativos circulante e não circulante do banco, excluídas as respectivas provisões para risco de crédito obtidos que constam nas Demonstrações Contábeis do banco.

Em abril de 2007, o presidente passou a ser Luciano Coutinho, que esteve à frente do banco por nove anos (2007-2016), sendo o presidente mais duradouro da instituição. Seu discurso de posse, intitulado *O futuro tem pressa* (Coutinho, 2007), documenta a estratégia de continuidade, com mudanças controladas, do processo de estabilização e consolidação fiscal da economia brasileira.

O economista João Carlos Ferraz seguiu com Coutinho para o BNDES, assumindo a vice-presidência e resume a gestão assim: "A gente tinha um projeto. Ele era simples: a taxa de crescimento do investimento tem que ser maior que a taxa de crescimento do PIB, com o objetivo de criar capacidade à frente da demanda e evitar o gargalo inflacionário" (entrevista com Ferraz).[6]

> O investimento estava em torno de 16,5% do PIB e a ambição era subir isso para 24%, 25%. Nós conseguimos subir para 21%. Entre 2007-2014, nós conseguimos subir o volume anual de investimento do país. Não foi uma consequência exclusiva da ação do BNDES, mas, sem o banco, dificilmente isso teria ocorrido. (Entrevista com Luciano Coutinho)

A indústria possível

Um aspecto central na discussão do modelo desenvolvimentista do período são as possibilidades de investimento na indústria, dado o câmbio sobrevalorizado e os juros altos. A proposta de colocar o investimento adiante e incentivar a inovação encontrou dificuldades macroeconômicas estruturais. "A apreciação da taxa de câmbio dificultava muito o desenvolvimento da indústria" (entrevista com Coutinho).

Nesse contexto, ganharam relevo os setores em que o país apresentava vantagens comparativas e que eram capazes de compensar os efeitos do câmbio apreciado. Assim foram os casos de papel e celulose, da produção animal e da mineração. A limitação de alternativas e instrumentos

---

6 Coutinho e Ferraz coordenaram nos anos 1990 um projeto de pesquisa de grande envergadura sobre competitividade industrial no Brasil (Coutinho; Ferraz, 1994). Segundo Almeida, Lima-de-Oliveira e Schneider (2014, p.328-29), esse conjunto de recomendações tornou-se política pública em 2008, com o Programa de Desenvolvimento Produtivo (PDP).

relaciona-se com a polêmica que se formou em torno da expressão *escolha de campeões nacionais*. A questão não foi tão simples, conforme mostram os depoimentos abaixo:

> Não há uma escolha do tipo "essa empresa será representante do Brasil no mundo". Não é assim que acontece. Existem políticas gerais – a empresa vai ao banco, pleiteia, a área do banco analisa. Não é criação de campeões que se tem. Tivemos, sim, setores que são de maior competitividade, portanto, aqueles que têm maior capacidade de internacionalizar. (Entrevista com Demian Fiocca)

> No fim de 2008 para 2009, na crise, um número importante de empresas líderes tinha graves prejuízos por operações no mercado futuro de câmbio. Várias empresas importantes quebraram e isso nos obrigou a uma intensa tarefa de recomposição dessas empresas por meio de fusões. Eu sou acusado de ter sido fabricante de campeões quando, na verdade, a crise nos colocou um grande desafio: deixar quebrar grandes empresas ou trabalhar por soluções. Esse processo ocorreu principalmente no setor de *commodities*, porque eram exportadores e apresentaram maior número de empresas com graves dificuldades. (Entrevista com Coutinho)

O Gráfico 2 desagrega os desembolsos para quatro subsetores com maior volume real de desembolsos no período 2003-2014 e trata os outros 21 subsetores como agregado, de forma a isolar as prioridades nos períodos. No primeiro caso, chama a atenção o alto volume de desembolsos ao subsetor Coque, petróleo e combustível, sobretudo em Lula crise e Lula 2, com volume menor em Dilma 1.

A razão determinante desse desempenho foram empréstimos à Petrobras no período agudo da crise internacional, em que se verificava forte restrição de crédito – e o pré-sal era um eixo estratégico de investimentos para o governo. A operação foi suficientemente forte para transformar o subsetor no que mais recebeu recursos de 2003 a 2014.[7] Os demais

7 A opção de dar suporte à Petrobras no momento de restrição de crédito foi motivo de polêmica – de um lado, estava a defesa de investimentos estratégicos e, de outro, a percepção de alta exposição dos bancos públicos na operação (Almeida, 2011).

Gráfico 2: Desembolsos BNDES em subsetores da indústria e períodos presidenciais 2003-2014 (R$ milhões constantes)*

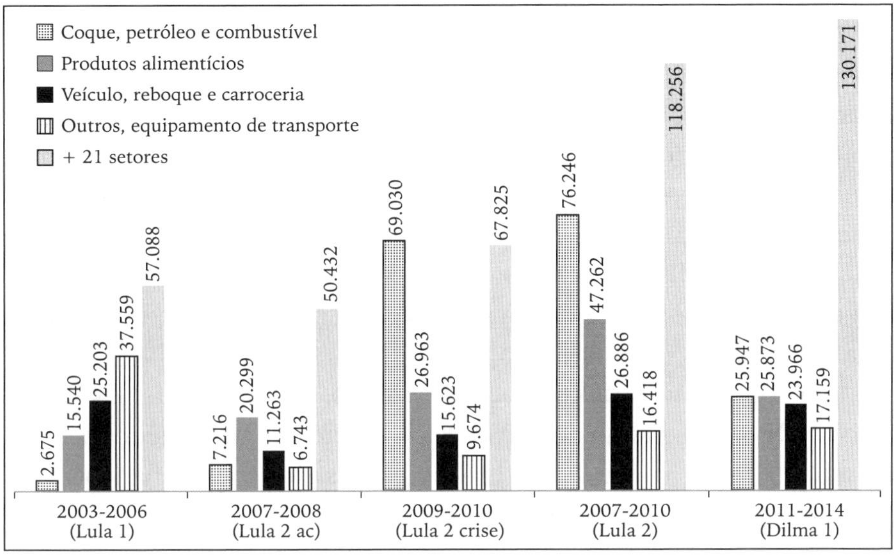

Fonte: BNDES e IBGE, elaboração própria.
* IPCA dez./2014 = 100.

setores com maiores desembolsos no período todo foram o alimentício, o de veículos e o de equipamentos de transporte. Esses quatro setores concentraram 52,7% dos desembolsos de 2003 a 2014, sendo que o maior percentual ocorreu em Lula 2 crise (64,1%) e o menor em Dilma 1 (41,7%), mostrando que, em todos os períodos, os desembolsos foram bastante concentrados.

O desenvolvimento possível, nas condições brasileiras deste século, marca a constante perda da participação da indústria de transformação, à qual a estratégia adotada nas gestões petistas não conseguiu se contrapor. Os dados acima ajudam a contextualizar os limites da política industrial dada a configuração macroeconômica. "Infelizmente, construir capacidades competitivas em indústria manufatureira sofisticada, depois de longos períodos de apreciação de taxa de câmbio, com juros muito altos, era muito difícil" (entrevista com Coutinho).

Condições de intervenção do Estado

A comparação da trajetória das operações diretas e indiretas do BNDES possibilita analisar o papel discricionário do Executivo na concessão de empréstimos. As intervenções, como avalia a literatura institucional-desenvolvimentista, são mais efetivas com a análise acurada de projetos, passando pelo crivo técnico da burocracia, o que é o caso das chamada operações diretas do BNDES. No caso da modalidade indireta, a eletividade do crédito se dá com o preenchimento de requisitos gerais. As operações indiretas expressam, portanto, um critério geral de política econômica e não de política focalizada de desenvolvimento mediada pela burocracia.

A preponderância das operações indiretas, de controle apenas formal pelo BNDES, é constante de 2003 a 2014, exceto nos anos agudos da crise mundial (Gráfico 3). Em Dilma 1, as operações indiretas ganham particular vulto em razão do PSI, programa definido pelo Executivo federal como política anticíclica e que se perpetuou. Se o PSI, direcionado primordialmente para máquinas e caminhões, tinha sentido como política anticíclica, ele foi perdendo sustentação técnica por se prolongar e oferecer, na prática, taxas de juros negativas. No jargão da elite burocrática, em muitas vezes as iniciativas de política pública foram tomadas sem consulta ou com dissenso da burocracia do BNDES. Esse foi o caso do PSI, que tinha uma função semelhante à das desonerações comentadas na seção anterior.

Admitindo que as operações indiretas são uma aproximação do uso do poder discricionário do Executivo federal sobre o BNDES, pois expressam critérios gerais de política econômica, pode-se avaliar o *uso do poder discricionário do Executivo*, definido como a diferença das operações diretas sobre as indiretas em cada período presidencial menos a média da diferença entre indiretas e diretas no período total. Analisa-se, assim, a preponderância de operações indiretas de cada governo com a média geral do período petista, visando identificar quando o uso do poder discricionário do Executivo foi maior.

O Gráfico 3 traz os percentuais de operações indiretas e diretas de cada mandato e *o uso do poder discricionário do Executivo*. Os períodos de menor *uso do poder discricionário* ocorreram em Lula 2, em especial nos anos de crise, com indicador de –10,7. Muito acima dos demais períodos, o uso da discricionariedade do Executivo foi destaque no mandato de Dilma, com indicador de 5,4.

Gráfico 3: Desembolsos* BNDES por modalidade (%) e indicador da *discricionariedade do Executivo*

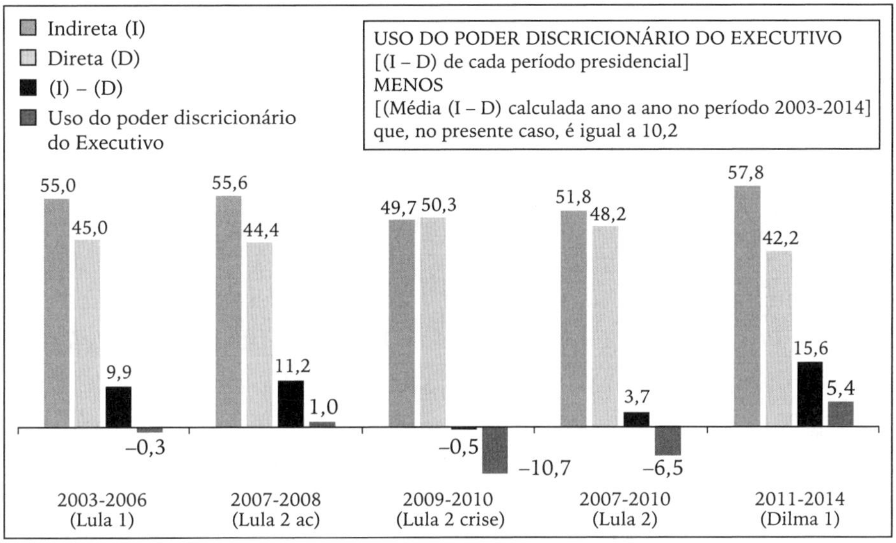

Fonte: BNDES, elaboração própria.
* Variação real = IPCA dez./2014 = 100.

Outra forma de encarar a questão é entender que a governança discricionária possibilita a preponderância de objetivos de curto prazo em detrimento de ações de preferência da burocracia do desenvolvimento, de acordo com sua avaliação estratégica e econômica de objetivos de longo prazo. Portanto há indicações de uma estratégia motivada mais por fomento de curto prazo, atendendo a demandas setoriais específicas, do que propriamente por objetivos estruturantes de política de desenvolvimento.

Conclusão: referências e aprendizados

Este capítulo analisou as políticas de desenvolvimento neste século tendo como referência os paradigmas teóricos dominantes no debate institucional, privilegiando-se, contudo, os referenciais da literatura institucional-desenvolvimentista. Cabe agora uma síntese.

Verificou-se a orientação prioritária dos governos do PT em prol de medidas de estímulo à economia, como forma de assegurar empregos e renda, o que se relaciona com a característica socialdemocrata desse partido no período, o que envolveu a aliança com o capital. As políticas favoráveis ao emprego e à renda foram uma constante, mas há restrições em classificá-las de políticas estruturantes de prazo mais longo.

A receita de crescimento foi bem-sucedida nas administrações de Lula em diferentes condições contextuais. No primeiro mandato, sujeito a restrições econômicas, houve uma busca pela melhoria do ambiente de negócios e o desempenho econômico foi favorecido pela melhora do cenário internacional. No segundo mandato, o governo tinha fôlego para lançar o PAC, em contexto favorável ao investimento. A reposta à crise financeira mundial foi bem-sucedida, com a preservação dos investimentos em curso.

Em toda gestão Lula, foram emitidas diversas sinalizações positivas ao mercado. Estas eram baseadas em alguns consensos: responsabilidade na gestão de política econômica, fomento aos investimentos de base, resposta adequada para debelar a crise. As sinalizações positivas foram acompanhadas de chamamento aos setores interessados para a construção das políticas públicas, o que era fonte de credibilidade e dava respaldo às iniciativas, ainda que, em regra, se resumissem a fóruns informais ou de baixa institucionalidade. Essa orientação geral de política era, no entanto, muito dependente do estilo do chefe do Executivo.

No primeiro governo Dilma, as boas condições externas, retomadas após o ápice da crise mundial, desfizeram-se em 2012, com a desvalorização das *commodities*. Mas, principalmente, houve uma quebra de característica de políticas públicas em relação ao seu antecessor. Os mercados foram diversas vezes confrontados com medidas questionáveis, como a tentativa voluntariosa de baixar os juros da economia; o represamento de preços administrados, sobretudo dos combustíveis; as políticas não condicionadas de estímulo à economia, destacadamente as desonerações e o PSI.

A lógica do confronto minou o concerto informal arquitetado por Lula. Diversos setores econômicos, sem nenhum compromisso formal com as políticas de fomento, aproveitaram-se delas para recompor suas margens, uma vez que o mercado de trabalho se encontrava em pleno emprego, sustentando a valorização real dos salários. Dessa forma, infere-se que o crédito público barato não foi, em dada medida, complementar ao investimento privado, mas ocupou o lugar deste último.

Em todos os períodos, a coalizão em prol dos juros altos e do câmbio valorizado se manteve hegemônica, limitando a política industrial. A experiência capitaneada pelo PT foi em parte positiva e em parte se perdeu em más políticas. Cabe aprender com as lições do passado, entender os fundamentos da ação estatal e seus limites. Com o *impeachment* de Dilma, o retorno do paradigma institucional-liberal sugere uma promessa pouco crível de crescimento, de geração de emprego e de diminuição das desigualdades.

É preciso extrair as lições corretas dessas experiências recentes.

Referências bibliográficas

ALMEIDA, M. O papel do BNDES no financiamento do desenvolvimento: novos e velhos desafios. In: BONELLI, R. (org.). *A agenda de competitividade no Brasil*. Rio de Janeiro: FGV, 2011.

______; LIMA DE OLIVEIRA, R.; SCHNEIDER, B. R. Política industrial e empresas estatais no Brasil: BNDES e Petrobras. In: GOMIDE, Alexandre de Ávila; PIRES, Roberto Rocha C. *Capacidades estatais e democracia – arranjos institucionais de políticas públicas*. Brasília: Ipea, 2014.

AMSDEN, A. *The Rise of "the Rest": Challenges to the West from Late-Industrializing Economies*. Oxford: Oxford University Press, 2001.

ANDERSON, B. Introdução. In: BALAKRISHNAN, G. (org.). *Um mapa da questão nacional*. Rio de Janeiro: Contraponto, 2000.

ARAUJO, V. L. F. C.; CAPUTO, A. C.; COSTA, G. M. M. da; MELO, H. P. de. La experiencia brasileña con bancos de desarrollo: el caso del Banco de Desarrollo Económico y Social de Brasil. In: ROUGIER, Marcelo (org.). *La banca de desarrollo en América Latina*. Buenos Aires: Fondo de Cultura Económica, 2011.

BAER, W. *A economia brasileira*. São Paulo: Nobel, 2009.

______; VILLELA, A. V. The changing nature of development banking in Brazil. *Journal of Interamerican Studies and World Affairs*, v.22, n.4, p.423-40, 1980.

BARBOSA, N. e SOUZA, J. A. P. A Inflexão do Governo Lula: Política Econômica, Crescimento e Distribuição de Renda. In: SADER, E.; GARCIA, M. A.

(orgs.). *Brasil: entre o passado e o futuro*. São Paulo: Fundação Perseu Abramo; Editora Boitempo.

BIELSCHOWSKY, R. Estratégia de desenvolvimento e as três frentes de expansão no Brasil: um desenho conceitual. *Texto para Discussão*, Ipea, 2013.

BLOG DO FERNANDO RODRIGUES. Desonerações sob Dilma já somam R$ 342 bilhões. *Blog do Fernando Rodrigues*, 4 nov. 2015. Disponível em: <fernandorodrigues.blogosfera.uol.com.br/2015/11/04/desoneracoes-sob-dilma-ja-somam-r-342-bilhoes/>.

BNDES. *BNDES: 50 Anos*. Rio de Janeiro: BNDES, 2002.

BOSCHI, R. Instituições, trajetórias e desenvolvimento: uma discussão a partir da América Latina. In: BOSCHI, R. R. (ed.). *Variedades de capitalismo, política e desenvolvimento na América Latina*. Belo Horizonte: Editora UFMG, 2011, p.7-30.

BRESSER-PEREIRA, L. C. Burocracia pública e reforma gerencial. *Revista do Serviço Público de 1937 a 2007*, Brasília, Enap, p.29, 2007.

______. *A construção política do Brasil: sociedade, economia e Estado desde a Independência*. São Paulo: Editora 34, 2014.

______; IANONI, M. "Developmental class coalitions: historical experiences and prospects". *Working Paper*, n.386, Escola de Economia de São Paulo da Fundação Getulio Vargas, mar. 2015.

______; OREIRO, J. L.; MARCONI, Ne. *Macroeconomia desenvolvimentista*. São Paulo: Elsevier, 2016.

______. Estado, Estado-nação e sociedade. *Lua Nova*, São Paulo, n.100, p.155-85, 2017.

CANO, W.; SILVA, A. L. G. Política industrial do governo Lula. *Texto de Discussão*, IE Unicamp, 2010.

CARDOSO, F. H. Planejamento e política: os anéis burocráticos. In: LAFER, B. *Planejamento no Brasil*. São Paulo: Perspectiva, 1970.

______. A questão do Estado no Brasil. In: *Autoritarismo e democratização*. Rio de Janeiro: Paz e Terra, 1975.

CEMEC – Centro de Estudos de Mercado de Capitais. Investimento e recessão na economia brasileira 2010-2015. *Nota Cemec*, n.8/2015, ago. 2015.

CHANG, H.-J. *Chutando a escada – a estratégia de desenvolvimento em perspectiva histórica*. São Paulo: Editora da Unesp, 2003.

______. La relación entre las instituciones y el desarrollo económico. Problemas teóricos claves. *Revista de Economia Institucional*, v.8, n.14, primeiro semestre, 2006.

CHANG, H.-J.; EVANS, P. The Role of Institutions in Economic Change. In: DE PAULA, S.; DYMSKI, G. A. (orgs.). *Reimagining Growth: Towards a Renewal of Development Theory*. Londres: Zed Books, 2005.

CONDÉ, E.; DELGADO, I. The agenda of difference: State, varieties of capitalism, and economic governance in Asia and Latin America. In: 21st World Congress of Political Science. Santiago de Chile, 2009. p.12-16.

COSTA, G. M. M. da (coord.); MELO, H. P.; ARAÚJO, V. L.. BNDES – Entre o desenvolvimentismo e o neoliberalismo (1982- 2004). *Memórias do Desenvolvimento*, n.5, ano 5, Centro Internacional Celso Furtado de Políticas para o Desenvolvimento, out. 2016.

COUTINHO, L. O futuro tem pressa. Discurso por ocasião da transmissão do cargo de presidente do BNDES, no auditório do banco, 2 maio 2007. Disponível em: <www.afbndes.org.br/seriebndes/discurso_020507.htm>. Acesso em: 20 mar. 2017.

______. A ressaca da pós-verdade. *Folha de S.Paulo*, 17 mar. 2017.

______;FERRAZ, J. C. (coords.). *Estudo da competitividade da indústria brasileira*. Campinas, SP: Papirus/Editora da Unicamp, 1994.

COUTINHO, L.; G. BORGES, B. L. A consolidação da estabilização e o desenvolvimento financeiro no Brasil. In: PINHEIRO, A. C.; OLIVEIRA FILHO (orgs.). *Mercados de capitais e bancos públicos*. São Paulo: Anbid, 2007.

COUTINHO, D.; SCHAPIRO, M. G. Economia política e direito econômico: do desenvolvimentismo aos desafios da retomada do ativismo estatal. In: COSTA, J. A. Fontoura; ANDRADE, J. M. A.; MATSUO, A. M. H. (orgs.). *Teoria e experiência: estudos em homenagem a Eros Roberto Grau*. São Paulo: Malheiros, 2013. v.1, p.581-2.

DIAS, E. C. *Do Plano Real ao Programa Minha Casa, Minha Vida: negócios, votos e as reformas da habitação*. São Paulo, 2012. Dissertação (mestrado). Faculdade de Filosofia, Letras e Ciências Humanas da Universidade de São Paulo.

______. Profits and votes: Entrepreneurs and the government in Brazilian housing policy. *Brazilian Journal of Political Economy*, v.35, n.4, p.763-79, 2015.

______. *Rédeas do Estado e do Investimento: As trajetórias dos bancos nacionais de desenvolvimento*. 440p. São Paulo, 2017. Tese (Doutorado em Ciência Política). Faculdade de Filosofia Letras e Ciências Humanas, Universidade de São Paulo.

DWECK, E.; TEIXEIRA, R. A. A política fiscal do governo Dilma e a crise econômica. *Texto de Discussão*, IE Unicamp, 2017.

EVANS, P. O Estado como problema e solução. *Lua Nova*, n.28/29, 1993.

FERRAZ, J. C.; MARQUES, F. S.; ALVES JR., A. J. A contribuição do BNDES para a política industrial brasileira. In: DE TONI, J. (org.). *Dez anos de política industrial: balanço e perspectivas*. Brasília: ABDI, 2015.

FISHLOW, A. Lições do passado: mercados de capitais durante o século XIX e o período entre guerras. In: FISHLOW, A. *Desenvolvimento no Brasil e na América Latina – uma perspectiva histórica*. São Paulo: Paz e Terra, 2004.

______. *O novo Brasil*. São Paulo: Saint Paul, 2011.

FOLHA DE S.PAULO. Política de desoneração fiscal de Dilma foi equivocada, diz Lula a jornal. *Folha de S.Paulo*, 13 set. 2016. Disponível em: <www1.folha.uol.com.br/poder/2016/07/1791227-politica-de-desoneracao-fiscal-de-dilma-foi-equivocada-diz-lula-a-jornal-frances.shtml>.

FREITAS, M. C. P.; PRATES, D. M. A abertura financeira no governo FHC: impactos e consequências. *Economia e Sociedade*, v.10, n.2, p.81-111, 2001.

FURTADO, C.. Desenvolvimento e subdesenvolvimento, Rio de Janeiro: Fundo de Cultura, 1961.

______. *Brasil: a construção interrompida*. Rio de Janeiro: Paz e Terra, 1992.

GERSCHENKRON, A. *Economic Backwardness in Historical Perspective*. Cambridge, MA: Harvard University Press, 1962.

GOBETTI, S. Wulff. Ajuste fiscal no Brasil: os limites do possível. *Texto para Discussão*, Ipea, 2015.

GONÇALVES, E. S. Desenvolvimento econômico: uma breve incursão teórica. In: VELOSO, F. et al. (orgs.). *Desenvolvimento econômico: uma perspectiva brasileira*. São Paulo: Elsevier, 2013.

GRANOVETTER, M. Economic action and social structure: The problem of embeddedness. *American Journal of Sociology*, p. 481-510, 1985.

HALL, P. A. Policy paradigms, social learning, and the state: the case of economic policymaking in Britain. *Comparative Politics*, p.275-96, 1993.

HERMANN, J. Liberalização e desenvolvimento financeiro: lições da experiência brasileira no período 1990-2006. *Economia & Sociedade*, Campinas, v.19, n.2, p.257-90, 2010.

HIRSCHMAN, A. O. *The Strategy of Economic Development*. New Haven: Yale University Press, 1958.

______. The Rise and Decline of Development Economics. In: *Essays in Trespassing. Economics to Politics and beyond*. Cambridge: Cambridge University Press, 1981.

______; LINDBLOM, C. Economic Development, Research and Development, Policy Making: Some Converging Views. *Behavioral Science*, v.7, n.2, p.211-222, 1962.

HACKER, J. S.; PIERSON, P. Presidents and the Political Economy: The Coalitional Foundations of Presidential Power. *Presidential Studies Quarterly*, v.42, n.1, p.101-31, 2012.

______. Making America Great again: The Case for the Mixed Economy. *Foreign Affairs*, v.95, p.69, 2016.

HARRISS, J. Institutions, Politics and Culture: A Polanyian Perspective on Economic Change. *International Review of Sociology*, v.13, n.2, p.343-55, 2003.

IEDI – Instituto de Estudos para o Desenvolvimento Industrial. *A política de desenvolvimento produtivo*. São Paulo: Iedi, 2008.

______. Uma análise do Plano Brasil Maior. *Carta Iedi*, n.486, São Paulo, 2008

JOHNSON, C. *MITI and the Japanese Miracle: the growth of industrial policy: 1925-1975*. Stanford: Stanford University Press, 1982.

KUPFER, D. Dez anos de política industrial. *Valor Econômico*, Rio de Janeiro, 2013.

MANTEGA, G. O BNDES e o novo ciclo de desenvolvimento. *Revista do BNDES*, Rio de Janeiro, v.12, n.23, p.3-16, 2005.

NORTH, D. C. *Structure and Change in Economic History*. Norton, New York, 1981.

______. *Institutions, Institutional Change and Economic Performance*. Cambridge University Press, 1990.

______. Economic Performance Through Time, Lecture to the memory of Alfred Nobel, Sweden, 9 Dec. 1993.

______. In Anticipation of the Marriage of Political and Economic Theory. In: ALT, J. A.; LEVI, M.; OSTROM, E. *Competition and Cooperation. Conversations with Nobelists about Economics and Political Science*. New York: Russell Sage Foundation, p. 314-317, 1999.

PALOCCI, A. Reformar para crescer. *Folha de S. Paulo*, 27 jun. 2010.

PINHEIRO, A. C. Bancos públicos no Brasil: para onde ir?. In: PINHEIRO, A. C.; OLIVEIRA FILHO (orgs.). *Mercados de capitais e bancos públicos*. São Paulo: Anbid, 2007.

______; BONELLI, R.; SCHNEIDER, B. R. Pragmatic policy in Brazil: the political economy of incomplete market reform. *Texto para Discussão*, n.1035, Ipea, Rio de Janeiro, ago. 2004.

POLANYI K. *La gran transformación*. México: Fondo de Cultura Econômica, 2006 [1.ed. em inglês, 1942].

PRATES, D. M.; CINTRA, M. A. M.; FREITAS, M. C. P. O papel desempenhado pelo BNDES e diferentes iniciativas de expansão do financiamento de longo prazo no Brasil dos anos 90. *Economia e Sociedade*, Campinas/SP, n.5, p.85-116, dez. 2000.

______; FRITZ, B.; DE PAULA, L. F. Uma avaliação das políticas desenvolvimentistas nos governos do PT. *Cadernos do Desenvolvimento*, v.12, n.21, p.187-215, 2017.

PRZEWORSKI, A. A social-democracia como fenômeno histórico. In: *Capitalismo e social-democracia*. São Paulo: Companhia das Letras, 1991 [1985].

______. *Estado e economia no capitalismo*. São Paulo: Relume Dumará, 1994.

______. A última instância – as instituições são a causa primordial do desenvolvimento econômico?. *Novos Estudos*, n.72, jul. 2005.

RODRIK, D. *One Economics, Many Recipes: Globalization, Institutions, and Economic Growth*. Princeton: Princeton University Press, 2008.

SABEL, C. Bootstrapping Development: Rethinking the Role of Public Intervention in Promoting Growth. In: LEE, V.; SWEDBERG, R. (ed.). *On Capitalism*. Stanford: Stanford University Press, 2007.

______; REDDY, S. G. Learning to Learn: Undoing the Gordian Knot of Development Today. *SSRN Scholarly Paper*, Rochester, NY, Social Science Research Network, 2006.

SAFATLE, C.; BORGES, J.; OLIVEIRA, R. *Anatomia de um desastre – os bastidores da crise econômica que mergulhou o país na pior recessão de sua história*. São Paulo: Portfolio Penguin, 2016.

SAMUELS, D. From socialism to social democracy. *Comparative Political Studies*, v.37, n.9, 2004.

SCHNEIDER, B. R. The desarrollista state in Brazil and Mexico. In: CUMMINGS, M. W. (ed.). *The Developmental State*. Nova York: Cornell University Press, 1999.

______. O Estado desenvolvimentista no Brasil: perspectivas históricas e comparadas. In: GOMIDE, A. Á.; PIRES, R. R. C. *Capacidades estatais e democracia – arranjos institucionais de políticas públicas*. Brasília: Ipea, 2014.

SINGER, André. Raízes sociais e ideológicas do lulismo. *Novos Estudos*, São Paulo, Cebrap, nov. 2009.

______. A segunda alma do Partido dos Trabalhadores. *Novos Estudos*, São Paulo, Cebrap, nov. 2010.

SHONFIELD, A. *Modern Capitalism*. Londres: Oxford University Press, 1965.

STALLINGS, B.; STUDART, R. *Financiamiento para el desarrollo: América Latina desde una perspectiva comparada*. Santiago de Chile: United Nations Publications, 2006.

TRUBEK, D. M.; COUTINHO, D. R.; SCHAPIRO, M. G. New state activism in Brazil and the challenge for law. In: *Law and the New Developmental State The Brazilian Experience in Latin American Context*. Cambridge: Cambridge University Press/ Institute for Global Law and Policy, 2013.

VEJA. "Eu errei ao promover a desoneração", admite Dilma em Genebra. *Veja*, 13 mar. 2017. Disponível em: <veja.abril.com.br/economia/eu-errei-ao-promover-a-desoneracao-admite-dilma-em-genebra/>. Acesso em: 13 mar. 2017.

WILLIAMSON, O. E. *Markets and Hierarchies*. New York, 1975.

WOO-CUMINGS, M. Introduction: Chalmers Johnson and the Politics of Nationalism and Development. *The Developmental State*. Ithaca, NY: Cornell University Press, 1999.

16
Reconfigurações da ação estatal para as políticas de infraestrutura no início do século XXI: avanços e limites[1]

Raphael Machado, Alexandre Gomide e Roberto Rocha C. Pires

As últimas décadas têm sido marcadas por intensas transformações no padrão de atuação estatal na área de infraestrutura no Brasil, guardando estreitas conexões com as orientações político-ideológicas dos governos no que tange ao papel do Estado na promoção do desenvolvimento e na redução de desigualdades. O presente capítulo se dedica a analisar as reconfigurações institucionais da ação estatal no setor de infraestrutura na virada para o século XXI, com especial atenção aos desdobramentos, mudanças e continuidades observados nos governos Lula e Dilma em relação aos períodos anteriores. Em poucos momentos da história brasileira a escassez de recursos fiscais não foi o principal problema para a implantação de projetos de infraestrutura (Orair, 2016). O período compreendido entre 2005 e 2016 pode ser caracterizado como uma dessas janelas de oportunidade para a "aceleração do crescimento" por meio do

1 Uma versão anterior deste trabalho foi publicada como *Texto para Discussão*, n.2532, do Instituto de Pesquisa Econômica Aplicada (Ipea). A versão atual se beneficia de revisões sugeridas pelos organizadores e dos comentários recebidos nos seminários realizados no CEM.

investimento público. No entanto, o balanço geral dos resultados é, na melhor das hipóteses, misto. Apesar de entregas importantes e outras realizações – como a ampliação significativa da taxa de investimentos, a geração de empregos etc. –, atrasos e estouros de orçamento foram recorrentes no período, além da presença de conflitos sociais e malversação de recursos em torno de alguns projetos.

É importante salientar que tais problemas não são realidade exclusiva do Brasil. Projetos de infraestrutura carregam consigo alta complexidade e riscos desconhecidos. Em geral, sua governança envolve um número elevado e variado de atores, seja nas etapas de planejamento ou implementação. Os riscos e a complexidade desses processos são, muitas vezes, mal representados e acentuados por um viés de otimismo, uma vez que a aprovação de um projeto de infraestrutura consegue despertar interesses tão distintos quanto os de políticos, empreiteiros, investidores, entre outros. Dadas essas características, levantamentos internacionais recentes indicam que nove entre dez grandes projetos de infraestrutura realizados no mundo, durante o século XX e início do XXI, apresentaram atrasos e estouros de orçamento significativos (Flyvbjerg, 2014). Além disso, os longos prazos de maturação de grandes obras impõem desafios político-institucionais. À medida que excedem a duração do mandato de um governante, a governança de projetos de infraestrutura requer não só articulações governamentais essenciais à sua execução, mas também compromissos mais amplos e sustentáveis entre os atores impactados pelas intervenções.

Reconhecendo as complexidades intrínsecas ao setor, buscamos neste capítulo construir um panorama sintético da trajetória das políticas de infraestrutura no Brasil. O esforço toma como base estudos de caso de projetos de infraestrutura[2] e tem seu foco limitado aos setores de logística (rodovias e ferrovias) e energia elétrica. Pretende-se com isso abordar: a)

2 A pesquisa "Condicionantes institucionais à execução do investimento em infraestrutura" (Gomide; Pereira, 2018), coordenada pelo Ipea, envolveu análise comparativa de projetos que compuseram a carteira do Programa de Aceleração do Crescimento (PAC) e serve como base empírica para este trabalho.

os principais esforços e avanços no sentido da retomada do protagonismo do governo federal na área, no período entre 2005 e 2016; e b) os limites e obstáculos enfrentados que contribuíram para a produção de resultados incompletos e conquistas parciais.

O esforço analítico-interpretativo se apoia na inter-relação de três categorias principais. A primeira diz respeito à ideia de *arranjos institucionais* como o conjunto de regras e procedimentos, formais e informais, que definem a forma particular como se articulam atores (e seus interesses) na implementação de uma política, projeto ou ação governamental específico (Gomide; Pires, 2014; Pires; Gomide, 2016). A ideia de arranjo chama a atenção para o modelo de governança implícito na condução de projetos de infraestrutura, definindo os atores (burocráticos, políticos, sociais ou econômicos) e suas formas de interação. Os arranjos podem assumir contornos variados, a depender de como se configuram e dos instrumentos que mobilizam, criando papéis e distribuindo recursos e capacidades de ação entre os diferentes atores envolvidos (Pires, 2016).

Nesse sentido, a configuração dos arranjos tem como elemento crítico-constitutivo os *instrumentos da ação pública* – a segunda categoria analítica mobilizada. Os instrumentos preenchem os arranjos de forma a dar materialidade, sustentação e estabilidade às relações cotidianas de implementação (Pires, 2016). Um instrumento constitui um dispositivo ao mesmo tempo técnico e social que organiza as relações específicas entre os agentes do poder público e entre estes e os demais parceiros não governamentais ou destinatários das políticas (Salamon, 2002). Para além do seu caráter técnico, os instrumentos são portadores de preconcepções e representações sobre os atores cujas relações buscam organizar. Assim, como qualquer outra instituição, os instrumentos tornam o comportamento e as interações entre os atores previsíveis, uma vez que regulam os papéis, posições e recursos disponíveis para os atores que participam em um arranjo. Mas, ao mesmo tempo, criam também constrangimentos a outros cursos de ação e interação possíveis (Hood, 1986; Lascoumes; Le Galès, 2007).

Por fim, como terceira categoria analítica, a noção de *ambiente político-institucional* visa chamar a atenção para o fato de que arranjos e instrumentos não operam no vácuo, mas sim sob um conjunto de regras do jogo mais gerais (por exemplo dispositivos constitucionais) que informam os processos de organização administrativa do Estado e do sistema político. Trata-se da "macromoldura" que, por um lado, provê as possibilidades e limites para a conformação dos arranjos institucionais, mas que, por outro lado, também fricciona e perturba os arranjos e instrumentos existentes e as relações que eles regulam (Fiani, 2014; Gomide; Pires, 2014).

Em conjunto, os instrumentos da ação pública, os arranjos institucionais e o ambiente político-institucional oferecem caminhos que integram, respectivamente, o nível micro, meso e macro em análises dinâmicas sobre os modelos de governança embutidos na condução de políticas públicas específicas. Permitem reflexões sobre continuidades e mudanças na produção e sustentação da ação coletiva necessária à implementação de políticas governamentais. Dessa forma, oferecem alicerces conceituais para análise das reconfigurações institucionais e administrativas da ação estatal no setor de infraestrutura no período recente (2005-2016) e dão base para interpretações sobre os seus efeitos, resultados e tendências.

Com base nesse referencial analítico, partiremos inicialmente de uma breve reconstituição da trajetória histórica do setor de infraestrutura no país. Em seguida, abordaremos a retomada do protagonismo estatal no setor, entre 2005 e 2016, por meio da análise dos arranjos e instrumentos desenvolvidos em torno dos programas de investimento do governo federal. Por fim, sistematizaremos os fatores que, a nosso ver, concorrem para a explicação dos resultados observados nos anos seguintes (por exemplo, projetos incompletos, pouca efetividade sobre a redução de desigualdades regionais, dificuldade de lidar com direitos de minorias e corrupção), chamando a atenção para as tensões e fricções entre os arranjos e instrumentos desenvolvidos e o ambiente político-institucional no qual eles se inserem.

Antecedentes

A década de 1970 foi marcada por um pico de investimento público em infraestrutura no Brasil (Gráfico 1). Esse setor ocupava espaço privilegiado no ideário desenvolvimentista da ditadura militar. Foram criadas estruturas administrativas capazes de planejar grandes empreendimentos, como o Grupo Executivo de Integração da Política de Transportes (Geipot), em 1965, o qual contava com um corpo técnico especializado que realizou estudos de viabilidade técnica para a implantação de rodovias, ferrovias e hidrovias, disponibilizando dados necessários ao planejamento do setor (Barat, 2007). Estratégias semelhantes foram implantadas no setor elétrico, como a criação da Eletrobrás, em 1962, permitindo uma maior centralização de estudos e supervisões para a implantação de unidades geradoras. Ao longo da década de 1970, foram criados os primeiros planos nacionais de energia elétrica, estabelecendo diretrizes para o desenvolvimento do setor (Mercedes; Rico; Pozzo, 2015).

Em praticamente todos os casos, os projetos governamentais nessa área se davam com pouca ou nenhuma interlocução com a sociedade civil, resultando na não incorporação das demandas da sociedade, sobretudo dos grupos minoritários, nas discussões sobre os impactos sociais e ambientais das obras. Apesar desse insulamento em relação à sociedade civil, eram notórias as relações informais estabelecidas entre as burocracias das empresas estatais e os segmentos do capital nacional por meio dos denominados "anéis burocráticos" (Cardoso, 1975). Porém, com as crises econômicas das décadas de 1970 e 1980, o Estado passou por um forte processo de endividamento, resultando na perda de sua capacidade de investimento (Rezende, 1987). O projeto autoritário de desenvolvimento fracassou em seu propósito de manter um alto nível de investimento em infraestrutura, além de não reconhecer as necessidades das populações impactadas.

Já nas décadas de 1980 e 1990, marcadas pelo processo de distensão política e redemocratização, o Brasil passou por um período de forte redução de investimentos em infraestrutura (Gráfico 1). Como fator agravante, os governos dos anos 1990 (Fernando Collor, Itamar Franco e Fernando Henrique Cardoso) adotaram um receituário baseado na austeridade fiscal e na expectativa de que os investimentos privados viessem a preencher a lacuna de investimentos. Nessa perspectiva, a infraestrutura deveria ser objeto privilegiado de desestatização com a venda de ativos ou a concessão dos serviços para a iniciativa privada. Organizações voltadas para o planejamento da infraestrutura e seus corpos burocráticos foram extintos ou reestruturados. Emerge, nesse contexto, a figura jurídica das agências reguladoras autônomas. Porém, o processo de concessão da infraestrutura brasileira foi mal planejado em termos regulatórios, sendo feito de forma independente de questões de redesenho institucional (Gomide, 2011).

Gráfico 1: Evolução do investimento público, 1964-2015 (em participação percentual do PIB)

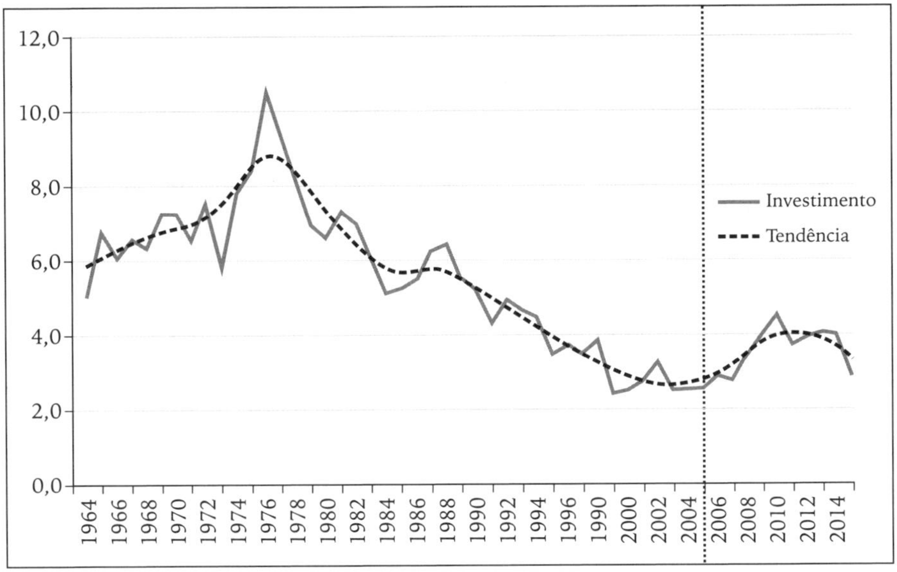

Fonte: Orair (2016).
Obs.: Considera-se aqui o total de investimentos do governo nos três níveis da federação e das empresas estatais federais. A série de investimentos públicos está baseada no conceito de aquisição líquida de ativos físicos (Orair, 2016).

No início dos anos 2000, os efeitos do desmonte do aparato de planejamento e da queda dos níveis de investimento público começaram a ser percebidos como problemas críticos a serem enfrentados para a retomada do desenvolvimento. Instituições como o Banco Mundial, que haviam apoiado os processos de desestatização nos anos anteriores, passaram então a reconhecer a necessidade do investimento estatal para a retomada do crescimento da região (Easterly; Servén, 2003). Nesse momento, tornava-se claro que, mais do que disponibilizar recursos financeiros, a retomada do investimento estatal no setor requeria também a reestruturação de capacidades estatais de planejamento e implementação de projetos de infraestrutura. Esse esforço se reinicia já no final da década de 1990, por meio do Programa Brasil em Ação e o Plano Avança Brasil. Mas, tal como indicado no Gráfico 1, é na segunda metade da década seguinte (linha vertical tracejada) que o ativismo estatal na área de infraestrutura começa a se tornar mais visível por meio do desenvolvimento de novos arranjos e instrumentos para o investimento público em infraestrutura.

Novos arranjos e instrumentos para as políticas de infraestrutura nos anos 2000

A reconstrução de capacidades de planejamento e implementação demandou o desenvolvimento de arranjos e instrumentos de política pública capazes de lidar não somente com as complexidades intrínsecas aos projetos de infraestrutura, mas também com uma série de desafios impostos pelo ambiente político-institucional erigido no processo de redemocratização. A Constituição de 1988 instituiu novas bases para a garantia de direitos individuais, coletivos e difusos, promovendo maior inclusão política e reformas na estrutura de um Estado antes autoritário e centralizador. Se, por um lado, essa inflexão representa um dos mais importantes avanços sociopolíticos do país, por outro lado, introduziu complexidades e desafios não triviais para a produção de políticas públicas, como: a) a construção da governabilidade e coalizões partidárias, envolvendo lideranças do Executivo e do Legislativo; b) a disseminação de formas institucionais de participação da sociedade civil nos processos de formulação e controle de políticas públicas; c) a necessidade de coordenação federativa entre a União, estados e municípios para a implementação dessas políticas; e d) o fortalecimento e autonomia de órgãos de defesa de direitos e de controle e fiscalização da ação governamental. A consequência mais imediata desse quadro para ações governamentais em infraestrutura foi uma elevada exigência de coordenação de atores, envolvendo um amplo conjunto de organizações da burocracia federal, entes subnacionais, representantes do sistema político, organizações da sociedade civil e empresas privadas. Como consequência, a governança da política do setor se tornou mais complexa, exigindo o desenvolvimento e a sofisticação dos arranjos institucionais e dos instrumentos da ação pública disponíveis.

Um dos primeiros passos nesse sentido foi o lançamento do Projeto Piloto de Investimento (PPI), em 2005, a partir de um esforço do Governo Federal junto ao FMI para a dedução dos investimentos do programa na meta de superávit primário. O PPI "serviu para introduzir a ideia de que alguns investimentos precisariam receber tratamento fiscal diferenciado por ensejarem um processo virtuoso de autofinanciamento, e, por conseguinte, poderiam ser deduzidos da meta fiscal" (Orair, 2016, p.21). Junto a isso, os recursos do PPI não sofreriam contingenciamento orçamentário, garantindo o fluxo financeiro para a execução física da carteira de obras do projeto. O foco prioritário do PPI foi a recuperação das rodovias, desgastadas pela falta de investimentos durante a primeira metade da década de 2000. O PPI executou, entre 2005 e 2007, cerca de 250 projetos, sendo que a maior parte estava alocada na pasta do Ministério dos Transportes.

Dada a sua curta duração, o PPI pode ser entendido como a experimentação que levou a uma estratégia maior: o Programa de Aceleração do Crescimento (PAC), que foi lançado em 2007. O PAC 1 (2007-2010) utilizou a estrutura financeira do PPI, com cerca de 0,5% do superávit primário em conjunto com os projetos de investimentos anunciados pelas empresas estatais, ampliando o investimento público em infraestrutura de 1,62% do PIB, em 2006, para 3,27%, em 2010. O PAC 2 (2011-2014) ampliou em 72% o volume de recursos investidos, totalizando mais de R$ 1 trilhão (Brasil, 2014).

O PPI e o PAC deram forma ao novo arranjo institucional para a produção de ações governamentais na área de infraestrutura, instituindo possibilidades de coordenação renovadas entre os múltiplos atores envolvidos e afetados na produção da ação governamental em infraestrutura. O arranjo se baseou em uma estrutura tripartite de coordenação, composta pela Casa Civil, Ministério do Planejamento e Ministério da Fazenda. O Comitê Gestor do PAC (CGPAC) e o Grupo Executivo (Gepac) envolviam os ministros e secretários executivos das referidas pastas. A Secretaria Executiva do programa foi ocupada pela Subchefia de Articulação e Monitoramento (SAM) da Casa Civil, incluindo a participação da Secretaria do Tesouro Nacional (STN) e de Política Econômica (SPE), ambas ligadas ao Ministério da Fazenda, e das Secretarias de Orçamento Federal (SOF) e do Planejamento e Investimento (SPI), ligadas ao Ministério do Planejamento.[3] Tal estrutura de coordenação no interior do poder Executivo Federal brasileiro possibilitou um monitoramento próximo pela Presidência da República, dotando o arranjo de hierarquia e "autoridade prática" de coordenação (Pires, 2015). O acompanhamento da execução das obras do programa era feito nas Salas de Situação, coordenadas pela Casa Civil, nas quais participavam membros do Gepac e órgãos setoriais, visando a troca de informações para dar celeridade ao processo de implementação. Esse processo de monitoramento e coordenação centralizada pretendia articular os objetivos do programa com ministérios pertencentes à coalizão de governo, tal como Ministério dos Transportes e Ministério de Minas e Energia, entregues à base aliada durante os governos petistas.[4] Além disso, permitia o acompanhamento de uma extensa carteira de obras disseminada entre os diversos entes federativos e seus dirigentes políticos.

O PAC 2, no governo Dilma, alterou marginalmente esse arranjo, com a mudança da coordenação do programa da Casa Civil para o Ministério do Planejamento, que criou uma secretaria específica para tal finalidade, a Sepac. A secretaria fez a mediação entre os diversos órgãos da burocracia federal e os empreendedores (públicos e privados) das obras, assim como atuou em diversos processos de licenciamento ambiental, compatibilizando agendas e demandas dos múltiplos atores envolvidos.

A operação desse arranjo passou a revelar que a capacidade de implementação de projetos de infraestrutura contida nos ministérios existentes não seria suficiente para as realizações previstas na carteira de

3 Ver Decreto nº 6.025/2007.

4 O Ministério de Minas e Energia foi comandado por Dilma Rousseff entre 2003 e 2005. De 2008 a 2015, ficou sob a responsabilidade do PMDB. O Ministério dos Transportes ficou sob a responsabilidade do atual Partido da República (PR).

investimentos. Assim, uma série de esforços foi empreendida no sentido da reestruturação ou criação de instrumentos organizacionais, regulatórios e financeiros, a serem discutidos a seguir.

Os instrumentos organizacionais buscaram, principalmente, o fortalecimento do planejamento e a dinamização dos investimentos. A primeira estatal criada nesse contexto foi a Empresa de Pesquisa Energética (EPE),[5] vinculada ao Ministério de Minas e Energia (MME), com o objetivo de realizar estudos e projeções da matriz energética, apoiando as iniciativas governamentais no sentido de melhoria e expansão da capacidade energética do país. A EPE teve importância fundamental na realização dos leilões para a construção de novas usinas de geração elétrica, fornecendo capacidade técnica para as decisões governamentais (Mercedes, Rico e Pozo, 2015).

Em 2008, foi fundada a Estruturadora Brasileira de Projetos S.A. (EBP), tendo como acionistas instituições financeiras do Brasil e o BNDES. A função da empresa foi apoiar governos em diferentes níveis federativos na estruturação de projetos para compor as carteiras dos programas de investimento. No mesmo ano, a Valec Construções Ferroviárias S.A. (Valec) foi reestruturada[6] com o intuito de construir e explorar a infraestrutura ferroviária, assim como coordenar, executar ou fiscalizar obras outorgadas, adicionando capacidade técnica para o desenvolvimento de projetos ferroviários. Em 2012, aos moldes da EPE, foi criada a Empresa de Planejamento e Logística S.A. (EPL),[7] responsável por dotar o setor logístico brasileiro de maior capacidade de planejamento, visando a integração entre os diversos modos de transporte. A empresa foi fundada com o intuito de prestar serviços na área de projetos, estudos e pesquisas destinadas a subsidiar o planejamento do setor no país. Finalmente, a carreira de Analista de Infraestrutura[8] e o cargo de Especialista em Infraestrutura Sênior tiveram seu primeiro concurso em 2008 (em seguida, 2010

5 Lei nº 10.847/2004 e Decreto nº 5.184/2004.
6 Lei nº 11.722/2008.
7 Lei nº 12.743/2012.
8 Lei nº 11.539/2007.

e 2012), recrutando aproximadamente mil profissionais que passaram a atuar nos órgãos do setor.

No que se refere aos instrumentos regulatórios, destaca-se a criação do Regime Diferenciado de Contratações Públicas (RDC), criado em 2011.[9] O RDC flexibilizou os mecanismos de contratação de obras públicas, introduzindo a inversão das fases da licitação (com a abertura das propostas das empresas concorrentes num momento anterior à análise dos documentos jurídicos) e permitindo que uma obra seja contratada em sua totalidade, a chamada *empreitada integral,* na qual a empresa contratada se responsabiliza por todas as fases do projeto, entregando o empreendimento em condições de uso para a administração pública. Isso foi instituído visando solucionar a baixa capacidade de contratação de projetos básicos de infraestrutura pela burocracia federal, uma vez que a contratação integrada coaduna a constituição do projeto e a sua execução sob a responsabilidade de uma mesma empresa ou consórcio. O RDC introduziu também a remuneração variável dos contratos, elencando critérios como desempenho, qualidade, sustentabilidade ambiental e cumprimento de prazos para os valores pagos aos parceiros privados.

Outros instrumentos regulatórios relevantes se associam ao licenciamento ambiental. O processo de licenciamento requer o envolvimento de uma gama de organizações e possui um alto grau de complexidade. A fim de racionalizar tal processo, o Ministério do Meio Ambiente em conjunto com o Ministério da Justiça, Ministério da Cultura e Ministério da Saúde redigiram Portarias Interministeriais, cujo intuito foi regulamentar a atuação dos órgãos e entidades da administração pública durante o processo, buscando maior coordenação e agilidade nas tratativas. Além disso, editou-se a lei complementar nº 140, de 2011, que tratou da cooperação federativa com relação à proteção do Meio Ambiente. A lei caracterizou as atribuições de cada ente federativo, de forma a definir os tipos de empreendimentos e atividades por esses licenciados, além de avançar no compartilhamento de responsabilidades federativas para uma gama de ações administrativas, cobrindo os diversos aspectos da gestão ambiental.

9 Lei nº 12.462/2011.

Quanto aos instrumentos de financiamento, fundos de pensão (como o Petros, Funcef e Previ, entre outros), os bancos públicos (especialmente o BNDES) e fundos do governo foram instrumentos centrais no arranjo do PAC (Jardim; Silva, 2015).[10] Nessa seara, cabe citar ainda a instituição do Regime Especial de Incentivos para o Desenvolvimento de Infraestrutura (Reidi),[11] que suspendeu a contribuição de tributos (PIS/Pasep e Cofins) na aquisição de máquinas, equipamentos novos e materiais de construção utilizados em obras de infraestrutura.

Outra dimensão na qual se verificaram desenvolvimentos importantes em termos de arranjos e instrumentos da ação pública reúne elementos associados à transparência e a relação com os órgãos de controle. No que tange à transparência, o PAC introduziu um sistema de prestação de contas pública e periódica por meio dos seus Balanços Quadrimestrais. Nesses momentos, o governo apresentava publicamente os dados referentes ao acompanhamento da execução dos projetos.[12] Uma articulação importante que passou a ocorrer a partir do arranjo do PAC se deu no sentido da construção de um relacionamento mais próximo com os órgãos de controle, sobretudo o Tribunal de Contas da União (TCU) e a Controladoria-Geral da União (CGU). A Sepac passou a se articular preventivamente com os órgãos de controle objetivando o fluxo contínuo das obras. Além disso, foi criado um Grupo Especial da Advocacia Geral da União (AGU) para o acompanhamento dos processos judiciais relativos às licitações. Esses esforços levaram à redução do número de obras apontadas com indícios de irregularidades graves e recomendações de paralisação (Olivieri, 2016).

Em suma, é possível dizer que o PPI e o PAC serviram como um "laboratório de experiências institucionais" (Cardoso Jr; Navarro, 2016),

10 Exemplar disso é o financiamento da obra da UHE de Belo Monte, que compreende o consórcio Norte Energia: o grupo Eletrobrás (49%), os fundos de pensão Petros e Funcef (10% cada), sociedades de propósito específico como Neoenergia S.A. e Amazônia (20%), autoprodutoras (10%) e outros (0,25%).

11 Lei nº 11.488/2007.

12 Mesmo com críticas em torno do caráter publicitário de tais balanços, é inegável o avanço na sistematização e divulgação de informações periódicas sobre projetos de infraestrutura no Brasil.

em que a necessidade de coordenação impôs o enfrentamento de desafios e levou a inovações organizacionais e gerenciais voltadas para aprimorar a implementação de projetos de infraestrutura. Nessa perspectiva, o PAC, mais do que um programa de indução ao crescimento econômico, foi enquadrado como um programa de aceleração da ação governamental (Pires, 2015), em que o foco foi a coordenação de instâncias governamentais para a implementação multissetorial de projetos de infraestrutura.

Apesar dos avanços, o arranjo institucional do PAC apresentava limitações em relação à atração de investimentos privados.[13] Com vistas a ampliar a participação da iniciativa privada para o investimento em infraestrutura, a presidenta Dilma lançou, em 2012, o Programa de Investimento em Logística (PIL). O PIL apontava na direção de um novo arranjo institucional e se materializou especificamente em um pacote de concessões à iniciativa privada para o investimento na infraestrutura logística brasileira (rodovias, ferrovias, portos e aeroportos). As metas do programa eram ambiciosas – foram anunciados R$ 133 bilhões em investimentos, sendo que, apenas em cinco anos, o dispêndio de recursos seria na ordem de R$ 79,5 bilhões, e R$ 53,5 bilhões investidos num prazo de 20 a 25 anos (Brasil, 2012).

O arranjo do PIL mobilizava diferentes instrumentos sob a forma de benefícios para o investimento privado em infraestrutura, como: taxas de juros de financiamento pela Taxa de Juros de Longo Prazo (TJLP) mais 1% ao ano com carência de até cinco anos e amortização de 25 anos; incentivos do BNDES para as concessionárias de serviços públicos emitirem debêntures de infraestrutura (Vasquez; Hallack; Queiroz, 2016); programas e linhas de financiamento do próprio BNDES, como o Programa Sustentação do Investimento (PSI) e o programa de Financiamento de Máquinas e Equipamentos (FINAME); financiamento governamental de até 80% do valor dos empreendimentos; aumento na taxa de retorno das concessões; e mudanças regulatórias que permitiriam um ambiente de negócios mais

13 As Parcerias Público-Privadas (PPPs), regulamentadas em 2004, tiveram uso reduzido nos projetos do PAC, em função da opção pelo investimento público via orçamento federal, empresas estatais e bancos públicos.

competitivo (Brasil, 2012), como o Decreto nº 8.325/2014, o qual zerou a alíquota do Imposto sobre Operações Financeiras (IOF) no financiamento de obras em rodovias e ferrovias.

Apesar de as primeiras concessões rodoviárias[14] e aeroportuárias[15] do programa terem sido bem-sucedidas, as concessões de portos e ferrovias, por sua vez, não atraíram interesse dos investidores. O modelo regulatório do PIL para as ferrovias foi uma espécie de PPP na qual o governo contrataria a construção/manutenção e a operação da ferrovia de forma separada. Nesse pacote, o PIL ainda vedou a participação das concessionárias ferroviárias atuantes no mercado brasileiro nas novas concessões, visando ampliar a competição no serviço. Entretanto, o programa não conseguiu interessados, em grande medida devido ao chamado "Risco Valec", isto é, dúvidas quanto à capacidade da estatal de angariar recursos financeiros para pagar os concessionários. Por sua vez, as concessões de áreas portuárias públicas contaram com erros técnicos e jurídicos na elaboração de seus respectivos editais, ficando sob a atenção do TCU para adequação (Machado, 2016).

No final do primeiro mandato da presidenta Dilma, começam a se consolidar revezes à trajetória iniciada nos anos anteriores. O PAC começava a se mostrar combalido pelo número de projetos sob sua responsabilidade – do PAC 1 ao PAC 2, houve um crescimento da carteira de investimentos, totalizando mais de 40 mil empreendimentos –, causando diluição do caráter prioritário das suas ações dentro do governo. Enquanto alguns estudos apontavam, por exemplo, no subsetor de rodovias, melhoras dos serviços (Campos Neto et al., 2015), outros questionavam que o aumento dos investimentos no período não vinha se traduzindo necessariamente em melhoria da oferta (Frischtak; Noronha, 2016).

Além disso, em um cenário econômico muito menos favorável que o das gestões de Lula, o governo Dilma ampliou os subsídios de

14 Foram concedidos 7,5 mil quilômetros de rodovias no programa, incluindo trechos da BR-101 na Bahia, BR-262 entre Espírito Santo e Minas Gerais, BR-153 entre Tocantins e Goiás, BR-050 entre Goiás e Minas Gerais, BR-163 em Mato Grosso, BR-163, BR-267 e BR-262 no Mato Grosso do Sul, BR-040, BR-060, BR-153, BR-262 entre o Distrito Federal, Goiás e Minas Gerais, BR-116 em Minas Gerais.

15 Foram concedidos seis aeroportos: São Gonçalo do Amarante (RN), Guarulhos (SP), Viracopos (SP), Brasília (DF), Confins (MG); Galeão (RJ).

financiamento dos empreendimentos e desonerações tributárias para o setor privado, em detrimento do investimento público, perfazendo uma estratégia de utilizar o espaço fiscal para tais fins. Essas medidas tiveram um alto custo fiscal com pouca reação do investimento privado (Orair, 2016).

No segundo mandato de Dilma, iniciado em 2015, o PIL obteve uma segunda versão. Houve um esforço governamental em relaxar algumas regras regulatórias presentes na primeira edição. Porém, o quadro de deterioração da economia brasileira e a inviabilidade de projetos sem subsídios públicos para atrair o setor privado não permitiu a realização das concessões previstas pelo programa.

Ainda em 2015 e 2016, dois eventos críticos impuseram perturbações e rupturas à trajetória: o avanço da Operação Lava-Jato e o processo de impeachment da presidenta. As empresas investigadas – entre elas algumas das maiores construtoras do país – detinham importantes contratos de obras e concessões de infraestrutura com o governo. O mesmo efeito deletério se sentiu nos investimentos da Petrobras sobre o setor de energia, na cadeia de petróleo e gás.

Avaliação do desempenho dos novos arranjos e instrumentos das políticas de infraestrutura

Apesar das inovações nos arranjos e nos instrumentos para a ação governamental no setor de infraestrutura, percebe-se uma série de incompletudes e insuficiências no desenvolvimento e implantação dos mesmos que nos ajudam a compreender melhor os resultados alcançados ao final do ciclo e levantam questionamentos a respeito da sustentabilidade do legado institucional desse período. Argumentamos que os limites nos arranjos e nos instrumentos se dividem em dois tipos: a) internos, ou seja, alusivos a incompletudes dos próprios arranjos e instrumentos desenvolvidos; e b) externos, referentes a insuficiências desses arranjos e instrumentos diante dos constrangimentos impostos pelo ambiente político-institucional.

Limitações internas dos arranjos e instrumentos

Uma pesquisa conduzida pelo Ipea acerca dos fatores que condicionaram a implementação de projetos de infraestrutura indicou o planejamento e a seleção de projetos como o principal condicionante do sucesso na execução das obras estudadas (Gomide et al., 2016). Apesar de o governo ter empreendido esforços para retomar o planejamento de longo prazo no setor, por meio da criação de novas organizações e planos setoriais, os instrumentos não foram devidamente desenvolvidos ou institucionalizados. Faltaram normatizações sobre os processos de elaboração (com uma previsão, por exemplo, das etapas, prazos, participantes, consultas e audiências) e, sobretudo, vinculação legal dos planos.[16] Isso impediu a previsibilidade necessária para a orientação do comportamento do setor privado e demais *stakeholders* (Castelar, 2016). Igualmente, os processos de seleção de projetos de infraestrutura se deram de forma acelerada e na ausência de critérios robustos de avaliação de alternativas e de identificação de riscos, o que abriu espaço para julgamentos exclusivamente políticos (carentes de viabilidade técnico-financeira) (Sousa; Pompermayer, 2016). Carteiras de projetos foram formadas pela simples agregação de pré-projetos ou de projetos antigos, muitas vezes desatualizados e elaborados em outros contextos (como o da ditadura militar).

As debilidades no planejamento e na seleção de projetos levaram ao que Lotta e Favaretto (2016) denominaram como investimentos "territorialmente cegos", em função da desconsideração da dimensão territorial na decisão dos empreendimentos a serem executados. Segundo os autores, os municípios e as regiões que receberam os projetos foram tratados como meros repositórios de obras. O esforço de centralização dos processos de decisão e monitoramento no governo federal levou a uma baixa densidade das relações com os entes federativos na formulação dos projetos.[17] Verificou-se também conflitos entre os projetos propostos pelo

16 A EPE talvez seja a exceção, uma vez que atuou efetivamente no planejamento setorial elétrico de médio e longo prazo, elaborando, em conjunto com outros órgãos, diversos planos setoriais a fim de estruturar o planejamento do setor elétrico.

17 Por exemplo, a construção de aparelhos sociais, como Creches e Unidades de Pronto Atendimento (UPAs), obedeceu a um padrão de planejamento centralizado, em que os municípios tiveram pouca participação no processo decisório (Lotta; Favaretto, 2016).

governo federal e aqueles já em andamento nos entes federados, indicando tanto a falta de diálogo no planejamento quanto na implementação dos projetos, resultando em sobreposições de obras, ineficiências e atrasos desnecessários. Caso exemplar é a construção da Barragem de Serro Azul, em Pernambuco, a qual conflitou com o traçado da ferrovia Transnordestina (Machado, 2016). As debilidades no planejamento impuseram um padrão de "coordenação reativa", definido por Lotta e Favaretto (2016) como a ênfase em esforços voltados para resolver problemas que poderiam ter sido previstos ou minimizados caso houvesse um planejamento anterior mais cuidadoso e dialogado.

A nova carreira de analista de infraestrutura também sofreu limitações em sua atuação. Um levantamento qualitativo feito pela Escola Nacional de Administração Pública (Enap) constatou que analistas de infraestrutura frequentemente trabalhavam com demandas que não estavam relacionadas à gestão de projetos, gerando uma disparidade entre a atuação formalmente prevista para a carreira e a executada na prática (Acco, 2012). Além disso, uma ampla pesquisa de opinião identificou insatisfação desses profissionais com seu trabalho, apontando para uma dissonância entre suas expectativas iniciais e o exercício efetivo (Freire et al., 2016).

Outro conjunto de limitações diz respeito aos marcos regulatórios para concessão, uso e manutenção de infraestrutura. Uma vez que o PAC priorizou a construção de novos projetos financiados majoritariamente por recursos públicos, os instrumentos de regulação da atuação do setor privado permaneceram inalterados, desde as reformas regulatórias da década de 1990. A única exceção foi a reforma do marco regulatório do setor elétrico em 2004. Foi o PIL que, somente em 2012, trouxe a questão da melhoria da governança regulatória para ampliar a participação do capital privado, por meio de propostas de reformas para o setor de portos e ferrovias. A reforma regulatória dos portos ganhou fortes adversários no setor privado, principalmente dos concessionários dos portos públicos, cuja fatia de mercado foi ameaçada, obrigando-os a ceder acesso de terceiros às instalações portuárias, o que gerou questionamentos jurídicos sobre o novo marco. Quanto à reforma nas ferrovias, o objetivo do governo foi o de interligar as diferentes malhas e permitir o acesso para todos os interessados em realizar o serviço de transporte ferroviário de cargas. A reforma regulatória encontrou forte oposição das concessionárias ferroviárias, assim como o veto por parte do TCU, o qual alertou para o risco de oneração das contas públicas com o novo modelo.[18]

Por mobilizar um conjunto heterogêneo de atores não só diretamente envolvidos com a execução, mas também afetados pelas repercussões da intervenção, projetos de infraestrutura são eivados de conflitos. Ao longo do período estudado, o principal mecanismo de intermediação de interesses entre Estado, empreendedor e sociedade civil foi o processo de licenciamento ambiental (Hochstetler; Tranjan, 2016). A ausência de outros canais e espaços institucionais de expressão de demandas dessas populações para o governo sobrecarrega o processo de licenciamento, alongando os prazos necessários para a emissão das licenças. Soma-se a isso a precariedade e tratamento formal e ritualístico dado pelo governo às audiências públicas do processo de licenciamento. Em geral, as audiências públicas só acontecem tardiamente no processo, após as decisões importantes já terem sido tomadas (Abers, 2016). Em função disso, grandes obras implementadas no período foram acusadas de desrespeitar os direitos humanos das comunidades tradicionais. Projetos como as ferrovias Norte-Sul e Transnordestina impactaram populações indígenas e quilombolas, as quais foram parcamente consideradas nos estudos prévios para implantação desses empreendimentos (Machado, 2016). Populações indígenas no entorno da UHE Teles Pires relataram falta de informação e discussão sobre o projeto, assim como dificuldades em serem ouvidas e terem seus direitos respeitados (Moretto et al., 2016). Consequentemente, uma vez que as audiências públicas e o processo de licenciamento não ofereciam oportunidades suficientes de diálogo e negociação, a judicialização dos projetos de infraestrutura se tornou uma constante nos últimos anos. A UHE Belo Monte é um caso exemplar. As compensações socioambientais não acolhidas no licenciamento tiveram que correr por meio de ações do

18 Para a realização do novo modelo, haveria a separação entre a construção/manutenção e a operação ferroviária, de modo que a capacidade da via férrea poderia ser vendida de maneira separada, possibilitando uma maior integração da malha nacional. Nessa perspectiva, a Valec deveria comprar anualmente toda a capacidade de transporte da ferrovia e realizar a oferta pública da capacidade adquirida, a qual seria subcedida aos Operadores Ferroviários por meio de leilões.

Ministério Público Federal, o que impactou diretamente no cronograma de execução e na legitimidade do empreendimento (Pereira, 2014).

Pelo exposto, os arranjos para ação governamental em infraestrutura desenvolvidos a partir de 2005, apesar de terem avançado consideravelmente em relação ao período anterior, apresentaram limitações em processos e operações internas. Instrumentos essenciais não se desenvolveram plenamente, frustrando as expectativas originais. Órgãos e planos recém-criados não foram devidamente institucionalizados, recursos humanos não foram geridos adequadamente, marcos regulatórios sofreram fortes contestações e conflitos socioambientais não antecipados foram mal processados. Como é sabido, a execução da carteira de investimentos prevista para o período atrasou, custou mais do que o planejado e os projetos nem sempre foram entregues com a qualidade esperada (Frischtak; Noronha, 2016). Portanto, limitações internas (relativas ao subdesenvolvimento dos instrumentos) foram parcialmente responsáveis pelo comprometimento da operação dos arranjos montados no período.

Interferências do ambiente político-institucional na operação dos arranjos e seus instrumentos

Arranjos e instrumentos não operam no vácuo. Eles estão inseridos em ambientes político-institucionais que oferecem recursos e impõem constrangimentos às suas operações. Assim, mesmo que os arranjos e seus instrumentos tivessem sido plenamente desenvolvidos, eles poderiam continuar sendo insuficientes para fazer frente contra os constrangimentos externos do ambiente. Argumentamos que traços marcantes do ambiente político-institucional brasileiro impuseram também dificuldades à governança dos projetos de infraestrutura no período estudado. Ressalte-se que não pretendemos neste trabalho oferecer uma explicação causal, descortinando os mecanismos entre ambiente, arranjos e instrumentos, mas apenas apontar as complicações derivadas da inter-relação de dois traços marcantes do nosso ambiente político-institucional e suas interferências nas operações de arranjos e instrumentos da política de infraestrutura.

O sistema político-eleitoral brasileiro é marcado por um viés econômico de seleção na entrada, possibilitado pela legislação, que permitiu o financiamento de campanhas por pessoas jurídicas até 2014. O financiamento de campanhas possibilita ao poder econômico a interferência no processo democrático, criando uma assimetria entre os candidatos, incentivando-os a buscarem vantagens e fontes de recursos para a manutenção de suas posições no sistema político. Isso se torna explícito quando levantamos as denúncias de financiamento irregular de campanhas com a proeminência dos recursos privados, que, em 2010, atingiram a marca de 53% do financiamento eleitoral, sendo boa parte desses recursos "doada" por um leque restrito de empresas (Speck, 2012) – entre elas, as grandes empreiteiras nacionais. Essa relação entre o público e o privado incentiva a "troca de favores" entre políticos eleitos e empresas, em que aos primeiros cabe a aprovação de políticas e projetos que criam mercados para a atuação das empresas, e estas, por sua vez, "devolvem" os favores recebidos por meio do financiamento às campanhas eleitorais.

Os projetos de infraestrutura, pelas vultosas somas de recursos e inúmeras contratações envolvidas, oferecem oportunidades para um fluxo constante de recursos financeiros para irrigar campanhas eleitorais e promover a manutenção de grupos políticos em suas posições de poder. Políticos, burocratas de alto escalão e executivos de grandes empreiteiras encontram nos projetos de infraestrutura os meios para satisfazerem as necessidades de financiamento da operação do sistema político, seja em manobras legais ou por meio de corrupção, comprometendo a finalidade dos projetos, distorcendo sua estrutura de gastos e contribuindo para atrasos, baixa qualidade das obras ou mesmo a sua incompletude (Fazekas; Tóth, 2017).

Concomitantemente, outro traço do ambiente político-institucional brasileiro a constranger o funcionamento de arranjos e seus instrumentos é a atuação de um sistema de controles interno (CGU e AGU) e externo (TCU, Judiciário e Ministério Público) fortalecido e, muitas vezes, autônomo. A atuação dessas organizações favorece a transparência e pode até repercutir em aprimoramentos da ação governamental e do gasto público (Pires; Gomide, 2016). Porém, a sua coexistência com as necessidades de financiamento do sistema político-eleitoral produz fricções que rebatem diretamente na gestão de projetos de infraestrutura. As capacidades ampliadas de investigação e de inquérito de órgãos do sistema de justiça, como a Polícia Federal e o Ministério Público, têm revelado a malversação de recursos públicos associados a projetos de infraestrutura por parte de políticos, burocratas e empreiteiros. A deflagração da operação Lava-Jato, no primeiro semestre de 2014, é exemplar nesse sentido, pois descortinou a extensa rede de corrupção montada em torno dos grandes projetos de infraestrutura, utilizados para financiar campanhas eleitorais e apoio legislativo. A operação, envolvendo membros das elites políticas e econômicas, foi amplamente coberta pela mídia, com impactos diretos imediatos no setor, como a paralisação dos programas de investimentos e a desestruturação de cadeias produtivas, como nos casos do setor de petróleo e gás e da indústria naval (Pereira; Teixeira, 2017).

Conclusões

O objetivo deste capítulo foi analisar as reconfigurações institucionais e administrativas da ação estatal no setor de infraestrutura no Brasil na virada do século XXI. Buscamos construir um panorama das políticas de infraestrutura do setor, destacando um conjunto de mudanças nos arranjos de governança e nos instrumentos da ação governamental durante a retomada do protagonismo do governo federal nos governos petistas.

Por um lado, pudemos observar a retomada da curva de investimentos públicos no período analisado, tal como indicado no Gráfico 1 (p.434). Os governos do Partido dos Trabalhadores, em relação aos momentos anteriores, empreenderam esforços em recompor as capacidades necessárias para a condução centralizada de projetos de infraestrutura no país. Numa das raras janelas de oportunidades, em que o contingenciamento fiscal de recursos não deu a tônica dos investimentos, foram construídos arranjos e instrumentos que possibilitaram a implementação de um grande número de obras rodoviárias, ferroviárias e hidrelétricas, gerando empregos e movimentando a economia nas diversas regiões do país.

Por outro lado, esses esforços esbarraram em limites, evidenciados pelos atrasos nas entregas, estouros de orçamento, conflitos sociais e malversação de recursos. Avanços em instrumentos organizacionais, regulatórios e financeiros foram criados, mas não lograram superar limitações internas (como falhas de planejamento e processos decisórios insulados da sociedade civil). Além disso, foram insuficientes para contrabalançar os constrangimentos externos e os desafios de governança impostos pelo ambiente político-institucional brasileiro (por exemplo, os interesses de curto prazo de atores políticos dentro da lógica do sistema político-eleitoral vigente).

As complexas relações que se estabeleceram entre arranjos, instrumentos e o ambiente político-institucional têm apontado no sentido de riscos ao legado das políticas públicas desenvolvidas no setor de infraestrutura. Somado à deterioração fiscal do país, esse cenário tem impactado no declínio da curva do ciclo de investimentos, comprometendo o crescimento da economia. Assim, a busca de uma compreensão mais aprofundada sobre os acertos e erros do passado recente, com vistas a inovações institucionais para a retomada de investimentos no setor em um futuro próximo, torna-se um imperativo.

Referências bibliográficas

ABERS, R. N. Conflitos, mobilizações e participação institucionalizada: a relação entre a sociedade civil e a construção de grandes obras de infraestrutura. *Texto para Discussão*, n.2231, Brasília/Rio de Janeiro, Ipea, 2016.

ACCO, M. A. *Relatório Analítico das Entrevistas e Grupos Focais Realizados com Dirigentes e Gerentes de Programas e Grandes Projetos de Infraestrutura da Administração Pública Federal Brasileira – segundo semestre de 2012*. Brasília: Enap, 2012.

BARAT, J. *Logística, transporte e desenvolvimento econômico*. São Paulo: CLA Editora, 2007.

BRASIL. *Relatório Anual PPI: exercício 2005*. Brasília: MPOG/SPI, 2005.

______. *1º Balanço do Programa de Aceleração do Crescimento*. Brasília: Casa Civil, 2007. Disponível em: <goo.gl/qj7LNN>. Acesso em: 25 ago. 2017.

______. *11º Balanço do Programa de Aceleração do Crescimento I: 2007-2010*. Brasília: Casa Civil, 2010. Disponível em: <goo.gl/RJ4vS5>. Acesso em: 25 ago. 2017.

______. *11º Balanço do Programa de Aceleração do Crescimento II: 2011-2014*. Brasília: MPOG, 2014. Disponível em: <goo.gl/TYcCuw>. Acesso em: 25 ago. 2017.

BRASIL. *Programa de Investimento em Logística: rodovias e ferrovias*. Brasília, 2012. Disponível em: <goo.gl/Dk8f7z>. Acesso em: 25 ago. 2017.

CAMPOS NETO, C. A. da S.; CONCEIÇÃO, J. C. P.; ROMMINGER, A. E. Impacto da infraestrutura de transportes sobre o desenvolvimento e a produtividade no Brasil. In: DE NEGRI, F.; CAVALCANTE, L. R. *Produtividade no Brasil: desempenho e determinantes*. Brasília: Ipea, 2015. v.2.

CARDOSO, F. H. *Autoritarismo e democratização*. Rio de Janeiro: Paz e Terra, 1975.

CARDOSO JÚNIOR, J. C.; NAVARRO, C. A. O planejamento governamental no Brasil e a experiência recente (2007 a 2014) do Programa de Aceleração do Crescimento (PAC). *Texto para Discussão*, n.2174, Brasília/Rio de Janeiro, Ipea, 2016.

CASTELAR, A. A produtividade do investimento em infraestrutura, jun. 2016. 29f. [mimeo].

EASTERLY, W.; SERVÉN, L. (eds.). *The Limits of Stabilization: Infrastructure, Public Deficits, and Growth in Latin America*. Palo Alto, CA; Washington, D.C.: Stanford University Press/World Bank, 2003.

FAZEKAS, M.; TÓTH, B. Infrastructure for Whom? Corruption Risks in Infrastructure Provision Across Europe. In: WEGRICH, K.; KOSTA, G.; HAMMERSCHMID, G. *The Governance of Infrastructure*. Oxford: Oxford University Press, 2017.

FIANI, R. Arranjos institucionais e desenvolvimento: o papel da coordenação em estruturas híbridas. In: GOMIDE, Alexandre; PIRES, Roberto. *Capacidades estatais e democracia: arranjos institucionais de políticas públicas*. Brasília: Ipea, 2014.

FLYVBJERG, B. What you should know about megaprojects and why: an overview. *Project Management Journal*, v.45, n.2, p.6-19, abr./maio 2014.

FREIRE, A. et al. Burocracia federal da área de infraestrutura: perfil, trajetória, atuação e percepções. *Cadernos Enap*, n.46, Brasília, Enap, 2016.

FRISCHTAK, C.; NORONHA, J. *PAC: Avaliação do potencial de impacto econômico*. Brasília: Câmara Brasileira da Indústria da Construção, 2016.

GOMIDE, A. *A política das reformas institucionais no Brasil: a reestruturação do setor de transportes*. Tese (Doutorado em Administração Pública e Governo) – Fundação Getulio Vargas. São Paulo, 2011.

______; PEREIRA, A. K. (eds.). *Governança da política de infraestrutura*: condicionantes institucionais ao investimento. Brasília: Ipea, 2018.

______; PIRES, R. Capacidades estatais e democracia: a abordagem dos arranjos institucionais para análise de políticas públicas. In: GOMIDE, A.; PIRES, R. *Capacidades estatais e democracia: arranjos institucionais de políticas públicas*. Brasília: Ipea, 2014.

HOCHSTETLER, K.; TRANJAN, R. Environment and consultation in the Brazilian democratic developmental state. *Comparative Politics*, v.48, n.4, p.497-516, 2016.

HOOD, C. *The Tools of Government*. Chatham: Chatham House, 1986.

JARDIM, M. C.; SILVA, M. R. *Programa de aceleração do crescimento (PAC): neodesenvolvimentismo?* São Paulo: Editora Unesp, 2015.

LASCOUMES, P.; LE GALÈS, P.. Introduction: Understanding public policy through its instruments – from the nature of instruments to the sociology of public policy instrumentation. *Governance*, v.20, n.1, p.1-21, 2007.

LOTTA, G.; FAVARETO, A. Os arranjos institucionais dos investimentos em infraestrutura no Brasil: uma análise sobre seis grandes projetos do programa de aceleração do crescimento. *Texto para Discussão*, n.2253, Brasília, Ipea, 2016.

MACHADO, R. A. *Investimento em infraestrutura econômica no Brasil e sua regulação: o caso do modal ferroviário, 2005-2015*. Campinas, SP, 2016. 224p. Tese (doutorado) – Universidade Estadual de Campinas, Instituto de Filosofia e Ciências Humanas.

______. Condicionantes institucionais à execução do investimento em infraestrutura no Brasil: estudo de caso sobre a implementação da ferrovia Transnordestina. *Texto para Discussão*, n.2251, Brasília, Ipea, 2016.

MERCEDES, S. S. P.; RICO, J.; POZZO, L. de Y. Uma revisão histórica do planejamento do setor elétrico brasileiro. *Revista USP*, n.104, p.13-36, 2015.

MORETTO, E. M.; JORDÃO, C. de O.; FERNANDES, E.; ANDRADE, J. Condicionantes e a viabilidade ambiental no processo de licenciamento ambiental de usinas hidrelétricas: uma análise do caso Teles Pires. In: ALARCON, D. F.; MILIKAN, B.; TORRES, M. (orgs.). *Ocekadi: Hidrelétricas, Conflitos Socioambientais e Resistência na Bacia do Tapajós*. Brasília: International Rivers Brasil; Santarém, PA: Programa de Antropologia e Arqueologia da Universidade Federal do Oeste do Pará, 2016.

OLIVIERI, C. A atuação dos controles interno e externo ao Executivo como condicionante da execução de investimento em infraestrutura no Brasil. *Texto para Discussão*, n.2252, Rio de Janeiro, Ipea, 2016.

ORAIR, R. O. Investimento público no Brasil: trajetória e relações com o regime fiscal. *Texto para Discussão*, n.2215, Brasília, Ipea, 2016.

PEREIRA, A. K. *A construção de capacidade estatal por redes transversais: o caso de Belo Monte*. Brasília, 2014. 264f., il. Tese (Doutorado em Ciência Política) – Universidade de Brasília.

PEREIRA R.; TEIXEIRA, D. Em colapso, indústria naval já demitiu quase 50 mil e tem dívida bilionária. *O Estado de S. Paulo*, São Paulo, 29 maio 2017.

PIRES, R. R. C. Por dentro do PAC: dos arranjos formais às interações e práticas dos seus operadores. In: LOTTA, G.; CAVALCANTE, P. *Burocracia de médio escalão: perfil, trajetória e atuação*. Brasília: Enap, 2015.

______. Intersetorialidade, arranjos institucionais e instrumentos da ação pública. *Cadernos de Estudos Desenvolvimento Social em Debate*, n.26, Brasília, Ministério do Desenvolvimento Social e Combate à Fome, Secretaria de Avaliação e Gestão da Informação, 2016.

PIRES, R. R. C.; GOMIDE, A. de Á. Governança e capacidades estatais: uma análise comparativa de programas federais. *Revista de Sociologia e Política*, v.24, n.58, p.121-43, 2016.

REZENDE, F. O crescimento (descontrolado) da intervenção governamental na economia brasileira. In: LIMA JR, O. B.; ABRANCHES, S. H. (orgs.). *As origens da crise: Estado autoritário e planejamento no Brasil*. Rio de Janeiro, RJ; São Paulo, SP: Iuperj: Vertice, 1987.

SALAMON, L. M. The tools approach and the new governance: conclusion and implications. In: *The Tools of Government: A Guide to the New Governance*. Oxford: Oxford University Press, 2002. p.600-10.

SOUSA, R. P.; POMPERMAYER, F. M. Condicionantes institucionais ao investimento em infraestrutura: elaboração, avaliação e seleção de projetos. *Texto para Discussão*, n.2239, Brasília, Ipea, 2016.

SPECK, B. W. O financiamento político e a corrupção no Brasil. In: BIASON, R. de C. (org.). *Temas de corrupção política no Brasil*. São Paulo: Balão Editorial, 2012.

VASQUEZ, M.; HALLACK, M.; QUEIROZ, R. Condicionantes institucionais à execução de projetos de infraestrutura: financiamento de longo prazo. *Texto para Discussão*, n.2266, Brasília, Ipea, 2016.

Considerações finais
Produzindo mudanças por estratégias incrementais: a inclusão social no Brasil pós-1988[1]

Marta Arretche, Eduardo Marques e Carlos Aurélio Pimenta de Faria

Em 2015, o conjunto das políticas públicas orientadas à inclusão social no Brasil era diferente em abrangência, complexidade e sofisticação daquele sob o qual a CF 1988 foi aprovada. A Carta expressou ambições claras no sentido de garantir aos brasileiros patamares básicos de bem-estar. Que nenhum idoso tenha renda inferior ao salário mínimo. Que a nenhum brasileiro seja negada assistência à saúde. Que nenhuma criança esteja fora da escola. Esses são apenas alguns itens cruciais do que é a lista de ambições inclusivas da CF 1988, não gratuitamente denominada "Constituição Cidadã".

Disposições constitucionais, contudo, não são condição necessária para a emergência de sistemas abrangentes de proteção social. Muitos países os construíram na ausência de reformas constitucionais, ou mesmo de constituições. No caso brasileiro, entretanto, a CF 1988 concluiu o processo de redemocratização. Por razões de seu contexto político e regimental (Gomes, 2006), a Carta brasileira acabou promovendo

1 Os autores agradecem os comentários de Adrian Lavalle, Claudio Couto, Renata Bichir, Ricardo Teperman e Sandra Gomes.

a incorporação dos (até então) excluídos dos direitos sociais, razão pela qual designamos esse processo como "democratização inclusiva", nos termos de Acemoglu e Robinson (2000).

A Carta também não foi condição suficiente para o desenvolvimento do aparato de políticas de inclusão social com o qual o Brasil contava em 2015. Essas políticas foram produzidas por processos incrementais de construção institucional ao longo de diferentes governos da Nova República. Tais processos foram específicos aos setores de política pública que influenciam o bem-estar social. É essa trajetória não linear de inovação, experimentação e emulação que este livro registra e interpreta.

Partidos importam

Dois partidos polarizaram a política nacional e protagonizaram, em grande medida, a construção institucional desse aparato de políticas: o PSDB e o PT. Sua contribuição se deveu à autoridade política durável de cada um deles (Skowronek, 1993): o primeiro entre 1994 e 2002 e o segundo entre 2003 e 2015. Durante cada um desses períodos, esses partidos exerceram o controle sobre os mais importantes cargos do Executivo, propuseram políticas, construíram bases sociais de apoio e articularam coalizões no Legislativo. Além disso, foram capazes de produzir narrativas sobre seus governos, sobre as conjunturas que enfrentaram e sobre suas agendas, assim como foram capazes de formatar desenhos e implementar políticas públicas que transformaram o legado de políticas prévias. Para muitos analistas, a experiência brasileira no período 1994-2015 teria sido exemplar.

Os governos Sarney, Collor e Itamar Franco, embora tenham protagonizado medidas pontuais na construção desse aparato de políticas, não tiveram estabilidade nem agenda governamental suficientemente consistente para implementar mudanças significativas. No governo Temer, por sua vez, esse processo de construção foi paralisado, ou mesmo orientado a seu desmonte. Por essa razão, os estudos setoriais deste livro concentram suas análises nas disposições da CF 1988 e nas presidências do PSDB e do PT.

A existência de um regime democrático desempenhou papel chave na construção desse aparato de políticas. Tal como enunciado por Meltzer e Richard (1981), sob o sufrágio universal, em um país com o perfil de distribuição de renda como a do Brasil – em que cerca de 70% dos domicílios têm renda inferior à média nacional[2] –, nenhum partido pode disputar uma eleição majoritária ignorando o problema da exclusão social. Entretanto, tal como nas demais democracias contemporâneas, as divergências entre partidos de esquerda e de direita no Brasil não estiveram no reconhecimento de que a pobreza era um problema crucial a ser enfrentado. *Os partidos que tiveram autoridade política durável na Nova República divergiam quanto à centralidade da pobreza em suas plataformas de governo e principalmente quanto às estratégias para enfrentá-la.*

Entre 1994 e 2014, o PSDB tornou-se a referência programática da centro-direita, com bases eleitorais nos setores de mais alta renda, em cuja orientação o combate à desigualdade por meio de políticas governamentais foi perdendo centralidade em favor de políticas que propiciassem a oferta de empregos via investimentos privados. O PT, por sua vez, liderou uma coalizão de centro-esquerda, com bases eleitorais nos setores de mais baixa renda, cuja orientação programática privilegiou políticas keynesianas e de expansão da demanda via gasto público (ver os capítulos de Victor Araújo e Paulo Flores; de Raphael Machado, Alexandre Gomide e Roberto Rocha C. Pires; de Eduardo Marques; e de Edney Cielici Dias, neste volume).

As eleições de 2002, vencidas pelo PT após duas vitórias consecutivas do PSDB, marcaram uma inflexão na estratégia de competição eleitoral do PSDB. O PSDB deslocou-se gradativamente para uma posição compatível com a dos partidos conservadores das democracias contemporâneas, segundo a qual a intervenção estatal direta na redução da desigualdade perde centralidade em favor de políticas econômicas orientadas a criar os incentivos adequados para promover investimentos privados e empregos (Boix, 1998). Mais empregos, a serem gerados pelo crescimento econômico via soluções de mercado, foi o objetivo que substituiu

2 Em 2002, a renda média domiciliar per capita no Brasil (deflacionada para valores de 2016) era de R$ 696,00. Esse valor era superior aos ganhos dos 14º vintil de renda (dados obtidos na PNAD 2002).

na plataforma do PSDB, a partir de 2002, o lugar que as políticas de proteção social haviam ocupado no programa eleitoral de Fernando Henrique Cardoso em 1998. Esse deslocamento programático expressava o alinhamento do PSDB às preferências de eleitores de renda mais elevada, menos propensos à adoção de políticas de redução da desigualdade por meio da intervenção social do Estado (ver o capítulo de Victor Araújo e Paulo Flores, neste volume). Enquanto o PSDB caminhava para a direita, o PT caminhava para o centro, passando a ocupar isoladamente, a partir das eleições de 2002, o espaço com orientação redistributiva, associado ao combate à desigualdade e – por que não dizer? – social-democrata.

Os estudos setoriais deste livro revelam que governos com orientações programáticas distintas perseguiram políticas também distintas. Atores políticos partem de visões de mundo, ideais normativos sobre a sociedade, sobre si próprios e o próprio Estado. A partir dessas visões, formam-se dinamicamente percepções e preferências políticas e de políticas, que tais atores tentam transformar em ações concretas, uma vez no controle do governo.

O Brasil do período democrático recente, apesar do caráter limitado e parcial da ação redistributiva estatal, corrobora a teoria dos governos partidários (Huber; Stephens, 2013; Levitsky; Roberts, 2011; Esping-Andersen, 1990), que sustenta que políticas redistributivas tendem a ocorrer em governos de esquerda, tanto por razões programáticas quando por suas conexões com o eleitorado de baixa renda. Assim, tanto os indicadores sociais quanto a expansão do aparato de proteção social foram mais intensos sob as presidências do PT, quando comparadas com as do PSDB. Por outro lado, também é inegável que em vários aspectos esses avanços foram viabilizados pela existência prévia de instituições, programas e políticas construídos pelas presidências do PSDB, que se constituíram em legados (positivos) para as presidências petistas, como detalharemos mais adiante.

O fato de que partidos importam não implica que um governo partidário seja condição suficiente para que políticas programáticas sejam adotadas. A extensão em que os resultados alcançados decorrem automaticamente da ocupação do poder de Estado – ou do grau em que atores partidários conseguem implementar suas preferências uma vez no governo – depende dos legados recebidos, da interação estratégica com os demais atores bem como de suas próprias decisões e estratégias. Os governos presidenciais brasileiros partiram de suas (relativamente heterogêneas) visões e preferências, interagiram estrategicamente com os legados encontrados e com os demais atores políticos. Tiveram de se envolver em difíceis negociações políticas que muitas vezes envolveram perdas imediatas com ganhos duvidosos no futuro. Foram por vezes bem-sucedidos, foram outras vezes derrotados inteira ou parcialmente, e de forma geral foram também transformados ao longo desse processo.

A frustração de parte da esquerda brasileira com o caráter não estrutural das transformações sociais implementadas nas presidências do PT, assim como a frustração de formuladores de políticas públicas com a dificuldade de implementar políticas "técnicamente ótimas", decorre do não reconhecimento de que estar no governo não é condição suficiente para que os partidos consigam adotar as políticas de sua preferência.

Regras do jogo e conflitos nas políticas

As análises setoriais apresentadas neste livro mostram que os governos – tucanos e petistas – aceitaram as regras do jogo na tentativa de converter suas agendas programáticas em políticas públicas. No caso da formatação do orçamento, um dos pontos focais mais relevantes do conflito redistributivo, no qual recursos altamente valorizados são intensamente disputados, cabe recordarmos que as regras vigentes não foram modificadas pelos governos tucanos e petistas – à exceção do segundo mandato de Dilma Rousseff, pressionado pela queda de receitas derivada da crise econômica (ver o capítulo de Ursula Dias Peres e Fábio Pereira dos Santos, neste volume). Nem mesmo o padrão de alocação orçamentária entre políticas setoriais foi modificado substancialmente pelos sucessivos governos (ver o capítulo de Sheila Cristina Tolentino Barbosa, neste volume).

No exercício do governo, os conflitos – nos dois períodos de autoridade política durável – não disseram respeito a mudanças nas regras do jogo, como seria o caso de tentativas de eliminar arenas de veto no processo decisório ou suprimir as possibilidades de vocalização da oposição. As regras herdadas incluíam, por exemplo, obter aprovação em uma gama diversa de órgãos de controle e fiscalização (ver o capítulo de Raphael Machado, Alexandre Gomide e Roberto Rocha C. Pires) para implementação de projetos e programas. No governo, ambos os partidos cumpriram essas regras.

Em vez disso, *os conflitos foram próprios aos de qualquer partido "policy-seeking" que precisa vencer pontos de veto para cumprir sua agenda*. Em primeiro lugar, esses conflitos eram internos ao partido. Um exemplo importante apresentado neste livro diz respeito às políticas de infraestrutura. Dois temas caros à agenda petista – aprofundar a democracia e acelerar o crescimento pela via dos investimentos em infraestrutura – não eram plenamente compatíveis entre si. A corrente democrático-participativa do partido (e do governo) frequentemente representava um obstáculo à agenda de aceleração dos projetos de infraestrutura da corrente neodesenvolvimentista. Para esta última, a participação dos representantes da sociedade civil era mais uma instância que a implementação de projetos de infraestrutura deveria enfrentar para acelerar a ação governamental nessa área. A realização de um dos objetivos programáticos do PT teria de ser feita às custas de outro (ver capítulos de Raphael Machado, Alexandre Gomide e Roberto Rocha C. Pires; de Henyo T. Barretto Filho e Adriana Ramos; e de Rebecca N. Abers e Debora Rezende de Almeida, neste volume).

Os conflitos em torno da formatação do Programa Bolsa Família foram, em ampla medida, conflitos intrapartidários e intragovernamentais, na medida em que titulares de diferentes ministérios dos governos petistas almejavam obter os créditos políticos derivados de um programa massivo de transferências monetárias (Andrade e Lima-Silva, 2016). O atraso na criação da Seppir, no governo Lula, se deveu às incertezas do núcleo decisor do PT com relação aos potenciais impactos da criação de uma Secretaria com status ministerial para cuidar da temática racial (ver capítulo de Mário Theodoro, neste volume).

Em segundo lugar, esses conflitos eram próprios à coordenação da heterogênea base aliada e à potencial exploração eleitoral pela oposição de temas caros ao programa dos partidos no governo. Um exemplo foi a timidez dos governos petistas para adotar políticas mais alinhadas com as preferências dos movimentos de gênero, que pode ser explicada, pelo menos em parte, pela capacidade dos movimentos conservadores de alterarem os cálculos e prioridades dos presidentes petistas (ver capítulo de Rebecca N. Abers e Debora Rezende de Almeida, neste volume).

Conflitos intrapartidários e intracoalizão de governo também explicam a trajetória das políticas urbanas. Se a criação do Ministério das Cidades, em 2003, sinalizou a incorporação de uma agenda urbana redistributiva forjada na experiência das administrações municipais de esquerda, os progressivos recuos dessa agenda original se deveram a conflitos (clássicos) com a equipe econômica dos governos petistas e se intensificaram com a entrada do Partido Progressista na base aliada do governo, após a eleição de Severino Cavalcanti para a presidência da Câmara, em 2005. Como resultado, a política urbana do PT perdeu coerência ao longo do tempo, ficando apenas a política habitacional sob controle direto do partido, embora, também esta, distante da agenda urbana redistributiva original (ver o capítulo de Eduardo Marques).

Nos governos petistas, a trajetória da política de demarcação de terras indígenas e para fins de preservação também só pode ser compreendida à luz de conflitos intrapartidários, entre ambientalistas e desenvolvimentistas, e levando-se em consideração o peso político do agronegócio e da Frente Parlamentar da Agropecuária na arena parlamentar, cuja expressão mais evidente foi a entrega do Ministério da Agricultura, Pecuária e Abastecimento (MAPA) para produtores rurais, incluindo Katia Abreu – ex-presidente da Conferência Nacional da Agricultura – no governo Dilma (ver capítulo de Henyo T. Barretto Filho e Adriana Ramos, neste volume).

O fato é que a extensão em que um governo de fato modifica o *status quo deve* ser *observada pelo conteúdo específico de suas políticas, e não apenas pelo número de matérias legislativas aprovadas.* Tampouco ela pode ser inteiramente derivada da composição partidária do Congresso e da apreciação do número de cadeiras da coalizão de sustentação do presidente. Tanto ou mais importante que os processos eleitorais e legislativos, são as clivagens específicas às políticas setoriais, que são engendradas no processo decisório e na operação mesma das políticas.

Mudanças incrementais

Para entendermos o processo de construção do aparato de políticas de inclusão social com que contávamos em 2015, a sequência de eventos também importa. As duas presidências do PSDB deram os primeiros passos para a conversão das disposições da CF 1988 em políticas concretas. Instituíram os pilares do SUS e as normativas para a adesão dos governos subnacionais à descentralização da provisão de serviços sob comando do governo federal (ver o capítulo de Telma Menicucci, neste volume). Criaram sistemas nacionais de avaliação das políticas de educação, bem como políticas para a universalização da educação fundamental (ver o capítulo de Sandra Gomes, André Luís Nogueira da Silva e Flávia Costa Oliveira, neste volume). Além disso, aprovaram a Lei Orgânica da Assistência Social (Loas) (ver capítulo de Luciana Jaccoud, neste volume) e o Estatuto da Cidade (ver capítulo de Eduardo Marques). Também criaram os programas de transferência condicionada de renda, ainda que fragmentados em distintos ministérios (ver capítulo de Luciana Jaccoud, neste volume).

Ao chegar ao governo federal, o PT recebeu como legado as políticas construídas sob os governos do PSDB. Suas divergências partidárias em relação ao PSDB autorizariam esperar uma revisão completa das políticas anteriores. O PT adotou, entretanto, estratégias incrementais como forma de produzir mudanças e expandir políticas. Criou o Programa Bolsa Família a partir da massificação e unificação dos programas fragmentados criados sob FHC. Ao fazê-lo, inscreveu na agenda governamental o direito de trabalhadores ativos em situação de vulnerabilidade às transferências monetárias condicionadas (ver o capítulo de Luciana Jaccoud). Ampliou o escopo das ações de saúde, inscrevendo novas dimensões de atendimento (saúde bucal e acesso a medicamentos, entre outros) no rol de serviços obrigatórios dessa área crucial do bem-estar (ver o capítulo de Telma Menicucci). Expandiu o escopo das ações federais prioritárias na política educacional para além do ensino fundamental (prioridade sob FHC), abarcando os ensinos infantil, médio, técnico e superior (ver capítulo de Sandra Gomes, André Luís Nogueira da Silva e Flávia Costa Oliveira). Criou o Ministério das Cidades, expandiu substancialmente o planejamento e a regulação federal e instituiu políticas urbanas e habitacionais de grande escala (ver o capítulo de Eduardo Marques). Ampliou o escopo das políticas assistenciais para abarcar uma estratégia mais abrangente de oferta de serviços para populações vulneráveis, que fosse além das transferências de renda (ver o capítulo de Renata Bichir e Kellen Gutierres, neste volume). Criou uma Secretaria Especial de Políticas para Mulheres e uma Secretaria Especial de Promoção da Igualdade Racial, ligadas diretamente à Presidência da República (ver o capítulo de Mário Theodoro), dando visibilidade institucional aos dois temas. Fortaleceu os espaços de participação da sociedade civil em arenas extra-parlamentares (ver capítulo de Rebecca Abers e Debora Rezende, neste volume).

A despeito das divergências programáticas, as estratégias adotadas pelo PT não consistiram em rupturas radicais em relação ao legado de políticas anteriores, em particular aquelas adotadas sob os governos do PSDB. *Layering, emulação do SUS e visibilidade institucional foram as principais estratégias de mudança das políticas anteriores adotadas pelo PT.* Em todos esses casos, a estratégia de implementação da agenda petista no governo federal ao suceder o PSDB envolveu mudanças endógenas – pela incorporação de novas camadas de legislação aos sistemas preexistentes, pela replicação das características institucionais de um bem-sucedido sistema nacional preexistente e pela promoção de vitrines a temas (antigos por sua existência) e emergentes na agenda governamental.

Estratégias endógenas de mudança não têm menos impacto por serem endógenas. Não parece haver qualquer relação entre as estratégias adotadas para mudar políticas herdadas – se endógenas ou exógenas – e seus resultados. Sob mudanças endógenas, é possível igualmente obter expressivo impacto nos patamares de pobreza e desigualdade. O experimento redistributivo do Brasil, nos termos do capítulo de Celia Lessa Kerstenetzky (neste volume), foi muito mais bem-sucedido na redução da pobreza e desigualdade de renda do que nas dimensões de serviços, em particular saúde e educação. A despeito de seus vícios e virtudes, alguns deles remontando à CF 1988, esse experimento produziu a maior taxa de redução da pobreza e da vulnerabilidade sob o regime democrático contemporâneo.

O PT, no governo, não desmontou os termos básicos do acordo inclusivo que emergiu da Constituição de 1988. Não reviu a dualidade do sistema de saúde – que garante a convivência entre seguros privados e SUS (ver o capítulo de Telma Menicucci). Não reviu a dualidade do sistema de educação superior – que garante a oferta pública e privada de vagas (ver os capítulos de Sheila Cristina Tolentino Barbosa e de Sandra Gomes, André Nogueira da Silva e Flávia Costa Oliveira, neste volume). Não reviu o sistema de isenções tributárias para gastos em saúde e educação – que favorece tanto usuários de alta renda quanto prestadores privados (ver o capítulo de Eduardo Alves Lazzari e Jefferson Lécio Leal, neste volume). Não reviu sequer o arranjo que combinou gastos progressivos com tributação regressiva, que emergiu da CF 1988 e da legislação tributária aprovada sob FHC. Em alguns casos, a incorporação de interesses privados foi até mesmo acentuada.

Políticas progressistas com tributação regressiva

A estratégia de mudanças endógenas dos governos petistas gerou, como se sabe, resultados substantivos na redução da desigualdade e da pobreza, mas representou, ao mesmo tempo, o teto da redistribuição possível nos marcos da Constituição de 1988. Adensar, massificar e tornar efetivamente universal o acesso às políticas possibilitou que os governos do PT viessem a ser percebidos pela opinião pública como as administrações mais bem-sucedidas do regime democrático contemporâneo no que diz respeito à inclusão social. A valorização do salário mínimo – cujo valor real começou a aumentar, ainda que timidamente, sob Fernando Henrique Cardoso e se acelerou sob Lula – teve impacto sobre a redução da desigualdade de renda, mas essa foi causada principalmente pela vinculação das aposentadorias e das transferências não contributivas ao salário mínimo, decisão tomada pelos formuladores da Constituição de 1988 (ver os capítulos de Celia Lessa Kernetezsky e de Luciana Jaccoud). Se a regulamentação e o monitoramento do mercado de trabalho foram mais efetivos sob Lula, tais iniciativas foram lastreadas pelas disposições constitucionais para o mercado de trabalho já presentes na versão de 1988 (ver o capítulo de Celia Lessa Kernetezsky, neste volume).

Por outro lado, os sucessivos governos de esquerda não alteraram o caráter regressivo do sistema tributário brasileiro, que concentra sua arrecadação em impostos indiretos, os quais sabidamente consomem parcela maior da renda dos mais pobres. Nem mesmo foram revistos pelos governos petistas os aspectos mais regressivos da legislação do Imposto de Renda sobre Pessoa Física, adotados sob José Sarney – que reduziu a alíquota máxima do IRPF para 27,5% – e sob Fernando Henrique Cardoso –, que isentou lucros e dividendos de tributação e criou incentivos para a violação de princípios de equidade horizontal no pagamento de tributos. Nem sequer as alíquotas efetivas mais baixas do Imposto de Renda da Pessoa Física para os segmentos mais ricos foram modificadas (ver o capítulo de Eduardo Alves Lazzari e Jefferson Lécio Leal). Em suma, o modelo de democratização inclusiva da Constituição de 1988, que combinava expansão da proteção social com política tributária regressiva, não foi afetado ao longo de três mandatos e meio de governos de esquerda.

Na ausência de aumentos expressivos da carga tributária nas administrações petistas – na verdade, experimentando crescente revolta fiscal, da qual a rejeição da renovação da CPMF em 2007 talvez tenha sido o episódio mais emblemático –, a expansão do gasto social dependeu basicamente do crescimento de receitas associadas ao crescimento econômico e à crescente formalização da força de trabalho. De fato, o maior aumento da carga tributária ocorreu sob FHC: de 26% do PIB em 1993 para 32% em 2002. Em 2014, já sob Dilma, a carga tributária era de 33,5%. Sob Lula, o crescimento econômico extraordinário de cerca de 7% ao ano em termos reais (Almeida et al., 2015) permitiu a expansão do gasto social sem aumento da carga tributária ou mudanças significativas na distribuição setorial do orçamento (ver os capítulos de Sheila Cristina Tolentino Barbosa e de Ursula Dias Peres e Fábio Pereira dos Santos, neste volume).

Contudo, com o início da crise econômica no país, em 2014, o jogo orçamentário passaria a ser um jogo de soma zero. O orçamento brasileiro não é rígido apenas pelo "efeito catraca", derivado da maturação de compromissos assumidos anteriormente. Tampouco é rígido apenas pela dificuldade de impor perdas a categorias concentradas de beneficiários criadas pelas políticas anteriores, fenômeno também típico dos Estados de bem-estar nas democracias dos países desenvolvidos (Pierson, 1994).

Escolhas constitucionais – na Assembleia Constituinte e em emendas posteriores – foram tornando o orçamento brasileiro ainda mais rígido por meio das vinculações constitucionais. No pós-1988, a estratégia de vinculação constitucional de receitas tornou-se estratégia dominante, quer sob FHC quer sob Lula. Comunidades de políticas, em particular nas áreas de saúde e educação, foram bem-sucedidas em garantir recursos cativos, o que permitiu blindar parcelas do orçamento da intensa disputa orçamentária (ver o capítulo de Ursula Dias Peres e Fábio Pereira dos Santos). A vinculação constitucional, contudo, produziu um efeito independente sobre as escolhas orçamentárias futuras, pois torna mais limitado o espaço para o gasto discricionário dos governos. O espaço ocupado por quem chegou primeiro reduz as chances de quem chegou depois.

Dado o impacto das vinculações orçamentárias sobre a rigidez do orçamento, a expansão do gasto em novas políticas setoriais requer aumento de arrecadação. Quando não há crescimento econômico, esta exige deslocamentos nos padrões de consentimento dos contribuintes à expansão da taxação (Peacock; Wiseman, 1961, p.1-24). Dado que a imposição de novos tributos tende a ser impopular, a rigidez orçamentária requer, portanto, elevados graus de aceitação das novas políticas a serem introduzidas.

Como explicitado anteriormente, se partidos têm divergências programáticas, estas normalmente são refletidas no ordenamento das prioridades orçamentárias. Partidos de direita priorizam gastos que se convertam em estímulos aos investimentos privados, ao passo que partidos de esquerda privilegiam o gasto que se converta em expansão da demanda via gasto social ou em infraestrutura.

No contexto brasileiro, o limitado espaço para gasto discricionário converte divergências programáticas entre os partidos em um *trade-off* ainda mais claro entre proteção social e crescimento econômico. A expansão do gasto social, necessária à proteção de imensa massa de vulneráveis, deve ser feita às custas da expansão do gasto em gargalos de infraestrutura, que são, por sua vez, condição necessária à atração dos investimentos privados. Dada a estreiteza do espaço orçamentário para acomodar ambos os objetivos, os eleitores são mobilizados a escolher entre objetivos polares: proteger os mais vulneráveis no presente e sacrificar o futuro ou apostar no futuro às custas de impor elevados sacrifícios às gerações presentes.

O *layering*[3] como estratégia de mudança

Políticas públicas muitas vezes têm consequências redistributivas, como já se sabe. Não é apenas a alocação orçamentária que define o grau de redistribuição. Esta é definida principalmente pelo desenho das políticas, que, ao estabelecer regras de elegibilidade – isto é, quem tem direito aos benefícios – define ganhadores e perdedores. A direção das políticas públicas e a substância dos conflitos em torno de suas regras consistem precisamente em decisões sobre a distribuição desses ganhos e perdas.

O PSDB, no governo, a despeito do reconhecimento dos riscos potenciais da Carta para o equilíbrio fiscal, deu os primeiros passos para a montagem dos sistemas nacionais de educação e saúde, afetando decisivamente o formato que eles viriam a ter em 2015. Isso ocorreu porque o PT, no governo, também não reviu os pilares básicos desses sistemas nacionais, tal como desenhados sob FHC. Sua principal estratégia consistiu em emendamentos, revisões e adições a políticas já existentes, sob a forma de novas camadas de legislação e formatação de distintos arranjos institucionais. Aumentou o número de beneficiários do Benefício de Prestação Continuada (Araujo; Flores, 2017, p.163) e acelerou a valorização do salário mínimo (ver capítulo de Celia Lessa Kerstenetsky). O PT não desfez os princípios básicos de alocação de transferências governamentais aos indivíduos, conforme formulados em 1988, cuja titularidade está associada à incapacidade de obter rendimentos com o próprio trabalho. Sua principal inovação consistiu em introduzir um programa massivo de

3 O *layering* envolve estratégias de mudanças endógenas pelas quais novas regras são introduzidas em políticas já existentes e têm como efeito mudar o modo de as regras vigentes operarem. Emendamentos, revisões, adições – isto é, novas camadas de legislação – constituem estratégias típicas de *layering* (Mahoney; Thelen, 2010).

combate à extrema pobreza, o Programa Bolsa Família. Adensamento e massificação da cobertura, bem como profissionalização da gestão – e não destruição do arranjo preexistente – caracterizaram a política de garantia de renda dos governos petistas (ver o capítulo de Luciana Jaccoud).

A mesma estratégia de *layering* foi adotada na gestão do longo e incremental processo de implementação do Sistema Único de Saúde, cuja origem também data da Constituição de 1988. Foi introduzida uma miríade de novos programas orientados a enfrentar os desafios inclusivos do sistema – da produção à distribuição gratuita de remédios, de efetivamente alcançar as populações e territórios mais vulneráveis. Programas foram ampliados e criados para garantir e expandir as ações de prevenção das doenças. Iniciativas foram tomadas para equacionar um dos principais desafios da administração federal de programas nacionais descentralizados, que consiste na produção de convergência das políticas dos governos subnacionais. No entanto, os pilares básicos do SUS, herdados do governo anterior, não foram desmontados (ver o capítulo de Telma Menicucci).

Layering, e não ruptura, também caracterizou a política educacional dos governos petistas. A implementação de políticas mais próximas às preferências partidárias – expansão do ensino infantil, expansão do ensino superior, cotas raciais e sociais, redução da dependência da renda com financiamentos diversos ao ensino no setor privado, a nacionalização dos processos de seleção universitários – não se fez à custa da supressão dos objetivos da Constituição de 1988 nem dos programas introduzidos por Fernando Henrique Cardoso.

O grande ativismo nas áreas de saúde e educação, bem como na área de garantia de renda, teve como principal estratégia a realização de ajustes e adaptações. Nada que se aproxime de uma estratégia de subversão ao incremental processo de implantação de sistemas universais.

Elevação no número de ações sem ruptura com a institucionalidade prévia, com base legal nos dispositivos constitucionais de 1988, caracterizou também a gestão Lula na demarcação de terras indígenas. Ainda que o ativismo tenha sido bem menos impactante do que aquele ocorrido nas áreas de educação, saúde e garantia de renda, e a política em si tenha declinado em intensidade no tempo – em boa medida devido à pressão crescente de ruralistas cuja modernização se restringiu às técnicas produtivas –, a estratégia de *layering* – por meio da expansão de canais participativos – também foi adotada nessa área de política (ver o capítulo de Henyo T. Barretto Filho e Adriana Ramos).

A emulação do SUS como estratégia de mudança

Em duas áreas cruciais o PT tinha orientação programática muito distinta do PSDB: nas políticas urbanas e na área de assistência social. A política urbana de FHC conferia ao Estado o papel de regulador, ao passo que a provisão de bens e serviços deveria ser executada por agentes privados. O financiamento federal às agências estaduais e municipais de saneamento e habitação, assentado sobre o FGTS, foi descontinuado e foram oferecidos financiamentos do BNDES para a privatização dessas companhias. A desestatização e a prevalência de regras de mercado para a oferta de serviços urbanos eram a orientação básica de governo. O programa do PT, diferentemente, apoiado na experiência prévia de administrações municipais de esquerda, postulava o combate à precariedade via provisão direta e integrada de serviços aos setores mais vulneráveis, onde estavam concentrados o déficit habitacional e as carências urbanas. Uma política de subsídios públicos deveria acompanhar essa intervenção (ver o capítulo de Eduardo Marques).

As divergências programáticas também eram evidentes na área assistencial. Sob FHC, o Programa Comunidade Solidária, assentado em uma rede pulverizada de doadores privados de alimentos e bens, foi o carro-chefe da política de assistência. O PT, por sua vez, implementou um ambicioso programa de integração dos benefícios monetários do Programa Bolsa Família com uma rede de centros de atendimento às populações vulneráveis. A distinção programática, mais uma vez, dizia respeito ao papel do setor privado e dos subsídios estatais na oferta massiva de bens e serviços para os segmentos mais vulneráveis da população (ver o capítulo de Renata Bichir e Kellen Gutierrez).

Nos governos do PT, a construção de sistemas nacionais em ambas as políticas emulou o desenho institucional do SUS. Federações como a brasileira – que combinam enorme desigualdade regional com autoridade própria dos governos subnacionais – apresentam um desafio para partidos com orientações programáticas igualitárias, derivado do *trade-off* entre autonomia e igualdade. Se preservada a autonomia dos governos subnacionais para escolher suas próprias políticas, o resultado é a desigualdade na prestação de serviços, não apenas como reflexo de diferenças nas capacidades estatais, mas também como resultado da divergência de preferências de uma miríade de governos subnacionais. Para reduzir desigualdades entre as jurisdições, garantindo a oferta de um patamar básico de serviços no território nacional, é necessário induzir, coordenar e compatibilizar a atuação de estados e municípios.

O longo processo de construção do SUS envolveu a produção paulatina e incremental de arranjos institucionais com essa finalidade, por meio da indução federal. A oferta de serviços por estados e municípios é coordenada pelo Ministério da Saúde. Transferências federais estão condicionadas à adoção de políticas, órgãos e práticas por parte dos governos subnacionais. Capacidades estatais, atores e programas foram construídos com base nessa indução da execução descentralizada de políticas.

Para coordenar estados e municípios nas políticas urbanas e de assistência social, os governos do PT se inspiraram no modelo paradigmático do SUS. Isso ocorreu porque há similaridades no tipo de políticas que os governos petistas pretendiam que estados e municípios viessem a assumir. A provisão direta – ou a coordenação de agentes privados encarregados de sua execução – de serviços urbanos/habitacionais ou de serviços de assistência deveria ser executada pelos governos subnacionais. À semelhança do SUS em sua origem nos anos 1990, esses governos não estavam dotados de capacidades estatais – burocracias, agências públicas e capacidades técnicas – para executar esses serviços. Seria necessário construir sistemas nacionais descentralizados de provisão de bens e serviços, sob coordenação do governo federal.

Em ambas as áreas – mas, na política urbana, progressivamente apenas na política habitacional –, arenas de pactuação multinível foram instituídas. Foi estimulada a criação de conselhos estaduais e municipais com participação de atores não estatais e realizam-se conferências locais e nacionais. Os respectivos ministérios federais se converteram em órgãos de indução das preferências e da construção de capacidades estatais nos governos subnacionais, privilegiando a participação e a redução das assimetrias entre as jurisdições (ver os capítulos de Eduardo Marques e de Renata Bichir e Kellen Gutierres).

Visibilidade institucional como estratégia de mudança

Como vimos até aqui, o arranjo das políticas de inclusão social foi objeto de longo e incremental processo de institucionalização, entendido como produção de capacidades estatais – isto é, burocracias e regras de operação. Essa trajetória conferiu vantagens às áreas de política setorial que ganharam centralidade prévia na agenda governamental. Essa institucionalização também lhes conferiu vantagens na alocação orçamentária, seja como resultado da estratégia de vinculações, seja como resultado da capacidade das próprias burocracias setoriais conquistarem espaço na intensa disputa por recursos.

Políticas que entraram na agenda governamental posteriormente tiveram de disputar espaço na estrutura institucional do Estado, em um contexto de crescente escassez de recursos. A estratégia de visibilidade institucional nesse caso significou a inclusão de temas na agenda sem que fossem necessários aportes significativos de recursos. Essa estratégia respondeu (e reforçou) o intenso ativismo de grupos na sociedade mobilizados por tais causas (e pertencentes à base do governo), e em parte se adequava à própria natureza das temáticas abordadas, dependentes fundamentalmente não apenas de políticas estatais, mas também da aceitação dessas pautas inclusivas por setores mais amplos da sociedade.

Portanto, visibilidade não significa apenas a inclusão simbólica de temas na agenda. Ações governamentais concretas foram efetivamente realizadas. Para além da produção de políticas, a estratégia de visibilização de um tema visa promover deslocamentos em crenças e comportamentos societais. Essa estratégia é menos custosa no plano dos recursos orçamentários, porque está centrada em dar atendimento (e voz) a grupos crescentemente mobilizados. Entretanto, nos governos petistas, acabou por potencializar custos políticos e mobilizar conflitos, exatamente por afetar crenças e comportamentos solidamente instalados. Não por acaso, todas as políticas em que os governos petistas lançaram mão dessa estratégia acabaram se tornando, posteriormente, importantes bandeiras (nesse caso, simbólicas) da onda oposicionista conservadora que atingiu o país a partir de 2016, com efeitos expressivos sobre a eleição presidencial de 2018.

Duas áreas revelaram maior dificuldade para obter centralidade na agenda dos governos da Nova República, ambas envolvendo tanto dimensões identitárias quanto a produção de intervenções concretas: a questão racial e a questão de demarcação de terras indígenas.

Na demarcação das terras indígenas, a principal marca dos governos petistas consistiu em minorar o que Henyo Barretto Filho e Adriana Ramos chamaram da "crise permanente" que caracteriza a política. Essa crise é pautada pela escassez de recursos e pela instabilidade no comando na Funai, a despeito da inscrição do tema na CF 1988. É verdade que algumas demarcações emblemáticas na região amazônica foram realizadas e que os conflitos entre a questão indígena e a mineração foram mitigados, mas mesmo naquela região o conflito com a questão energética foi claramente perdido pela causa indígena, para não mencionar os conflitos com a agropecuária no restante do país.

Nas questões raciais, os governos petistas foram além das ambições normativas da Constituição de 1988. Nesse campo, a inovação mais marcante da Carta consistiu em criminalizar o racismo. A estratégia do PT consistiu em criar uma secretaria especial diretamente ligada à presidência da república. A despeito dessa visibilidade, a Seppir teve impacto quase nulo na formatação das políticas governamentais.

Por outro lado, o Prouni, sob Lula, em 2008, já continha cotas por cor. Nesse caso, as cotas beneficiavam o acesso ao ensino superior privado. Sob o governo Dilma Rousseff, as cotas raciais foram introduzidas para o ingresso ao ensino superior público da rede federal. A inovação seguiu a mesma trajetória de outras inovações da ação federal. As pressões do movimento negro haviam produzido a introdução de diferentes políticas de ação afirmativa em universidades estaduais. Sob Dilma Rousseff, não sem tensões, foi aprovada a lei que tornaria as políticas de ação afirmativa compulsórias nas universidades federais.

Entretanto, o PT fez amplo uso da visibilidade institucional também em outra área de política setorial muito tradicional – a política externa –, fazendo das políticas de inclusão brasileiras uma plataforma para a inserção internacional do país e um instrumento para sua diversificação. A introdução da temática do combate à fome e à pobreza na agenda internacional foi parte integrante da estratégia de política externa orientada a alterar o que o PT entendeu como patamar subordinado do Brasil nas agências multilaterais e no próprio sistema internacional. Assim, a estratégia da visibilidade institucional da questão da inclusão na política externa brasileira, sob os governos petistas, teve o duplo objetivo de conferir protagonismo ao Brasil e de inserir o tema da fome e da pobreza no cenário internacional (ver o capítulo de Carlos Aurélio Pimenta de Faria e Dawisson Belém Lopes, neste volume).

A Constituição de 1988 concluiu um lento, incremental e contínuo processo de redemocratização que, contrariando expectativas solidamente estabelecidas pelas ciências sociais, produziu mudanças paradigmáticas nas políticas sociais brasileiras – tal como desenhadas nos governos de Getúlio Vargas e mantidas pela democracia limitada de 1946 e pelo regime militar. O resultado principal da redemocratização inclusiva foi a incorporação de amplos segmentos sociais ao universo dos direitos sociais (Arretche, 2018).

As evidências produzidas e discutidas neste livro não confirmam a postulação de que os dois partidos com autoridade política durável na Nova República tenham afrontado a Constituição de 1988 e seus princípios normativos. Mudanças parciais e incrementais nas políticas públicas caracterizaram a trajetória. Se a montagem de sistemas nacionais de saúde e educação caracterizou as administrações tucanas, o adensamento das ambições da transição democrática inclusiva, por meio de estratégias de *layering, emulação e visibilidade institucional,* caracterizou os governos petistas.

O resultado foi a produção de um substancial avanço, tanto nas estruturas institucionais responsáveis pelas políticas, como nas taxas de coberturas, contribuindo para a redução de desigualdades e a geração de bem-estar. Os limites alcançados pela democracia inclusiva pós-1988 estiveram diretamente associados ao teto possível da redistribuição derivado da estratégia de não alterar o desenho geral da Carta de 1988, vale dizer, do projeto de redistribuição combinado a padrões regressivos de tributação. Os níveis de renda e de bem-estar foram aumentados sem que os padrões de distribuição da riqueza fossem alterados.

É impossível fechar este livro sem algumas palavras, mesmo que sintéticas, sobre o período posterior ao impeachment da presidente Dilma Rousseff e sobre o início da presidência Bolsonaro, embora isso envolva exercícios de futurologia. A presidência Temer representou, sem dúvida, o final do período de autoridade política durável do PT iniciado em 2003. Diferentemente das previsões de alguns analistas, entretanto, não significou uma inflexão drástica em relação ao conjunto de políticas construído desde a Constituição de 1988, com ritmo mais acelerado a partir de 2003. Talvez a administração Temer possa ser caracterizada pela continuidade inercial de muitas das políticas anteriores, embora de forma menos intensa, desfinanciada e mais permeável a vários tipos de interesses privados, assim como pela maior proximidade, clara e aberta, com as forças políticas mais tradicionais do Congresso Nacional e das elites regionais. Porém, a reforma trabalhista e a emenda constitucional do teto dos gastos, patrocinadas pelo governo Temer, são sem dúvida inflexões drásticas, que prenunciaram a desconstrução institucional e normativa que caracteriza o governo Bolsonaro. A emenda constitucional do teto, em especial, pode ser lida como a solução conservadora ao impasse entre estrutura fiscal e políticas inclusivas a que nos referimos anteriormente, ao preservar políticas regressivas de taxação e congelar o gasto social futuro.

Inflexões paradigmáticas no modelo de inclusão social construído entre 1988 e 2015 parece ser um dos objetivos principais da administração Bolsonaro. Nesse caso, é explícita e cristalina a intenção de rever direitos e desmontar os arranjos institucionais que foram construídos de forma incremental a partir de 1988. Se essa nova orientação dará origem a um novo período de autoridade política durável que, para além do controle do governo federal, conte com agenda política e estratégias viáveis de implementação, assim como capacidade de construir uma narrativa que convença a sociedade, ainda é uma questão em aberto. Tudo dependerá do seu desempenho e da sua capacidade de implementação de reformas. O que é certo é que, pela primeira vez desde o início do regime democrático contemporâneo, ou de nossa Terceira República, ganharam centralidade no debate político nacional vozes que defendem explicitamente agendas de desmontagem de direitos e de redução da proteção social. Até onde esse projeto alcança, e por quanto tempo terá apoio popular, são assuntos abertos à dinâmica da política.

Referências bibliográficas

ACEMOGLU, D.; ROBINSON, J. A. Why did the west extend the franchise? Democracy, inequality, and growth in historical perspective. *The Quarterly Journal of Economics*, nov. 2000.

ALMEIDA, M.; LISBOA, M. de B.; PESSÔA, S. Desequilíbrio econômico é estrutural e exige correções mais duras. Ilustríssima, *Folha de S.Paulo*, 19 jul. 2015.

ANDRADE, F. P.; LIMA-SILVA, F. High-level Federal Bureaucracy and Policy Formulation: the case of the Bolsa Família Program. *Brazilian Political Science Review*, v.10, n.3, p.1-26, 2016.

ARAUJO, V.; FLORES, P. Redistribuição de renda, pobreza e desigualdade territorial no Brasil. *Revista de Sociologia e Política*, v.25, n.63, p.159-182, 2017.

ARRETCHE, M. Democracia e redução da desigualdade econômica no Brasil: a inclusão dos outsiders. *Revista Brasileira de Ciências Sociais*, v.33, n.96, p.1-23, 2018.

BOIX, C. *Political Parties, Growth and Equality*. Cambridge: Cambridge University Press, 1998.

ESPING-ANDERSEN, G. *The Three Worlds of Welfare Capitalism*. Princeton, NJ: Princeton University Press, 1990.

GOMES, S. C. O impacto das regras de organização do processo legislativo no comportamento dos parlamentares: um estudo de caso da Assembleia Constituinte (1987-88). *Dados*, v.49, n.1, 2006.

MAHONEY, J.; THELEN, K. *Explaining Institutional Change: Ambiguity, Agency and Power*. Cambridge: Cambridge University Press, 2010. 236p.

MELTZER, A. H.; RICHARD, S. F. A Rational Theory of the Size of Government. *Journal of Political Economy*, n.89, p.914-27, 1981.

PEACOCK, A. T.; WISEMAN, J. *The Growth of Public Expenditure in the United Kingdom*. Princeton: Princeton University Press, 1961.

PIERSON, P. *Dismantling the Welfare State? Reagan, Thatcher, and the Politics of Retrenchment*. Cambridge: Cambridge University Press, 1994.

SKOWRONEK, S. *The Politics Presidents Make: Leadership From John Adams to George Bush*. Cambridge: Harvard University Press, 1993.

Sobre os autores

Adriana Ramos é assessora do Instituto Socioambiental (ISA) desde 1995. Atua no campo das políticas públicas socioambientais há mais de 25 anos. Representou o Fórum Brasileiro de ONGs no Comitê Orientador do Fundo Amazônia de 2008 a 2013 e foi membro da Diretoria Executiva da Associação Brasileira de ONGs.

Alexandre Gomide é membro da carreira de Planejamento e Pesquisa do Ipea e professor do programa de pós-graduação em políticas públicas e desenvolvimento do Ipea. É doutor em Administração Pública e Governo pela Fundação Getulio Vargas de São Paulo (FGV/SP).

André Luís Nogueira da Silva é analista de planejamento, gestão e infraestrutura do IBGE desde 2010. É doutorando em Administração Pública e Governo na Fundação Getulio Vargas de São Paulo e mestre em estudos urbanos e regionais pela UFRN.

Carlos Aurélio Pimenta de Faria é professor e pesquisador da Pontifícia Universidade Católica de Minas Gerais. É doutor em Ciência Política pelo Iuperj (1997), com estágio pós-doutoral no Institute of Development

Studies (Universidade de Sussex). Foi titular da Cátedra Rio Branco na Universidade de Oxford e pesquisador visitante na Universidade de Umeå, Suécia.

Celia Lessa Kerstenetzky é professora titular do Instituto de Economia da UFRJ e diretora do Centro de Estudos sobre Desigualdade e Desenvolvimento (CEDE-UFRJ). Foi finalista do Prêmio Jabuti de 2012 e agraciada com o prêmio Victor Nunes Leal da Associação Brasileira de Ciência Política, conferido ao melhor livro de Ciência Política em 2013 (2o lugar).

Dawisson Belém Lopes é professor e pesquisador da Universidade Federal de Minas Gerais e doutor em Ciência Política pelo IESP-UERJ. É Diretor Adjunto de Relações Internacionais da UFMG.

Debora Rezende de Almeida é professora adjunta do Instituto de Ciência Política da Universidade de Brasília, onde coordena o Grupo de Pesquisa Resocie (Repensando as relações entre sociedade e Estado).

Edney Cielici Dias é doutor e mestre em Ciência Política pela Universidade de São Paulo, na qual também obteve os títulos de economista e jornalista.

Eduardo Alves Lazzari é pesquisador júnior do Centro de Estudos da Metrópole e doutorando em Ciência Política pela Universidade de São Paulo.

Eduardo C. L. Marques é professor titular do Departamento de Ciência Política e vice-diretor do Centro de Estudos da Metrópole (CEM), ambos da Universidade de São Paulo. Foi professor visitante na Sciences Po, Paris, e pesquisador visitante na University College London (UCL) e na University of Berkeley.

Fábio Pereira dos Santos é e técnico da Câmara Municipal de São Paulo e doutor em administração pública e governo pela Fundação Getulio Vargas (FGV/SP).

Henyo Trindade Barretto Filho é professor no Departamento de Antropologia da Universidade de Brasília e doutor em Ciência Social (Antropologia Social) pela Universidade de São Paulo.

Jefferson Lécio Leal é pesquisador júnior do Centro de Estudos da Metrópole e mestre em Ciência Política pela Universidade de São Paulo.

Kellen Gutierres é pesquisadora no Centro de Estudos da Metrópole (CEM) e doutora em Ciências Sociais pela Universidade Estadual de Campinas.

Luciana Jaccoud é pesquisadora do Ipea. Foi conselheira do Conselho Nacional de Assistência Social (2002-2004) e assessora especial do Ministério do Desenvolvimento Social e Combate à Fome (2010-2014). Atua como colaboradora da Escola Nacional de Administração Pública (Enap) e como pesquisadora associada ao Grupo de Pobreza e Políticas Sociais da Clacso.

Mário Theodoro é Consultor Legislativo do Senado Federal e foi pesquisador do Ipea, com doutorado em Economia pela Université Paris I – Sorbonne.

Marta Arretche é professora titular do Departamento de Ciência Política da USP e diretora do Centro de Estudos da Metrópole (CEM).

Paulo Flores é pesquisador júnior do Centro de Estudos da Metrópole e doutorando em Ciência Política pela Universidade de São Paulo.

Raphael Machado é pesquisador visitante da Diretoria de Estudos e Políticas do Estado, das Instituições e da Democracia (Diest) do Instituto de Pesquisa Econômica Aplicada (Ipea) e professor substituto do Instituto de Ciência Política da Universidade de Brasília. É doutor em ciência política pela Universidade Estadual de Campinas (Unicamp).

Rebecca Neaera Abers é professora associada do Instituto de Ciência Política da Universidade de Brasília. Coordena o Grupo de Pesquisa Resocie (Repensando as relações entre sociedade e Estado).

Renata Bichir é professora na EACH/USP e coordenadora de pesquisa no Centro de Estudos da Metrópole (CEM).

Roberto Rocha C. Pires é membro da carreira de Planejamento e Pesquisa do Ipea e professor dos programas de pós-graduação do Ipea e da Escola

Nacional de Administração Pública (Enap), com doutorado em políticas públicas pelo Massachusetts Institute of Technology (MIT).

Sandra Gomes é Professora de Políticas Públicas e de Pós-graduação em Estudos Urbanos e Regionais da UFRN, com pós-doutorado no Centro de Estudos da Metrópole. É ativista do Campo de Públicas no Brasil.

Sheila Cristina Tolentino Barbosa é professora do Departamento de Gestão de Políticas Públicas da Universidade de Brasília (GPP/UnB) e Pesquisadora do Instituto de Pesquisa Econômica Aplicada (Ipea).

Telma Maria Gonçalves Menicucci é professora adjunta do Departamento de Ciência Política da UFMG, com doutorado em Ciências Humanas, Sociologia e Política pela Universidade Federal de Minas Gerais.

Ursula Dias Peres é professora do Programa de Graduação e Mestrado em Gestão de Políticas Públicas da Escola de Artes, Ciências e Humanidades da Universidade de São Paulo (EACH/USP) e pesquisadora associada do Centro de Estudos da Metrópole.

Victor Araújo é pesquisador júnior do Centro de Estudos da Metrópole e doutorando em Ciência Política pela Universidade de São Paulo.

SOBRE O LIVRO

Formato: 16 x 23 cm
Mancha: 27,6 x 44 paicas
Tipologia: Iowan Old Style 10,5/15
Papel: Offset 75 g/m² (miolo)
Cartão Supremo 250 g/m² (capa)
1ª edição Editora Unesp: 2019

EQUIPE DE REALIZAÇÃO

Capa
Negrito Editorial

Edição de texto
Richard Sanches (Copidesque)
Nair Hitomi Kayo e Tomoe Moroizumi (Revisão)

Editoração eletrônica
Eduardo Seiji Seki

Assistência editorial
Alberto Bononi